暨南大学产业经济研究院"产业转型升级"丛书

国家自然科学基金重点项目：推动经济发达地区产业转型升级的机制与政策研究（批准号：71333007）
广东省软科学研究计划项目：互联网时代公益产业链的发展与创新（项目批准号：2016A070705029） 资助
广东省高水平大学建设之"应用经济与产业转型升级"重点建设学科经费

丛书主编 胡军

郑筱婷 主编

互联网+公益产业链发展报告

中国财经出版传媒集团

经济科学出版社

Economic Science Press

图书在版编目（CIP）数据

互联网＋公益产业链发展报告/郑筱婷主编 . —北京：经济科学
出版社，2016.12

（暨南大学产业经济研究院"产业转型升级"丛书）

ISBN 978 - 7 - 5141 - 7723 - 7

Ⅰ.①互…　Ⅱ.①郑…　Ⅲ.①互联网络 - 应用 - 公用事业 -
产业链 - 研究报告 - 中国　Ⅳ.①F299.241

中国版本图书馆 CIP 数据核字（2016）第 325625 号

责任编辑：杜　鹏　杨　洋
责任校对：徐领柱
责任印制：邱　天

互联网＋公益产业链发展报告

郑筱婷　主编

经济科学出版社出版、发行　新华书店经销

社址：北京市海淀区阜成路甲 28 号　邮编：100142

总编部电话：010 - 88191217　发行部电话：010 - 88191522

网址：www. esp. com. cn

电子邮件：esp@ esp. com. cn

天猫网店：经济科学出版社旗舰店

网址：http://jjkxcbs. tmall. com

北京季蜂印刷有限公司印装

710×1000　16 开　21.5 印张　390000 字

2017 年 4 月第 1 版　2017 年 4 月第 1 次印刷

ISBN 978 - 7 - 5141 - 7723 - 7　定价：58.00 元

总　序

　　在经济全球化的进程中，发达国家的跨国公司凭借雄厚的资本实力、领先的技术和品牌控制着价值链的关键环节，同时还利用海外直接投资、离岸外包、战略联盟和研发合作等组织架构，在全球范围内扩展和延伸其战略资源的边界，保持着全球价值链治理者和利益分配者的地位。然而，发展中国家或地区如我国东南沿海地区的企业往往处于弱势地位，收益被压榨，特别是在发展中国家进行到高端工业化的进程中，广泛地出现了被"俘获"和被"锁定"的现象。

　　当前世界经济复苏乏力，全球贸易持续低迷，以保护主义、孤立主义为代表的"逆全球化"思潮抬头，进一步挤压了发展中国家制造业的国际市场空间。同时，以互联网、人工智能和新材料、新能源为先锋的新一轮科技革命，使得生产、生活方式发生深刻变化，产业链全球化延伸和再配置过程加速。为抢占新一轮经济科技竞争制高点，各先行国家纷纷推出以重构国家价值链为主要内容的产业振兴计划，试图进一步增强其国家竞争优势和调整国际分工格局。在此背景下，发展中国家参与全球竞争、向技术链和产业链高端环节攀升的难度加大，推进产业转型升级的空间被进一步挤压。

　　改革开放以来，我国东南沿海地区，特别是长三角、珠三角和环渤海三个经济圈，通过大规模承接国际产业转移，使得"中国制造"在全球价值链的参与度不断加深。目前，东南沿海地区已集中了全国80%左右的加工制造业。然而，近年来这一地区发展面临土地空间限制、能源资源短缺、人口膨胀压力、环境承载力"四个难以为继"的制约，经济发展的"瓶颈"问题日益凸显，并引起国家决策层的高度重视。我国东南沿海地区作为全球第三次产业转移的主要承接地，既是当前产业转型升级形势最为严峻的区域，也是发达国家跨国公司进行产业中高端领域投资的重要区域，在产业链全球布局调整中仍将担当重要的角色，也是我国未来推进经济结构调整的主战场。在新一轮产业革命促使全球产业链再配置加速的背景下，我国经济发达地区产业发展进入重要转型期，其能否及时而顺利地克服结构性风险加大、产业发展后劲不足、自主创新能力亟待增强、能源和环境压力加大等一系列难题，关系到我国推进经济结构战略性调整的大局能否顺利实现。

我们应该清楚地认识到，我国经济发展已经进入新常态，向形态更高级、分工更复杂、结构更合理阶段演化。为此，我们迫切需要从理论和实践上进行深入的研究和探索。近年来，我们的团队以国家自然科学基金重点项目"推动经济发达地区产业转型升级的机制与政策研究"为依托，本着"有限目标、重点突破"和"从局部到整体"的原则，立足于我国转型经济的制度背景，深入研究我国经济发达地区推进产业转型升级的内在机理、战略、模式、路径和政策。我们的团队运用多学科交叉的理论与方法，综合"阶段—要素—制度—功能"多维分析视角和"环境—战略—政策—行为—过程—结果"的一体化逻辑，重点研究"产业转型升级的相关概念与分析模型""产业转型升级的影响因素及运行机制""典型国家产业转型升级的演进模式与机制""中国经济发达地区产业转型升级的演进模式、水平及其影响的分析和评价""推动中国经济发达地区产业转型升级的战略分析与政策研究"等重要专题和方向。

产业经济学科在暨南大学有着悠久的发展历史和厚实的学术根基。该学科源于1963年我国著名工业经济学家黄德鸿教授领衔建立的工业经济专业，1981年获硕士学位授予权，1986年获博士学位授予权，是华南地区最早的经济类博士点，1996年被评为广东省A类重点学科，是原国家计委批复立项的暨南大学"211工程"重点建设项目之一。2002 年本学科被批准为国家重点学科并延续至今。为了进一步加强产业经济学国家重点学科的建设，暨南大学于 2006 年成立了产业经济研究院（以下简称产研院）。2014 年以产研院为牵头组建的"广东产业转型升级协同创新中心"入选广东省首批国家级"2011 计划"协同创新中心。2015 年该学科入选广东省高水平建设大学重点建设项目。

产研院秉承"顶天立地"的学术传统，坚持"学科交叉研究、复合型人才培养、服务地方产业转型升级"三位一体，致力于成为全国产业经济学领域顶尖学术单位和卓越智库。本学科长期聚集于中国经济的转型升级，主要研究方向包括产业结构与经济增长、产业组织与企业理论、产业布局与区域创新体系、产业政策与政府规制等。建院近 10 年来，产业经济学科团队先后承担了国家自然科学基金重点项目、教育部重大攻关课题、国家社会科学基金重点项目等国家级重大重点项目，以及国家级一般项目和其他省部级以上纵向项目 60 多项。相关科研成果主要发表在《经济研究》《管理世界》等国内权威期刊以及 SSCI 等收录的知名国际期刊。此外，深度服务地方产业转型升级也是产研院的重要使命，近年来，在产业竞争力、产业发展规划、产业政策与企业发展战略等领域承担各类横向课题 150 多项，相关研究成果成为地方政府决策的重要依据。

暨南大学产业经济学科长期致力于进一步推进和丰富符合我国国情的产业经济理论体系。我国是一个发展中的大国，我国东南沿海地区的产业发展既有与其他国家先行地区的相似之处，又在发展任务、发展机制、发展路径和模式等方面具有鲜明的"中国特色"。以我国经济发达地区产业转型升级的机制与政策为研究对象，直面资源约束趋紧、环境污染严重、生态系统退化的严峻形势，在"产业发展"与"资源集约利用""环境保护""体制机制创新"等有效融合的基础上，构建区域产业和产业链演化的宏、微观机制模型和转型绩效评估模型等理论模型，对于在产业技术理论、产业结构理论、产业组织理论和产业区域布局理论、产业发展与生态环境互动理论等方面融入"中国元素"，丰富中国特色的产业经济理论，具有重要的理论创新价值。为了更好地展示这些研究成果，贡献于国家和广东的产业转型升级的理论创新和实践探索，我们决定筛选部分成果以"产业转型升级丛书"的形式出版。

胡军

2016 年 12 月 18 日于暨南园

序

　　中国过去30年的经济发展成就被誉为"中国奇迹"。市场机制在创造财富方面是非常高效的，但是，在分配财富方面并没有那么高效。市场竞争必然带来优胜劣汰，强者更强，弱者愈弱。与"中国奇迹"相伴的是社会贫富分化和越来越严重的社会不平等。很多天灾人祸给许多人带来的不幸无法用市场机制解决。这也被称之为市场失灵。政府通常被用于解决市场失灵。但是，政府的资源有限且效率不高，不能照顾和包揽所有的弱势群体，因此社会问题的解决也存在政府失灵。

　　改革开放后，大规模的人口城乡流动和异地迁徙破坏了基于血缘、地缘的传统民间互助机制，使得社会问题日益增多。由于历史的原因，我国公益事业的发展远远滞后于经济、社会的发展。在2015年发布的《全球捐助指数2014报告》中显示，全球被调查的160个国家和地区总排名中，中国慈善捐助总体比率为18%，排名全球第128位，考虑到排名并列的因素，是倒数第8位。其中，帮助陌生人比率是36%，排名第113位；捐款比率是13%，排名107位；志愿者捐赠时间比率是6%，排名129位；各项指标均在倒数的行列。

　　我国的慈善公益事业，尚处于发展初期，互联网的出现带来了机会，也带来了挑战。互联网进入自媒体时代，发起和参与公益活动更加容易，但是互联网病毒式传播和炒作负面新闻也容易误伤刚刚起步的公益事业。"郭美美事件"和"儿慈会事件"等负面新闻一直困扰着公益事业。互联网公益平台、公益网店和网络公益众筹等互联网技术既拓展了募捐的渠道，极大地方便了募捐和捐赠，也意味着募集资金的竞争将日趋激烈，尤其是 PC 端募捐的低响应率使得全社会的募集成本有可能上升，募集效率可能下降。移动端，比如手机和平板电脑的募捐 APP 和移动社交媒体的结合方兴未艾，但是未来是否也和 PC 端的微博募捐一样走向平淡和衰落？获取资金是慈善公益产业链中的第一个环节，要把资金真正变成慈善行动并改变他人的境遇，还需要很多的环节。互联网又如何促进慈善公益产业链上各环节的专业化分工与合作？本蓝皮书从整个公益产业链发展的角度，研究当前互联网与公益产业链各个环节的深度结合，从需求的有效识别、项目筛选（基金会）、资金募集（互联网募捐平台）、保值增值实现可持续发展（公益创投）到项目实施并提供公共服务（公益组织）。完整的公益产业链还包括公益项目的评估和公益的品牌建设，但由于这两块还处于发展的初期，本书未对此进行深入研究。通过剖析公益产业链的各个关键环节，以期指导公益事业更好、更快地发展，解决更多的社会问题，实现"和谐社会"，让更多的人实现"中国梦"。

市场上已有不少关于慈善的蓝皮书，本书重点阐述互联网和慈善公益行业的结合，以及互联网技术对慈善公益整个产业链带来的改变、机会和挑战，因此内容编排上与现有的蓝皮书有显著不同。尽管本书的角度和重点与现有的慈善蓝皮书有所差异，但都致力于记录慈善事业在中国的发展，为未来的读者留下慈善行业的史料。

郑筱婷

2016 年 9 月于暨南大学

目　录

第一章　互联网和公益产业链 ··· 1

第一节　互联网与公益慈善 ··· 1

第二节　传统产业的产业链和公益产业链 ····························· 2

第三节　互联网促进了公益产业链的分工 ····························· 3

第二章　互联网募款平台 ·· 6

第一节　互联网募款平台概述 ·· 6

第二节　自建网站的募款平台 ·· 10

第三节　公益网店募款平台 ··· 12

第四节　基于社交媒体的募款平台 ······································· 16

第五节　众筹网站募款平台 ··· 31

第六节　网络募款平台的发展现状及展望 ····························· 49

第三章　互联网与基金会慈善 ·· 56

第一节　我国基金会的发展情况简介 ···································· 56

第二节　基金会的重大活动或重要事件 ································ 77

第三节　互联网背景下基金会如何更好地发展公益事业 ········· 89

第四章　互联网与公益组织 ··· 95

第一节　中国公益组织发展阶段 ·· 95

第二节　中国公益组织发展现状 ·· 97

第三节　互联网背景下公益组织的创新实践与主要趋势 ········· 110

第四节　慈善公益组织的主要服务领域 ································ 118

第五章　互联网与公益创投 ·· 141

第一节　互联网时代背景下的慈善"新生物" ·················· 141

第二节　公益创投与我国的公益产业链 ························· 148

第三节　公益创投在我国的实践 ······························· 150

第四节　我国公益创投事业的未来 ····························· 178

第六章　企业家名人公益活动 ·· 181

第一节　企业家名人捐赠活动 ································· 181

第二节　名人公益活动 ······································· 200

第三节　社会评论 ··· 208

附录1：2016年胡润慈善排行榜 ·························· 209

附录2：2013～2015年名人慈善榜部分信息 ············ 215

附录3：2015年名人公益事迹简介（部分） ············· 216

附录4：企业家、名人公益活动 ························· 217

第七章　热点事件篇 ·· 240

第一节　穹顶之下 ··· 240

第二节　毕节四兄妹自杀事件 ································· 244

第三节　腾讯公益发起全国首个互联网公益日 ············· 248

第四节　"最悲伤作文" ······································ 252

第五节　百度血友病吧被卖事件 ······························ 255

第六节　民间环境公益胜诉 ··································· 259

第七节　互联网发展基金会 ··································· 263

第八节　桃花源生态保护基金会 ······························ 268

第九节　魏某某事件 ··· 272

第十节　公益运动 ··· 275

第十一节　公益节目 ··· 278

第八章　重大事件篇 ·· 283

第一节　"助学达人"性侵女童 ······························ 283

第二节　"安徽女子救人被狗咬"事件逆转 ················· 287

第三节　四川癌症女孩去世家人拒还剩余善款 ……………………… 291

第四节　星光专项基金夭折 …………………………………………… 294

第五节　"大熊猫"回收旧衣物 ……………………………………… 298

第六节　中华人民共和国慈善法 ……………………………………… 302

第七节　境外非政府组织境内活动管理立法 ………………………… 309

第八节　基金会设立海外办公室开启慈善国际化新篇章 ………… 313

第九节　尼泊尔地震，社会组织海外救援 …………………………… 319

第十节　《超级诊疗室》引领健康公益 ……………………………… 323

后记 ……………………………………………………………………… 328

第一章　互联网和公益产业链[①]

第一节　互联网与公益慈善

互联网建立在开放、自由、平等和共享的精神之上。其中，共享也是公益的精神。从互联网的发展历史上看，互联网——信息高速公路，作为一种基础设施，本身就可以算是一种公共物品或公益产品。但是，互联网在很长一段时间并未促进慈善公益行业的大发展。在网页时代，信息的传播还是单向的，对于慈善公益活动的报道和关注是零散的。互联网发展的初期，出现了一些专门的公益网站，但往往开始热热闹闹，长期缺少吸引人流的能力。所以，网页时代互联网对于公益行业的促进作用是非常有限的。慈善的互联网和公益行业的深度结合是互联网社交媒体出现并吸引了众多用户的广泛使用之后，即在新浪微博、facebook 和微信等被全球互联网用户广泛使用之后。在社交媒体上，用户可以非常方便地上传随手拍的照片和视频，因此许多社会问题能在第一时间得到关注，用户也可以方便地转发到自己的主页或空间，转发就捐赠使得关注社会问题和解决社会问题合二为一，很快能够得到网友的踊跃捐赠和实际救助。社交媒体纷纷开辟公益频道，为公益项目和有爱心的人士牵线搭桥，并通过微博和微信等进行大量转发，迅速到达大量的受众。

互联网提供了公众讨论的空间，普及了公益的精神，使公益慈善深入人心；社交媒体实现了社会上大量陌生个体的互联，使得发起和组织一项大型的公益活动变得简单而又影响深远。网络支付和手机支付的发展使得一闪而过的温暖瞬间在遗忘发生前即刻变成实际的捐赠行为。智能手机的广泛普及和各种

① 本章由暨南大学产业经济研究院郑筱婷执笔。

快乐公益的活动（比如捐步）则使慈善行为不仅成为举手之劳，更成为人们所热爱、喜欢和带来愉悦的行动。互联网已经在很多方面取代了传统媒体，也跳出了传统媒体的限制，公益行业的各类活动都可以低成本地利用各种互联网新媒体完成项目发起和实施。互联网的发展最终有力地促进了中国公益产业的发展。

现如今，各行各业都离不开互联网，传统行业都需要通过互联网实现组织扁平化、产品的个性化和多样化。公益行业同样也越来越依赖互联网。笔者认为互联网的发展对公益行业的最大贡献，就是促进了公益产业的分工，形成了公益产业链。本书尝试着分析初步形成的公益产业链，按产业链上的不同环节分别阐述互联网和公益产业的融合以及互联网对公益产业的改造和颠覆、对公益产业链的分工和合作的促进以及给公益行业所带来的挑战。

第二节　传统产业的产业链和公益产业链

普通产品或服务的产业链是一项产品和服务从诞生到消费者手中消费掉，期间所经历的各个环节的组合，如图 1－1 所示。产业链也被称为是产业价值链或者微笑曲线。通常包含市场研究、研究开发设计、融资招聘和采购、加工制造、仓储和运输、市场推广和销售、品牌和服务等主要环节。位于微笑曲线两端的市场附加值或利润率较高的研发和品牌等环节，位于微笑曲线底端的往往是附加值和利润率较低的制造环节。

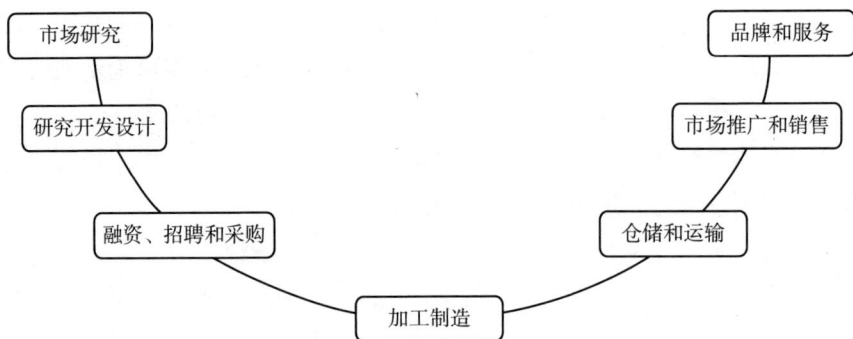

图 1－1　传统产业的产业链①

————————

① 图片来源：图 1－1 至图 1－4 均为作者自己绘制。

公益产业链与其他普通产品的产业链相似，只不过公益产业提供的是致力于解决社会问题的社会服务。公益产业链由为解决社会问题而互相配合而又各有分工的各个环节组成。

首先，要有一些公益组织或基金会能够发现和识别社会问题。社会问题基本上为某一个群体需要某种特别的产品或服务（统称为社会服务），但是目前市场和政府皆未能提供，而个人自身又无力负担或依靠个人和家庭无法实现，比如重大疾病治疗的高额费用、罕见病病人的治疗、某些特殊群体留守儿童、留守老人、贫困儿童、老兵的照顾等。

其次，为了解决某个社会问题，生产和提供相应的产品和服务。和其他产品和服务一样（见图1-2），社会服务的提供也需要从研究开发、获取和整合各种资源、生产出相应的产品或服务，并将这些产品或服务提供给有需要的人。

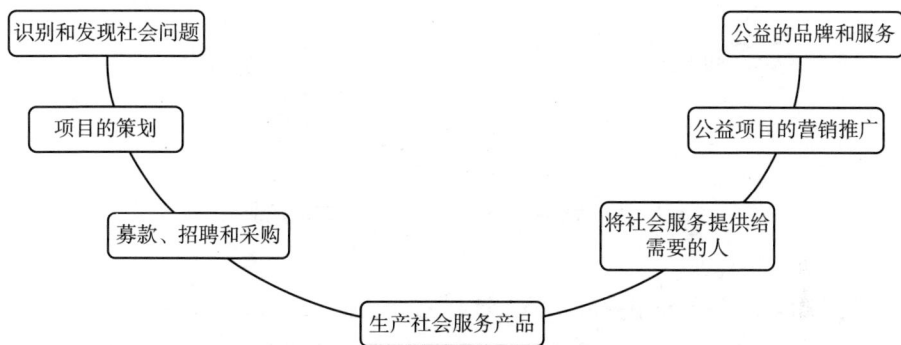

图1-2　公益产业的产业链

据此，与传统产品或服务的产业链对应，我们可以画出相应的公益产业链：公益组织识别和发现社会问题，策划相应的项目，研究解决社会问题的办法，然后进行募款并招募相应的工作人员、采购所需要的各种投入，再生产出社会服务产品，提供给有需要的人。在项目策划和实施的过程中，还需要公益品牌建设和项目的营销和推广。

第三节　互联网促进了公益产业链的分工

由于市场和政府部门暂时未能解决很多社会问题，改革开放以后，国家成立了一些社会公益组织，提供相应的社会服务，来解决一些突出的社会问题。

新中国成立最早的基金会是中国儿童少年基金会，成立于1982年。随后，1982年5月29日，宋庆龄基金会成立，同年中国残疾人福利基金会成立。1989年中国青少年发展基金会成立。在过去很长一段时间内，公益产业链的模式是基金会大包大揽式，即少量公募基金会包揽所有的环节，缺少产业链上的分工和配合，见图1－3。基金会既寻找和发现社会问题又策划项目，募款并自己建立相应的组织和团队实施和推广项目，将社会服务提供给需要的人，最终解决社会问题。

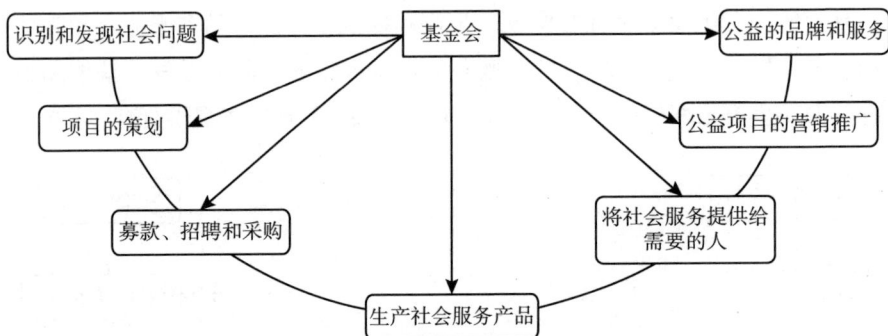

图1－3 传统公益基金会大包大揽式的产业链

随着互联网与公益事业的不断发展，公益事业已经形成一条完整的公益产业链。基金会大包大揽式产业渐转为产业链上的不同环节由不同的个人或组织机构来承担。新的公益产业链在不同的环节基金会不再具有垄断地位和绝对的优势。比如，个人、基金会和公益组织均可以通过各种互联网平台募捐和获取各种资源。在募款募物这个环节，即便是历史悠久的基金会也需要依靠互联网的传播来实现。个人、小团体和普通的公益组织也可以利用互联网发起各种公益的项目，并通过互联网实现营销推广。基金会由于有着长期的经验以及实施项目的各级组织资源，因此在生产和提供服务的环节，具有专业化的优势。社会创投则投资和培育公益产业链中最核心的部分——公益组织。许多公益组织和基金会的账目公开和品牌建设都依赖互联网来完成。这种新型的公益产业链分工详见图1－4。

传统产业的产业链分工一般是产业内的核心企业掌握微笑曲线的两段，即控制研发和品牌，而将生产制造的环节（包含融资、制造和仓储运输等）外包出去，是因为研发和品牌等环节的增加值更高。图1－4中的分工模式也是基金会将部分中间环节外包出去。比如，募集资金和其他资源的环节，现在许多大型基金会的项目都是通过社交媒体或第三方互联网公益平台来发布项目募集资金。部分全能型基金会也正在向资助型基金会转型，将公益项目外包给公益组织，不再自己建设项目团队，由签约资助的公益组织组织团队实施公益项目，即社会服务融资、制造和销售的环节外包给相应的公益组织。经过图1－4这种产业链的分工，大型基金会将重点放在项目策划、项目的营销推广和品牌建设上。但是社会服务的制造和提供者——公益组织并不是产业链的低端，反而是公益产业链中最重要的一个环节。因为只有提供的社会服务解决了社会问题，公益项目才算成功。公益产业链更关注的是如何利用各个组织的优势更有效地解决社会问题，而不是哪一个环节增加值更高，盈利能力更强。传统产业的制造环节外包可以带来规模经济从而降低成本（比如富士康），但是公益服务的制造和提供主要考虑应该是能更好地服务有需要的群体（更加专业、更为便捷和更有针对性）。因此，很多好的公益组织是小而美的，基金会在外包公益项目时也不应过度追求公益组织的规模。

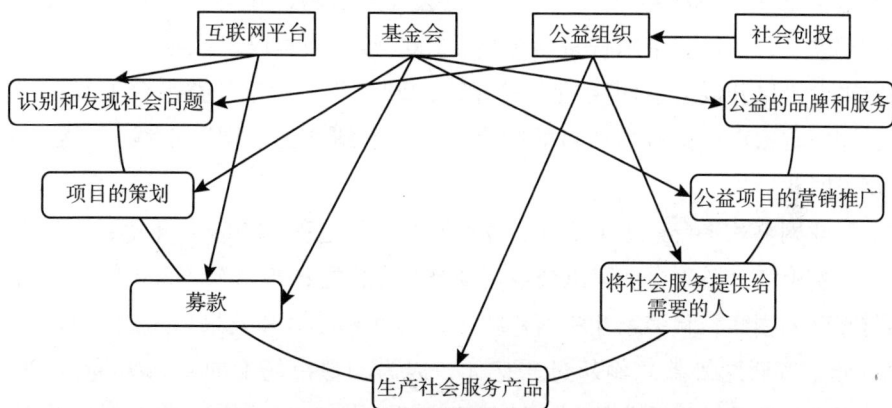

图1－4 互联网和公益结合后的一种新型产业链分工模式

当然，图1－4这种产业链的分工模式并不是唯一的。有一些基金会擅长的是实施项目，而不是募集资金。基金会和互联网平台合作，互联网平台负责募捐，而基金会则利用其长期建立的服务网络和政府资源，负责项目的具体实施。

本文后面内容的组织将按照图1－4中公益产业链上不同环节来组织本书的内容，第二章是互联网捐赠平台，第三章介绍互联网＋基金会，第四章介绍互联网与公益组织，第五章介绍公益创投的发展情况，第六章介绍了富人和名人公益，第七章是互联网＋公益热点事件，第八章介绍了过去一年对公益行业意义重大的事件。

第二章　互联网募款平台^①

第一节　互联网募款平台概述

我国互联网行业的发展以及网络支付手段的完善，为互联网募款平台的出现创造了条件。2003 年以来，一些基金会建立官网，开通互联网捐赠通道和成立募款平台，比如中国扶贫基金会；2005 年，阿里巴巴鼓励公益机构入驻淘宝平台，以开设公益网店的形式募款；2007 年，腾讯公益平台上线；2011 年，国内首家支持公益类项目的综合类众筹网站"追梦网"上线，开启了公益众筹时代。

互联网募款平台经历了萌芽、发展到壮大的过程。2011 年年底，支付宝 E 公益、新浪微公益平台和腾讯公益逐渐被公众接受；2012 年，5.6 亿人次网民参与互联网捐赠，且多家互联网募款平台的劝募能力和效果均超过 2011 年；^② 2013 年，互联网筹款总额超过 3 亿元，成为劝募市场上的新兴力量。^③ 2014 年，新浪微公益、腾讯公益、支付宝 E 公益、淘宝公益网店四个互联网募款平台的筹款总额高达 4.28 亿元，同比增长 42.6%。2014 年，通过微博、微信等移动客户端捐赠的人数占互联网捐赠总人数的 68%，捐赠金额占互联网捐赠总额的 61%，这说明，移动端捐赠替代电脑端捐赠成为我国主流的互联网捐赠。^④

---

① 本章由暨南大学产业经济研究院吴晓青执笔。

② 根据刘柳的《网络捐赠成慈善发展新"爆点"》（http：//cppcc. people. com. cn/n/2013/1008/c34948 – 23116738. html）整理。

③ 资料来源：彭建梅，《2013 年度中国慈善捐助报告》，企业管理出版社 2014 年版。

④ 资料来源：彭建梅，《2014 年度中国慈善捐助报告》，中国社会出版社 2015 年版。

　　根据 2012 年《中国网络捐赠研究报告》的分析，"抗震救灾年"是互联网募款平台发展的关键时点。2008 年 5 月 12 日，汶川地震发生后，淘宝网立即开通网络捐款快速通道，截至 2008 年 5 月 19 日 12 时，筹款总额达 1738 万元；随后，其他互联网募款平台相继开通网络捐赠平台，并取得较好的筹款效果。2012 年，芦山地震发生后，支付宝 E 公益、新浪微公益和腾讯公益等募款平台联合各基金会开通互联网捐赠通道，截至 2012 年 4 月 22 日中午 12 时，支付宝 E 公益平台筹款总额超过 2100 万元，捐赠人数共计 45 万；新浪微公益筹款总额超过 1 亿元，协助各公益组织发起的项目共 36 个；腾讯"乐捐"平台筹款总额超过 1078 万元，捐赠人次超过 214 万；仅灾后两三天的时间，这三大网络捐赠平台中的个人捐赠总额就高达 6236 万元。[①] 两次救灾中，互联网募款平台迅速的反应能力以及高效性给公众留下了深刻的印象，进一步促进互联网募款平台的发展。截至目前，互联网募款平台大致形成四种类型。

　　第一类是"自建网站的募款平台"。随着网民数量的增加和网络支付工具的逐步普及，以及互联网募款平台的发展，"自建网站的募款平台"开始出现。以基金会为例，2003 年开始，一些基金会自建网站宣传基金会自身。比如，爱德基金会在 2003 年建立官方网站，网站主要展示基金会的"基本介绍、品牌项目内容"等信息。随着网络支付手段的完善，许多基金会的官网开通了网络捐赠通道，网友只要填写项目编号、捐赠金额等相关信息就可以通过网络捐赠，而无须通过邮局汇款等传统方式捐赠。2005 年，中国红十字基金会建立官方网站并开通网络捐赠通道。2005 年年底，红基会第一次尝试大规模互联网募捐：红基会动员了 100 个网站和千名网络志愿者，与多家互联网公司合作开展"百千万爱心行动"，募集百万资金救助儿童患者。[②] 2008 年以来，腾讯公益、新浪微公益等互联网募款平台的成功，让许多基金会认识到互联网具有强大的调动民众做公益的能力，一些基金会开始在自建网站上增设募款平台，方便网友直接在平台上浏览项目及捐赠，这进一步简化了网友在基金会网站捐赠的手续。比如，中华儿慈会于 2010 年成立，同年，中华儿慈会建立官网并开通线上捐款通道和在线拍卖的募款平台，企业捐赠是中华儿慈会的主要捐赠来源，中华儿慈会这一年的募捐额不超过 6000 万元；2011 年，中华儿慈会开始开拓各类网络筹款渠道，企业与个人捐赠数额基本持平，筹款突破

---

① 资料来源：彭建梅、刘佑平，《2012 年度中国慈善捐助报告》，中国社会出版社 2013 年版。
② 资料来源：张枭翔、毕维尹，《互联网变革中国公益》，载于《中国慈善家》，2014 年第 4 期。

8000万元；2012年，中华儿慈会网站全面改版，并成立了专业的、自建募款平台——救助平台，自此，中华儿慈会收到的捐赠总额一直较为可观，个人捐款额不断上升。截至2015年年底，中华儿慈会互联网募捐额高达1.17亿元。①

第二类是公益网店募款平台。随着电商业务的普及，越来越多的民间公益组织在电子商务平台上开设网店，把网络购物用户发展成公益捐赠者。2005年，阿里巴巴允许公益机构在淘宝上开设公益网店，这标志着公益网店募款平台的诞生。2006年，网友通过购买阿里巴巴商业店铺的"爱心宝贝"，成功为患绝症的卖家周某某筹款，因此，阿里巴巴开始号召商业卖家设置"公益宝贝"，为公益项目筹款。2011年，"免费午餐"公益网店入驻淘宝平台并引起较大的社会反响。根据"免费午餐"发起人邓飞的介绍，2011年5月，"免费午餐"基金入驻淘宝网店，截至2013年8月，项目共收到15万笔捐赠，筹款总额达到1364万元。②"免费午餐"公益网店的成功，表明网络营销模式有利于促进公益筹款，越来越多的公益机构开始通过开设公益网店的方式募款。截至2014年年底，超过400家公益机构在淘宝或天猫商城开设公益网店。③ 2014年，移动捐赠成主流，一些以微信平台为依托的公益微店开始出现，在这些微店中，有些是公益组织开设的纯公益微店，有些则是商业微店兼营公益业务。

第三类是基于社交媒体的募款平台。随着博客、论坛、QQ、微博、微信等社交工具的发展，网友的社交生活日益丰富，公益事业也迎来新的机遇。一些互联网公司基于自有的社交媒体，成立募款平台并引起较大的社会反响，比如腾讯公益平台和新浪微公益平台。以腾讯公益平台为例：2007年，腾讯公益募款平台上线；2008年，"5·12汶川地震"发生后，腾讯公益发起线上救灾项目，筹款总额超过2000万元，引起了公众的关注；④ 2012年，腾讯公益平台的个人捐赠额为2725.99万元，同比增长62.9%；⑤ 2007～2013年，腾讯公益募款平台筹资额破1亿元；然而仅2015年，腾讯公益筹款额即达到5亿元，这表明腾讯公益平台已被公众接受且发展良好。⑥

第四类是公益众筹募款平台。随着互联网技术的发展，互联网众筹产生并

① 资料来源：中华儿慈会，《中华儿慈会年度报告》（2010～2015年）。
②⑤ 作者根据刘柳的《网络捐赠成慈善发展新"爆点"》整理。
③ 资料来源：阿里巴巴集团，《2014～2015年阿里巴巴社会责任报告》，http://www.alijijinhui.org/content/14233。
④ 资料来源：阿里巴巴集团、瑞森德，《中国网络捐赠研究报告》（2012年），第二届中国慈善公益展示交流会。
⑥ 资料来源："腾讯公益，《2015腾讯公益数据报告》"。

获得发展：2003 年，"Artist Share" 平台上线，标志着互联网众筹的产生；2009 年 4 月，Kickstarter 上线并逐渐发展成为世界上最大的众筹网站；2011 年 7 月，我国首家众筹网站"点名时间"正式上线。

2011 年，国内公益众筹平台开始"萌芽"，国内首家支持公益类项目的众筹平台"追梦网"上线；2013 年，综合类众筹平台"众筹网""中国梦网"① "淘宝星愿"② 以及首家垂直类公益众筹平台"创意鼓"上线，这些平台允许包括个人在内的用户发起公益项目，面向公众筹款；2014 年，"众筹模式"逐渐被公众接受，公益众筹平台获得一定的发展，"积善之家""新公益""京东众筹""轻松筹"等平台上线。2014 年，公益众筹行业的筹资总额超过 1272 万元，众筹成功的公益项目共 299 个。另外，《2014 年中国公益众筹研究报告》认为，综合类公益众筹平台是推动 2014 年整个公益众筹市场发展的主力，比如，综合类公益众筹平台的上线项目的数量占整个公益众筹行业的 96.7%。③ 2015 年，公益众筹平台不断发展，公益众筹行业筹款总额达到 3432.7 万元，筹款成功的公益项目共 873 个。④

根据上述四类互联网募款平台的运作模式，笔者对国内现有的互联网募款进行了归纳整理，见表 2 - 1。

表 2 - 1　　　　　　　　　互联网募款平台的分类

自建网站的募款平台	公益网店募款平台	基于社交媒体的募款平台	众筹募款平台
公益组织自建的募款网站 ①中国扶贫基金会在线捐赠平台 ②中华儿慈会救助平台	"公益宝贝" 淘宝公益"公益宝贝"子平台	网络捐赠第三方平台 ①新浪微公益 ②腾讯公益 ③"蚂蚁金服"公益平台	垂直类公益众筹平台⑤ ①创意鼓 ②积善之家 ③新公益 ④"绿动未来" ⑤"慢友帮"
第三方专业募款网站 ①"51give"平台 ②泉公益	公益网店 ①淘宝、天猫公益网店官网 ②微信上的公益网店平台	非现金配捐运用平台 ①行善 ②"咪咕善跑"	综合类众筹平台 ①众筹网 ②淘宝众筹 ③京东众筹 ④"轻松筹"

① 已更名为"青橘众筹"。
② 已更名为"淘宝众筹"。
③ 瑞森德，众筹网：《2014 年中国公益众筹研究报告》。
④ 互联网金融创新及监管四川省协同创新中心，众筹网：《2015 年中国公益众筹发展报告》。
⑤ 创意鼓、积善之家、新公益的官网已经不存在，或者是处于无法打开的状态。

结合以上分类，笔者将在后文具体介绍这些互联网募款平台。

第二节　自建网站的募款平台

腾讯等互联网募款平台的成功尝试显示了互联网对公益事业的促进作用，一些公益组织为了增强自身项目的募款效果，① 纷纷成立"自建网站的募款平台"：在自建网站的基础上，增设募款平台，展示项目内容、筹款进展等信息。"自建网站的募款平台"进一步提高了捐赠效率：网友可以在同一个网站了解项目信息并完成捐赠，而无须先在其他渠道了解信息，再在网上填写项目账号等信息才完成捐赠。但并非所有公益组织都有能力和财力维护自建的网站及其募款平台，因此，某些公益组织或公司专门成立了为各个公益组织服务的募款平台，使每个符合条件的公益组织都能利用互联网募款。下文以一些具体的募款平台为例，介绍"自建网站的募款平台"的基本特征和概况。

一、公益组织"自建网站的募款平台"

由于建立"自建网站的募款平台"需要一定的技术和财力，所以只有部分公益组织建立"自建网站的募款平台"为自身的项目筹款。以基金会为例，多数基金会都建立官网，但只有少数基金会增设募款平台。对于一些发展时间较长的基金会而言，由于他们具备一定的公信力、影响力以及较稳定的捐赠来源，因此，并没有足够的积极性建设募款平台，而只是把"自建网站募款平台"作为其募款渠道的简单补充；但一些新兴的基金会则充分利用互联网谋求发展，它们将"自建网站的募款平台"作为主要的筹款渠道。总体来说，"自建网站的募款平台"都促进了基金会的募款。下面将以中国扶贫基金会和中华儿慈会的募款平台为例，介绍公益组织"自建网站的募款平台"的特征和募款情况。

中国扶贫基金会在线捐赠平台是中国扶贫基金会"自建的网站募款平

---

① 包含该公益组织发起的自主项目，以及与其他公益组织合作发起的项目。

台"，网站包括"月捐"、"次捐"以及"公益活动"这三个子平台。"月捐"平台的项目多数没有筹款期限，平台展示每个项目的"项目内容，相关报告、捐赠名单以及项目参与人数"等信息。"次捐"平台的项目多数有筹款期限，但期限较长，有些项目超过 4 年时间；平台展示每个项目的"项目内容、项目报告、已筹金额、捐赠人数、筹款截止时间"等信息。中国扶贫基金会在线捐赠平台的捐赠规则和其他平台的相关产品（如腾讯月捐）类似，网友注册后，按步骤为合意的项目捐赠。2016 年 7 月，"月捐"和"次捐"平台展示的项目都是 3 个，① 且都是中国扶贫基金会的品牌项目。

中华儿慈会救助平台作为中华儿慈会官网的募款平台，主要展示中华儿慈会"9958 救助中心"系列的公益项目，这些项目的时效比较长，有些项目的发起时间为 2012 年。平台展示每个项目的"项目内容，发布时间、已募善款"等信息。2015 年，互联网筹款已成为儿慈会的主要筹款来源：2015 年，中华儿慈会互联网募捐总额达 1.17 亿元，在基金会总筹款额的占比达 62%；"9958 救助中心"系列的公益项目的筹款额超过 3300 万元，其中，网络筹款占比达 80%。② 2016 年 4 月，中华儿慈会救助平台共展示了 4995 个公益项目。③

二、第三方建立的专业募款网站

为了方便更多的公益组织运用互联网进行募款，一些公益组织或公司专门成立了第三方募款网站，为这些公益组织提供相关服务。下面将以"51give"和泉公益为例，介绍这类平台的基本特征和发展概况。

"51give"是由桌朗技术咨询（北京）有限公司于 2007 年注册开发的在线捐赠平台。目前，只有具备公募资质的机构可以在该平台上发起项目。"51give"平台展示的项目多数没有筹款期限；平台展示每个项目"已筹善款、工作动态、善款流向以及项目话题"等信息；捐赠者可以选择以"单次捐赠"或"月捐"的形式捐赠。2016 年 7 月 8 日，平台上线的项目共 117 个，其中，

---

①　资料来源：月捐—中国扶贫基金会在线捐赠平台和次捐—中国扶贫基金会在线捐赠平台实时数据。

②　根据"赵新星：《公益组织要结构性适配新环境》，《南方日报》2016 年 6 月 21 日"整理。

③　资料来源：中华少年儿童慈善救助基金会官网的救助平台频道实时数据，http：//www.ccafc.org.cn/templates/Child/wyjz.aspx？nodeid=291&pagesize=1&pagenum=9。

已完成 160 个项目，新上线了 13 个项目；平台的筹款总额为 9850703.83 元，关注人数达 41751 人。[①]

泉公益平台是由上海宋庆龄基金会于 2013 年 11 月 4 日发起，并自行运营的行业性公募平台，具有公募资质的公益机构以及非公募资质的公益机构都可以在泉公益平台上发起项目。泉公益平台展示的项目都有筹款期限，平台展示每个项目的"项目计划、项目实施、项目总结、项目答疑、项目评价"等信息；每个项目的捐赠方式都为单次捐赠；每个项目还需要设置筹款目标。2016 年 7 月 8 日，平台展示的项目共 112 个，捐赠人次约 1330 人，捐赠总额达 4134358.55 元，其中，最高个人单次捐赠额为 2000 元。[②]

第三节　公益网店募款平台

公益网店募款平台是指公益机构入驻第三方互联网平台，并开设公益网店募款的平台。2005 年开始，公益机构入驻淘宝平台开设公益网店，并以"出售商品"的方式筹款，这些"商品"涉及环保、残障人士关爱、动物福利等领域。随后，阿里巴巴发挥商业平台优势，向卖家推出"公益宝贝"计划，进一步完善公益网店募款平台。2014 年，公益机构被允许入驻某些微店平台募款，但由于微店这个第三方平台刚刚起步，公益微店影响力有限。

通过阿里巴巴平台，公益机构有两种募款方式：一种是公益机构网店自营业务，另一种是加入"公益宝贝"计划。目前，阿里巴巴旗下的淘宝公益平台是国内最主要的、提供给公益机构开设公益网店的第三方平台。淘宝公益平台在"公益捐赠"、"公益义卖"和"公益宝贝"三个子平台展示所有淘宝或天猫的公益网店自营产品及"公益宝贝"：符合标准的各个公益网店的项目在"公益捐赠"和"公益义卖"两个子平台展示，"公益宝贝"平台展示加入"公益宝贝"计划的公益项目和"公益宝贝"。[③] 下面将以淘宝公益平台为例，介绍公益机构网店及"公益宝贝"计划的基本特征和发展概况。

---

① 资料来源：51give 官网实时数据。
② 根据泉公益平台官网公布资料及其实时数据整理。
③ 淘宝和天猫的公益机构网店的项目、淘宝和天猫的"公益宝贝"都会在淘宝公益平台展示。

一、公益机构网店

阿里巴巴将淘宝公益机构网店定义为：在民政部门注册的、以公益为业务范围且年检合格的基金会、社会团体、民办非企业单位，以及具备大陆合法身份的境外公益机构（含港澳台及联合国机构）分支，凭机构证件在淘宝上认证注册的店铺。符合条件的公益机构也有资格入驻天猫开设公益网店。目前，个人无法开设公益网店。下面将从公益机构网店的筹款流程、筹款方式及公益机构网店的运营情况这三个角度，介绍公益机构网店平台的特点。

（1）公益网店有着较为完整的流程。流程可简述为：首先，阿里巴巴联合基金会审核申请上线的项目；其次，上线筹款的项目，应按要求及时在网上公示项目进展及相关的支出单据或发票；最后，基金会和民政部门、专家一起评估项目的资金流向以及项目实施效果等。

（2）公益机构网店常常通过传统捐赠以及出售产品两种形式筹款。传统捐赠的运作模式为：公益网店以展示商品的形式展示自身发起的公益项目，网友了解项目内容后，"购买项目"并确认收货即完成捐赠。出售产品的方式指公益机构通过出售与公益项目有关的产品募款，每个商品详情的页面除了介绍商品，还介绍购买商品后捐赠项目的详情。公益网店出售的商品包括实物和虚拟产品两种形式，实物产品通常为面包、书桌等物品，比如爱德基金会公益网店发起的"健康小书桌，伴我成长"项目，出售的商品是书桌。其运作过程为：捐赠者购买书桌并确认收货后，由爱德基金会向山区的学生捐赠书桌，如果捐赠的书桌有质量问题，书桌接收方可以退货；午餐券、爱心包裹等商品通常被公益网店定义为虚拟产品，比如"免费午餐"基金会公益网店的"免费午餐"项目，出售的商品是午餐券。其运作过程为：捐赠者购买午餐券并确认收货后，基金会向贫困地区的孩子捐赠午餐，但这类虚拟产品付款后不可退款。另外，公益网店出售的商品数量不限且定价自由。

（3）公益网店的大部分运营工作由公益组织完成，因而，公益网店的运行情况与公益机构的资源情况、运营能力密切相关。比如，"免费午餐"公益网店推出的品牌项目"'免费午餐'公募计划"引起广泛的关注，该项目由500名记者、数十家媒体联合中国社会福利基金会发起，从发起至2014年，募款已超过 6800 万元；① 但是，许多公益机构网店发起的项目的访问量少，筹款额度低。比如，"10 元小小梦想包"是中国下一代教育基金会的品牌项目之一，三个月内销售量仅两件。② 为改善这种情况，阿里巴巴以成立"NGO 开店公益培训班"、公益网店交流群等方式，帮助更多公益组织更好地运用商业方法，提高网店管理及其与公众交流的能力。

2016 年 7 月 10 日，淘宝公益平台展示的公益机构网店的"宝贝"共 2508件，其中，"公益捐赠"子平台共展示 1387 件"宝贝"，"公益义卖"展示了1121 件"宝贝"③。

二、"公益宝贝"计划④

随着 2006 年"爱心宝贝"的成功，阿里巴巴公益平台推出"公益宝贝"计划——提供第三方平台连接公益机构与阿里巴巴平台的电商，为公益项目筹款。"公益宝贝"指带有"公益宝贝"标识的商品。公益机构、商业卖家、网购的买家是"公益宝贝"计划的重要主体。

（1）公益机构。无论是公募基金会还是其他 NGO，都可以申请加入"公益宝贝"计划。公益机构加入计划后，可向阿里巴巴申请上线公益项目，通过审核的项目将被展示给商业卖家，由卖家选择为哪个公益项目捐赠。

（2）商业卖家。淘宝或天猫卖家可在上架商品前，选择是否加入"公益宝贝"计划。卖家选择加入计划后，应选择为哪个公益项目捐赠，并设置一定的捐赠比例；在每笔交易完成之后，系统将按商家设置的比例自动扣除金额捐赠给指定的公益项目。

（3）网购买家。买家在购买商品或者访问淘宝公益的"公益宝贝"平台时，可以浏览带有"公益宝贝"标识的商品，还能查看购买商品后，将捐赠给哪个公益项目。买家购买"公益宝贝"后仍然可以评价商品以及退换商品。买家捐赠完毕后，还可以收到淘宝官方的致谢信。

根据阿里巴巴对"公益宝贝"计划的描述，笔者整理了"公益宝贝"筹款过程的资金流向图（见图 2－1）。

---

① 资料来源："免费午餐"公益店公布的信息。
② 资料来源：中国下一代教育基金会公益店"10 元小小梦想包"实时数据。
③ 资料来源：淘宝公益平台实时数据。
④ 本部分内容主要根据"淘宝公益官网公布信息"整理。

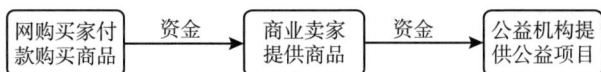

图 2-1　"公益宝贝"计划资金流向图

目前，参与"公益宝贝"计划的公益项目有"常态"、"限时"和"限额"三种模式。"常态"指项目可以通过"公益宝贝"计划长期筹款；"限时"指项目应在目标时间内完成筹款，这种形态能满足短期性、临时性的项目筹款的需求；"限额"指设定筹款目标，这种形态能满足有特定资助计划的项目的筹款需求。然而，淘宝目前仅支持后两种形态。

公益项目入驻"公益宝贝"的过程可简述为：项目沟通、项目考察、项目审批、上线推广、清退下线。2016 年 4 月，阿里巴巴宣布启动"联合公益暨'公益宝贝'2.0 计划"，进一步完善"公益宝贝"计划。比如，"公益宝贝"项目上线的流程更加规范，以 NGO 为例：首先，NGO 按要求申报项目；其次，中国扶贫基金会、爱德基金会和中华儿慈会三个基金会共同评审该项目；最后，通过评审及第三方调查的项目可在"公益宝贝"上线募款。①

2014 年，"公益宝贝"计划共带动 2.13 亿网友参与公益，参与次数达11.1 亿，② 2015 年，共有 150 万淘宝、天猫店家参与"公益宝贝"计划，实际产生捐款的"公益宝贝"超过 3090 万件，捐款总额超过 1.9 亿元，资助了爱德基金会、壹基金等 540 余家公益组织。③ 2016 年 7 月 10 日，淘宝公益平台上共展示了 3000 件"公益宝贝"。④

三、其他服务平台

为了促进公益机构网店募款平台的发展，阿里巴巴还成立了其他为公益组织服务的平台，如云公益平台和公益广告联盟。

云公益平台致力于为各大公益组织创造运用互联网技术的条件。2014 年 9月，阿里云推出云公益平台，为公益组织提供网站上云、公益移动化、大数据

---

①③　根据"阿里巴巴公益基金会官网我们的行动频道（http：//www. alijijinhui. org/content/14145）公布的信息"整理。

②　资料来源：《淘宝"公益宝贝计划"》。

④　资料来源：根据淘宝公益平台实时数据整理。

处理和信息共享等支持，借以推动公益组织运用互联网技术，提升公益效能。目前，壹基金、中国扶贫基金会、蔚蓝地图等公益组织都已成为云公益的用户。

公益广告联盟致力于调动商业卖家参与公益：卖家在"装修"店铺时可以选择"公益广告"免费模块加入公益广告联盟，此后店铺首页将展示特定公益项目的广告。天猫及淘宝的新老版旺铺均可设置"公益广告"免费版块。从 2013 年 3 月底上线至阿里巴巴发布 2015 年《社会责任报告》，公益广告累计展示 PV7.08 亿次，共 30 多万商业卖家同时在淘宝和天猫商家店铺加入公益广告联盟①。

第四节 基于社交媒体的募款平台

社交媒体（social media）又称社会化媒体，薛晓丽和樊彩锋（2011 年）将社交媒体定义为一种为网友提供巨大参与空间的新型媒体，网友可以通过博客、微博、论坛、微信等社交工具开展交流、互动、分享等各种社交活动。②随着社交媒体的发展，网络、手机等逐渐成为信息传播的主要载体，各类手机应用以及网站的使用率不断上升，许多社交媒体平台发展迅速，比如新浪和腾讯。

社交媒体具有受众广、互动性强、传播速度快等优势。在此背景下，一些运营社交媒体的互联网公司便开始尝试建立互联网募款平台，比如腾讯公益。随着社交媒体对社会的影响不断加深，社交媒体促进公益发展的案例越来越多，更多的互联网公司意识到社交媒体对公益的促进作用，并成立公益平台，以 2009 年上线的新浪微博为例，上线当年，一些小有名气的公益项目（如"多背一公斤""老兵回家"等）便利用微博平台加快项目的传播，提高了筹款效率；2010 年，梁某某"转发一次捐一元"和姚某"一个粉丝一毛钱"的行动则掀起了名人助力公益传播的浪潮；2011 年，以于某某"随手拍照解救乞讨儿童"和邓某"免费午餐"为代表，新浪微博进一步将民间"微公益"

---

① 资料来源：阿里巴巴集团，《2014～2015 年阿里巴巴社会责任报告》，http：//www.alijijinhui.org/content/14233。

② 定义来源：薛晓丽、樊彩锋，《高校传统影院社会化媒体营销推广探析——以华大青年剧场为例》，载于《科技创业月刊》，2011 年第 13 期。

推向了一个新的高峰；2012 年，无论是"北京 721 特大暴雨"还是"雅安地震"的灾后救援，新浪微博都充分显示社交媒体在公益传播中的积极作用。[①]同年，新浪成立新浪微公益募款平台。

基于社交媒体的募款平台，一方面降低了求助门槛——不仅具备公募资质的公益机构可以在这类平台发起项目，个人也可以通过与公益组织合作的方式，在某些基于社交媒体的募款平台上发起项目；另一方面进一步提高了筹款效率，比如，网友通过社交媒体分享上线的公益项目，可以呼吁更多人献爱心。另外，项目发起人需要设置筹款目标金额和筹款时间，但无论是否完成筹款目标，发起方都可以使用筹款。下面将结合国内典型的社交媒体募款平台，具体介绍社交媒体募款平台的基本特征和发展概况。

一、新浪微公益平台[②]

2012 年 2 月，新浪微公益平台上线，当时，"微博救助"尚处于无序化、碎片化的状态。[③] 随后，"个人求助、转发捐助和微拍卖"三个子平台相继上线，逐渐改善了"微博救助"过往存在的问题。

根据新浪微公益平台官网的介绍，新浪微公益平台像一个大超市一样运作。微公益平台这个"超市"的"消费者"是公益组织、个人以及热衷公益的名人或媒体；"供应商"是以基金会为代表的各类公益组织，他们向微公益平台提供各类公益产品；新浪微公益的"商品"是各类公益产品和公益项目。为了给用户提供更便利的"消费体验"，新浪微公益平台还设有"热门推荐"的公益项目。

新浪微公益基于新浪微博这个社交媒体而发展，自上线以来至 2016 年年初，新浪微公益平台的捐赠人次超过 1500 万人，参与执行的公益项目超过 2万人，筹款总额超过 3 亿元。据统计，150 位长期关注公益领域的新浪微博名人用户在 2015 年发布的公益微博，共获得 281 亿以上的阅读总量；已有超过3000 家国内外知名公益组织在新浪微博上传播公益理念，超过 100 家国内外

---

①　根据"戴维嘉：《社交媒体的公益传播机制和效果研究》，暨南大学硕士学术论文，2015 年"整理。

②　这部分内容根据"新浪微公益官网'帮助'网页信息"整理。

③　指运用新浪微博发出救助的行为。

知名品牌的公益项目在新浪微公益平台上线。① 目前，新浪微公益平台共开发了"个人救助""微拍卖""转发捐助"和"品牌捐"这四个子平台。2016 年 7 月 9 日，新浪微公益"个人救助"子平台展示的项目数量为 18178 个，"微拍卖"共展示 621 个项目，"转发助捐"共展示 543 个项目，"品牌捐"共展示 152 个项目。② 下面将依次介绍这些子平台。

（一）"个人救助"平台

"个人救助"平台的发展相对成熟，已具备比较完整的求助系统。需要求助的网友，可通过微博与新浪微公益的合作机构联系，如果合作的公益机构证明求助信息真实，新浪微公益平台将自动并以规范、鲜明的"特殊 Feed（信息流）"方式发布对应的求助项目。"个人救助"平台是新浪微公益的重要子平台，下面从三个方面介绍此平台。

（1）发起人资质。与腾讯公益、阿里巴巴公益的募款平台相比，新浪微公益提供了更低门槛的救助平台：个人可以在"个人救助"平台上发起项目。根据新浪微公益的介绍，平台对各类发起主体的要求不同：新浪微公益的公益合作伙伴③可随时在"个人救助"平台发起公益项目；不具备公募资质的其他主体（企业、新浪微博认证的"黄 V"或"蓝 V"个人用户等）发起的项目，需要在被爱心团证实的情况下才能在"个人救助"平台上线；另外，这些个体发起的项目需要由新浪微公益的公益合作伙伴或其下属项目认领执行。

（2）筹款额度限制。新浪微公益平台明确指出，在"个人救助"平台上筹款有额度限制：若为机构发起的项目，筹款上限为 10 万元；若为个人发起的项目，筹款上限为 5 万元。对于筹款需求比较大的项目，可以分成几次发起。

（3）提款。无论项目是否达到筹款目标，都可以申请提款。各类提款主体按不同的提款规则来提款，比如，如果是个人，需向项目支持机构提交善款划拨申请才可提款；如果是公募基金会，过程则相对简单：募款期间，可随时向微公益申请提款，且一般在 2 个工作日内即可完成提款。

---

① 资料来源：任册：《微公益开启星光公益联盟》，《京华时报》2016 年 1 月 19 日（c08）。

② 资料来源：新浪微公益官网"个人救助""微拍卖""转发助捐""品牌捐助"四个子平台实时数据。

③ 指具备公募资质，且与新浪微公益签到合作协议的基金会，目前，中国青少年发展基金会、中国扶贫基金会、中华社会救助基金会等68家具备公募性质的基金会都是新浪微公益的合作机构。

为了使读者更加了解"个人救助"平台的求助过程，图 2-2 以个人为例，展示个人发起求助的整个流程。

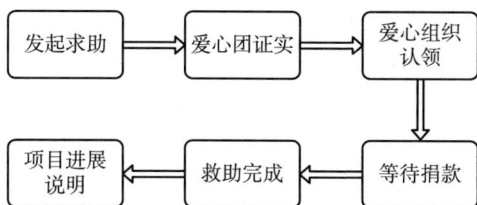

图 2-2　个人求助发布项目过程

（二）"转发捐助"

"转发捐助"是新浪微公益的非现金配捐平台，其捐助规则为：网友每转发 1 次，企业捐助 n 元或捐助相应的物品（如课桌、午餐、一棵树等）。和其他非现金配捐平台的目的一样，"转发捐助"的主要目的是帮助企业推广公益项目，目前，平台上的项目大部分由企业发起。为了让读者更加了解"转发捐助"，图 2-3 展示了"转发捐助"的流程。

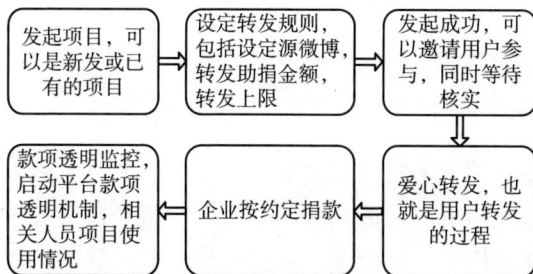

图 2-3　转发助捐过程

（三）"微拍卖"

"微拍卖"的运行机制与线下拍卖基本一致，即由拍卖方提供拍品，网友参拍；在规定时间内，价高者得拍品。根据不同的拍卖规模，"微拍卖"提供不同的平台，拍品超过 8 件的拍卖可在"独立拍卖会"页面举办，反之则在"专属拍卖会"页面举办。任何个人或者企业、机构都可以发起拍卖，由名人、企业、媒体或公益组织发起的拍卖往往能取得更良好的效果。拍卖所得款项将全部捐赠给受助方，受助方由拍卖方指定，比如，拍卖方可以捐赠给"与微公益合作的公益机构""微公益合作发起的公益项目"以及"正在微公益平台上求助的个人"。通过微拍卖，主办方帮助了有需要的人，网友则在参拍的同时为公益作贡献，而且整个拍卖过程还增强了双方的互动，因此，"微拍卖"网友的参与度及对主办方的认同度远超其他捐助方式。

（四）"品牌捐"

"品牌捐"（或称"定额捐"）倡导公众通过定额、小额的捐款长期关注并支持优秀品牌公益项目，致力于培养公众定向捐赠、定额月捐的习惯。

"品牌捐"的项目分为以下几种：1. 常规项目。这类项目由公募基金会指定专人专职负责运营、管理、执行、监督，同时拥有固定的受助人群和受助标准，且运作流程相对稳定；另外，项目可以在"品牌捐"平台上长期募款。2. 品牌项目。这类项目具有一定的知名度、良好的口碑和成功的实践经验。3. 定额项目。这类项目具有标准化的捐赠数额及物资配置，是"品牌捐"中最为常见的项目之一。

"品牌捐"对发起人的要求较高，目前，"品牌捐"项目尚未开放发起权限，符合要求的公益项目向微公益提供机构资质、项目介绍等相应资料后，由微公益方指定的专人进行审核，审核通过后才可以在"品牌捐"平台上线募款。

（五）激励成长机制

微公益平台还开发了激励项目发起人、爱心团成员、捐款用户等主体成长的产品。以激励个人捐赠用户成长的产品为例，微公益通过对公益用户的相关公益行为进行数据分析后，再把结果转换为数值和关键词，展示在个人资料页面上：捐赠者访问微公益首页，点击个人头像，即可访问个人的公益页，页面展示了捐助者的公益行为历史及其影响力。以明星刘某某为例，截至 2016 年 7 月，她的个人公益页显示了以下信息：刘某某的公益积分为 2010 分，超过 99％的用户；她转发的公益微博的阅读量达 804 万次，因阅读其转发的公益微博而开始关注公益的人数为 359 万人；她的公益行为带动 5 万人捐款，捐款额达 443 万元。[1] 另外，微公益用户还可以查看粉丝及关注明星的"个人公益页"。

---

[1] 根据"刘某某公益页（http：//gongyi. weibo. com/1304194202/profile）的内容"整理。

二、腾讯公益平台①

腾讯公益平台依托于腾讯公司旗下的社交媒体而发展：腾讯公益的公益项目可以分享到微信、腾讯 QQ 电脑端及移动端等平台上。腾讯本身具有大量的用户，为腾讯公益的发展创造了良好条件。目前，腾讯公益平台设有"月捐"、"乐捐"、微爱、为村、筑德基金、存在、"益行家"这几个主要的线上公益产品。和新浪微公益平台一样，个人、企业、公益组织等主体可以在对应的腾讯公益子平台上发起公益项目，但又不具备公募资质的主体发起的项目，必须经具备公募资质的机构认领、审核后才可上线。在平台上，捐赠者可以查看捐赠的项目的进度；当项目完成后，腾讯公益微信号直接将结项报告推送给所有捐赠者。另外，腾讯公益平台的筹款流向为：捐款从捐款人账号直接拨入认领该项目的公益机构的账户，公益机构再把对应款项拨付给该项目的求助方。

据相关数据显示，2015 年，腾讯公益捐款人数为 2383 万人，筹款总额超过 5.4 亿元，资助了共 2960 家公益组织、7241 个公益项目。② 截至 2016 年 7 月 10 日，历史善款总额达到 1086091374 元，历史爱心总人次达到 72074701 人。"乐捐"平台上展示了 2853 个正在募款的项目，7813 个正在执行的项目和 3262 个已结束的项目③。

为了使读者更全面了解腾讯公益平台的特征和概况，下面将详细介绍三类腾讯公益平台的产品。

（一）互联网募款平台

腾讯公益的募款平台包括"乐捐"、"月捐"和"一起捐"。

（1）"腾讯乐捐"。"腾讯乐捐"是腾讯公益主要的单次募款平台。"腾讯乐捐"被腾讯定义为公益众筹募款平台，但它具备基于社交媒体的救助平台（如新浪微公益的"个人救助"平台）的特征。比如，一方面，"乐捐"平台

---

① 这部分根据腾讯公益官网资料整理。
② 根据"腾讯公益：《2015 腾讯公益数据报告》，http://gongyi.qq.com/a/20160318/053250.htm"整理。
③ 资料来源：腾讯公益官网及"腾讯乐捐"实时数据。

允许公募机构、非公募机构以及个人①发起公益项目；另一方面，即使项目没有完成筹款目标，发起方仍然可以根据相关规定合法提取善款；② 另外，"乐捐"平台的项目必须有公募机构认领或支持才能上线。综合来看，"腾讯乐捐"与其他基于社交媒体的募款平台旗下的单次捐赠子平台（如新浪微公益"个人救助"平台）具有更多共性；另外，为了体现腾讯公益平台的完整性，本书在这部分而非在公益众筹部分介绍"腾讯乐捐"平台。

在"腾讯乐捐"平台上募款的流程为：首先，个人或公益机构在"乐捐"上注册及实名认证后，按要求设定筹款目标、筹款时限等内容发起项目；其次，由公募机构审核项目，并在十天之内反馈结果，审核通过的项目便可在"乐捐"平台上线筹款；再次，筹款结束后，项目执行方接收善款及执行项目，并按要求及时公示项目进展；最后，项目执行方公示项目总结和善款使用报告。

（2）"月捐"。"月捐"是腾讯公益旗下的定额捐赠平台——捐赠者选择平台上的公益项目，并且每个月固定向该项目捐赠 10 元。2008 年，腾讯公益救灾项目获得很多网友的支持，但此后，网友捐赠明显回落。于是，腾讯公益推出"腾讯月捐"平台，致力于培养捐赠者的公益习惯，推进公益事业的发展。"腾讯月捐"平台推出后，"月捐"平台的筹款一度成为腾讯公益最主要的筹款来源。

在"月捐"平台上线的项目大部分由腾讯公益的合作伙伴发起。另外，自 2015 年 12 月 31 日起，"月捐"只开放移动端平台。

（3）"一起捐"。"一起捐"是"月捐"的升级版，它鼓励网友利用社交网络做公益，为网友带来"一人捐款、两个人一起做公益"的乐趣：比如，网友可以绑定一个朋友的 QQ 号码，到了每月的捐款日，"一起捐"在同一个账号扣除 20 元，即两个人每月的固定捐款。《2015 腾讯公益数据报告》认为，社交公益是 2015 年的一个新亮点，据报告分析，一个人发起"一起捐"，平均能带动 5.6 个人捐款。

（二）配捐产品

腾讯公益平台已推出多个配捐产品，大部分配捐产品以线上捐赠和线下举

---

① 实名认证的用户都有发起权限，这比新浪微公益"个人救助"的要求更宽松。
② 这种情况在多数众筹平台被判定为失败，捐款会按原路退回给捐赠者。

行公益活动相结合的形式展开，比如，"益行家"和"99 公益日"。下文结合这两个活动，介绍腾讯公益配捐活动的特征。

"益行家"是由腾讯公益慈善基金会发起的配捐活动，其捐赠机制为：网友通过参与"益行家"相关活动的方式捐赠步数，然后，腾讯公益将捐赠者的运动数据转化为公益步数，并按规则兑换由企业提供的公益基金，以捐助公益项目。2014 年和 2015 年，"益行家"在高原、戈壁开展徒步配捐活动，2016 年，"益行家"以"全民捐步大挑战"为主题，举办探访救助地区的活动，网友在网上捐赠步数，即有机会探访已收到网友救助的某些地区。据统计，在线上捐步环节中，至少有 780 万人参与捐赠，捐赠步数为 1178 亿步，等同于绕地球 1759 圈，共兑换了 1178 亿元。[①]

"99 公益日"是由腾讯公益联合某些公益组织、知名企业、明星名人以及顶级创意传播机构共同发起的重要配捐活动，其配捐形式包括现金和非现金两种。2015 年 9 月 9 日，腾讯举办首届"99 公益日"，其配捐规则为：在 2015 年 9 月 7～9 日期间，网友每捐赠 1 元，主办方将配捐 1 元；网友每捐一万步，主办方将配捐 2 元，配捐上限为 9999 万元。据统计，在 3 天之内，活动捐赠额高达 1.27 亿元，捐款人次高达 205.3 万人，创下 2015 年国内互联网的筹款纪录。[②]

（三）机构赋能[③]

2011 年，腾讯基金会推出帮助民间公益组织和高校社团发展的互联网公益计划——"腾讯微爱"，其运行机制为：腾讯基金会通过"微爱"平台，为民间公益组织、优秀企业，以及其他符合条件的爱心机构提供资金、资源、产品技术等全方位的支持。2012 年，"腾讯微爱"为 114 个由公益组织、社会企业、高校社团发起的公益项目提供资金、资源帮扶，累计资助金额达 494 万元。2013 年，"腾讯微爱"推出校园公益项目，项目主要以全国校园社团为扶持对象，项目的运行机制为：校园社团向"腾讯微爱"提交项目；"腾讯微爱"向网友展示这些项目，并由网友挑选愿意资助的项目；然后，由腾讯基金会筛选网友选择的项目，通过筛选的项目即可获得腾讯基金会的资助。2013

---

① 根据"腾讯公益：《2016 腾讯益行家公益探访首站启动　走进'美丽中国'云南山区项目》"整理。

② 根据"王燕：《2015 年度中国慈善公益盘点：网络颠覆公益时代》"整理。

③ 可理解为网络公益平台利用互联网为公益组织、机构提供能高效创造、发展的环境和工具。

年年底，腾讯基金会进一步挑选已得到资助的项目，为一些优秀项目提供最高达 20000 元的奖励。据统计，2012～2013 年，"腾讯微爱"共资助了 174 家公益组织，接资助额达 737 万元。①

2015 年，腾讯公益基金会以"NPO＋"为主题，出资 1000 万元成立微爱基金，旨在帮助民间公益组织提高运用新媒体技术等能力。"NPO＋"计划的规则可简述为：符合条件的民间公益组织在腾讯"乐捐"发起项目筹款，筹款额达到"NPO＋"计划的标准后，可向腾讯基金会申领"微爱基金"。"微爱基金"分为两大类：一类是资助执行类公益组织，包括孵化基金（1 万元奖金）、成长基金（3 万元奖金）和卓越基金（10 万元奖金）三小类；另一类是资助区域枢纽型公益组织，资助额的上限为 30 万元。"腾讯微爱"根据每类基金的评判标准资助符合条件的公益组织。②

除了以上三大类公益产品，腾讯公益还运用腾讯互联网平台，推出其他特色活动。比如，微信的"为盲胞读书"、QQ 邮箱的"暖灯行动"等活动。

三、蚂蚁金服公益平台③

蚂蚁金服公益平台是依托于蚂蚁金服平台而发展的募款平台。目前，蚂蚁金服公益平台围绕"金融＋公益""健康＋公益""城市＋公益""无障碍支付"和"蚂蚁员工公益"这几个方向，开发了一系列公益产品。

（1）"金融＋公益"。"支付宝—爱心捐赠"是蚂蚁金服"金融＋公益"的只要产品，它依托于蚂蚁金服旗下的支付宝平台而发展的在线募款平台。目前，"支付宝—爱心捐赠"已开放电脑端和移动端平台；电脑端的"支付宝—爱心捐赠"与支付宝在线捐赠平台是同一个网址，因此，下面以支付宝在线捐赠平台为例，介绍蚂蚁金服旗下的募款平台的特征。

支付宝在线捐赠平台的前身为支付宝 E 公益平台，其运行过程与规则同其他在线捐赠平台类似，其项目发起方主要为公益机构（共有 21 家公益机构），项目涉及助医、求学、济贫、安老、助残、救灾等领域。平台除了详细介绍项目内容外，还直观地公示善款去向以及发起机构等详细信息。支付宝在线捐赠

---

① 根据"腾讯微爱官网（http：//gongyi. qq. com/npo/）公布的信息"整理。

② 根据"2015 腾讯微爱：《2015 年腾讯微爱 NPO＋计划：1000 万元助力民间公益》，http：//gongyi. qq. com/a/20150521/000878. htm"整理。

③ 这部分内容根据"佛商俱乐部 fosun：《蚂蚁金服公益平台》"整理。

的公益项目需要设定筹款目标，大部分项目在达成筹款目标之前都有效，因而项目发起方无须事先设置筹款期限。截至 2016 年 6 月 29 日，支付宝捐赠次数达到 136823386 次，捐赠总额高达 504769309.93 元。①

"金融 + 公益"的另一个产品是"收益捐"：公众每天获得余额宝收益的同时，可以将收益的一部分捐赠给公益项目。

（2）"健康 + 公益"。蚂蚁金服公益平台鼓励公众培养"健康 + 环保 + 捐赠"的生活方式。公众可以通过"行走捐"平台，每天捐赠 5000 步以兑换企业的现金捐赠，助力公益项目。

此外，蚂蚁金服还从"城市 + 公益"和"无障碍支付"两个方向开发公益产品，比如，"IPE 环境数据查询"是"城市 + 公益"类的项目；支付宝钱包应用开通了无障碍支付功能，致力于让包括残障人士在内的每一名用户都平等地分享技术带来的便捷。

四、运动类应用的非现金配捐平台

在非现金配捐平台上，捐赠者以捐赠步数、时间等方式助力公益项目。其运行机制为：网友按要求完成捐赠后，企业按一定比例配捐现金；然后，由公益机构或者志愿者执行对应的项目。微博的"转发捐"是国内最早的非现金配捐平台，随后还出现"'茶缸'网络社区发言配捐一粒米"的配捐活动；并逐渐出现"行善 APP"等基于运行类手机应用的非现金配捐平台。下文以"咪咕善跑"为例，介绍基于运动类手机运用而发展的非现金配捐平台。

2015 年，随着全民健身热潮的兴起，以捐赠步数进行配捐的运动配捐平台发展迅速。目前，许多运动类的手机应用都兼具公益性：为公众提供运动、健身等相关服务的同时，也为公众提供相关的公益服务，比如，"行善"、"咪咕善跑"和"益起跑"。以"咪咕善跑"为例，"咪咕善跑"（简称"善跑"）是咪咕互动娱乐有限公司（咪咕互娱）打造的"O2O"运动健康平台。"咪咕善跑"具有线上和线下两种运作形式：在线上，"咪咕善跑"为公众提供运动、公益、娱乐等服务；在线下，则参与举办中国顶尖的马拉松、城市乐跑、山地越野跑等公益赛事。2015 年，"咪咕善跑"发起了"城墙电跑"、"咪咕荧光跑"等十余场线下跑步公益活动，参与人数累计超过百万，公益里程接近

---

① 资料来源：支付宝在线捐赠（支付宝 e 公益平台）实时数据。

160 万公里。另外，"善跑"除了提供捐步配捐平台，还成立爱心众筹平台。截至 2016 年 7 月 8 日，共有 6 家公益组织入驻"善跑"爱心众筹平台。①

五、2015 年基于社交媒体的募款平台经典案例

（一）互联网公益受众广——送孩子一个福气年②

2016 年 1 月 26 日至 2016 年 2 月 22 日，蚂蚁金服公益平台、新浪微公益平台联合壹基金、中国社会福利基金会、"免费午餐"基金等八大基金会，发起了"送孩子一个福气年"的公益活动，海某、邱某某等明星为本次公益活动助力，号召公众为"家乡孩子"献爱心。公众可以参与线上和线下活动献爱心：通过"支付宝—爱心捐赠"平台捐助儿童，或通过相关微博话题参与线上互动；以参加支付宝生活圈现场的公益活动的方式支持"送孩子一个福气年"。

这次公益行动分为 7 大主题，不仅涉及儿童"吃饱、穿暖、上学"这些基本需要，还关注到近年来十分突出的儿童"平安出行、家人陪伴、环境质量"等问题。另外，蚂蚁金服活动负责人表示，春节来临，主办方还为孩子们准备了春节红包。

此次活动还激发公众的"乡情"，号召"家乡人关注家乡儿童"，蚂蚁金服活动相关负责人表示，活动期间，支付宝根据每个省份捐赠的情况排名，激励更多家乡人为家乡儿童献爱心。另外，优步、爱钱进等七家企业为本次活动配捐。据报道，对于捐赠人次排名前三的省份，这七家企业为其每人每次（可重复）的捐赠配捐。2016 年 2 月 22 日活动结束，据统计，在线捐赠人次达 116 万，筹款总额达 910 万元。③

互联网募款平台为参与公益的公众提供了低门槛的平台，即便只有 1 块钱也能便利地捐助他人，各种不同背景和阶层的网友都可以通过网络找到参与公益的途径。"送孩子一个福气年"这一春节公益活动充分显示了网络公益的受众广的优势；并且，活动利用媒体效应和名人效应，充分发挥了两大网络平

---

① 根据"咪咕善跑"手机应用官网公布信息整理。
② 根据"新浪公益：《蚂蚁金服公益与微公益#送孩子一个福气年#》"整理。
③ 资料来源：中国经济网，《"送孩子一个福气年"在线公益募捐圆满结束，大众汽车捐款百万，为家乡儿童送出安全书包》。

台、多家公益机构、各大企业和各大明星的作用；以线上、线下相结合的形式开展本次活动，则进一步增强了活动的互动性以及公众的体验感；在春节这一时点呼吁家乡人关注儿童则更易打动人心，因此，"送孩子一个福气年"达到较理想的筹款效果。

（二）互联网信息传播的双面性——恶意劝捐

自 2014 年起，新浪微公益陆续收到网友的投诉。微公益运营方调查后发现，一些微博账号未经网友同意，就以"@"或私信的方式向对方发送一些公益项目的链接，"恶意要求"网友捐款，有些公益组织甚至与网友发生争吵。新浪微公益表示，截至 2015 年 4 月前后，已收到数百条投诉北京新阳光慈善基金会"恶意劝捐"的举报。

经调查核实后，新浪微公益首先采取了反垃圾、反骚扰等后台的阻止机制，但是新阳光并没有改善"恶意劝捐"的行为，所以新浪微公益最终关停了该机构在微公益平台发布项目的权限。

为了改善"恶意劝捐"现象，新浪微公益实施以下措施：一方面，新浪微公益不再显示公益项目中捐赠者的全部昵称，也不允许其他主体随意搜索到捐赠人的信息；另一方面，新浪进一步完善投诉、监督、处理等流程。新浪微公益主编杨光还建议网友，在遇到类似的"恶意劝捐"行为时，可以直接点击微博右上方的"举报"按钮，填写相关资料举报骚扰机构；[①] 如果举报被核实，新浪方会根据《微博社区管理规定（试行）》做出相关的措施。

但是，"首次关停"更多是警示性的，如果公益组织使自身的管理更规范，新浪微公益可能会恢复其相关权限。比如，中华儿慈会的下属机构"爱心家园义工联"也因涉及骚扰而被关停发布项目的权限，但由于爱心家园义工联被关停后加强了管理，新浪最终解除了对"爱心家园义工联"的限制。

据京华时报等机构发起的《互联网公益劝捐，你会捐吗》调查显示：55.5% 的网友表示曾收到过微博上的劝捐，在这些收到劝捐的网友中，60% 的网友表示只有在求助内容绝对真实、可信，而且打动他的情况下，他才会选择捐赠；5% 的网友表示看到劝捐信息即捐赠；63.2% 的网友反感以频繁 "@" 或私信的方式劝捐。[②] 这表明，并非所有的网友都反感劝捐，少数网友甚至不

---

①② 根据"任珊：《微公益处理恶意劝捐账号　专家支招网络监管》，《京华时报》2015 年 4 月 27 日"整理。

反感"＠"或私信的劝捐方式，但公益机构应以适当的方式劝捐，才能增强筹款效果。

与传统媒体相比，网络进一步实现了公民的言论自由以及结社自由。通过互联网，网友可以自由发表自己的观点，认识志同道合的朋友，加入特定的团体，形成独有的社交圈。但网络难以做到筛选信息后再传播，网友被动地接收"有用"和"无用"信息。公益机构发布劝捐信息，可能是以群发的方式发出信息，所以新浪微公益的网友不可避免接收到相关信息；由于这些信息对许多用户而言是"无用"的，所以公益机构多次发送劝捐信息的行为易被投诉成骚扰。

笔者认为，如果公益机构发布劝捐信息时，更具有针对性，只向感兴趣的人发送劝捐信息，也许能改善当前这种情况。因此，笔者建议，新浪微公益可以利用技术手段建立甄别机制，区分愿意接收劝捐信息和不愿接收劝捐信息的网友，从而更好地为公益组织和网友服务。比如，设置类似"选择退订"的按钮，当公益组织首次向网友发送劝捐信息时，不愿意接收信息的网友选择可以退订，那么，公益组织便可以只向那些愿意接收信息的网友发送劝捐信息，以达到更好的劝捐效果。

（三）互联网助力公益筹款

互联网联结公益产业链各个环节，进一步整合了公益资源，提高了各个环节运行效率；互联网使各个主体以更低成本、更加高效地实现公益目的，比如，互联网向公益组织提供了有效的筹款方式，为其进一步提高公信力、扩大机构影响力提供机遇；网友通过互联网，更便捷地救助有需要的人。

下面列举了几个高效完成筹款的例子，在这些例子中，互联网与传统媒体共同促进信息传播，并在短时间内为求助者筹得善款。

1. 各方助力"过年卖猪血丸子给孙子治病"的爷爷

为了筹钱救助患有白血病的大孙子——刘某，2016年2月3日，刘某带着3岁的小孙子在长沙的街头卖猪血丸子，当天正好是中国传统的农历小年，而且天气异常寒冷，刘某的情况迅速引起了媒体的注意。经媒体报道后，此事迅速引起网友关注。新浪湖南在了解小刘某的情况后，在微公益发起救助，并通过"卖丸子赚活命钱"话题，为白血病患儿小刘某一家筹款。救助发起后，迅速获得众多网友、多位名人、多家媒体的支持。比如，人民日报官方微博转发了小刘某的求助，著名主持人马某借助多个直播平台报道小刘某的病情。①

　　据统计，在求助发出约 8 个小时后，共有约 4000 名网友捐赠，筹款额达 10 万元。另外，救助还延伸到线下，许多网友在网上约定一起到长沙街头购买老人的土特产。据刘某介绍，2016 年 2 月 4 日，一个小时内他便卖完了猪血丸子，而且买主还捐赠了 4000 多元。另外，还有一些网友相约到医院探望小刘某并向其捐赠物资。②

　　2. 最心酸的儿童节礼物③

　　2016 年 5 月 31 日，一家超市发生盗窃案，被盗物品是一些杂粮、一个鸡腿，还有两本儿童读物。经民警调查，作案嫌疑人是一位 80 后妈妈，盗窃目的是为了给生病的孩子准备儿童节的礼物。根据这位妈妈的口述，她的一对双胞胎女儿在 1 岁多时，均被查出肾脏有问题，为了给两个孩子治病，其家庭已陷入困境，而且丈夫与其离婚后，便不见踪影。近日，她带着大女儿到南京治病，由于女儿的病要吃杂粮，且第二天是儿童节，于是，她在超市偷了一些杂粮、鸡腿和书籍。

　　民警潘某某以及南京玄武警方经调查核实了刘女士的情况，由于案件不构成犯罪，警方最终只对她进行批评教育。随后，民警潘某某在微信朋友圈中叙述了这次事件并发出求助，许多网友都对刘女士伸出援手。2016 年 6 月 1 日，《现代快报》报道了这个事件，吸引了更多人关注刘女士的情况。

　　据不完全统计，事件报道后不久，刘女士在现场收到捐款约 8000 元，而潘某某等在微信上收到了超过 2 万元捐款。2016 年 6 月 1 日，现代快报联合新浪江苏共同发起了微公益募捐活动，项目于 2016 年 6 月 1 日傍晚 5 点 45 分左右上线，并迅速被明星姚某等众多大 V 转发；短短一个多小时内，项目的捐款额突破 8 万元；仅两个多小时，项目的捐赠人次达 1.6 万人，捐赠额超过 30 万元。这个项目也成为新浪微公益 2016 年"六一"儿童节筹款最快的求助项目。

　　这次事件受到了超过 10 万网友的热议。有网友表示被这位妈妈的行为所感动，有网友表示非常理解刘女士为女儿盗窃时"拿起来又放下"的无奈心

---

　　①　根据"新浪湖南：《新浪湖南为白血病家庭发起微公益　8 小时筹集 10 万爱心款》，http：//hunan. sina. com. cn/news/2016 - 02 - 04/detail-ifxpfhzk8920616. shtml"整理。

　　②　根据"颜家文：《祖孙卖猪血丸子筹款救亲人　两天收到捐款 15 万》，《长沙晚报》2016 年 2 月 5 日"整理。

　　③　根据"赵杰：《心酸！妈妈为生病女儿偷鸡腿》，《现代快报》2016 年 6 月 2 日"整理。

情；有网友呼吁大家多帮助这些有需要的人；也有网友认为这虽然是个感人的故事，但违法行为不值得提倡。

3. 养父母倾尽所有为养女治病①

18 岁的吴某某身患白血病，但因为家庭条件有限，已经半年没有住院治疗了。据了解，吴某某需要做骨髓移植手术，吴某某养父母为了帮她找到匹配的骨髓，已经倾尽所有家财，并且一直在寻找她的亲生父母。

此事经鹤壁日报报道后，引起广泛的关注，一些爱心人士和爱心企业纷纷伸出援助之手。2016 年 6 月 21 日下午，鹤壁日报社慈善志愿者工作站人员联系了腾讯公益的工作人员以及北京新阳光慈善基金会，在腾讯公益发起了"养父母含泪为她寻亲"的项目。据统计，项目上线后两天，捐款总额即超过 10万元。

（四）成立星光公益联盟

2015 年以来，一些社交媒体平台举办公益大会。新浪宣布成立星光公益联盟、腾讯举行首届互联网公益峰会、阿里巴巴举行全球公益大会。下面以星光公益联盟为例，介绍大会对公益的促进作用。

社交媒体的强大影响力吸引了许多明星用户，新浪微博作为我国明星及名人最为集中的平台之一，每天都有众多名人通过微博发声，他们通过微博及其社会影响力，直接推动慈善公益事业的发展。2015 年，"救助患癌女篮国某"热门话题经姚某微博转发，在 8 小时内即完成筹款目标的 109.5%；国庆期间，阅兵的相关话题引起 2151 万人微博热议，点赞人次达 2.159 亿人，其中，"我向老兵敬个礼"活动获得 130 位明星支持，各路明星晒军礼照致敬老兵；另外，"时尚芭莎明星慈善夜"带动的相关公益话题阅读量达 38.8 亿人，40位明星发布了关于慈善夜的微博。

新浪公司意识到名人、微博、公益三者之间的相互促进作用，于是，2016年 1 月 7 日，在"2015 微博之夜"盛典上，新浪董事长曹国伟与多位名人一起宣布成立星光公益联盟，倡导名人依托微博这一平台，积极发挥自身社会影响力，共同促进公益事业发展。当晚有多位明星发微博响应号召，表示愿意为公益做出更多贡献；同时，新浪做出承诺——每年投入 1 亿媒体推广资源助力

---

① 这部分内容根据"张志嵩：《养女患白血病急需骨髓移植　养父母含泪为其寻亲》，《淇河晨报》2016 年 6 月 13 日（A04）"整理。

公益。①

笔者认为，新浪平台联合其他有影响力的各方成立星光公益联盟，充分发挥了平台优势，有利于促进"人人公益"；同时，还提升了企业形象，推动新浪微公益平台的发展。

第五节　众筹网站募款平台

一、公益众筹平台概述

（一）公益众筹的基本概念

众筹，译自 Crowdfunding，是通过互联网面向公众筹资的模式。早在 18 世纪，一些艺术家和音乐家为了完成某些心愿而向"粉丝"筹资，比如，1713年，诗人亚历山大·蒲柏为了出版《伊利亚特》的英文译本，以"订阅"的方式筹款——他承诺，出版后向每位预付资金的订阅者提供该书；这个承诺吸引了 575 名对《伊利亚特》译本感兴趣的读者，使亚历山大·蒲柏筹集足够的出版费用。② 互联网技术的发展，推动了现代众筹模式的产生：2003 年全球首家众筹网站 Artist Share 上线，2011 年，我国首家众筹网站"点名时间"上线。

公益旨在谋求公众的福祉与利益，实现公众参与，而众筹面向公众筹款的特点恰好与公益事业发展的目标相契合，2011 年，国内首家支持公益类项目的综合类众筹网站"追梦网"上线，2013 年，首家垂直类众筹平台"创意鼓"上线，国内公益众筹平台逐渐兴起。从回报的角度来看，我国的众筹可分为四种类型：债权捐赠、股权捐赠、回报众筹以及捐赠众筹，捐赠众筹的一个基本特征是为求助者发起的公益众筹，本书提及的公益众筹平台都属于这一类。回报众筹的基本特征为：项目发起人承诺项目成功后，向支持者发放产品或者服

---

① 以上内容根据"郭士玉：《微公益携手众星开启星光公益联盟》，http：//news.xinhuanet.com/gongyi/2016 – 01/08/c_128610107.htm"整理。

② 根据"柏亮：《众筹服务行业白皮书（2014）》，中国经济出版社 2014 年版"整理。

务。① 回报众筹的项目一般为预售类众筹项目，某些项目的筹款目的具有公益性质，比如，下面列举了一个以优质农产品为回报，募款建设山区教室的例子。因此，捐赠众筹的所有项目、回报众筹的某些项目都属于公益类项目。

（二）公益众筹的基本特征

（1）从发起方资质来看，公益众筹平台最大的一个突破在于进一步放松对项目发起方的要求——不需要具备公募资质的公益机构认领或证实项目，个人注册后，可以直接在众筹平台发起项目。因此，在众筹平台的发起人结构中，个人占比往往高于其他平台。以众筹网为例，由个人发起的项目在总项目中的占比为40%。

（2）众筹项目有成败之分，这是众筹募款模式最大的特征之一。所有众筹项目都需要设置筹款目标和筹款时限，在筹款时限内达到筹款目标的项目视为成功，发起人可以提取善款；在筹款时限内未达到筹款目标的项目则视作失败，捐款由众筹平台按原路退回给捐赠者。

（3）每个众筹平台都对项目的内容做了明确规定。比如，众筹网规定不接受苦情类的项目；大部分公益众筹平台要求非救助类项目的内容具有创新、快乐、正能量等元素。我国公益众筹平台起步比较晚，由于年青一代更愿意尝试新鲜事物，乐于分享，他们成为众筹平台的主要用户。据统计，2014年，在国内公益众筹项目的发起人中，70%以上为"80后""90后"，② 这一定程度上使众筹平台的项目充满创新和活力。

（4）公益众筹有着比较完善的发起流程。流程可简述为：项目人按要求发起项目，通过平台的审核后可上线筹款；筹款过程中，发起方应按平台要求积极与支持者互动，及时回复网友的评论；到筹款截止日，如果项目成功，发起方可按平台的规定提款，"回报众筹"的发起人还应按承诺发放回报并及时反馈进展；如果筹款失败，平台将捐款退回给捐赠者。

（5）目前，我国公益众筹平台包括垂直类和综合类两类。垂直类公益众筹平台只关注公益领域，因流量和运营等原因，生命力屡弱；而综合类公益众筹平台还关注非公益类领域，因平台整体规模大、依托的公司具有互联网相关经验等原因，发展较为迅速。

①　众筹的支持方指资助项目的网友。
②　资料来源：瑞森德，众筹网，《2014年中国公益众筹研究报告》。

（三）公益众筹平台的优势

（1）公益众筹可以传播公益理念。个人通过公益众筹达成筹款目标的同时，还能以低成本宣传相关公益项目。"让熊猫血不再稀有"公益众筹项目的发起人刘丹阳表示，在众筹平台发起这个项目，除了使更多人支持该项目，还让更多人了解和关注"熊猫血"。据统计，这个项目上线后获得 10495 人的支持、筹款总额达 20136 元。①

（2）网友可以通过众筹模式实现某些有新意的梦想。比如，2013 年，蔡延清（阿莱）发起"阿莱的环球社会创新采访"的众筹，希望筹资拍摄"用独一无二方式解决社会问题的年轻人"的故事，经过 45 天，项目筹款额达 16 万元。2012～2014 年，阿莱带着一台摄像机，跨越四大洲，30 多个城市，用镜头记录下 39 个关于自我改变与改变世界的年轻人的故事。

（3）公益众筹能进一步提高公众做公益的体验感。比如，2015 年，数十位播音员、主持人在淘宝公益众筹平台上联合发起"爱的分贝"公益演唱会系列的众筹项目。众筹成功后，歌手周笔畅以志愿者身份举办"爱的分贝"的演唱会。周笔畅希望借助演唱会呼吁更多人关注"爱的分贝"公益项目，并承诺演唱会所有的收入用于资助"贫困聋儿"。据统计，从 2014 年 12 月 9 日开始筹划演唱会到正式开唱，历时一个半月，"爱的分贝"项目的支持人数为 6392 人，筹款总额达 1329200 元，打破了淘宝公益众筹的筹款纪录。通过参与这个项目，支持者既可以参加演唱会，又能帮助有需要的人，得到较高的公益体验感②。

二、2015 年五个众筹平台的概况③

2014 年被许多媒体称为"公益众筹元年"，公益众筹行业获得较大发展；2015 年，除了电脑端公益众筹平台获得较大发展之外，移动端公益众筹平台

---

① 根据"罗莉琼：《"互联网＋捐赠"助推全民公益》，《深圳特区报》2015 年 4 月 22 日（A7）"整理。

② 资料来源：阿里巴巴集团，《2014～2015 年阿里巴巴社会责任报告》http：//www.alijijinhui.org/content/14233。

③ 这部分内容根据"互联网金融创新及监管四川协同创新中心、众筹网：《2015 年中国公益众筹发展报告》"整理，五个公益众筹平台为：众筹网、京东众筹、淘宝众筹、苏宁众筹和"绿动未来"，下面提到的五个众筹平台都是指这几个平台。

也获得了突破性发展。京东众筹、淘宝众筹、苏宁众筹是基于自有的商业平台而发展的众筹平台，一直以来都在众筹行业中占重要地位；众筹网则是目前国内最有影响力的综合类众筹平台；"绿动未来"是上汽集团在2015年新成立的垂直类公益平台，已引起了各方关注；另外，"轻松筹"、"慢友帮爱心筹"是目前国内影响力比较大的移动端众筹平台。这部分将介绍众筹网、京东众筹、淘宝众筹、苏宁众筹和"绿动未来"这五个电脑端众筹平台在2015年的筹款情况，下面再介绍三个在2015年引起较大关注的公益众筹平台。

（一）2015年五个公益众筹平台总体筹款规模概述

2015年，约700个用户通过众筹网等五个公益众筹平台发起项目，平台上线且成功的公益项目共873个，筹款总额达到3432.7万元，支持人次达60万次。与2014年相比，项目数量同比增长192％，筹资总额同比增长170％，支持人次同比增长68％。从人均捐赠水平的角度分析，平均每个成功项目的单笔支持金额约57元，高于2014年同期水平；每个项目平均支持人次达到687人，其中，支持人次在500人以内的项目占了78％，部分项目支持人次突破万人。[①] 具体见图2-4。

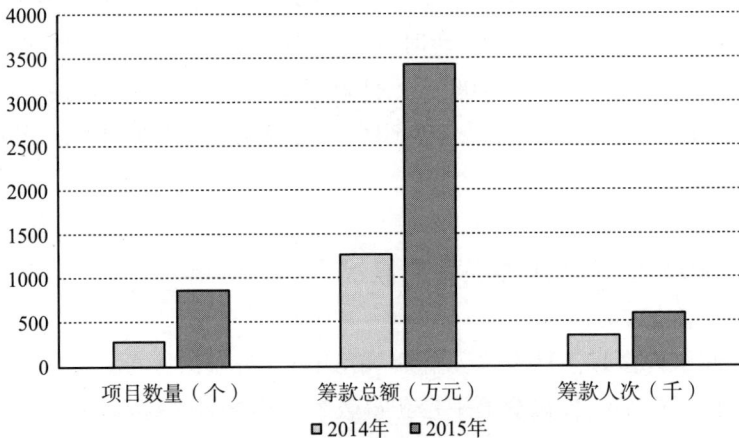

图2-4　2014年和2015年筹款规模[②]

---

① 这部分内容根据"互联网金融创新及监管四川协同创新中心、众筹网：《2015年中国公益众筹发展报告》"整理，五个公益众筹平台为：众筹网、京东众筹、淘宝众筹、苏宁众筹和"绿动未来"，下面提到的五个众筹平台都是指这几个平台。

② 资料来源：互联网金融创新及监管四川协同创新中心、众筹网：《2015年中国公益众筹发展报告》，http://www.ngocn.net/news/2016-04-15-dda0245735ff5d76.html。

（二）2015 年五个公益众筹平台发起主体概况

公益众筹的发起主体主要包括个人、企业、基金会、其他 NGO、项目团队和社会企业。图 2－5 展示了 2015 年，各类主体在众筹网等五个公益众筹平台发起项目的情况，结合图 2－4，可以得到以下几点结论[①]：

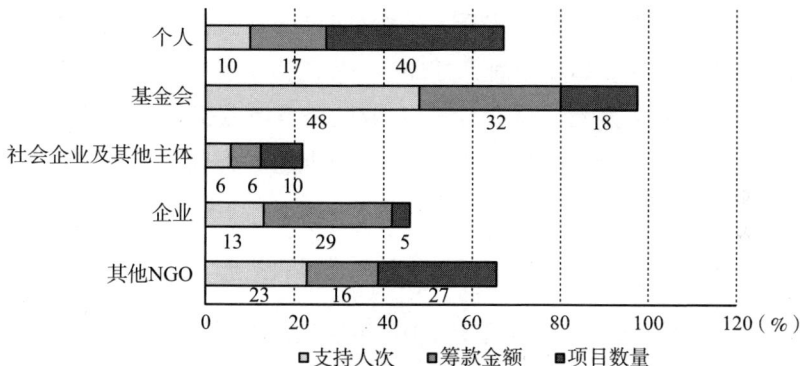

图 2－5　各发起主体发起项目情况[②]

（1）个人概况。由个人发起并筹款成功的公益项目最多。由个人发起并获得成功的数量共 351 个，约占所有成功筹款项目的 40%。但鉴于个人的影响力、社会资源有限，项目的平均支持人次较低，平均每个项目筹款额约为 1.6 万元。另外，其他 NGO 发起的项目数量位于第二位。

（2）企业概况。由企业发起的、成功筹款的项目的平均筹资额最高，平均每个项目筹资额为 21.5 万元；平均每个项目支持人次超 1700 人，平均单笔支持额高达 126 元。公益众筹为企业履行社会责任提供了新的平台，企业投入公益的方式更加多元化，企业通过众筹模式，将优质的产品和服务与公益相结合。

（3）基金会概况。由基金会发起并成功筹款的公益众筹项目的平均支持人次达 1900 次，由其他 NGO 发起的项目的平均支持人次居第二位，仅约为基

①　这部分内容根据"互联网金融创新及监管四川协同创新中心、众筹网：《2015 年中国公益众筹发展报告》"整理，五个公益众筹平台为：众筹网、京东众筹、淘宝众筹、苏宁众筹和"绿动未来"，下面提到的五个众筹平台都是指这几个平台。

②　资料来源：互联网金融创新及监管四川协同创新中心、众筹网：《2015 年中国公益众筹发展报告》，http://www.ngocn.net/news/2016-04-15-dda0245735ff5d76.html。

金会的1/3，表明由基金会发起的成功项目的平均支持人次占有绝对优势。虽然基金会近年出现一些丑闻，但仍有一定优势。基金会发展历史较长，有一定的社会公众基础，公信力较强；基金会发起的公益项目往往更成熟，管理款项、执行项目等环节也更加相对规范。综合来看，基金会各项指标表现都不逊色。基金会发起的公益项目的平均筹款额约2.4万元，筹款总额接近公益众筹年度总额的1/3，项目单笔支持金额与其他发起主体的差距不大。

（4）社会企业概况。总体来看，虽然目前社会企业发起的项目数量最少，但项目平均支持人次及筹款额尚算可观——平均每个项目支持者达1200多人，平均筹款额达到6.4万元。[①] 国内社会企业的公益事业仍处于萌芽阶段，尽管公益众筹的形式与社会企业多方面的发展目标契合，但其在公益众筹中的参与还较为不足，可开发的潜力较大。

（三）2015年单个公益众筹平台的筹款概况

从图2-6可以看出，每个平台2015年筹款情况可简述为：淘宝众筹的成功项目的支持人次最高，众筹网和京东众筹分别位于第二位和第三位，但二者差距不大；众筹网的成功项目的筹款总额最高，而且众筹成功的项目数量也最多，淘宝众筹的成功项目的筹款总额、成功项目的数量都位居第二位；除众筹网、淘宝众筹和京东众筹之外的其他众筹平台，成功项目的数量比较少，筹款总额占比14%。[②]

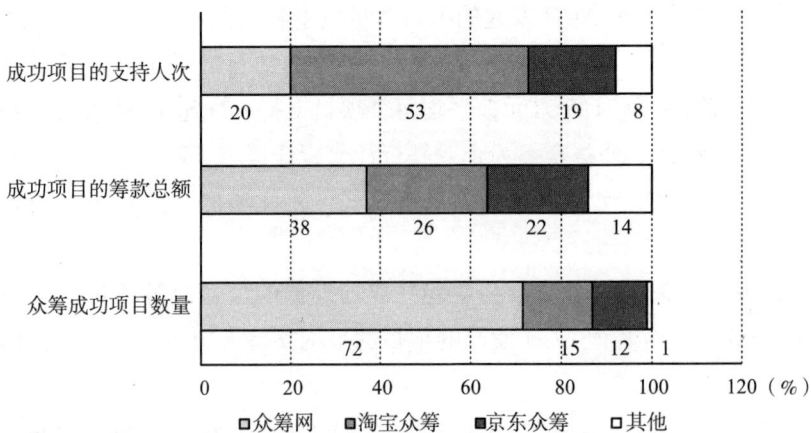

图2-6 各平台众筹成功的项目基本情况[③]

①②③ 资料来源：《2015年中国公益众筹发展报告》。

三、三个热点众筹平台的概述

2014 年以来，移动互联网捐赠渐成主流。一些互联网募款平台已将部分业务移动化，比如"腾讯乐捐"；一些新兴众筹平台只开放移动端，比如"轻松筹"和"慢友帮爱心筹"。"轻松筹"于 2014 年 8 月上线，2015 年发展迅速，2015 年年底到 2016 年年初，发展出现一个高峰期。"爱心筹"于在 2015 年 11 月上线，依托平台自身的背景和移动端众筹平台的发展趋势，也获得了较快的发展。在 2015 年新增的诸多众筹平台中，"绿动未来"不仅是垂直类公益众筹平台，而且平台的项目只关注环保领域。2015 年以来，这三个平台引起较大关注，下面将介绍这三个平台的概况。

（一）"绿动未来"环保众筹平台①

2015 年，上汽通用汽车有限公司联合中国环境文化促进会，共同创办了国内首个环保公益众筹平台——"绿动未来"。"绿动未来"借助"众筹"模式，促进环保创意与公益组织、公益团体的对接，并以线上传播和线下活动相结合的模式推进环保公益——线上运营"绿动未来"的众筹网站、官方微博以及微信，线下则开展各类线上项目的配套活动。

"绿动未来"主要包括"项目众筹、物资众筹、人物众筹和点子众筹"这四个众筹模式。"项目众筹"和一般的众筹模式类似——网友向合意的公益环保项目捐赠现金。"物质众筹"指以物资为筹集对象的众筹模式，支持者以捐赠项目所需物资的方式支持项目，比如，"回收咖啡渣来换取人工培养的蘑菇"的项目，支持者以寄出足够数量的咖啡渣的方式支持项目。"人物众筹"指以志愿者为募集对象的众筹模式，支持者以报名参加的方式参与众筹。"点子众筹"指以网友的想法为募集对象的众筹模式，比如，发起人发起一则话题，支持者通过参与讨论的形式支持项目。另外，为了鼓励环保事业，如果平台首轮招募的优秀项目筹款失败，"绿动未来"将根据项目评估的结果，根据一定原则资助符合条件的项目。

2015 年以来，"绿动未来"共收到超过百个关于海洋保护、湿地保护、清

---

① 这部分内容根据"'绿动未来'众筹平台官网公布的信息"整理。

洁水源等多个环保领域的项目申请，上线项目的成功率高达 41.37%。① 2016 年 8 月 9 日，"绿动未来"平台共展示了 66 个"项目众筹"的项目，5 个"人物众筹"的项目，4 个"物资众筹"的项目和 4 个"点子众筹"的项目。②

"绿动未来"作为垂直类众筹平台，仅关注环保领域，因此，平台的用户比较少；但"绿动未来"平台还进一步细分了用户的需求，致力于为环保工作者提供一个专业的众筹平台，所以，平台的用户群体较为稳定，很可能成为平台的永久用户。目前"绿动未来"最成功的案例有"一杯水"的约定，本节案例部分将作具体的介绍。

（二）"轻松筹"

"轻松筹"是基于网友社交网络而发展的众筹平台——网友在平台上发起求助后，可在微信朋友圈转发求助项目。"轻松筹"属于综合类众筹平台，包括"微爱通道、梦想清单和尝鲜预售"这三个子平台。其中，"微爱通道"是公益众筹平台，包含"大病救助、灾难救助、动物保护、扶贫助学和其他特殊的爱心救助"这几个类别。"梦想清单"是为梦想众筹的平台，比如，网友想筹资出一本书或一张专辑，可以在"梦想清单"发起众筹，被项目打动的网友以现金支持项目。"尝鲜预售"是回报众筹平台，如回报为农副产品、私房菜，部分项目具有公益性质。

"轻松筹微爱通道"的发起者，可以根据不同情况设置筹款目标。比如，在筹款期限内，如果筹款达到目标金额，或者最后一笔筹款超过目标金额，则可视作筹款成功，如果项目在筹款截止日之前完成筹款目标，筹款会自动停止，此时，发起方有以下几种选择：如果想继续筹款，发起人可以修改目标金额再继续筹款；如果发起方不需要继续筹款但是想立刻提款，可以办理"提前结束筹款"的手续；如果发起方无须继续筹款也不想提前提款，则可以等到原先设定的筹款截止日再提款。"轻松筹"提款的过程并不复杂，只要通过审核，成功项目的发起人可以提款；但是，如果项目发起人关闭了项目或项目违规，筹款则由"轻松筹"方按原路退回给捐赠者。

从第一例"白血病爱心众筹"到 2016 年 2 月，"轻松筹"平台已上线了

---

① 资料来源：许亚杰：《一杯水的约定 聚焦的是"绿动未来"》，《中青在线－中国青年报》2016 年 6 月 23 日。

② 资料来源："绿动未来"官网"项目众筹""人物众筹""物资众筹"和"点子众筹"频道的实时数据。

23465 个公益项目，总支持人次超过 3793508 人，筹款总额约 187522653 元。①

"轻松筹"充分利用了网友的社交网络，允许网友在朋友圈分享求助信息，这在一定程度上能够保证信息来源的可信度，而且相比于广告等形式，公众更愿意接受朋友圈转发的信息。另外，相较于其他众筹平台，"轻松筹"发起求助的过程、手续更加简化，尤其是"大病救助"板块。正是由于朋友圈转发的信息来源更可信、发起过程更简单以及操作更简易等特点，"轻松筹"的项目的筹款效率较高，有些"大病救助"的项目在上线两天内便筹到 50 万元的善款。但也由于手续较简化等特点，2015 年以来，"轻松筹"受到许多争议，尤其是"大病救助"板块。本节案例部分介绍了几个受争议的求助案例。

（三）"慢友帮爱心筹"②

青岛联创优内成立于 2011 年，致力于改善和促进关于医疗健康的互联网信息服务。"慢友帮"由青岛联创优内信息技术有限公司创办，致力于为重症患者及慢性病患者提供互联网社交平台。在"慢友帮"平台上，病友可以查阅不同疾病、药物等样本数据，也可以分享病经、寻找共性治疗的方案。在"慢友帮"的基础上，"爱心筹"于 2015 年 11 月上线。基于病友社交平台，"爱心筹"通过众筹的方式帮助病友筹集医疗费，进一步提高患者的自救能力。

"爱心筹"平台的内容设置和"轻松筹微爱通道"基本一致，都包括"大病救助、灾难救助、动物保护、扶贫助学以及其他特殊的爱心救助"板块，其中，"大病救助"是"爱心筹"平台的主要板块，其项目发起方多为个人。项目通过"爱心筹"的审核后，可以分享到微信、QQ、微博等社交平台。"爱心筹"与许多众筹平台的不同之处在于：无论项目成功与否，筹款都可以提现。

目前，我国医疗众筹平台尚处于萌芽阶段，有的大病救助平台因饱受舆论的质疑而关闭，有的平台虽然"存活"但常备受争议。"爱心筹"以独特的优势，并借鉴相关经验，上线不久就获得了较大的发展。相较于其他医疗众筹平台，"爱心筹"具有以下优势：

（1）"爱心筹"具备一定的医疗资源，具有较专业的医师团队。从患病经

---

① 资料来源：慈善公益网：《"轻松筹"创始人：公益就是我们的信仰》。
② 根据："山西新闻网 - 山西晚报：《人间大爱几多'筹'，为何钟情'爱心筹'》"整理。

过到项目内容逻辑，从项目公布的治疗方案到求助者的资金缺口，都需经过"爱心筹"专业医师团队的审核。

（2）"爱心筹"注重资金监管。自平台成立开始，"爱心筹"就同兴业银行签署了第三方资金监管协议，捐赠者的每笔资金都受到兴业银行全程监管。与此同时，"爱心筹"强调员工的责任感："爱心筹"的工作人员应反复核对每一笔捐款；确保无误后，需要审查收款方的资质；审查确认后，项目进入"提现—付款"阶段。另外，在"提现—付款"阶段，每个项目还需要经过三重审核：项目顾问审核、医疗审核、财务审核。

（3）平台建设更规范。"轻松筹"的发展给"爱心筹"提供了许多经验。"爱心筹"展示了更加明确的权责说明以及相对透明、规范的制度。

据不完全统计，自 2015 年年底上线到 2016 年 7 月，"爱心筹"平台已发布了数千个大病救助项目，筹集金额接近 2 亿元。[1] 本节案例部分详细介绍"爱心筹"在 2015 年最受关注的案例——"慢友帮爱心筹联合计划"。

四、众筹平台的运行规则的比较

各公益众筹平台运行规则基本一致，但又存在着一些差异。为使读者更加直观地了解当前众筹平台的运行规则，表 2 - 4 列举了前文提及的众筹平台的运行规则。

表 2 - 4（1）　　　　　　　　几个典型众筹平台规则对比[2]

平台名称	类别	筹款时间和筹款目标的范围	项目发起条件、发起人资质的特殊说明[3]	超过预设目标金额能否继续投资
众筹网（公益频道）	综合	10 ~ 90 天；下限为 500 元	个人不得为其他人筹款	可以
淘宝众筹（公益频道）	综合	0 ~ 90 天；无信息	由合法成立的公益机构发起，或与合法成立的公益机构共同发起	在筹款截止日前都可以

① 资料来源：佚名，《人间大爱几多"筹"，为何钟情"爱心筹"》，《山西新闻网 - 山西晚报》2016 年 7 月 8 日。

② 根据众筹网、淘宝众筹、京东众筹、苏宁众筹、"绿动未来"、爱心筹、"轻松筹"官网的信息整理。

③ 如果平台项目发起条件或发起人资质与前文介绍众筹时的内容一致，这里不作介绍。

续表

平台名称	类别	筹款时间和筹款目标的范围	项目发起条件、发起人资质的特殊说明	超过预设目标金额能否继续投资
京东众筹（公益频道）	综合	0~60 天；可设置筹款上限①	由合法成立的公益机构发起，或与合法成立的公益机构共同发起	可以
苏宁众筹（公益频道）	综合	10~90 天；无信息	通过苏宁易付宝认证的用户才可发起项目	可以
"绿动未来"	垂直	筹款时间最长90 天；无信息	发起人可以为自然人或者法人	在筹款截止日前都可以
"轻松筹"（微爱通道）	综合	0~30 天；无信息	发起人可以为自然人或者法人，个人必须是受助人本人或亲属才可以发起救助	不可以
"慢友帮爱心筹"	垂直	0~30 天；无信息	发起人可以为自然人或者法人，个人必须是受助人本人或亲属才可以发起救助	不可以

表 2－4（2）　　　　　几个典型众筹平台规则对比②

平台名称	支持者是否有权要求退款	项目是否需要验证	筹款期间是否可以更改内容	筹款成功后是否需要收取佣金
众筹网（公益频道）	众筹期间及项目成功后均不可办理退款	平台审核，不需要展示验证信息	只可以更新项目状态，其他内容不可更改	扣除筹款总额的1.5% 作为资金支付渠道费
淘宝众筹（公益频道）	筹款期间可 100% 退款，筹款结束可退 50%，收货后可100% 申诉退款	平台审核，不需要展示验证信息	只可以更新项目状态，其他内容不可更改	免费
京东众筹（公益频道）	除众筹项目宣告失败之外，支持者无法单方面取消订单	需要审核，无须公布验证信息	进行修改的项目，需向京东众筹平台申请，经审核、同意后方可修改	除公益项目外，收取筹款总额的3%作为平台服务费
苏宁众筹（公益频道）	除个别项目外，都可以按规定退货，未明确能否退款	需要审核，无须公布验证信息	发起人只可修改项目启动时间	扣除筹款总金额的1%作为资金支付渠道费

---

①　特别项目可不设截止期和筹款目标。

②　此表根据众筹网、京东众筹、淘宝众筹、苏宁众筹、"绿动未来"、"轻松筹"、爱心筹官网及官方微信号公布的信息整理。

续表

平台名称	支持者是否有权要求退款	项目是否需要验证	筹款期间是否可以更改内容	筹款成功后是否需要收取佣金
"绿动未来"	无信息	需要审核，无须公布验证信息	项目一旦上线，项目内容将不能再作更改	扣除筹款总金额的2%作为资金支付渠道费
"轻松筹"	无信息	平台审核，需要展示亲友验证	只能修改筹款目标，可申请提前结束	扣除筹款总额的2%作平台服务费
"慢友帮爱心筹"	不可以	平台审核，需要展示验证	只能修改筹款目标及筹款时限，可申请提前结束	扣除筹款总额的1%作为资金支付渠道费

五、众筹案例介绍

（一）移动端众筹平台配捐尝试——"轻松筹"和"爱心筹"的配捐活动

2016 年 6 月，"轻松筹"联合多家企业为用户提供高达 1000 万元的补助，并以配捐的形式发放给满足条件的"大病救助"项目的相关主体。按照活动的规定，在 2016 年 6 月 16 日（含当日）之后上线的"大病救助"项目，以及在这之后注册的新用户都有可能获得补助：每个符合条件的项目收到一笔捐赠，不管捐赠额是多少，"轻松筹"都会为项目配捐 5 元；对符合基本条件的"大病求助"项目的求助者而言，如果其求助项目的支持者超过 100 个，且项目筹款额超过 1000 元，"轻松筹"将为该求助者补助 100 元。①

"慢友帮爱心筹"也推出类似的配捐活动——"爱心筹"提供 2000 万元现金补助网友的捐赠。奖励规则如下：6 月 17 日 17 时之后，首次在"爱心筹"发起的"大病求助"项目可参与活动，已在其他平台上线或在"爱心筹"平台二次发起的项目不能参加活动；由他人推荐在"爱心筹"发起"大病求助"且筹款超过 1 万元的项目，奖励其推荐人 100 元"助人奖"；上线后筹款额超过 1 万元的"大病求助"项目，奖励其发起人 100 元"自救奖"。②

---

① 根据"IT 之家：《'轻松筹'1000 万元补贴项目 诠释有爱的全民众筹平台》"整理。
② 根据爱心筹官方微信号公布信息整理。

对比两个平台的配捐活动，笔者认为，"爱心筹"比"轻松筹"更直接激励网友使用其平台；"轻松筹"的奖励规则相对放松简单，回馈用户的性质更强，有利于提升"轻松筹"平台的形象。总体而言，这类活动配捐活动都鼓励了更多人参与公益。

（二）地方发展与公益相结合——回报众筹的两个例子①

项目一：李老小学位于国家贫困县河南睢县，由于资金不足，该小学的教学设施一直很陈旧。小树是睢县的挂职干部，2015 年他在众筹网上发起了"温暖农村读书屋，回报睢县黑杂粮"的项目，支持者可以获得睢县的优质农产品和旅游门票作为回报。在 30 天内，该众筹项目便得到 207 人支持，共筹资 129000 元。

通过众筹，该项目促进了公益、农业、旅游业的结合。小树募集的款项不仅改善了小学的教学设施，也使睢县及其产品更广为人知，增加了当地农户收入。

项目二："返乡创客"指那些从城市回到故土，希望通过自己的努力带动乡村复兴的人，家某是"返乡创客"的代表之一。家某的家乡曾经盛产野生山茶油，由于越来越多年轻人离开家乡到城市打工，这门手艺逐渐没落了。家某惋惜传统手艺将就此失传，更不忍心看到父亲哀伤，于是他辞职回乡，以销售山茶油为生。2015 年，他通过众筹网发起了名为"父爱如山，感恩'油'你——给父亲一座完整的古法的榨油坊"的项目，项目上线 30 天后，支持者达 215 人，筹款金额达 35769 元。借助众筹这种方式，家某不仅把家乡的优质产品——野生山茶油销往全国，而且吸引更多人关注古村，一起为古村的复苏而努力。

这两个项目都属于有实物回报的公益众筹。通过设置回报的方式，不仅激励更多人捐赠，而且使地方产品更广为人知，促进地方经济的发展。

（三）热点问题导向的众筹②

项目一：2015 年，寻子、打拐等话题一度在朋友圈"刷屏"，李某是一名IT 系统架构师，他在刚成为父亲的时候，便思考如何运用 IT 技术为孩子们营

---

①②　以下两则项目根据"《2015 年十大经典公益众筹案例》"整理。

造一个更安全的生活环境。2015 年，李某与团队一起设计了一个公益应用——"睿介寻子"，这个运用能通过面部识别等技术帮助家庭找回失散儿童。为了更好地解决"走失儿童"这个社会问题，李某还尝试建立"国内走失儿童找回系统和机制"，并联合阿里巴巴、Face＋＋等科技企业一起为之而努力。2015 年，他们在众筹网上发起了以"科技＋公益"为内容的公益项目，项目筹款达百万元。另外，李某个人在众筹网上发起了"通过人脸识别技术帮助走失的孩子早日回家"的项目，在 90 天内，项目支持人数达 1077 人，筹款额共计 1052576 元。

项目二：2015 年，贵州毕节发生"留守儿童自杀"事件后，童书出版人三川某一直在寻找帮助留守儿童做心灵建设的方法。2014 年，三川某曾参与"乡村幼儿园发展计划"，并培养了一群有扎实的专业知识以及内心充满热情和关爱的幼师。2015 年，她与朋友在众筹网上发起了"乡村故事之夜"的公益项目，募款为乡村儿童举行"乡村故事之夜"——由参加"发展计划"培训且通过评估的幼师为全村孩子讲故事。该项目上线 50 天后，支持人数达 1576 人，筹款额达 466922 元。

在公益众筹项目中，有些项目是社会问题驱动的，这两个项目都是为解决 2015 年的社会热点问题而发起的项目。笔者认为，这些项目既实现了发起方的公益目的，也使更多人关注相关问题，共同为解决这些问题而努力。

（四）大病救助专项众筹计划——919"慢友帮爱心筹"联合计划

2016 年 6 月 8 日，"慢友帮爱心筹"与中国社会福利基金会一起成立了"中国福基会 919'慢友帮爱心筹'联合计划"（简称"919'慢友帮爱心筹'联合计划"）。据了解，"中国福基会 919 大病救助工程"整合政府、医疗机构、大病救助 NGO 组织、各地媒体等社会资源，致力于为各类尤其是非公募类"大病救助"的群体提供求医咨询、筹款平台等一系列、多方面的救助服务。①

通过与中国福基会合作，能够使个人救助等行为更加规范，一定程度上减少许多捐赠者的疑虑。

---

① 根据"佚名：《中福基携爱心筹设 919 爱心筹大病救助联合计划》，《山西晚报》2016 年 5 月 29 日"整理。

（五）环保领域的例子——"一杯水的约定"[①]

保护水资源是目前环保领域的重要任务。2016年6月6日，"绿动未来"平台成立一周年，在周年庆典上，"绿动未来"发起了2016年主题环保公益活动——"一杯水的约定"。活动以改善环境质量为主要目标，以"水"为线索，以公益活动——"一杯水的约定"为主题，分成"主场宣传"、"水生态艺术展"两大部分。在周年庆典上，"绿动未来"主办方首次发布《全国环保创新培育计划》，首次播放《绿色的梦想》以及《一杯水的约定》的宣传短片，首次举办"水生态艺术展"。"绿动未来"众筹平台成立了"一杯水的约定"专题，截至2016年7月，共有12个"一杯水的约定"专题的项目在平台上线。[②]

"一杯水的约定"以保护水资源为目的，响应世界环境日"从身边小事做起，呵护环境质量"的倡议，呼吁公众养成每天节约"一杯水"的小习惯来保护水资源。为了更广泛地动员社会力量参与"一杯水的约定"的活动，周年庆典还邀请了一些关注环保的名人领袖出席。章少民、赵忠祥、郁钧剑、赵雪林、白岩松、刘芳菲等各界代表分别从各自的视角阐释了对节约用水的理解。

"绿动未来"主办方还计划在全国十个城市开展联动线下活动，倡导和呼吁社会形成文明、节俭、绿色的消费方式以及生活习惯，推行"节水洁水，人人有责"的行为准则和环保理念，动员社会公众为保护水资源贡献自己的力量。"绿动未来"环保公益众筹平台曾于2015年举办"环保青春志——高效环保公益创客大赛"，反响热烈，超过60所高校报名参加；2016年，"绿动未来"平台进一步推出"全国环保创新培育计划"，面向以高校学生为主的社会人群，设立专项基金，鼓励环保创新[③]。

"一杯水的约定"是"绿动未来"重要专题项目，在周年庆典推出"一杯水的约定"的活动，并邀请众多名人出席，取得了良好的宣传效果，为"绿动未来"众筹平台的发展创造更好的条件。

---

① 这部分内容根据"李禾：《'一杯水'约定绿色生活新时尚》"整理。
② 资料来源："绿动未来"实时数据。
③ 根据"许亚杰：《一杯水的约定　聚焦的是'绿动未来'》，《中青在线—中国青年报》2016年6月23日"整理。

（六）移动端众筹受质疑——来自"轻松筹"的例子

移动端上网比电脑端更方便，网友可以在任何空闲时间（即使是极短的空闲时间）上网消遣。2014年，移动端捐赠已经超过电脑端捐赠成为主流，移动端众筹平台应运而生，并受到公众关注。2015年，"轻松筹"引起公众关注和讨论，下面介绍了"轻松筹"受争议的三个案例。

1. 留学生众筹治白血病[①]

2016年，正在柏林艺术大学读大四的谢同学突然患上白血病，随后，谢同学的亲属通过"轻松筹"发起个人救助，项目经谢同学的亲朋好友在朋友圈转发后，仅两天时间，筹款突破了50万元。但是随后，这个案例引起了许多公众的质疑，比如：

（1）有网友认为，该项目的筹款目标过高。在留学生需要筹集的费用中，有一项是"需要长期购买单价为6000欧元（约4.2万人民币）的药"，但根据德国"医保"的相关规定，这笔费用符合报销标准，留学生根本不用承担相关费用。

对此，"轻松筹"方面表示，由于报销是在求助项目结束之后才发生的，在项目发起时，"轻松筹"不能因此而判断其求助不属实。"轻松筹"方面还表示，由于"轻松筹"上的"大病救助"项目是个人的定向捐助，只有求助者和捐赠者之间有契约关系，"轻松筹"不会主动管理善款的去向，也无权追究求助者把多少资金用到医疗救助上。但"轻松筹"相关人员表示，只要网友觉得项目存在问题，都可以举报；只要项目被举报，"轻松筹"就会调查该项目并做出相关举措[②]。比如，"轻松筹"平台最终冻结了这个项目的筹款。

（2）有网友认为，该项目筹款目标的更改太随意。项目发起的早期阶段，设置的目标金额是500万元，但后来目标金额改成了50万元，前后的反差让有些公众觉得筹款不真实。对此，留学生的朋友表示，因为担心在筹款期限内无法完成500万的筹款目标而被宣告项目失败，因此才将目标金额调整为50万元。

"轻松筹"的客服主管徐先生表示，对于一些明显有失真的筹款目标，平

① 根据"邢颖、王天琪：《留学生众筹500万元治白血病引质疑》，《北京青年报》2016年2月17日（A07）"整理。
② 根据"佚名：《为病女求募捐30万元却开奔驰秀钻戒》，《新文化报》2016年2月26日（A06）"整理。

台可辨别且不会通过申请；但是"轻松筹"难以判断有些项目的合理性，比如，求助人实际需要 40 万元的治疗费用，项目设定的筹款目标为 50 万元。

2. 众筹所救女婴去世　父母晒旅游照被质疑①

2015 年 12 月初，"轻松筹"众筹平台出现了一则"让爱延续，让她成长"的求助，引来了众多网友的关注。求助的信息可简述为：女婴洛洛出生才 11 个月，却因患上嗜血细胞综合征而住院，其父母无法承担高昂的医药费，希望网友施以援手。这个项目在"轻松筹"上线后，得到许多人转发并获得公众关注，项目筹款额很快就超过了 10 万元。但在众筹成功 6 天后，洛洛宣告不治。然而，在女婴去世一个月左右，其父母却在微信朋友圈发布了大量在西藏旅游和春节期间在马来西亚旅游的照片，不少照片的内容都只与吃喝玩乐有关。许多网友对该父母的行为表示愤怒和失望。有些网友不满求助者拿着捐助者的捐款去旅游，不少网友认为洛洛父母不应该趁机"改善生活"。

卢先生（洛洛父亲）表示，"去西藏是处理女儿骨灰，不是自己想去玩。"他承认，确实使用 13000 元的善款前往西藏。他认为，网友的捐助不仅仅只是为洛洛治病，也是为了更好地安置洛洛，于是他们借助大家的捐款，到西藏为其诵经，但 5 天的行程中没有去任何景点游玩。

根据卢先生的介绍，项目筹款总额接近 15 万元，其中女儿治病用了 7 万多元，加上西藏之行共花费约 10 万元。去马来西亚旅游则是亲戚赞助的。对于剩余约 5 万元的善款，卢先生把 2 万元用作举办宣传公益活动的经费，剩余约 3 万元则会捐给有需要的家庭。卢先生表示，两个月内他捐出了 7000 元。

"轻松筹"的相关人员表示，发起人在"轻松筹"平台发起众筹项目，一般只需求助人提供证件照等一系列证明，但不需提供收入情况的证明。"轻松筹"对项目内容的核实主要分两步：初审时，重点确认项目求助内容是否属实以及所提交的照片是否真实有效；提款时，"轻松筹"的工作人员将到求助者的医院实地调查，向其主治医生了解相关情况。提取善款后，"轻松筹"要向发起人及时更新款项的用途。关于善款报销及后期使用，"轻松筹"并不作监管。

3. 夫妻为患病女儿网上募捐，却在朋友圈开奔驰秀钻戒②

2016 年 2 月，一位浙江绍兴女子在朋友圈发布了《好心人，感谢您帮一

---

① 根据"李护彬、王小婷、曾桂茵：《众筹所救女婴去世　父母晒旅游照被质疑》，《佛山日报》2016 年 2 月 26 日"整理。

② 根据"佚名：《为病女求募捐 30 万元却开奔驰秀钻戒》，《新文化报》2016 年 2 月 26 日（A06）"整理。

下我的白血病女儿》的求助信息——宋女士希望能募捐 30 万元为女儿治病。许多网友转发并关注了这则求助信息。2016 年 2 月 24 日，该项目的筹款金额超过 26 万元。但是捐赠者捐赠后发现，求助者一边开奔驰、秀钻戒，一边求助治病。许多网友表示不满并提出了一些质疑。

有些网友认为，发起人一边号召别人捐款，一边继续享乐，是非常不道德的行为，因为捐赠者可能把省吃俭用的钱捐给了求助者；另外，有些网友认为女儿生病，其父母应倾其所有为其治病，发起者不配拥有别人的同情和爱心；还有些网友认为发起者想给女儿治病却不想影响自己高大上的生活品质，"救人和炫富各行其道"。

宋女士夫妇表示，他们的女儿确实生病了，开豪车是用来做生意撑场面用的，早前已决定出售奔驰，只是暂时还没有人购买；他们还表示，房子已经抵押给银行，他们曾向亲戚借钱，却只借到几万元；对于"秀钻戒"的行为，他们认为每个正常女人都有"晒幸福"的权利，不应该受到抨击。

网络捐赠受众广，捐赠者多元化，"轻松筹"的捐助者来自各个阶层，既有比求助者的经济水平更高的，也有比求助者更低的。即便是真实的求助，对于比求助者经济水平更差的捐赠者而言，如果捐赠前他以为是给经济条件比自己差的人捐赠，则减少其优势不公平厌恶，捐赠者得到正的效用；但当捐赠者知道求助者经济条件优于自己，捐赠就转变成扩大劣势不公平厌恶，可能给捐赠者带来负效用。从优势不公平到劣势不公平的心理落差，让这些捐赠者对那些发起求助却还维持更高经济水平的行为非常不满。

以上案例反映出捐赠者对求助者有较高的要求，但在线下求助中，捐赠者对求助者比较宽容，许多人都是在自己情况稍微变差时就发出求助，有很多人希望在遇到经济困难时便得到帮助，也希望渡过难关后还能维持一定的生活水平。比如，在现实生活中，邻里间、亲戚间，即便对方比自己的经济条件好，仍愿意互相帮助，因为这种帮助往往是有条件的：如果 A 帮助 B，则当 A 有难时，B 很有可能也帮助 A。但是目前，网络捐赠往往是无条件的，网友做出善举常常不被外人所知，他们不会也不能要求或相信别人下次会帮回自己。

此外，以上的案例还说明公众缺乏对于"轻松筹"运作机制的了解。从"轻松筹"方面的解释可以知道，"轻松筹"只是个合法的商业互联网平台，只要求助项目按照"轻松筹"各项要求发起和运行，"轻松筹"无须负担其他法律责任。

第六节 网络募款平台的发展现状及展望

一、网络募款平台的发展现状

（一）网站形式劝募平台

由于主动搜索、访问网站需要花费一定的成本，而且搜索、浏览这些募款网站的过程很难给用户带来其他效用（如娱乐、社交等），因此，很少有用户会主动访问这些募款网站，甚至有些捐赠人是在朋友分享了公益项目链接的情况下才会访问相关网站。

由于有些"自建网站的募款平台"只展示自身发起的项目，可供网友选择的项目一般较少；另外，"自建网站的募款平台"没有大量的互联网用户作为依托，而且平台投入的技术支持有限，网站提供的功能和服务也比较单一，因此，浏览"自建网站的募款平台"的用户一般比较少，平台发展一直比较缓慢。

（二）公益网店募款平台

公益网店募款平台包含公益机构网店和"公益宝贝"两种形式。公益机构网店提供的服务和功能仍比较单一，用户在此过程获得的效用有限，因而，只有少数用户会主动访问公益机构网店。另外，每个公益机构网店的发展情况差异较大。宣传广、知名度高的公益网店运营良好，一些缺少宣传、缺乏资源、运营能力较弱的公益机构网店生存比较困难。因此，仅运营公益网店业务的公益机构网店募款平台发展较弱。"公益宝贝"在一定程度上改善了这种情况。比如，对于阿里巴巴公益网店募款平台而言，"公益宝贝"计划使网友不需要特意访问某个网页，而是在购物的同时参与公益，在这一过程中，某些缺乏公益热情的网友甚至可能因为喜欢商品而间接捐赠；另外，由于阿里巴巴是我国电商用户、网络购物用户最多的互联网平台，因此"公益宝贝"对公益网店募款平台的筹款贡献较大。但是，与"基于社交媒体的募款平台"相比，公益网店募款平台发展相对较弱。

（三）社交媒体募款平台

社交媒体对网友的生活习惯产生了深刻的影响，网友对网络的依赖越来越深。一些网友已经习惯通过网络完成满足衣食住行等需求的活动，比如，一些网友习惯通过手机应用订餐、购物、分享心情、交友等。基于社交网络的募款平台提供的功能和服务多样，网友既可以做公益，又可以满足其他社交需求，访问这些平台的过程能够给网友带来比较大的效用，一些网友会主动浏览、转发相关的公益信息。

与其他互联网募款平台相比，基于社交媒体的募款平台已开发出丰富多样的公益产品，可以从多个角度满足不同捐赠者的需求；而且这类平台门槛较低，平台上线的项目数量较多。

此外，社交媒体使公益信息的传播更迅速、范围更广，传播渠道更加多元化。比如，一个网友的转发可能带动 10 个网友的转发，这 10 个人里的每个人可能又带动 10 个人转发，那么，信息的传播将以指数的方式传播出去，因此公益项目通过社交媒体的传播，可以带来前两类平台难以比拟的效果；同时，社交媒体实现了传播主体与受众之间的双向互动，进一步促进网友对求助者的了解，增强了网友做公益的体验感，提高了网民参与公益的兴趣。因此，利用社交媒体的募款平台发展状况较好，是目前我国网络募款平台的重要组成部分。

（四）众筹平台

2015 年以前，接受众筹的公众不多，部分公众认为众筹是一种非法集资的模式；2015 年，李克强总理提出"互联网＋"理念，逐步确立众筹模式的合法性，公众逐渐接受众筹模式。我国公益众筹募款平台起步晚，但发展较迅速，比如，2014～2015 年，公益众筹行业的筹资额实现翻倍增长。2014 年以来，出现了一些基于社交媒体的公益众筹募款平台，进一步增强网络捐赠的互动性、信息传播的有效性；公益众筹募款平台是目前我国门槛最低的互联网募款平台，受众更加广泛；另外，大部分众筹平台是商业性平台，技术、财力投入较大。因此，公益众筹募款平台也是互联网募款平台的重要组成部分，且发展前景较为可观。

二、互联网募款平台的趋势

（一）移动捐赠持续发展

移动捐赠成为网络捐赠的重要方式，各大平台纷纷在移动端发力，助力公益机构拓展更为便利的筹款渠道。以腾讯公益为例，腾讯于 2014 年推出了"一起捐"，大量公益机构开始利用这一便利的平台，开展基于移动端和朋友圈的公众筹款；[①] 2015 年年底，腾讯月捐关闭 PC 端，全部转成移动端捐赠。据统计，腾讯公益平台于 2007 年成立，经过约 5 年时间，平台的募款额才超过 1 亿元，而且这 5 年的捐款多数来自 PC 端。2014 年，平台捐赠就超过了 1 亿元，而截至 2015 年 8 月，互联网的捐款已高达 5 亿元，提速非常明显。[②] 腾讯的数据显示，2015 年，超过 95% 的用户通过移动端完成捐赠，而 2014 年只有 60%。[③] 另外，移动端众筹平台——"轻松筹"和"爱心筹"的发展已受到广泛的关注，两个平台都拥有一定数量的用户群体。

（二）公益平台细化

2015 年，网络捐赠平台更加多元化，越来越多平台具备独有的专业领域。以众筹为例，在 2015 年上线的"绿动未来"是专注于环保领域的垂直类众筹平台，而"爱心筹"则以其专业的医疗背景成功获得市场。这说明公益网络平台正往越来越细化、越来越专业化的方向发展。对于发展程度还不高或将新兴的募款平台而言，只有突出发展平台的自身特色以及专业领域，吸引特定群体，才能有更好的发展。

三、互联网平台募款存在的突出问题

（一）个人捐助行为的法律约束不多

根据《慈善法》草案，"慈善组织通过互联网开展公开募捐的，应当在国

[①] 资料来源：公益筹款人联盟，阿里巴巴集团社会公益部，瑞森德筹款研究中心，《2014 年度网络第三方平台捐赠报告》。

[②] 资料来源：南方日报，《腾讯联合多方发起"9.9 公益日"》。

[③] 资料来源：腾讯公益，《2015 年腾讯公益大数据报告》，http://gongyi.qq.com/a/20160318/053250.htm。

务院民政部门统一或者指定的慈善信息平台发布募捐信息，并可以同时在其网站发布募捐信息。慈善组织应向社会公开组织相关信息，每年向社会公开其年度工作报告，信息公开应真实、完整、及时。公开募捐周期超过六个月的，至少每三个月公开一次募捐情况，公开募捐活动结束后三个月内应当全面公开募捐情况。"然而，互联网募款平台上的个人求助行为归于个人捐助的范畴，不受慈善法约束，目前只能参考《民法通则》《合同法》等法律中的个别条款加以规范。几个专家解释了目前互联网中个人捐助行为的法律环境，并提供了一些建议。

北京京都事务所刘哲、清华大学公共管理学院副教授贾西津表示，如果平台的捐款行为是捐赠者自愿发生的，捐赠行为被默认为是在捐赠者对求助者相关信息都不存在异议的情况下发生，那么，受赠者则被允许按自己意愿处理处置筹款，筹款成功后，受赠者如何使用善款并不受法律约束，捐赠者无权要求其公开善款的使用情况。[①] 正如前文所提及的，"轻松筹"没有权利要求求助者公布资金使用的情况，也无权监管求助者资金的后期使用情况。

中国政法大学民商经济法学院副教授赵廉慧表示，如果求助者并没有按照预先的目的使用资金，可认为求助者违背了捐赠时发生的赠与合同所附的义务，根据《合同法》相关规定，赠与者可撤销该赠与、要求退回款项。[②]

根据邓国胜的观点，如果政府或平台对网络发起的个人救助行为进行监管，成本会非常高；但若是骗捐者形成诈骗行为，可以通过刑法诈骗罪予以规制。[③]

笔者认为，捐赠者应在了解清楚项目的求助信息以及平台的运行规则后，做出判断再决定是否捐赠。另外，"轻松筹"的求助项目以社交圈为基础，以朋友的信用进行传播，求助者做出欺骗行为需要付出比较高的成本。目前"轻松筹"只是出现少数负面案例，当前出现的问题只是表明该平台有需要改善的地方，不能因此而完全否定"轻松筹"的价值（比如，向许多急需帮助的人提供更便利、高效的求助渠道）。对于平台的发展而言，"轻松筹"在这些争议的浪潮中，被更多公众熟知和了解，出现了新的发展高峰。

（二）服务费

在项目成功并要求提现时，"轻松筹"将扣除筹款总额的2%作为手续费，

---

①②　根据"菅宇正：《'轻松筹'遭质疑　六问网络众筹平台》，《公益时报》2016年5月31日"整理。

③　根据"马树娟：《平台与慈善组织　合作或为破解之道》，《法治周末》"整理。

有些网友认为2%的比例太高。根据"轻松筹"的资料显示，在扣除的2%手续费中，1%支付给第三方支付平台（微信、支付宝），1%作为"轻松筹"平台的运营费用。

"轻松筹"作为一个移动端众筹平台，只为求助者和受助者提供服务，它并非慈善机构，而是一般的互联网商业平台，收取手续费也是完全合理的。聊城大学法学院教授杨道波认为，交易手续费、增值服务收费等一系列中间费用是作为商业性众筹平台的盈利来源。① 这部分支付比例从筹款总额的2%～25%不等。

目前，国内外运用互联网募款平台发起的救助大多需要支付手续费。作为公益产业链中的一环，平台实现盈利本无可厚非，但由于平台的收费与社会捐助的无偿性相违背，公众不能接受平台是"公益中介"，更没有意识到其本质只是一个商业平台，而使"轻松筹"之类的平台备受争议。捐赠者不满自己的无偿捐赠成为平台盈利的途径，有网友认为"轻松筹"利用公益的方式"发家致富"；加上2015年以来，"轻松筹"出现许多受质疑的案例，因此，有媒体做出"轻松筹"是"轻松骗"的评论。

这表明，公众对于公益行业缺乏正确的认识，认为"公益就是免费的，不能收取管理费"，网络募款平台和相关部门都应帮助公众树立正确的公益观念。作为网络募款平台，可以适当推出相关宣传，让更多人认识到做公益是有成本的，募款平台提供服务也是有成本的。

（三）平台监控

从前文介绍的案例可以看出，目前网友质疑"轻松筹"监控不到位的环节有：求助信息发布前的审核以及筹款后监管善款的使用。

如果平台监控到这些环节，需要很高的监管成本。首先，项目审核需要非常专业的队伍。比如，对大病救助信息的审查经常涉及医疗治病等项目，项目审查的专业门槛较高，需要相关的医疗资源才能做出专业的审核；另外，每个病人的具体情况不同，需要捐助的金额、使用方式也难以标准化，因此，对于综合性的众筹平台而言，项目审核的难度非常大。其次，项目发起人身份背景十分多元化，随着项目数量的增加，审核个人的经济条件、保险等个人信息需

---

① 根据"菅宇正：《'轻松筹'遭质疑　六问网络众筹平台》，《公益时报》2016年5月31日"整理。

要投入很高的成本，因而"轻松筹"难免出现"一边求助，一边晒钻戒"等案例。

目前，"轻松筹"只是审核求助者有没有上传足够的必要信息（个人信息、医院证明等），至于上传的信息是否真实，则由求助者的亲友做证实人，捐赠者根据自己判断转发和捐赠。然而许多捐赠者没有做出足够的判断，便跟随朋友的转发而转发，随朋友的捐赠而捐赠。通过与有资质的公益组织合作，可以在一定程度上减缓这种困境。

网络募款平台同有资质的公益组织合作，既可以使个人救助行为受公益组织规范、严格的管理，又可以发挥网络传播速度快、覆盖面广、筹款快的优势，也有利于筹款后项目落实、款项公开等一系列工作的开展。

2016年1月，"轻松筹"与中国红十字基金会合作成立了"中国红十字会'轻松筹'微基金"，中国红十字会利用"轻松筹"平台为一些大病救助项目筹款，而"轻松筹"则借助红十字基金会的力量规范平台的个人救助行为。[1]

北京大学法学院非营利组织发展研究中心主任金锦萍表示，通过此类合作，双方的法律关系也更为明晰，能减少相关的法律问题及纠纷。[2] 公募基金会对大病救助的募款行为负责，"轻松筹"平台则提供募款平台。她还认为，这样的合作发挥了双方的优势，"轻松筹"利用平台网络技术、优势服务更多用户，公募基金会则可以借此成立一些大病救助项目，按照公益项目的要求进行研发、管理和监督实施，从而避免公众所担心的社会资源配置不合理、剩余款项归属不明等问题。除了"轻松筹"，前文提到的919"慢友帮爱心筹"联合计划也属于规范个人救助行为的合作。

四、互联网募款的政策建议

当前网络捐助一般是无偿捐助，是一种完全利他的行为，如果能建立间接互惠机制，将有助于促进捐赠行为，使捐赠者对求助者的要求更低（允许比自己条件好的人求助）。在较早时期，互联网和传统媒体一样是单向的，未能产生较大的影响。但是后来QQ、微博的出现实现了双向互动，公众可以通过互

---

① 以上内容根据"马树娟：《平台与慈善组织　合作或为破解之道》，《法治周末》2016年6月22日"整理。

② 根据"菅宇正：《'轻松筹'遭质疑　六问网络众筹平台》，《公益时报》2016年5月31日"整理。

联网进行社交活动。

　　如能建立慈善个人征信机制，记录捐赠者的慈善记录，将有助于建立间接互惠机制。比如，捐赠者捐了多少钱、多少物资、做了哪些慈善服务，这些信息若能在网络上记录下来并被公众查阅，那么，当这个捐赠者有难的时候，其他捐赠者可能不会对他有非常高的道德要求，而更乐于帮助他，因为这也是对这个求助人曾帮助别人的回馈；而且，其他捐赠者也更容易相信，当自己有困难时，这个人同样会帮助自己，这样的过程便实现了间接互惠。目前，少数互联网募款平台已经有个人善举记录（如新浪微公益），如果每个平台都能有这样的记录，那么，建立个人慈善征信系统将不是难事。

第三章 互联网与基金会慈善[①]

第一节 我国基金会的发展情况简介

一、我国基金会的发展历程

1981 年中国儿童少年基金会的成立标志着我国首家基金会的成立，自此，我国基金会已历经 35 年，数量也实现了大规模的增长。根据基金会中心网数据，截止到 2016 年 7 月 10 日，我国共有 5000 家基金会，[②] 其中有 1556 家是公募基金会，约占 31%，其余 3444 家为非公募基金会，约占 69%，远远超过公募基金会的占比（高 38 个百分点），这表明非公募基金会的力量不断增强。从基金会的数量趋势图（见图 3 - 1）可以看出，我国基金会的发展呈现出明显的阶段性特征，且受国家政策的影响十分明显，主要经历了 4 个发展阶段：

（一）初创和摸索阶段（1981~1987 年）

此时期是基金会萌芽阶段。这个时期的基金会多是公募基金会，只有少数的非公募基金会。由于此时基金会的运作管理尚无相关法规，基金会法律地位尚不明确，社会活动力不强，对社会的影响力也不大，因而此阶段所成立的基金会大多由政府主导，凭借着设立人与参与人的个人魅力，定位在政府和社会之间。基金会的非营利性、非政府性特征不明显，且公益目标比较简单。

---

① 本章由暨南大学产业经济研究院袁梦执笔。
② 资料来源：基金会中心网实时数据，http://www.foundationcenter.org.cn/。

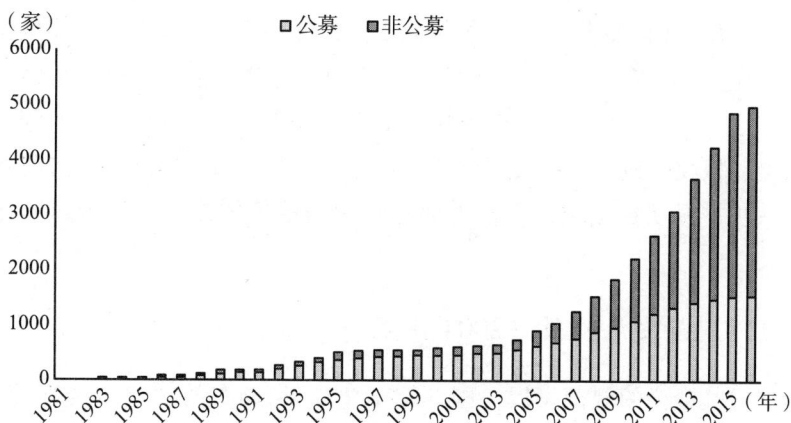

图3-1 基金会数量趋势图①

（二）迅速发展阶段（1988～1995年）

自1988年9月国务院颁布《基金会管理办法》以来，基金会的规模迅速扩大，持续每年保持增加10家左右，同时基金会还不断扩展公益项目所涉及的领域，已延伸到环保、教育、妇女发展等领域。其中比较有影响力的公益项目有"希望工程"（中国青少年发展基金会发起）、"春蕾计划"（中国儿童少年基金会支持）以及人口福利基金会资助的"幸福工程"等。整体而言，基金会在该阶段迅速发展，各领域的活动都起到一定的积极作用，同时公益组织的生存空间和社会影响力得到拓展。然而，由于基金会的发展还较不完善，尚未形成较为完善的管理体系，以至于部分基金会存在违背《基金会管理办法》的规定投资办实体、现职政府工作人员兼职及搞行政摊派的现象；管理的不规范还导致基金会现有专职人员管理工作效率低下；基金会的公信力和资金安全引起社会的广泛关注，这些问题都成为日后基金会管理、整顿的重点和直接动因。

（三）沉淀、整顿阶段（1996～2004年）

为解决基金会在迅速发展过程中出现的管理不规范、公信力下降等问题，中国人民银行以及中共中央办公厅、国务院先后颁布了《关于进一步加强基金

---

① 资料来源：数据总览—基金会中心网数据中心。

会管理的通知》（1995年4月）和《关于加强社会团体和民办非企业单位管理工作的通知》（1996年），全面地清理和整顿基金会。整体来说，基金会的发展速度在这一时期放缓，但该轮整顿也给正规基金会实现长远的发展创造了很好的调整、积淀的机会。在实现调整和积淀后，这些富有发展潜力与前景的基金会进一步扩展项目领域，完善内部的管理与治理体系，大大增强了社会影响力。

（四）规范发展阶段（2004年至今）

为促进基金会的规范发展，国务院于2004年颁布的《基金会管理条例》详细规定了基金会的形式、内部管理、基金的保值增值以及政府该如何规范管理基金会等内容。值得一提的是，该条例首次提出"鼓励非公募基金会发展"的意见，为非公募基金会的迅速发展创造了有利条件。从图3－1也可以看出：2004年以前，公募基金会垄断着我国公益行业，非公募基金会仅占少数，而2004年以后非公募基金会的增长势头迅猛，其数量在2010年首次超过公募基金会，成为公益领域的重要力量，公募基金会一枝独秀的局面被打破，基金会开始进入一种平等的竞争。

随着基金会规模的不断壮大和20世纪末互联网的发展，基金会的发展也显露出不少问题。曾经是中国公益领域标杆的红十字会，自2011年6月下旬备受关注的"郭某某事件"后便"跌落人间"，大大降低了社会公众的捐赠热情。这一事件后，不仅社会捐款数和慈善组织捐款数迅速出现锐减，而且玉树地震捐款的信息还被查出存在"捐赠数据缩水、捐款时间早于地震、督查花掉万元餐费、很多企业的捐赠信息无法显示"等问题，使得红十字会的公信力跌至谷底。同年，宋庆龄基金会及多个打着宋基会名义推行的公益项目也相继被爆出存在"账目不清、涉嫌以发展房地产和房贷等方式牟取暴利、运作复杂混乱、中饱私囊"等乱象。官方基金会，即公募基金会面临十分严重的公信力危机，这与公募基金会的垄断性资源优势和较高的进入门槛密切相关。

为避免基金会"丑闻"再发生，清华大学公共管理学院创新与社会责任研究中心主任邓国胜教授指出，有关部门需要修改相关条例，降低民间组织注册为公募基金会的门槛，促进各类基金会间的有序、有效竞争。长期以来，相关部门一直在讨论修订《慈善法》，2016年3月出台的《慈善法》则首次放开公募资格，规定登记满两年的慈善组织便可以依法向相应等级的民政部门申请公开募捐资格①。北京大学法学院非营利组织法研究中心主任金锦萍指出，非公募基金会在考虑是否需要申请公募资格时，需结合基金会的创办理念以及自身的治理机构，而当非公募基金会获得公募资格后，公众则要更好地监督它能否有效地运用公募资源，关注非公募基金会"能不能公募到钱，以及能不能把钱用好"。

为防止公信力危机再度出现，提高项目的透明度对我国基金会变得尤为重要。互联网的迅速发展为我国基金会公开信息提供了重要平台，多数基金会的组织者也意识到运用互联网来监督基金会运行情况的重要性，国内35家知名基金会便于2010年7月联合成立了基金会中心网，定期向公众披露各基金会的机构动态、公益项目、财务状况、透明指数、捐款收支信息和管理团队等信息，以提升基金会的透明度和公信力。爱佑慈善基金会作为全国首家非公募基金会，凭借其在披露项目执行信息、披露机制、渠道和频次的突出表现首次登上"2015年中国慈善基金会榜"榜首。②爱佑一直倾力于孤贫儿童的医疗救助，开展了"爱佑童心""爱有天使"等一系列公益慈善项目，并借助移动互联网思维和技术创建了"爱佑益＋"项目。爱佑慈善基金会的官方网站作为基金会信息公开的主要渠道，按照每周、每月、每年及时公布项目进展及善款使用情况，定时更新发布爱佑项目信息、详细的项目申请条件、基金会的报告以及爱佑新动态，满足捐款人及普通大众对基金会动态和项目透明的需求，大大降低受助者和基金会的时间成本。爱佑慈善基金会在2014年推出《爱佑微刊》来定期发布每月基金会重大事项，并通过微访谈的形式，在网络上发布《2013年爱佑慈善基金会年报》，大大增加了和网友互动，提高了基金会的透明指数；同时开通微博和微信账户并定期更新，也使得关注的大众能够及时获知动态信息。

二、基金会公益项目的分类

据基金会中心网统计，2008～2009年我国基金会开展的公益项目并不多，自2009年以来，基金会每年所开展的公益项目呈现迅猛增长的趋势，截至目

---

① 资料来源：舒迪，《我国基金会准入门槛或将降低》，《人民政协报》2016年5月31日（009）和《慈善法》《基金会管理条例（修订草案征求意见稿）》。

② 资料来源：新浪财经，《福布斯2015中国慈善基金会榜：爱佑慈善基金会首次登顶》。

前，我国基金会共开展 63549 个公益项目，其中 2014 年全国基金会开展了
16733 个项目，占项目总数的 26%，相比 2012 年的 10826 个增加了近 54.6%
（见图 3－2）。

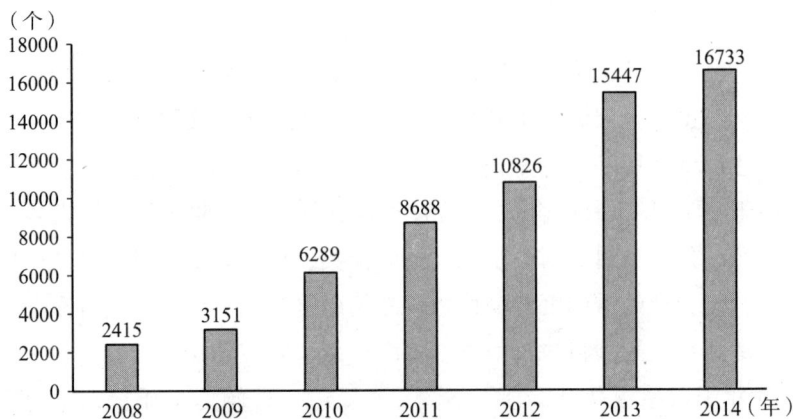

图 3－2　公益项目数量的变化①

随着现代慈善理念的传播和不断深入，基金会不断拓宽公益项目所涉及的
领域，不再仅关注教育、扶贫助困等传统的热点领域，越来越多地扩展到与社
会大众生活密切相关的领域。从图 3－3 可以看出，全国基金会 2014 年所开展
的公益项目涉及约 25 个领域，其中教育（44.1%）和扶贫助困（21.9%）领
域依然占主导地位，其次是公共服务、医疗救助、文化、科学研究、环境保
护、公益行业发展、艺术和公共安全等领域。

从基金会实施的公益项目所覆盖城市可以看出，在 2008～2014 年总共
63549 个公益项目中，约一半的公益项目分布在北上广地区和江浙一带的经济
发达地区，还有一些分布在资源较丰富的地区，如教育发达的湖南、湖北等。
见图 3－4。

下面将参考项目信息的完整度（项目总支出占公共事业支出的比重）、基
金会的透明度水平等指标来分别介绍基金会在各领域开展的较为成熟的公益
项目。

---

①　此图根据公益项目基金会中心网数据中心（http：//data. foundationcenter. org. cn/projects. html）
公布的数据统计绘制。

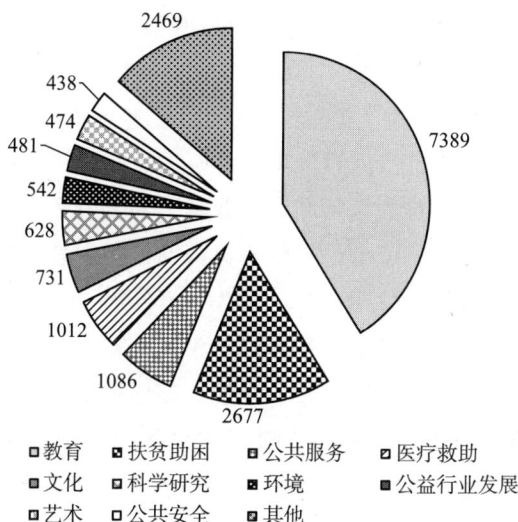

图 3 - 3 公益项目的领域分类（单位：个）①

注：其他指心理健康、卫生保健、安全救灾、体育、志愿服务、"三农"、社区发展、创业、公民人权、国际事务、就业、公益投资、动物保护、法律实施、侨务等领域的公益项目。

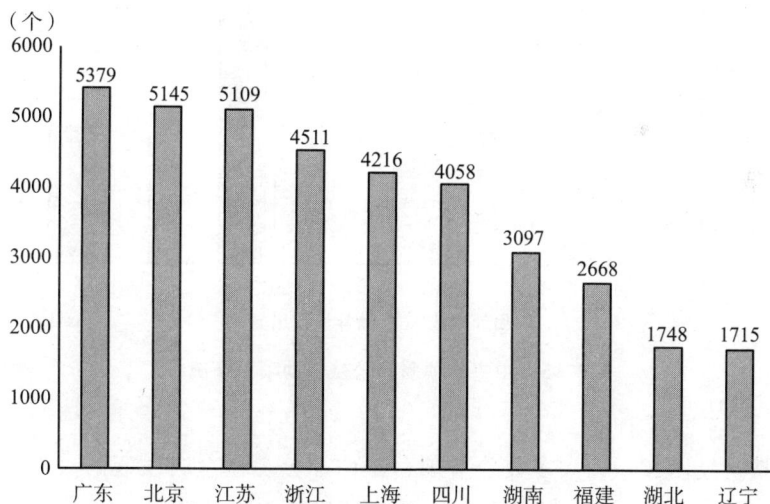

图 3 - 4 公益项目地区分布（2008 ~ 2014 年）②

在教育领域，公益项目主要由非公募基金会发起（约 4961 个公益项目，占 67%），同时在 70% 的教育类公益项目的实施过程中，基金会有资助其他组

①② 此图根据公益项目基金会中心网数据中心（http：//data. foundationcenter. org. cn/projects. html）公布的数据统计绘制。

织。2014 年，中国教育发展基金会的"中央专项彩票公益资助项目"在所有项目中支出最多，约 82338 万元；项目信息完整度也较高，约 96%；中国教育发展基金会的透明度水平也达到满分。该项目开展于 2011 年，旨在通过奖励高中阶段品学兼优的家庭经济困难学生，并资助家庭经济困难新生就读普通高校，资助家庭经济特别困难的教师和幼儿教师，为学校和相关单位在教育发展中遇到的特殊困难和突发紧急事件提供资金帮助，促进教育条件的改善，在该项目实施的 4 年间，效果十分明显。从图 3 - 5 可以看出，自本项目实施以来，各年度收入主要为中央专项基金，基本稳定不变，年度支出逐年增加，所资助范围也从北京市逐渐扩展到全国，整体来说，该项目发挥着较大作用。中国教育发展基金会长期致力于教育领域，除"中央彩票专项基金"项目外，还开展了衣恋阳光助学项目、港澳台及华侨学生奖学金、李兆基基金专项等一系列促进我国教育事业发展的公益项目。

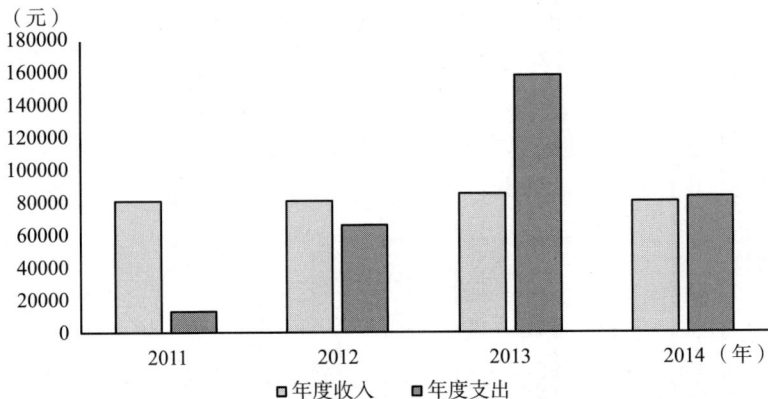

图 3 - 5　中央专项彩票公益资助项目情况①

在扶贫助困领域，大多数公益项目是由非公募基金会发起的（约 1645 个公益项目，占 61.4%），同时在 66.5% 的项目的实施过程中，基金会有资助其他组织。广东省扶贫基金会在 2014 年的扶贫济困日活动的项目支出仅次于上海市慈善基金会的助困类项目支出和中国妇女发展基金会的其他项目支出，约 41896 万元，项目信息完整度达 99%，同时广东省扶贫基金会也是透明度满分

---

① 此图根据公益项目基金会中心网数据中心（http://data. foundationcenter. org. cn/projectInfo_182. html#99291）公布的数据统计绘制。

的基金会之一。扶贫济困日活动是广东省扶贫基金会每年一次的特色活动，此活动倡导"一份捐赠一份爱心"的理念，围绕促进广东省城乡区域协调发展和实现"两个率先"的目标，广泛动员社会公众为广东省不具备生产、生活条件的贫困村搬迁安置项目进行捐助，并帮扶广东省城乡贫困人口、困难群众与弱势群众。广东省策划的重大活动、行业系统劝募的资金除用于定向捐赠外，大部分资金都将用于"不具备生产、生活条件"贫困村的搬迁安置，与此同时，广东省周边各市也将进一步加大对"两不具备"贫困村搬迁安置项目的定向捐赠动员力度。2014 年广东扶贫济困日活动期间，不仅广东省各单位展开公开募捐，广东省慈善总会、省扶贫基金会、省红十字会还在官方网站开通了网上捐款功能，为公众捐款提供平台，公众或各级单位还可以到这三家单位现场捐款或邮寄捐款。南方日报先后刊登了爱心企业和爱心人士投身扶贫济困事业专稿，拍摄《感恩有你》公益宣传片，为此活动进行公益宣传。此次扶贫济困日活动共募集到 2.88 亿元扶贫资金，募捐工作实现了新突破，大大提高了公益活动的社会影响力和公众参与度，有助于改善广东省城乡贫困人口和困难群众的生产、生活条件。

在公共服务领域，大多数公益项目是由公募基金会发起（约 576 个公益项目，占 53.1%），同时在 77.2% 的教育类公益项目的实施过程中，基金会有资助其他组织。中国光华科技基金会的"物华工程"项目支出最多，约 14178.06 万元，项目信息完整度为 93%，影响较大。"物华工程"[①] 旨在通过以建立的公益平台为桥梁，通过物资捐赠实现数万亿库存积压物资与贫困受助群体的完美对接，不仅盘活了库存积压物资、避免资源浪费，也推广了慈善公益理念，使库存积压物资在爱心传递中焕发光辉。几年来，物华工程所开展"亲情助学行动"、"温暖行动"等公益项目，为广大受助群体提供了内容丰富的物资支援与精神慰藉。截至 2014 年年底，"物华工程"已累计募集价值约 8 亿元的物资，累计捐助价值约 7 亿元的物资，受助群体遍布全国 31 个省、市自治区，捐赠物资的种类也从服装、棉被等生活物品和电视、空调、电脑等家用电器，拓展到彩超、生化仪等基层急需的医疗设备，满足了受助群体的多样化需求。

在医疗救助领域，多数公益项目也是由公募基金会发起（约 555 个公益项目，占 54.8%），同时在 77.7% 的教育类公益项目的实施过程中，基金会有资助其他组织。虽然中国癌症基金会并未实现透明度满分，但所开展的"赫赛汀

---

① 资料来源：物华工程—中国光华科技基金会官网。

患者援助项目"在 2014 年的年度支出最高,达到 93662.10 万元,且项目信息完整度均达到 99% 以上。"赫赛汀患者援助项目"[①] 由中国癌症基金会联合上海罗氏制药有限公司在 2011 年 8 月开展,旨在提高贫困患者获得"赫赛汀"的概率,帮助符合项目医学及经济标准的贫困或低收入的乳腺癌患者或胃癌患者。赫赛汀乳腺癌项目已覆盖全国 149 个城市、329 家指定医院、453 名指定医生、59 名指定药师及 32 名协管员,胃癌项目覆盖全国 58 座城市、127 家指定医院,共有 189 名指定医生,59 名指定药师及 32 名协管员参与项目;2014 年 1 月 1 日 ~ 12 月 31 日,赫赛汀乳腺癌项目批准入组患者 11657 名,胃癌项目批准入组患者 322 名。在中国癌症基金会官网,慈善援助专栏有着关于此项目的详细信息,涉及项目简介、法律声明、申请流程、项目公告、网上预约平台和常见问题等信息,为满足项目相关标准的患者提供极大的便利。

在文化领域,大多数公益项目也主要由非公募基金会发起(约 434 个公益项目,占 59.4%),同时在 79.3% 的文化类公益项目的实施过程中,基金会有资助其他组织。中国文学艺术基金会的"中国文学艺术发展专项基金"在 2014 年支出最多,高达 8890.76 万元,项目信息完整度约 94%。中国文学艺术发展专项基金是 2007 年由国家在中国文学艺术基金会设立的,资金的主要来源是中央财政的拨款,同时也有自然人、法人或其他组织的捐赠。[②] 基金主要资助、组织艺术家深入生活、采风创作、送欢乐、送优秀文艺作品下基层。此外还资助各门类专业艺术人才和文艺工作者的培训(养),重点扶持优秀中青年艺术人才;奖励优秀文艺作品,表彰德艺双馨文艺人才;资助优秀文艺作品创作与推广、重点艺术项目扶持及交流;资助文艺界人士联谊活动和慰问老艺术家;完成中央及主管部门交办的公益性文化活动。在该专项基金实施过程中,基金会官网和媒体报道会定时更新专项基金动态,文艺界许多艺术作品的发展得到过该基金会的支持和资助。

在科学研究领域,多数基金会也主要由非公募基金会发起(约 423 个公益项目,占 66.3%),同时在 78.3% 的公益项目的实施过程中,基金会有资助其他组织。四川省青年科技基金会的"四川省青年科技基金"项目在 2014 年的总支出最多,达到 3013 万元,同时项目信息完整度达到 100%。该项目主要支付给成都信息工程学院、中国科学院成都生物研究所、四川省中医药科学院、

---

① 资料来源:赫赛汀项目简介—中国癌症基金会官网。
② 资料来源:中国文学艺术发展专项基金—中国文学艺术基金会官网。

四川省农业科学院作物研究所等机构。总的来说，2014年四川省青年科技基金资助公益项目共145项，资助金额共计30130000元，约从基金会账上划拨130000元，其中约494万元用于30项四川省杰出青年学科带头人培养资助计划，约1050万元用于资助30项四川省青年科技基金创新团队项目，其中600万元用于15个资助计划、450万元用于15个培育计划。

在环境领域，公募基金会发起的公益项目占多数（约297个公益项目，占57.8%），同时在86.7%的教育类公益项目的实施过程中，基金会有资助其他组织。中国环境保护基金会以广泛募集、取之于民、用之于民和保护环境为出发点，开展了丹东鸭绿江口湿地核心区修复、环保嘉年华活动、东陶（TOTO）水环境基金、2014年度必胜客绿色小超人、"蓝天绿地"和"幸福礼单"等一系列保护环境的公益活动，并及时公开项目信息，透明度高，成为环境保护领域比较成功的基金会。

在公益行业发展领域，多数公益项目由非公募基金会发起（约342个项目，占71.1%），同时在87.9%的教育类公益项目的实施过程中，基金会有资助其他组织。浙江敦和慈善基金会所开展的"敦和种子基金计划"项目是较为成功的、影响力较大的公益活动，此项目旨在缓解国内优秀基金会资源稀缺，尤其是行政办公支出和工作人员工资福利较低这一问题。此项目成立了敦和种子基金，并向入选"敦和种子基金计划"的基金会捐款，在此项目中，有9家基金会（南都公益基金会、北京市西部阳光农村发展基金会、北京尚善公益基金会、北京市永源公益基金会、北京春苗儿童救助基金会、北京市仁爱慈善基金会、上海联劝公益基金会和广东省希贤教育基金会）获捐，共获得捐款3000万元。敦和种子基金为不动本基金，且只有其增值收益可用于公益支出，即资助机构发展，包括但不限于行政办公支出和工作人员工资福利，这在一定程度上有利于缓解部分基金会因资源稀缺引起工作人员积极性下降等问题。

在艺术领域，多数公益项目由非公募基金会发起（约291个项目，占61.4%），同时在83.1%的教育类公益项目的实施过程中，基金会有资助其他组织。较为成功的案例如，中国残疾人福利基金会所开展的"澳门特区促进体育艺术"项目在中国残疾人福利基金会与中国残联、澳门政府社会文化司的共同配合下，开展了50个体育项目的子项目和19个特殊艺术的子项目，使得约50万残疾人从中获益。更重要的是，残疾人为本项目的重点对象，这为内地和澳门残疾人间的体育、特殊艺术方面的交流创造了不可多得的机会，为两地残疾人建立了互相学习、互相交流、互相促进的良好的平台和桥梁，有利于促进两地特殊艺术的发展。

在公共安全领域，多数公益项目由非公募基金会发起（约360个项目，占82.4%），仅在45.5%的教育类公益项目的实施过程中，基金会有资助其他组织。中国妇女发展基金会的"中国贫困英模母亲"项目和中华见义勇为基金会的"资助慰问、表彰宣传见义勇为"项目较为成功。虽然中国妇女发展基金会是一个以维护妇女权益、提高妇女素质和促进妇女事业发展为宗旨的基金会，但"中国贫困英模母亲—建设银行资助计划"项目自设立以来，一直坚持着"弘扬中华民族崇尚英模、英烈"的优良传统，积极资助生活困难的一线表现突出、因公致残或牺牲的现役军人、武警、公安干警的母亲或妻子，尽可能地改善英模、英烈家属的生活条件。中华见义勇为基金会的"资助慰问、表彰宣传见义勇为"项目则通过表彰80名见义勇为英雄，并为其发放奖金570万元，进一步宣扬了中华民族传统美德和社会正气，推动着社会主义精神文明建设，有利于加强社会治安的综合治理。

三、互联网背景下基金会面临的机遇

互联网的普及和信息技术的发展，给人类社会带来了万年未有的大变局，尤其是移动互联网的发展，重新定义了时间和空间，实现了随时随地将整个世界连接起来，从而改变了人们获取信息的方式、通讯方式、沟通方式、娱乐方式甚至于交易方式，将人类带入到一个共享社会。因此，一旦互联网与慈善相结合，互联网特有的信息共享性将大大提高公益行业的便捷性、透明度和选择性，大大降低公众参与公益的门槛，也使"人人公益"成为可能。互联网的共享性又使得互联网在整个发展过程中表现出极强的公益性，使得互联网与公益相互交融。

在大数据时代，互联网为基金会推行慈善事业带来巨大变化和极大的便利，主要体现在以下几个方面：

（一）互联网降低信息公开的成本，促进基金会更加透明

互联网的发展使得各大网络平台在公众搜寻、发布信息的过程中越发重要，提高了公众查找和发布信息的能力，大大降低公众查找或发布信息的成本，这也促使基金会必须使用官方网站、微信微博等各种途径定时公开信息，从而有效地提高了基金会的透明度和运行效率。公众所拥有的选择权和投票权还使得公益机构进入一种平等的竞争，打破了公益行业的垄断局面。

在 2011 年公益慈善事业遭遇严重的信任危机、提高中国公益慈善事业的整体透明度势在必行的背景下，基金会中心网联合清华大学廉政与治理研究中心于 2012 年提出中基透明指数（Foundation Transparent Index）来衡量我国各基金会的透明度。FTI 是一套基于综合指标、权重、信息披露渠道、完整度等参数，本着公开性、科学性、倡导性、民间性、发展性和国际性等设计原则，通过排行榜表现的基金会信息透明的评价体系。这一排行榜将按照基金会所计算的最新透明度水平进行每月定时更新，且在排行榜中位置越靠前的基金会，透明度水平也越高，信息越公开。

中基透明指数总分等于 41 个指标的分数之和，满分 100 分，其中基本信息总分为 13.2 分，财务信息总分为 24 分，项目信息总分为 39.2 分，捐赠及内部建设信息总分为 23.6 分。[①]

中基透明指数分数将由四个参数决定，包括：指标是否披露 T_i、指标权重 W_i、信息披露渠道 S_i 和信息披露的完整程度 C_i。某家基金会的透明度分数 FTI_n 等于单个指标对应的四个参数的乘积的合计，公式如下：$FTI_n = \sum (T_i \times W_i \times S_i \times C_i)$。

Y_n：基金会序号，如 1，2，3，…。

Y_i：指标序号，值介于 1~41。

T_i：第 i 个三级指标是否披露，值为 0 或 1。

W_i：第 i 个三级指标的权重，值范围为 1~6。

S_i：第 i 个指标的信息来源，来源官网时为 1.2，来源其他渠道时为 0.8。

C_i：第 i 个指标信息披露完整度，值范围为 0~1，值越接近 1 表示完整度越高（仅应用于计算主要项目的信息分数）。

截至 2016 年 7 月，全国基金会透明度的平均分为 51.36，同时 4976 家基金会中仅有 151 家基金会 FTI 指数满分，56 家基金会的中基透明指数得分不足 1 分，其中 8 家基金会得 0 分，基本处于失联状态，所以我国基金会的整体透明度仍有待提高。

从基金会中心网数据可以发现：在 151 家 FTI 满分的基金会中，75 家为公募基金会，76 家为非公募基金会。爱佑慈善基金会凭借其在披露项目执行信息、披露机制、渠道、频次的突出表现首次登上"2015 年中国慈善基金会榜"

---

① 资料来源：中基透明指数解读—基金会中心网，http：//fti. foundationcenter. org. cn/fti_new/pre-interpretation. html。

榜首，同时上海真爱梦想公益基金会和中国扶贫基金会并列第二位，中国青少年发展基金会和友成企业家扶贫基金会并列第四位。在上榜的25家基金会中，有19家公募基金会和6家非公募基金会，由此可见，上榜的公募基金会在数量和质量上表现相对更好。[①]

　　从各地域FTI得分可以看出：各地域间透明度分布较不平均，透明度最低地区与透明度最高地间FTI得分差值较大，如海南省（透明度最低）与全国平均水平相差甚远；全国31个省市、自治区中仅11个省市（自治区）的FTI得分高于全国平均水平，近2/3的省市（自治区）的FTI指数低于全国水平，其中4个省市（自治区）相差较大，如青海、江西、甘肃和海南；FTI得分较高的地区往往是经济较发达、慈善事业发展较早的地区。我国各地域提高透明度的使命任重道远。（见图3 – 6）

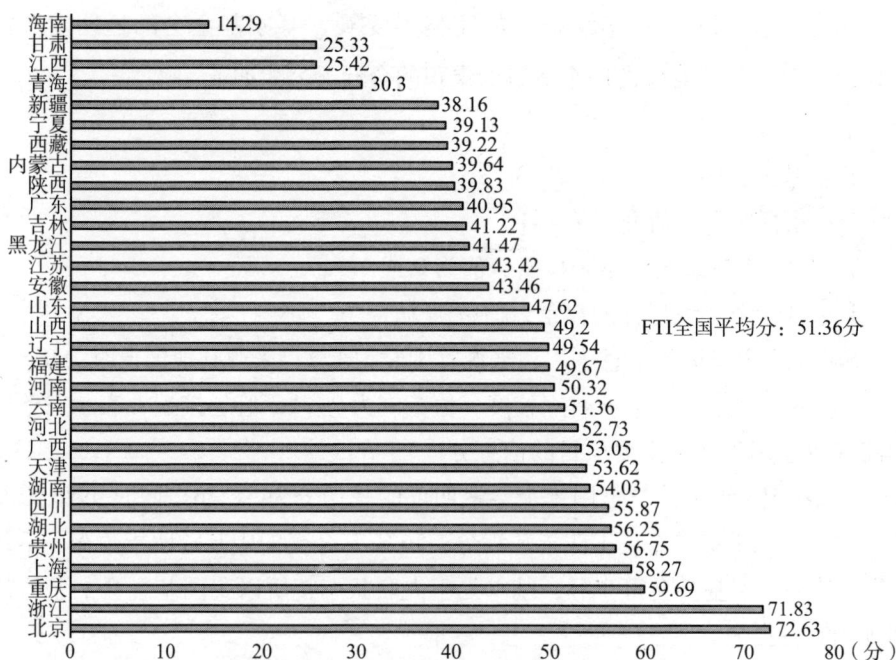

图 3 – 6　各省市 FTI 得分[②]

　　① 资料来源：新浪财经：《福布斯2015中国慈善基金会榜：爱佑慈善基金会首次登顶》，http：//finance. sina. com. cn/2015 – 12 – 17/doc-ifxmttcn4924686. shtml.

　　② 资料来源：《中基透明指数FTI》，基金会中心网，http：//fti. foundationcenter. org. cn/fti_new/DataNumber. aspx，数据截止于2016年7月1日。

（二）社会化媒体的普及为公益理念的传播和实现"人人公益"提供了新平台

互联网技术催生了各媒介技术，并推动了手机、平板电脑等各类移动终端的出现，社会化媒体日渐成为人们日常信息交流和信息传播的重要渠道。社会化媒体以其高度的开放性、互动性和参与共享性，为公益理念的传播和公益项目的推广提供了一个高效的资源平台，这有利于基金会降低传播公益活动的成本，大大提高传播的效率，促进人人公益的实现。

由 CIC2015 年中国社会化媒体格局图①可以知道：在大数据引领时代发展的趋势下，微信、微博、BBS 论坛、社会化生活平台和电商平台等成为 2015 年对公众影响最大、生活最必不可少的几大互联网平台。它们凭借其较高的信息传播速度和较低的传播成本，为基金会传播公益项目信息创造了极有利的条件。

1. 基金会使用微博情况

从中国的微博元年 2010 年开始，利用微博进行公益活动传播的事件越来越多，从最早的"微博打拐"到 2011 年如火如荼的"免费午餐项目"，这都代表着全民参与公益、使用微博解决社会问题已成为一种趋势，也就是说微博对推动公益活动的开展起着十分重要的作用。而根据基金会中心网对基金会使用新浪微博的情况统计，截至 2012 年 8 月，共有 218 家基金会注册了新浪微博账号，粉丝总量达 145 万人次，其中 100 家为公募基金会，118 家为非公募基金会，可见非公募基金会的应用数量略高于公募。同时有 51 家基金会为慈善项目的专项基金开设微博账号，微博账号共计 121 个，粉丝总量约 150 万人次，其中国青少年发展基金会、中国人口福利基金会、中国社会福利基金会为项目宣传较积极、开设微博账号较多（10 个左右），且"爱心衣橱"、"免费午餐"、"孤儿成长救助"、"寻子基金"等都是基金会中关注度和活跃度较高的项目微博。基金会相关工作人员中有 279 人使用微博，约有 235 人进行职务公开，上海市大学生科技创业基金会、云南省青少年发展基金会工作人员使用微博进行职务公开的较多，分别为 19 人和 15 人，且公开职务的人员中项目

---

① 资料来源：Kantar Media CIC：《2015 年中国社会化媒体格局：你需要知道的有关微信、微博及其他热点平台的六件事》，http：//www. ciccorporate. com/index. php？ option = com_content&view = article&id = 1296％3Athe-state-of-chinese-social-media-in－2015－what-you-need-to-know-six-takeaways-about-wechat-wei-bo-and-up-and-coming-platforms&catid = 106％3Aarchives－2015&Itemid = 215&lang = zh。

官员及秘书处人员的占比较高。

　　随着微博的功能不断完善，新浪微博的用户已达 5 亿，公益组织因其代表着公共利益，无疑成为较活跃的用户群体之一，这为基金会更好地运用微博进行机构、项目或专项基金的推广和传播提供了很大的帮助。为进一步推广微博在公益活动的应用，新浪微博微公益便联手基金会中心网于 2012 年 5 月底推出 "公益微博升级专业版" 活动，相比于普通版微博和传统网站，界面展示增加了热点微博置顶推荐、微公益平台项目推荐等信息，后台还可及时获知特定关键词的活跃情况、即了解账户的活跃度。总共有 45 家基金会使用最新公益版微博，其中有 17 家公募基金会，28 家非公募基金会，有 26 个基金会项目使用最新升级的公益版微博，49 个基金会管理人员注册公益版微博。表 3 - 1、表 3 - 2 分别介绍了各基金会或基金会项目微博粉丝总数量和微博数量的具体分布，而从各基金会微博的内容可以发现，基金会微博主要以转发信息为主要形式，有比较良好的披露信息的习惯。下面以深圳壹基金公益基金会和大爱清尘项目分别作为基金会和慈善项目的代表，详细分析微博给公益基金会或公益项目传播信息带来的便利。

表 3 - 1　　　　　　　　基金会微博粉丝总数排名 TOP10

（截至 2016 年 6 月）①

序号	基金会名称	粉丝（人）	微博数（条）
1	深圳壹基金公益基金会	404849	8409
2	爱佑慈善基金会	323199	5589
3	中国扶贫基金会	150156	8797
4	中国人口福利基金会	149909	1696
5	北京爱它动物公益保护基金会	116177	6805
6	中国红十字基金会	68786	5356
7	韩红爱心慈善基金会	64222	1276
8	中国妇女发展基金会	57591	5534
9	北京市感恩公益基金会	52996	1026
10	王振滔慈善基金会	51242	2095

---

　　① 资料来源：微公益联手，基金会中心网，助力公益微协升级专业版（http：//www. foundation-center. org. cn/weibo/）和新浪微博。

表 3-2　　　　　　　　基金会项目新浪微博粉丝总数排名 TOP10

（截至 2016 年 6 月）①

序号	项目名称	基金会名称	粉丝（人）	微博数（条）
1	大爱清尘	中华社会救助基金会	858779	32730
2	爱心衣橱	中国青少年发展基金会	353124	15153
3	嫣然天使基金	中国红十字基金会	215030	3276
4	扬帆计划	中华思源工程扶贫基金会	203557	11448
5	芒果 V 基金	中国社会福利基金会	124080	7285
6	免费午餐	中国社会福利基金会	111270	30920
7	壹基金救援联盟	深圳壹基金慈善基金会	70649	9016
8	天使妈妈基金	北京天使妈妈慈善基金会	64727	6945
9	爱心包裹	中国扶贫基金会	30815	3895
10	分享幸福的味道	中国妇女发展基金会	25767	3533

深圳壹基金公益基金会是最早注册微博的基金会之一，于 2009 年 11 月便注册了官方微博，即新浪推出微博 3 个月后便注册，截至 2016 年 6 月，其官方微博已发布微博 8362 条，粉丝 404964 人，关注 1138 人。深圳壹基金公益基金会除开设壹基金官方微博外，各部门还注册如壹基金救灾、壹基金救援联盟、壹基金联合救灾、壹基金海洋天堂项目和壹基金羌绣帮扶计划等一系列专项微博定期发布项目信息或救灾动态。壹基金的微博以介绍和展示各项目进展为主，也会定期转发明星参与壹基金项目的活动情况，与明星互动，并在突发自然灾害时以文字、图片视频相结合的形式，及时发起话题引起社会各界的关注，促进问题的有效解决。壹基金的微博内容呈现出正能量，如在最新的"川南联合救灾"的微博转发中写道"壹起行动、壹起努力"，同明星一起带动社会民众参与公益。深圳壹基金公益基金会在利用壹基金微博发布最新项目进展的同时，还开设了壹基金公益店、壹基金月捐平台，为公众捐款提供了新的途径，提高募款的效率。

大爱清尘基金源于 2011 年 6 月由著名记者王某某联合中华社会救助基金会发起的"大爱清尘·寻救中国尘肺病农民兄弟大行动"，该基金长期致力于

---

① 资料来源：微公益联手，基金会中心网，助力公益微协升级专业版（http：//www. foundation-center. org. cn/weibo/）和新浪微博。

推动预防以及最终消灭尘肺病，是为救助 600 万尘肺病中国农民而成立的专项公益基金。中华社会救助基金会最早于 2011 年 5 月 30 日注册大爱清尘微博，并于 2011 年 6 月 30 日有了第一条微博——转发王某某"数百万尘肺农民兄弟被死亡威胁"的微博，唤起社会各界对尘肺病农民的重视，大爱清尘以"能救一个是一个，能帮一点是一点"为口号一直行动着。自"大爱清尘"微博创立至今，已发布 32573 条微博，关注 1197 人，粉丝数量为 859134 人，在新浪微博基金会项目微博粉丝总数中排名第一位。大爱清尘微博几乎每天都会转发尘肺病患者求助信息、宣传尘肺病的活动（如今年 618 各地的为爱徒步活动、世界呼吸日、如何预防尘肺病等），大爱清尘的微博内容一直心系尘肺病患者，微博中常常会体现对粉丝的关注，同时每一条微博都有粉丝的评论与转发，与粉丝之间有着良好的互动，最多的达到 100 多条转发。总的来说，"大爱清尘基金"的微博推动了"大爱清尘·寻求中国尘肺病农民兄弟大行动"的开展。

2. 基金会使用微信的情况

随着微信在中国的用户规模不断增加，到 2015 年 9 月微信月活跃用户已达 6.5 亿人，公众号、企业号和订阅号陆续开通，用户使用微信等社交网站分享实时资讯和动态已成为习惯；同时截至 2015 年 9 月，公众账号已超过 1000 万个，企业号也达到 65 万个，微信平台上可分享的信息内容日益丰富，分享量和分享速度不断增加。从 2015 年中国社会化媒体格局图也可以发现：微信的影响力持续扩大，继续领先其他社会化媒体，它不再是简单的社会化平台，而更像是一个使得线上和线下的生活更为紧密的连接器，可以通过品牌的自主微信公众号将最新资讯迅速传播给社会公众，为基金会等公益组织传播公益活动提供了重要的平台。

截至目前，我国的基金会尤其是 FTI 指数满分的基金会都注册了微信公众号，提供具体事例和年度审计报告以供社会各界参考和监督。各基金会也为重要的慈善项目注册微信公众号或订阅号，实时推送项目进展，提供资助平台，比如中国初级卫生保健基金会，虽然没有注册基金会的公众号，但分别为各援助项目注册公众号，这更具针对性，提高了援助效率。基金会中心网率先注册微信公众号，设置专栏发布基金会的微型报告和精华文章，公众在手机上便可知晓全国基金会的最新发展动态以及各大基金会最近实施的慈善项目，使得"人人公益"成为可能。

以位居 2015 年"中国慈善基金会榜"榜首的爱佑慈善基金会为例，爱佑慈善基金会以微信和微博为主体的自媒体平台传播取得显著成效。① 截至 2014 年年底，爱佑微信订阅号已积累粉丝约 5000 人，推送的图文消息获得了 277014 人次的阅读量，以互联网媒体每篇稿件 5 次的转载率计算，约有超过 1385070 次的品牌认知，实现对话 2052 人次，微信订阅号的作用在传播爱佑慈善理念的过程中得到充分发挥。爱佑还在微信端发布 H5 形式微刊，增加了网友的好感度和传阅率。位居第四位的友成企业家扶贫基金会不仅像其他公众号开设慈善项目的专栏（项目坊：志愿者驿站、小鹰计划、创业咖啡、常青基金和友成救灾日记），让社会各界随时都可以了解每个项目的近况，还为青年发展与培养项目"小鹰计划"注册订阅微信公众号，且小鹰微信公众号拟打造为倡导精英青年参与公益实践的传播平台，文章原创率达 90%，截至 2015 年 5 月，该公众号累积粉丝 1200 余人，社会影响力较大。

（三）第三方网络支付平台拓宽了基金会的筹资平台，提高了筹款效率

从 2007 年开始，支付宝、财付通、银联支付等第三方网络支付平台逐渐成为居民生活中必不可少的互联网支付平台，不仅方便快捷，而且备受信赖，慈善组织也迅速捕捉到第三方平台的这一特点，将支付平台引入公益慈善领域，细化了公益产业链的分工，基金会成功地将募款这一环节外包给网络捐赠第三方平台，极大丰富了基金会募款的渠道，降低了公益机构筹资成本；拓展了公民捐赠的渠道或平台，降低公众捐赠门槛，使得"人人公益"成为可能。网络捐赠第三方平台包括支付宝 E 公益、蚂蚁金服公益、新浪微公益、腾讯公益等依托于商业平台的网络捐赠平台，51give、行善 APP 等独立的网络捐赠平台，淘宝众筹、京东众筹、众筹网、"轻松筹"等综合类众筹平台，"绿动未来"等垂直类公益众筹平台以及淘宝公益店、天猫公益店、微店上的公益店等公益网店平台，网络捐赠第三方平台的多样化也为基金会筹资提供了更多的选择。

网络筹款平台是基金会为公益项目筹款的富有效率的方式。比如从各方利用公益众筹平台筹资情况来看，虽然基金会在公益众筹平台（此处为公益网络筹款平台）发布的公益项目数量不及个人和其他 NGO，但整体而言，基金会筹到善款的金额和受到公众支持的频次远高于其他类型的发起方。（见图 3-7）

① 资料来源：爱佑慈善基金会，《爱佑慈善基金会 2014 年度报告》。

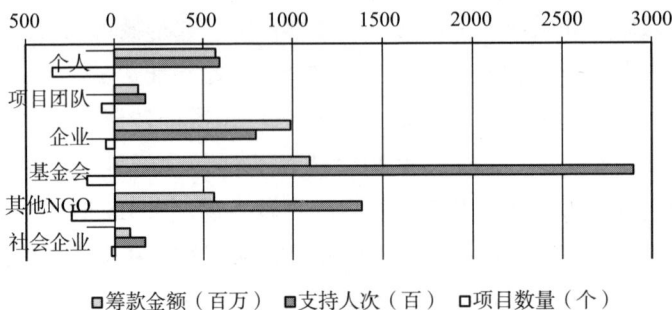

图 3 – 7 2015 年公益众筹成功的发起方类型分布①

　　腾讯公益慈善基金会作为首家由互联网企业发起成立的公益基金会，长期致力于运用互联网尤其是移动互联网技术推进公益行业的发展，实现互联网与公益慈善事业的深度融合。与第三方支付平台同期，腾讯网络捐款平台是最早出现的网络捐赠第三方平台，从 2007 年 5 月上线以来，该平台一直以迅猛的势头发展，大大提高了基金会的募款效率。2008 年汶川地震时腾讯网络捐赠已超过 2000 万元，2013 年腾讯月捐平台首次上线，仅 1 月 6 日一天，平台捐赠总额便突破 1 个亿。继 2015 年公益组织提出"互联网 + 公益"的概念后，腾讯公益慈善基金会将网络捐赠平台升级为公益系统连接器，承担各公益组织慈善项目的募款环节，并以"一起爱"为主题，在 2015 年 9 月 9 日发起了中国首个互联网公益日。"99 公益日活动"通过移动互联网化、社交化等创新手段，用较为亲民的、参与性较高的活动形式发动全国数亿热爱公益的网民通过小额现金捐赠、步数捐赠等行为参与公益活动。在活动期间，腾讯基金会按 1∶1 的比例对网友的现金捐赠进行配捐，腾讯基金会（及其爱心伙伴）按 2 元∶10000 步的比例对网友的步数捐赠进行配捐，从而让点滴的微爱汇聚成浩瀚的洪流，配捐上限最高可达 9999 万元。3 天之内捐赠额便高达 1.27 亿元，捐款人次高达 205.3 万元，创下国内互联网筹款的纪录。② 2015 年腾讯公益平台上共有 2383 万爱心用户为公益项目进行捐款、献爱心，累积捐赠善款超过 5.4 亿元，共有 2960 家公益组织的 7241 个公益项目受益。③

---

　　①　资料来源：互联网金融创新及监管四川协同创新中心、众筹网，《2015 年中国公益众筹发展报告》。

　　②　资料来源：《腾讯公益基金会官网"关于我们"网页中的大事记》。

　　③　资料来源：腾讯公益，《2015 腾讯公益数据报告》。

上海真爱梦想公益基金会是除腾讯公益慈善基金会外另一个典型的案例，2014 年，真爱梦想公益基金会正式转型为一家地方型公募基金会，并探索建立了为教育领域服务的垂直网络公益平台——火堆。而 2015 年上海真爱梦想公益基金会在公募领域积极探索和发力①：累计 28 万人次参与，捐款达到 12571244.99 元，远超出年初公众筹款目标的 4 倍；并充分发挥各大网络捐赠第三方平台的作用，约 81.89% 的筹款来自腾讯公益平台，5.83% 的筹款源自蚂蚁金服公益平台，3.87% 的筹款来自真爱梦想公益基金会的火堆公益平台；还结合中信银行信用卡中心推出公益信用卡积分捐赠活动，开展线下公募筹款活动，积极进入公众视野，通过小额捐赠让越来越多的普通公众认识和了解真爱梦想项目。

除腾讯公益外，微公益、支付宝公益等都是基金会为公益项目筹款的重要平台。从微公益官网可以看到，约有 160 家基金会或其专项基金在微公益平台上发起品牌捐活动，其中由中国绿化基金会发起的公益项目"千度暖烊公益基金"，从 2016 年 6 月 14 日到现在短短一周时间，便已获得 2969 人的捐赠，募集到 2304 份千度暖烊公益基金和累计 69125 元的善款总额，平均每天筹集 10000 元。同时，中华少年儿童慈善救助基金会、深圳壹基金公益基金会等 18 家基金会都与支付宝公益平台建立合作关系。支付宝公益平台共有助医、求学、济贫、安老助残和救灾等 329 个基金会的公益项目正在筹款中，由中华少年儿童慈善救助基金会于 2016 年 6 月 17 日发起的"4 岁血癌男孩急盼移植"的助医项目在 4 天内便获得 1507 人的捐赠，募得善款 11103.96 元，大大提高了筹款效率。总体而言，基金会筹款的渠道不再是单一的银行汇款或现金支付，借助自营网络捐款平台或其他网络捐赠第三方平台的力量已成为大势所趋。

（四）互联网改变了公益项目的运作模式，为公益机构的专业化发展创造机会

互联网与公益行业结合后，公益行业的产业链发生巨大变化：没有互联网时，公益项目的整个流程主要由基金会负责，项目筹款直接由所在基金会发动筹款或者是由所隶属的政府部门提供支持，项目实施和项目的具体执行也是由基金会亲自负责，这难免会存在效率低下、信息披露不完全的问题；而有了互

---

① 资料来源：真爱梦想基金会，《真爱梦想 2015 年度报告》。

联网后，公益产业链实现了向前、向后延长，基金会不再独自负责公益项目的各个环节，而是借助互联网的力量，尽可能地进行外包、细化分工——将公益项目的筹款外包给网络捐赠第三方平台，将公益项目的实施外包给非营利组织，即公益组织帮助基金会筛选出需要资金的项目，而基金会则主要负责公益项目的落地与评估。

互联网的出现还有效地缓解了传统公益方式因地理、物理的区隔而面临的公益资源与需求难以很好匹配的问题，它与公益的结合很好地衔接了捐赠人的捐赠意愿、求助者的公益需求和公益机构的公益项目三方，提高了公益事业的效率。深圳市明善公益事业发展中心在 2012 年开创的中国公益慈善项目交流展示会、在 2014 年上线的中国慈展会公益慈善资源对接平台，以及友成企业家扶贫基金会、南都公益基金会等基金会开展的各类公益创投比赛，都利用了互联网渠道，为慈善资源需求方和供给方的对接创造重要的机会和平台。

以中国慈展会公益慈善资源对接平台为例，它为具有完全民事行为能力、专业从事公益慈善事业且有明确的资源对接需求的非营利组织（不限于社会团体、基金会、民办非企业单位）和能为公益慈善项目提供资金或服务的经济组织、基金会、公益社会团体、个人以及政府机构提供了重要的平台。此平台创新了中国慈展会模式，进一步发挥了慈展会在公益慈善资源对接中的作用。该平台在 2014 年第三届慈展会初次使用期间，便促成 438 个公益项目的对接。实现的对接资金也有了大幅提升，相比于第二届的 17.08 亿元，第三届达到了50.79 亿元。[①] 广州麦田教育基金会的"一人一本交换图书馆"项目、广东省希贤教育基金会的"微善号中小学生微公益创意活动"、老牛基金会的"中国儿童中心老牛儿童探索馆"、上海真爱梦想公益基金会的"去远方"、深圳市龙越慈善基金会的"寻找你身边的抗战老兵"公益项目、深圳市社会福利基金会的"高原流动教学车（羚羊车）"、深圳市郑卫宁慈善基金会的"百城万人"居家残疾人远程就业计划、深圳市创想公益基金会的"创基金公益项目申报"和2015 创基金"四校四导师"实践教学课题以及北京尚善公益基金会的"全国抑郁症援助网络地图"，都是实现慈善资源对接的成功案例。

---

① 新闻来源：《第四届中国公益慈善项目交流展示会在深圳举行》。

第二节 基金会的重大活动或重要事件

一、基金会发展趋势

（一）首届中国互联网公益峰会举办①

1. 事件描述

在互联网与移动互联网技术的冲击下，我国公益行业迎来了前所未有的大变革。为应对这一巨变，腾讯基金会、南都基金会和陈一丹基金会于 2016 年 6 月 15 日、16 日联合发起了首届中国互联网公益峰会，以"新环境下，社会组织的新机遇与新挑战"为主题，与国内 39 家公益机构负责人共同探讨中国公益行业的未来发展方向。

本次互联网峰会为各大公益组织沟通、交流互联网背景下公益行业的发展创造了重要平台。在本次峰会中，38 家公益机构在 4 个小组内，采用中国互联网公益峰会议事规则，围绕协同合作、透明链接等议题，展开了充分的讨论，主要涉及以下方面：

第一，互联网技术的巨大变革不仅刷新了公众对传统公益项目固有的苦情形象的认知，丰富了公众参与公益的方式，提高了对公益项目的要求，给基金会插上了腾飞的"翅膀"。在峰会的讨论中，深圳市龙越慈善基金会孙春龙以自己的切身经历表明，互联网技术对公益行业的冲击体现在：增强了对优质内容的需求和公益增值服务的需求、提高了对公益产品的创新设计要求、使得多元化的劝募方式更有挑战，以及公益组织需要更加关注捐赠用户的体验度和价值观传播；儿慈会秘书长和北京新阳光慈善基金会负责人则纷纷表示，移动互联网的出现使得个人筹款比例大幅上升，尤其是互联网平台上的个人筹款，互联网大大提高了公众的服务意识和社工理念。总的来说，公益组织未来要充分利用技术变革带来的新机遇，并积极应对挑战。

第二，"郭某某事件"虽时隔多年，但许多充满爱意的公众行善时，仍

---

① 根据"腾讯公益：《腾讯联合各方举办首届中国互联网公益峰会》"重新整合。

然会怀疑公益项目的真实性，降低公众对公益项目的信任。与会的公益机构围绕公益活动的"透明公开"与"公众信任"问题展开了讨论。多家公益机构达成共识，指出公益组织必须要足够重视项目信息的公开透明：中国扶贫基金会秘书长刘文奎通过分享"大樱桃"的故事，表明透明本是公益机构的本分，公众之所以如此关注，只因为信息还不够透明，公益机构仍需继续努力，使得透明在未来不再是问题；正如腾讯公益慈善基金会发起人陈一丹所说，各公益组织需充分发挥互联网产品、工具的作用，打通"信息透明"与"公众信任"间的关系，努力建立公众与公益组织间更加稳固、持久的关系。

第三，在社会变革的大环境下，"协同与合作"对于公益机构显得越发重要，只有公益机构间的深度切磋和共同进步，才能促进公益行业新业态的早日形成。参与峰会的各大公募机构和民间公益机构负责人都表示感受到了新慈善法对公益组织协同合作、联合劝募的大力支持，而公益组织间如何进行有效的合作将成为公益组织急需解决的重要问题；深深受益于公募、非公募合作的春晖博爱负责人薛一心明确指出，公益行业的可持续发展需要各机构充分发挥自身比较优势、细化分工，提高专业化水平；同时，壹基金秘书长李劲、免费午餐发起人邓飞、新阳光发起人刘正琛等一致认为公益行业维度的整合机构对于行业成长与行业自律也十分重要。

除 39 家公益机构在峰会现场展开的热烈讨论外，与会公益机构共同发布了 4 部分 120 字的行业宣言，重申以"取信于众，倡导公开可溯"、"勇于变革，拥抱技术力量"为基石，协作促进生态共荣，为中国公益的前行寻找新动力、新方向，彰显公益行业在积极应对新环境变化、挑战的态度。腾讯还联合国内 20 余家主流媒体成立了"中国互联网公益媒体联盟"，在新媒体跨界融合的大环境下，为媒体赋予新的"角色"，向一直践行着社会责任的新媒体开放公益项目发起通道、传播资源共享、创作支持等六大能力，让正能量传播得更远。

2. 笔者评述

中国互联网公益峰会是互联网时代下首个探讨公益行业如何更好地服务于公众，取信于公众的会议。在腾讯基金会负责人陈一丹的召集下，国内外 39 家公益机构负责人都参加了此次会议，在峰会上，一方面，公益机构的负责人们深入分析了我国公益行业目前发展现状——信任和透明仍需继续提高，互联网筹款已成公益行业的重要部分；另一方面，随着新慈善法的颁布，各公益机构也意识到公募机构与非公募机构联合的重要性，如何更好地发挥公募组织和非公募组织的优势，提高公益行业的专业化效率成为未来的重要课题和方向。总体而言，此次公益峰会有着开拓性的意义，为公益行业如何利用互联网进行转型指明了方向。

（二）基金会中心网战略慈善研究中心在京启动①

基金会中心网战略慈善研究中心于 2016 年 5 月 18 日在北京正式启动，美国大卫与露茜尔·派克德基金会、阿拉善企业家生态协会、老牛基金会、华民基金会、阿里巴巴基金会和泛海基金会等国内外有影响力的慈善组织的负责人一起见证了战略慈善研究中心的启动，并参加了首次圆桌论坛。基金会中心网希望以战略慈善研究中心为平台，开展战略慈善领域相关的研究工作，尽可能地分享战略慈善的逻辑框架、方法论和实践案例。

基金会中心网数据表明：截至 2016 年 7 月 10 日，我国基金会数量已达 5000 家，且 2015 年年底基金会总资产已超过 1100 亿元，公益支出超过 320 亿元，而随着《慈善法》的落地实施，中国将有更多的社会捐款通过基金会流向亟待解决的社会问题项目或弱势群体。目前，胡润百富榜前 200 位富豪中已有超过 45 位通过成立慈善基金会的形式回馈社会。而随着大数据时代的到来，慈善行业也将变得更加精细化，越来越多的慈善组织和慈善家开始更加关注慈善项目所带来的社会效益，以及项目目标是否达成和社会问题是否解决。

战略慈善理论对慈善项目的有效性和精准性有着较高的要求，这也就意味着，慈善组织和慈善家不仅在慈善项目的筹备期要有明确的项目目标和过程控制指标，还要在项目运作过程中实时关注项目的里程碑事件，不断调整工作方式和方法，最大限度地确保项目目标的达成，实现社会效益的最大化，这有助于提高慈善事业的效率，推进项目目标的达成，增强公益行业的公信度。

战略慈善研究中心依托自身强有力的数据平台，无疑将为新一代战略慈善家的培养提供强有力的支持，从而提高慈善家和公益行业从业人员的专业素质，推动战略慈善领域项目的研究，推动慈善行业的发展。

---

① 根据"新闻中心基金会中心网：《基金会中心网战略慈善研究中心在京启动》"重新整合。

（三）公募资格的申请标准放宽①

民政部表明，自 2004 年实施《基金会管理条例》以来，我国基金会发展迅速，截至目前，基金会数量达 5000 个，净资产总额也由 2005 年的 100 多亿元增长到 2015 年年底的 1100 多亿元。

随着基金会规模的不断壮大，基金会发展出现不少新情况、新问题，最近颁布的《中华人民共和国慈善法》也提出了新要求。为贯彻落实慈善法，给社会公众参与公益慈善事业提供法制保障，民政部于 2016 年 5 月 26 日就《基金会管理条例（修订草案征求意见稿）》公开征求意见。征求意见稿在与慈善法衔接后，规定了直接登记和双重管理混合的登记管理体制，并降低了基金会准入门槛，鼓励基金会的发展，特别是基金会在基层的发展。征求意见稿表明，基金会开展公开募捐，应当依法取得公开募捐资格。未取得公开募捐资格的基金会，可以在发起人、理事会成员等特定对象范围内开展定向募捐；不再区分公募和非公募基金会，新成立的基金会应当在发起人、理事会成员等特定对象范围内开展定向募捐；成立满两年后可以依法申请公开募捐资格，取消了基金会分支机构、代表机构登记。

《基金会管理条例》在慈善法出台后所做的修订在一定程度上实现了基金会的发展方向与慈善法的规定、公益行业的发展方向的匹配。基金会准入门槛的降低和公募资格的放开也有利于打破公募基金会的垄断局面，增强基金会间的竞争，推进基金会的创新发展，形成更好的公益行业新业态。

（四）2016 年中国公益新媒体蓝 V 沙龙在京举办②

6 月 28 日，2016 年（第二季）中国公益新媒体蓝 V 沙龙在北京成功举办。全球 200 多家公益机构及知名明星、权威媒体和责任企业代表以"分享、普及和交流"的专业态度探讨公益传播发展趋势，交流公益传播的"新产品、新模式和新思路"，促进公益与不同领域的多向交流，建立美好公益舆论生态，推动网络公益的健康发展。

活动现场，微博运营副总经理、社会责任总监董文俊、中国公益研究院公

---

① 根据新闻材料"舒迪：《我国基金会准入门槛或将降低》，《人民政协报》2016 年 5 月 31 日（009）"整合。

② 根据新闻材料"菅宇正：《2016 年中国公益新媒体蓝 V 沙龙在京举办》"重新整合。

益传播中心主任江涛和中国慈善联合会战略部助理总监曾玮共同表彰了过去 3 个月在新媒体公益领域做出卓越成就的多家机构：天天正能量、世界卫生组织、易烊千玺 V 公益、蔚蓝地图、CGF - 保护自然这 5 家公益机构一路领跑"中国公益指数榜"；同时"千度暖烊公益基金"、"onenight"、"爱里的心 2016"、"2016 行走的力量"、"爱心一碗饭"和"最心酸的儿童节礼物"这 6 大热门话题获得中国公益指数"新媒体传播奖"，范某某还专程到访助阵并代表"爱里的心 2016"上台领奖。在这次公益新媒体沙龙中，新浪江苏、春蕾午餐和企业微博助理等多位公益机构负责人或权威媒体都在现场分享了公益传播的新理念和体会感悟。

董文俊表示，"从 2015 年开始，微公益加强了公益垂直领域的用户协同工作，从话题、资源、产品以及外部资源方面帮助公益组织拓展筹款和传播渠道，提升公益机构官方微博活跃度和影响力。同时，借助中国公益指数产品，量化公益官微、公益项目的传播效果。"微博作为最具公众影响力的社交媒体，融合了网络互动、媒体创博、社会舆论和公益行为的力量，让更多的旁观者转为参与者，日益庞大的微博用户已成为中国公益新媒体的中坚力量，做公益成为公众生活中一种流行的行为。

活动当天，微公益还携手国内多家公关传播机构共同发起"微博社会化公益传播联盟"，联盟将积极整合媒体、企业和明星等社会资源和爱心力量，打造最具公众影响力的微博社会化公益传播平台，帮助国内外公益机构更好地利用微博平台，建立良好的公益生态环境，传播社会的正能量，让公益价值最大化！公益离不开商业文明的扶持和孵化，公益新媒体沙龙又一次证明了新媒体在互联网时代对公益组织尤其是基金会传播公益、实践公益的重要性，同时未来公益将朝着垂直化、专业化和体系化方向发展。

二、基金会新气象

截至 2016 年 7 月 10 日，我国基金会数量已达 5000 家，虽然各基金会的关注领域、资助对象或业务范围各有侧重，但都是以帮助更多的人、扩大公益事业的影响力为主要出发点，2015 年 6 月~2016 年 7 月，我国增加了 533 家基金会，其中 40 家为公募基金会（占 7.50%），493 家为非公募基金会（占 92.50%），非公募基金会的增长速度十分迅猛（具体见图 3 - 8）。

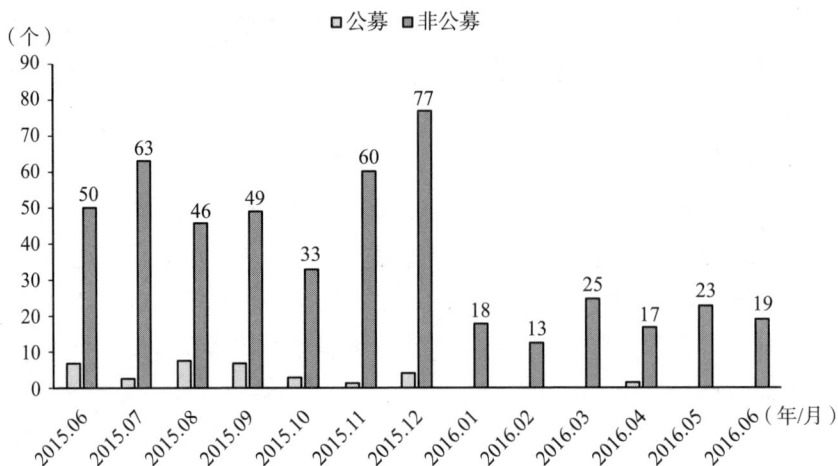

图 3 - 8　每月新注册的基金会数量统计①

　　在新成立的近 500 家基金会中，基金会的关注领域不再局限于教育、扶贫助困、公共服务等传统公益领域，尤其是新成立的基金会中，有越来越多的非公募基金会关注大学生就业、癌症治疗与研究、法律援助、缅怀革命英烈或建设革命老区和保护传统文化等领域。如企业家发起的关注环保事业的基金会已超过 6 家，关注癌症治疗和研究的基金会已超过 9 家，致力于法律援助的基金会也已经超过 18 家，以南都公益基金会为首促进公益组织合作和资助优秀公益项目的基金会也不断增多。下面以中国互联网发展基金会为代表来介绍基金会在过去一年发生的新变化。

　　2015 年 8 月 3 日，经国务院批准、在民政部登记注册，同时由国家互联网信息办公室主管的中国互联网发展基金会（CIDF）在北京正式挂牌，这标志着中国乃至全世界第一家互联网领域的公募基金会的成立。② 中国互联网发展基金会以国家主席习近平提出的"让互联网发展成果惠及 13 亿中国人民"为宗旨，向海内外广泛募集资金，并以募集资金、专项资助，支持社会组织、单位和个人参与网络空间治理、国际交流与合作、专业培训作为自己的业务范围，尽可能地通过网络将公益正能量传播给社会公众。

　　在过去近一年里，中国互联网发展基金会在基础设施、网络文化、网络经

────────────

　　①　资料来源：此图根据数据中心—基金会中心网（http：//data. foundationcenter. org. cn/foundation. html）中 2015 年 6 月～2016 年 6 月的数据绘制。

　　②　根据"中国互联网发展基金会官网（http：//www. cidf. net/wlaq. htm）相关介绍"重新整合。

济、网络安全和网络治理等方面开展了多项活动。

在基础设施方面，中国互联网发展基金会与北京大学网络安全和信息化研究院等单位签署协议成立"数字丝路"联盟；同时响应国务院"关于积极推进互联网＋行动的指导意见"与相关企业倡议发起成立"互联网＋联盟"——一个全国性、社会性、行业性的非盈利、非法人联合体；还以江西革命老区为样板，以互联网未覆盖或互联网技术应用落后的偏远贫困地区人群为主要服务对象，开展"互联网家，一个都不能少"的活动为革命老区群众搭起沟通的桥梁，填补信息的鸿沟。中国互联网发展基金会曾先后开展"全民互联网嘉年华"、"网络公益广告传播"、"香港大学生新媒体实习项目"、"心中有光明的人"等活动，召集散落在各地的爱心公益志愿者，成立"中国互联网爱心公益志愿者联盟"，为宣扬网络"公益"文化而努力。在网络经济方面，曾举办"内地与香港互联网代表人士交流会"，加强内地和香港在互联网科技领域的沟通与合作，并开展"2015 首届香港国际创客节"和"城市互联　创新发展——2016 中国互联网之城国际创新峰会"。

除此之外，中国互联网发展基金会还启动了"寻访中国抗日战争见证人，将就亲历亲见抗战史料"的公益活动，通过提供资助，广泛招募志愿者帮助完成此活动。除此之外，中国互联网发展基金会还策划帮助中外青少年和贫困地区在外务工人员的活动，开展了"蓝色天使专项基金"和"中国公益捐助网络平台"。

整体而言，中国互联网发展基金会作为首家互联网领域的公募基金会，有利于进一步推动我国"互联网＋公益"的进程，并为公益行业的网络安全提供一定的保障。

三、"互联网＋基金会公益"模式的探索

（一）SEE 基金会、腾讯公益慈善基金会和腾讯推出"清理＋"公益平台[①]

1. 事件介绍

阿拉善盟作为西北沙尘暴的源地之一，有着十分严重的荒漠化问题，其辐

---

① 根据新闻材料"腾讯公益：《腾讯'清理＋'公益平台上线　联合亿万网友防治荒漠化》"重新整合。

射范围已涉及宁夏、甘肃、内蒙古、陕西等 8 个省市、自治区，辐射面积达到 200 万平方公里，治理该地区的荒漠化问题迫在眉睫。

为改善阿拉善地区的荒漠化问题，SEE 基金会便发起"SEE 一亿棵梭梭"防治项目，通过在关键生态区种植 1 亿棵梭梭，恢复以梭梭为主体的 200 万亩荒漠植被，修复阿拉善地区的绿色生态屏障，从而实现防沙治沙。在推行该公益项目的同时，腾讯充分发挥互联网的作用，于 2016 年 6 月 5 日世界环境日，正式在腾讯电脑管家和腾讯手机管家推出"清理＋"平台，并与阿拉善 SEE 基金会、腾讯公益慈善基金会共同开展"清理＋行动之'SEE 一亿棵梭梭'"公益行动。

自此之后，"清理＋"平台便成为腾讯两大安全软件的常驻功能，并将通过向用户传达阿拉善地区生态治理的重要性和必要性，以及传递"指尖环保"的公益理念，进一步激发腾讯活跃用户的环保积极性，引起社会公众对阿拉善地区荒漠化问题的重视和关注。"清理＋"平台自上线至 2016 年 7 月 4 日，预计要向用户筹集 1000 万个爱心扫帚，达成目标后将转化成 5 万棵梭梭，种植在阿拉善荒漠化地区。而在后续的一年里，"清理＋"还会继续推出具有针对性的公益环保活动，预计全年将吸引超过 600 万元企业捐赠，改善和治理环境。

2. 笔者评述

在此活动中，腾讯与 SEE 基金会、腾讯基金会的合作充分发挥了互联网的作用，将线下环保公益活动与线上"软件的垃圾清理"完美结合，巧妙地将公益嵌入到公众的日常生活中，使得公众动动手指便可参与公益，从而降低了践行公益的成本，大大提高了社会大众对阿拉善地区荒漠化问题的关注度，增强了公众践行的社会责任感和清理垃圾的积极性。同时，各大影视明星和企业在"清理＋"公益活动的参与也提高了公众的参与度，使得此次环保公益活动事半功倍。

（二）青基会和百度启动全国首个"智能微校"项目①

1. 事件介绍

广西大化县和桂林市各族自治县的五个下属村镇地处典型的喀斯特地貌地形区，这些地区资源贫瘠、地形崎岖，而水电资源供给的不断波动使得这些地

---

① 根据新闻材料"郭纪鹏：《百度携手青基会全国首个'智能微校'项目启动》"重新整合。

区经常缺水断电，村镇小学的孩子们学习环境十分恶劣；再加上教育资源等软件的不足，当地孩子的教育条件十分受限，解决和改善他们的求学环境和教育资源已迫在眉睫。

　　为解决这一问题，2016 年 5 月 17 日，中国青少年发展基金会和百度在北京共同启动了"智能微校"公益项目。为改善校舍用水用电难的问题，项目结合张某、董某、徐某某、王某某和王某 5 位国内优秀的建筑设计师的智慧，运用百度的最新智能技术——IOT 物联网技术的"智能点管理系统"和"智能水管理系统"，通过雨水过滤、感光和智能照明等技术，在山区的孩子们学习、玩耍的同时，为孩子们解决提供充足、安全的水电；为改善村镇小学的教育条件，项目中百度为这些小学开放了百度文库、百度语音识别技术、百度搜索、百度贴吧、百度全景地图等平台，运用互联网技术来打破空间与时间的限制，改善山区孩子的教育资源，进一步推动教育公平。

　　除此以外，百度联合青基会在百度官网的首页开设线上活动的专题页面（http：//5yuan.cydf.org.cn），从项目启动到 7 月 15 日，公众可以在该网页中所喜欢的建筑师的新校舍设计方案对应的页面选择"参与众筹"或者"点赞分享"进行捐款或支持。在此过程中，百度基金会将按照 1∶1 的比例为校舍建设工程进行配捐，同时众筹款项将全部纳入希望工程专项基金中，新校舍建设也将在众筹结束后 60 天内，由中国青少年发展基金会负责执行。

　　在该公益项目中，一方面，IOT 物联网技术中智能电管理系统通过节约 1000 所智能村镇小学的用电量将点亮 400 所小学，智能水管理系统为 1000 所智能村镇小学节约的全年用水量将为 2 万个小朋友提供全年的饮水；另一方面，智能微校项目引入的百度文库可以打破时空限制，让村小的学生可以随时获取或接触上百位在线教师、数十万的题库和教学课件资源，减轻了村小师资力量较弱对孩子教育的负面影响，一定程度上不仅可以改善偏远山区孩子们的教育环境，更重要的是提高山区孩子们受教育的质量，尤其是百度语音识别技术可以为山区不识字的小朋友读故事，丰富它们的知识，有助于缩小他们与城市孩子的差距。

2. 笔者评述

　　在此次"智能微校"公益项目中，百度公司以提升贫困地区的教育水平为主要目标，借助技术力量，与从事公益行业已久的中国青少年发展基金会一起合作，不仅在网页界面展示"智能微校"中建筑师们的信息和村小的具体情况，为项目发起筹款，同时在微校建立过程中也充分发挥智能技术的作用，为偏远乡村小学生点亮了新希望，完美地实现了智能技术对公益的推动，体现了互联网和信息技术在公益创新中的作用，有助于开创"互联网＋公益"的新模式，形成比较公开、透明的互联网生态公益圈。

(三)"益行家"活动彰显"运动类筹款"新模式①

近几年来，运动类公益筹款活动愈来愈多，腾讯公益慈善基金会在 2015 年 9 月 12 日所开展的"腾讯益行家古长城公益挑战赛"便是典型的事例。在这次公益挑战赛中，来自全国 60 多个城市的近 300 支队伍齐聚在大西北，所有参赛队员在 8 月 21～23 日的 3 天时间内，以西屯为起点，以峡口古城为终点，分别完成 32 公里、45 公里、23 公里的穿越，用徒步行走的方式沿着古长城穿越了 100 公里的荒漠草原。由于赛程将经过大量汉明时期的古长城遗址，陈一丹先生在致辞中呼吁运动员要注意爱护和呵护好这段古长城，组委会也为此设置了"绿色长城"以及"长城伙伴"的特别奖项来鼓励参赛队员关注长城、爱护长城，为长城保护做出贡献。腾讯公益还为此次百公里赛事特别推出定制版本，在徒步行走的同时，将公益进行到底！

"益行家"活动创新了筹款模式，成功地实现了跨界筹款，将互联网、公益和行走完美地结合起来，为公益行业未来的发展探索出更多的可能性。通过简单的"公益＋徒步"的形式，实现了线上筹款和越野挑战的结合，连接了历史文化与现代公益，聚集了更多的有爱心、热爱公益又有行动力的人，将公益的种子撒播成林，尽可能地发挥公益的作用，更好地连接受助人与捐助者、公益行动者以及公益理念传播者。

(四) 微博助力"白饭行动"②

1. 事件介绍

目前，生活在我国贫困地区的 2600 万学龄儿童中，大多数孩子每天都饿着肚子上课，其中约有 8% 患有缺铁性贫血，12% 发育迟缓，30% 营养不良，而这些地区孩子的记忆力和语言能力落后于城市同龄儿童的 40%。贫困地区的农村学龄儿童发育迟缓率近 12%，低体重率达 9%，身高和体重也比城市的同龄儿童发育至少晚两年。

---

① 根据新闻材料"腾讯公益：《益行家古长城公益挑战赛正式开赛》"整合。
② 根据新闻材料"《安利公益基金会携手黄某发起'白饭行动'》"重新整合。

为改善贫困地区学龄儿童的生活、营养状况，安利公益基金会、微公益、芭莎公益慈善基金会和中国关心下一代工作委员会依托于"春苗营养计划"，携手著名影星黄某联合发起"白饭行动"。该活动号召在"中国学生营养日"（5月20日），任意一顿饭只吃饭不吃菜，体验一次贫困地区儿童吃不到营养均衡的饭菜的感受，并将这顿饭省下来的菜钱积攒起来，捐赠给贫困地区的乡村学校用于建造新厨房。在活动当天，黄某首先在微博上晒出"吃白饭不吃菜"的照片，随后迅速传播到全国各地，中国传媒大学、上海大学、安徽大学等高校以及蓝色光标、美的生活电器、卡萨帝等企业以及外婆家、望湘园、马大姐食品等大型连锁餐饮机构等都纷纷响应和支持。与此同时，上海街头则展开一场"100人齐吃白饭"的全民参与式的社会公益体验活动，也为引起社会对贫困地区营养不良的儿童的关注而努力着。

自5月14日"白饭行动"发起到5月20日，短短的一周内便已在腾讯公益以及新浪微公益等平台募集到约72万元善款，而活动发起的基金会已表明将把筹集到的善款全额用于改善贫困地区学生的营养问题上，并搭建春苗营养厨房，帮助这些儿童健康成长。

2. 笔者评述

"白饭行动"很好地体现了互联网时代下"人人公益、全民公益"的特点，虽然这次活动是由安利公益基金会、微基金、芭莎公益慈善基金会等基金会联合公众明星发起的，但活动中黄某在微博上晒白饭照片引起全社会关注，并在短短6天内筹到约72万元善款，这便充分体现了互联网技术尤其是新媒体（微博）的作用——降低了信息传播成本。这也进一步证实了网络筹款平台的高效率，网络筹款平台在现阶段募集善款有着举足轻重的作用。

（五）阜宁遭遇强大龙卷风袭击　各基金会在各平台迅速筹款

1. 事件介绍

2016年6月23日15时前后，江苏省盐城市阜宁、射阳等地出现强雷电、短时强降雨、冰雹、雷雨大风等强对流天气，局部地区遭龙卷风袭击。据初步统计，强对流天气造成因灾死亡78人，因灾受伤近500人，其中重伤近200人，受灾地区房屋倒损数量较多，电力通信设施被破坏，部分地区电力中断，通信基站无信号。

中国扶贫基金会、壹基金等13家基金会在阜宁12级风灾发生后，于23日当晚迅速启动紧急救灾预案，前往受灾现场支援救助，及时向公众公布救灾进展，并于 24 日及时在各大筹款平台发起约 17 个公益项目进行筹款，截至 6 月 25 日，各基金会的筹款情况①具体见表 3 - 3。

表 3 - 3 各基金会为阜宁风灾筹款情况

基金会名称	筹款平台	目标金额（元）	已捐款人数（人）	善款金额（元）
壹基金	腾讯公益		22145	822538.90
无锡灵山慈善基金会	腾讯公益	500000	7349	226310.06
中国扶贫基金会	腾讯公益	1000000	21694	774215.12
爱德基金会	腾讯公益		18854	936519.46
中国社会福利基金会	腾讯公益	500000	6796	249155.66
中国少年儿童慈善救助基金会	腾讯公益	500000	8293	262313.92
中国红十字基金会联合中国社会福利基金会等	轻松筹	2000000	79149	2001414.16
中国妇女发展基金会	轻松筹	200000	4234	137306.81
中国儿童少年基金会	腾讯公益	180000	103	2440.96
中国残疾人福利基金会	腾讯公益	200000	36	370.40
刘霞（爱德基金会支持）	腾讯公益	50000	345	11480.56
江苏省华夏"三农"事业发展基金会	腾讯公益	80000	54	1354.06
中国妇女发展基金会	腾讯公益	1000000	54	1085.16
江苏省老龄事业发展基金会	腾讯公益	300000	494	22838.96
中国红十字基金会	腾讯公益	500000	1295	48974.38
中国妇女发展基金会	腾讯公益	600000	6701	163110.71

2. 笔者评述

在阜宁遭遇强大龙卷风袭击后，各大基金会能够在较短时间内启动紧急预案，来到救灾现场，并于 24 日迅速在各大网络筹款平台展开公开募集善款，体现了基金会在面对紧急灾害时极强的处理能力；同时，运用网络筹款平台并在 1 天时间内筹到 370 元到 200 万元不等的善款总额，这也又一次充分体现了互联网在公益项目中的重要作用，尤其是筹款平台的高效率。

---

① 根据腾讯公益月捐平台和轻松筹更新的基金会筹款信息汇总整理。

第三节 互联网背景下基金会如何 更好地发展公益事业

一、基金会面临的挑战和问题

（一）基金会透明度仍待提高

我国基金会的发展尚处于探索公益与互联网联合的初级阶段，在我国5000家公益基金会中，拥有自己官方网站的基金会还不足一半，在公益传播中利用互联网依然不足。即使是拥有官网的基金会，他们的信息公开体制也不健全和不完善，存在着不少缺陷。

一方面，部分基金会的透明度仍不够，甚至会出现所发起的公益项目早已夭亡而社会公众一无所知的尴尬局面。2015年9月初，正当至少有73个被脑瘫折磨得精疲力竭的家庭，还在焦急地等待"星光专项基金"的援助时，"星光专项基金"却被曝出两年前早已夭亡。这便是一个典型的事例，这一事件再一次将国内基金会推向风口浪尖，基金会的信任危机进一步加重。然而，从媒体披露[①]和中华少年儿童慈善救助基金会的救助项目信息可知，星光专项基金结束时已募到约221万元，其中包括价值约67万元的物资和140余万元的资金。而支出善款总额高达226余万元，其中项目管理费、行政支出以及人员支出却高达86万元，远超募集现金数额的一半，与《基金会管理条例》的规定"基金会工作人员工资福利和行政办公支出不得超过当年总支出的10%"相差甚远。同时在"星光专项基金"页面中，也并未公开此项基金的款项来源、具体用途以及募款的结束时间，所以说该基金执行过程并未做到公开透明，以至于70名左右脑瘫儿求助无果，一个背后力量雄厚的项目就这样惨淡收场也是不禁让人感慨。

另一方面，整体来说，我国基金会主动公开信息不足，与公众间的互动较

---

① 新闻来源：赵丽、谷朋，《基金会信息披露待立法助力》，《法制日报》2015年10月27日（004）。

少。《中国基金会发展独立研究报告（2015）》表明，受到"郭某某"、"卢某某"等负面公益新闻的影响，我国 2014 年的个人慈善捐赠数额大幅下降，已从 2010 年的 1032 亿元下降到 989 亿元，同时各基金会的资金来源也较为有限，且部分基金会在 2014 年无任何捐赠收入。专业分析人士指出，基金会信息公开不足是引起基金会慈善捐款总额下降的主要原因，目前我国基金会在信息公开方面十分欠缺：基金会不仅没有建立起公开渠道，而且基金会也没有定时更新信息，各基金会普遍存在着"与公众的主动互动严重不足、只是把公众作为所有信息的接收方、忽视公众的感受"的问题，这在基金会透明度本并不高的情况下，更加重了公众对基金会的疑虑与不信任，从而影响公众的捐款行为。

基金会中心网副总裁陶泽在接受《法制日报》记者采访时曾指出，[①] 衡量基金会透明度的指标体系中有一个分数线为 42.4 分，若基金会透明度低于 42.4 分，则说明基金会并不合规，即并不能够按照《基金会管理条例》和《基金会信息公布办法》的相关条款来披露项目信息（需至少做到按时披露年度工作报告的全文），陶泽表明，目前大约有 20％ 的基金会的透明度评分低于 42.4 分，相关主管部门和社会公众需重视这些基金会的情况。

（二）公募权放开给非公募基金会带来机遇和挑战

互联网的出现打破了公募基金会在慈善行业中的绝对优势，非公募基金会不断增多和增强，在这过程中，《慈善法》等草案提议放开基金会的进入门槛，打破原来仅公募基金会、各级慈善会和各级红十字会拥有公开募款资格的局面，公募权的放开给非公募基金会未来的发展带来巨大的机会。

新通过的《慈善法》第 22 条[②]明确指出，"依法登记满二年的慈善组织，可以向其登记的民政部门申请公开募捐资格。民政部门应当自受理申请之日起二十日内作出决定。慈善组织符合内部治理结构健全、运作规范的条件的，发给公开募捐资格证书；不符合条件的，不发给公开募捐资格证书并书面说明理由。"这一慈善募捐条件的出台，对于非公募基金会来说既是机遇又是挑战。一方面，有利于增强慈善行业的竞争，促进慈善行业的更好发展；另一方面，

---

① 新闻来源：赵丽、谷朋，《基金会信息披露待立法助力》，《法制日报》2015 年 10 月 27 日（004）。

② 资料来源：《慈善法》。

随着非公募基金会获得公募捐款的权利，转型为公募基金会时，非公募基金会所负担的社会责任或社会压力也更大，需要努力成为合格、与公众良好沟通的公募基金会，这也就从财产的来源构成、信息的公开披露等方面都对非公募基金会提出了更高的要求。

公募权放开对非公募基金会也会造成一定的冲击。金锦萍指出，简单地以是否有公募资格来划分慈善组织并不合理，以财产的构成来源进行细分可能会更为合理，根据财产来源是属于特定个体、企业、家族还是不特定的社会公募，对慈善组织的性质加以区分显得更为合理。如果非公募基金会获得公募权，转化为公募基金会，财产的来源构成也会随之发生变化，像浙江马云公益基金会、美国的福特基金会、盖茨基金会等拥有着小而紧的治理结构、特定的财产来源的非公募基金会，在获得公募权后，资金来源便不再局限于基金会的理事会成员，而是更多地面向社会公众，基金会的治理结构也会随之发生变化，很可能会面对"利益相关方就要发生变化，治理结构将要发生很大的变化，大众捐不捐给你就可能会决定你的生死存亡"这样的风险。我国近5000家基金会中，拥有公募资格的1500多家基金会中真正活跃的也少之又少，更何况刚获得公募资格的非公募基金会。

除此之外，当非公募基金会获得公募权后，非公募基金会无法再像以前一样，将披露项目信息视为可有可无的事情。主动接受大众的监督和问责，透明地披露、公开信息是非公募基金会转型后必须要做到的。公募慈善机构就像上市公司一样，必须要履行较高标准的信息公开准则，而非公募基金会则不受到如此强的社会约束。

更重要的是，转型为公募基金会后，非公募基金会的支出金额也将会受到国家的干涉。新出台的《慈善法》第60条便规定，[①]"慈善组织应当积极开展慈善活动，充分、高效运用慈善财产，并遵循管理费用最必要原则，厉行节约，减少不必要的开支。慈善组织中具有公开募捐资格的基金会开展慈善活动的年度支出，不得低于上一年总收入的70%或者前三年收入平均数额的70%；年度管理费用不得超过当年总支出的10%，特殊情况下，年度管理费用难以符合前述规定的，应当报告其登记的民政部门并向社会公开说明情况。"这对于非公募基金会来说，项目支出的压力无形中增大，从而带来巨大的支出压力，这也就要求非公募基金会不得辜负社会和公众的期望，要多推行慈善项目

---

① 资料来源：《慈善法》。

来回应社会的期望。总的来说，获取公募权后，如何公募到钱、如何使用公募获得的钱并获得公众的信任都是非公募基金会面临的巨大的挑战。

（三）网络捐赠数额比重较低，互联网在慈善捐赠的作用发挥并不够

2015 年 12 月，上海社会科学院院长王战在以"互联网背景下的慈善创新"为主题的慈善论坛上指出，[①]"美国在 2015 年网络捐赠数额占到总公益捐赠数额的 10%，而且还在快速增长，而相比之下，中国网络捐赠行为虽然日益增多，但捐赠总额较低，网络捐赠占公益捐赠总额不到 1%"。相比于西方发达国家，"互联网＋公益"这一模式在我国尚处于初级发展阶段，互联网在慈善捐赠尤其是筹款中的作用并未充分发挥出来，且发展较慢。

二、基金会未来如何发展

互联网和大数据已成未来社会各行业发展必不可少的部分，未来各基金会在开展公益项目时，应充分发挥互联网领域的技术、传播优势，重视网络募捐平台在筹款中的作用，尽可能地为社会公众参与公益项目提供机会。同时，相比于西方国家，我国基金会的发展尚处于初级阶段，各基金会在机构治理、组织建设、资金筹集、项目运作、公益资源使用效率以及公信力建设等方面还存在较多问题，因此各基金会在项目执行过程中必须要做到高度的信息公开、提高透明度，规范网络募捐平台和网络安全，政府和相关部门也要加强和完善对基金会运作的规范，为"人人公益"的公益 2.0 时代创造良好的环境。从项目透明度、网络募捐的规范性以及应对公募权放开这 3 个角度来看，基金会未来发展需注意以下几个方面：

（一）利用互联网来完善信息公开，提高自身的透明度水平，增强社会公信力

在信息化时代，基金会要获得公众的足够信任，不仅需要自身完善信息公开制度，必要情况下还需要政府和社会的监督、约束。

就基金会自身而言，首先也是最重要的，各基金会必须要通过建立自己的

---

① 资料来源：《互联网背景下的慈善创新》，《文汇报》2016 年 2 月 14 日（006）。

官方网站、申请微博或微信公众号、账号等途径，尽可能多地公开基金会运作机制、项目详情（项目介绍、善款来源及用途）等信息，方便公众了解项目的最新进展，充分保证捐赠人的知情权和监督权；其次各基金会需要及时公开完整的年度工作报告，及时公布基金会的财务信息，以供社会各界进行监督。

在各基金会努力加强行业自律、完善信息公开，提高透明度水平的同时，还需要政府加强规制，完善相关法律法规。《慈善法》出台以前，《基金会管理条例》对基金会的信息披露的规定较为简单，缺乏约束力和实操性，而《基金会信息公布办法》的相关规定也较为笼统，并未涉及对公开善款用途的详细要求，以至于基金会程序不透明、管理制度不规范和监督机制不健全的基金会较多，基金会挪用侵占善款的现象频发，所以业内人士认为，"使公益慈善组织尤其是基金会的信息披露有法可依十分重要"。[①] 2016 年国务院下发的《关于促进慈善事业健康发展的指导意见》以及新出台的《慈善法》都提到了信息披露问题，明确指出将在基金会内部治理机构、利益冲突规则、财产使用和管理等方面设计出相应的制度，强化社会监督，从而促进提高基金会的公信力和透明度。

（二）注意网络募捐平台的安全，规范网络募捐行为，尽可能地保障捐助者和受捐者的权益

基金会在增加互联网筹款平台筹集善款的比重时，必须要注意网络募捐平台的安全，规范网络募捐行为，保证网络募捐的合理性、真实性，尽可能地保障捐助者和受捐者的权益。

互联网筹款平台降低募集善款的成本，促使各基金会不需要再亲自负责筹款，而是将大部分筹款都放在网络募捐平台，从而加大网络筹款在善款募集中的比重。因我国"互联网 + 公益"尚处于发展阶段，网络诈捐现象频发，虽然专业人士表明诈捐主体大多数是个人或者没有公募资格的组织，具有公募资格的慈善组织诈捐、骗捐的很少，但基金会也必须对此引起重视。基金会在利用互联网推进慈善发展的同时，也要主动参与安全、便捷的网络慈善平台的建设，运用互联网思维优化慈善项目，在项目实施前必须评估项目的真实性，尽量杜绝虚假项目"骗捐"的行为，加强网络慈善的宣传，实现传统慈善机构的创新发展。

---

① 资料来源：《慈善法》。

同时，慈善事业的相关部门也应该出台相关规定，限制公开募捐的主体资格，明确慈善组织需履行的审查义务、公示义务、信息公开义务和平台验证义务，并详细规定慈善诈骗的绝对禁止和相关违法犯罪行为的查处，形成一套完整的关于慈善募捐的规范体系，尽可能地有效规范互联网募捐。

（三）非公募基金会根据项目具体情况可提出合理诉求，应对所获得的公募权

公募资格的放开对于非公募基金会来说是个利好消息，但公募资格的获得也意味着更重、更多的义务，不仅要实现信息公开，还要达到《慈善法》关于支出比例的规定。然而当基金会有特殊需要时，却往往无法满足这一规定，这也就需要非公募基金会注意《慈善法》等法例的配套制度，根据自身的实际情况，在尊重法律规定的前提下，提出合理的诉求，更好地利用公募权利。

第四章　互联网与公益组织[①]

第一节　中国公益组织发展阶段

改革开放的 30 多年以来，中国公益组织的发展可以分为"复苏发展期"、"曲折发展期"、"稳定发展期"和"增速发展期"四个阶段。

一、复苏发展期（1978～1989 年）

20 世纪 60 年代，全国性社会团体有接近百个，地方性社团的数量已达 6000 多个。但"文化大革命"使得全国各类社团陷于沉寂。随着"文化大革命"的结束，新的经济体制为社会团体的发展提供了有利的条件，公益组织的发展进入了恢复期。公益组织出现了以学术性社团为主、部分农村经济组织为辅的特征。在官方的支持下，全国各地各种学会、研究会、协会等兴起，作为社会团体加入改革早期的主流实践中。改革开放的良好环境，给中国公益组织发展带来了第一个 10 年的增长期。到了 1989 年，中国已经有 1600 家全国性社团和 20 万家地方性社团，分别比 1965 年增长了 16 倍和 30 倍。[②]

二、曲折发展期（1990～2001 年）

在这 10 多年间，中国公益组织的发展经历了明显的波折。在 1989～1991

---

② 资料来源：马庆钰，《中国公益组织发展战略》，社会科学文献出版社 2015 年版，第 53～54 页。

年期间提出的"双重管理"制度要求公益组织重新登记，于是大量社团因为找不到业务主管单位最终被迫解散，公益组织进入了改革开放以来的第一个低潮。公益组织数量骤减，从原有的 20 万家减少到 1990 年的 13 万家左右，而公益组织的数量在 1991 年更是进一步减少到 11 万家。随后在 1995 年，在北京召开的世界妇女大会激发了中国民间参与社会公益事业的热情，大量的民间组织相继涌现，推动了中国公益组织的新一轮发展。到 1996 年，社会团体增加至 18.7 万家。

　　这一时期公益组织发展的主要特点是：① 第一，公益组织开始形成有力的资源动员机制和社会力量，一批有影响的大型公益活动得到了政府官方的支持，如"春蕾行动""幸福工程"和"烛光工程"等；第二，草根民间组织开始起步，公益理念和精神通过媒体感染了中国人民，在环境保护、扶贫救助等领域更是出现了第一批真正意义上的草根民间组织，如"自然之友""地球村"和"绿家园"等；第三，在行业协会进行市场经济改革的背景下，从中央到地方政府的推动共催生了近 4 万家行业协会；第四，各种形式的民办非企业组织快速增长，与日趋减少的社会团体形成了对比。根据民政部的统计数据，各类民办非企业单位已由 1999 年的 6000 家上升到 2000 年的 2.3 万家，到 2001 年时已经超过了 8 万家。由于民办非企业单位在经济大潮中迅速增长，即使社会团体总量减少，公益组织数量在整体上仍然呈缓升趋势②。

三、稳定发展期（2002～2012 年）

　　从 2002～2012 年这 10 年间，政府开始探索政社分开的模式，实施更大的公益捐赠财税优惠政策，打破原有的双重管理旧制。政府通过实验以点带面，对公益组织的扶持政策陆续展开，通过购买服务形成政社合作的局面，将公益组织人才建设纳入规划。这些因素和条件共同为公益组织的发展提供了一个良好的环境，推动公益组织进入了长达 10 年的持续改革与稳健发展期。在这期间，中国公益组织的规模已从 12.9 万个增加到 49.9 万个，平均每年增长 3.7

---

① 资料来源：王名，《中国 NGO 的发展现状及其政策分析》，载于《公共管理评论》，2007 年第 1 期。

② 资料来源：马庆钰，《中国公益组织发展战略》，社会科学文献出版社 2015 年版，第 54～55 页。

万个。2006~2012 年，共有北京、上海、广东、深圳、广西、浙江和辽宁等十个省级地方政府针对公益组织的改革与发展做出决定，其中深圳、江苏、安徽、云南和吉林等地方政府专门为公益组织发展制定"十二五"规划，为公益组织创造了一个稳定的发展空间。

四、加速发展期（2013 年以后）

2013 年 11 月，党的十八届三中全会做出《中共中央关于全面深化改革若干重大问题的决定》。该决定明确指出，在国家与社会治理现代化中，要重视公益组织的作用；同时，为激发公益组织活力，政府要改革公益组织管理制度，为公益组织的发展创造前所未有的条件[①]。在加快实施登记管理制度改革的同时，政府还进一步推行降低登记门槛、放宽登记管理权限和调整公募资质等相关政策，其中放宽注册资金的限制极大地促进了民办非企业的规模扩大。例如，《广州市公益组织管理办法》规定，社会团体和民办非企业单位进行成立登记时，不再需要向国家管理机关出具相关的验资证明和报告，从而降低了公益组织注册的要求[②]。总的来说，自 2013 年以来，中国公益组织进入了第四个发展阶段，即"加速发展期"。截至 2013 年年底，全国公益组织数量达到54.7 万个，比 2013 年增长 4.8 万个，高于 2006~2012 年期间任何一年的年均增长率。

第二节　中国公益组织发展现状

一、公益组织的规模

根据中国民政部的数据，2014 年全国共有 60.6 万个公益组织，比 2013年增长 10.8%，公益组织增长率进一步提高，终于突破了 60 万大关，延续了 2013 年以来的发展趋势。截至 2015 年 12 月底，全国共有 65.8 万个公益

---

① 资料来源：马庆钰，《中国公益组织发展战略》，社会科学文献出版社 2015 年版，第 63 页。
② 资料来源：中山市民政信息网，《社区社会组织有望获更大力度扶持》。

组织，比2014年增长约8.6%，公益组织总体表现出较高速的增长趋势，这表明2013年以来中央对民间组织管理制度做出的改革部署卓有成效。[①]（见图4-1）

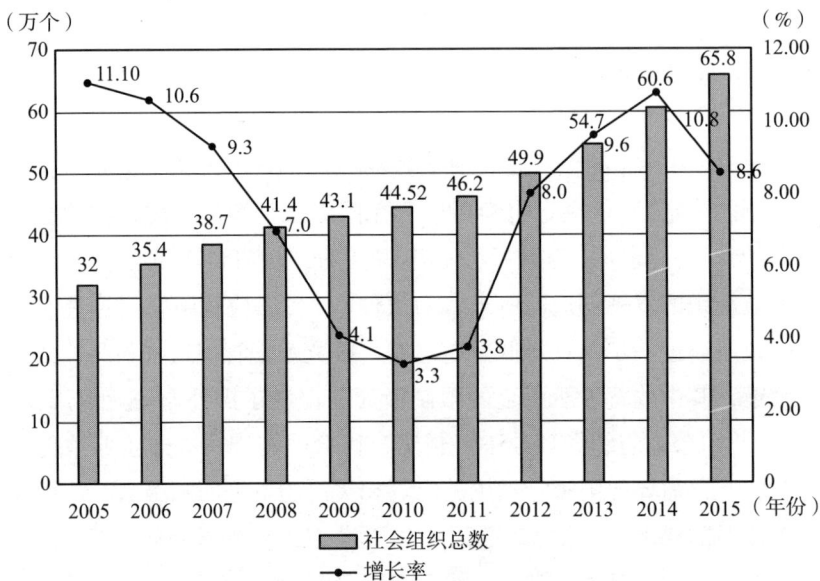

图4-1 2005～2015年全国公益组织发展的情况[②]

从图4-2可以看出，我国民办非企业单位2013年的增长率为13.3%，2014年增长率约14.6%，到2015年增长了11.6%，达到32.7万个，也就是说，自2013年以来，各地进一步降低了民间组织尤其是社区公益组织的登记门槛，促进民间组织的快速发展。总体上看，虽然民办非企业具有规模小、资金不足和人才缺乏等特征，但它们的发展趋势还是明显向上的。据《2015年社会服务发展统计公报》统计，民办非企业涵盖11个行业（领域），其中科技服务类1.6万个，占4.86%，比2014年增长5.89%；生态环境类433个，占0.13%，比2014年增长8.79%；教育类18.3万个，占55.62%，比2014年增长11.80%；卫生类2.4万个，占7.29%，比2014年增长2.55%；社会

① 根据"中华人民共和国民政局：2012～2015年《社会服务发展统计公报》"的相关数据重新整理。

② 资料来源：根据"中华人民共和国民政局：2002～2009年《民政事业发展统计报告》、2010～2015年《社会服务发展统计公报》"的相关数据重新整理。

服务类 4.9 万个，占 14.89%，比 2014 年增长 15.99%；文化类 1.7 万个，占 5.17%，比 2014 年增长 20.16%；体育类 1.4 万个，占 4.26%，比 2014 年增长 17.64%；商务服务类 3355 个，占 1.02%，比 2014 年减少 43.28%；宗教类 114 个，占 0.03%，比 2014 年增长 39.02%；国际及其他涉外组织类 7 个，占 0.0021%，比 2014 年增长 75.00%；其他 1.9 万个，占 5.78%，比 2014 年增长 24.12%。①

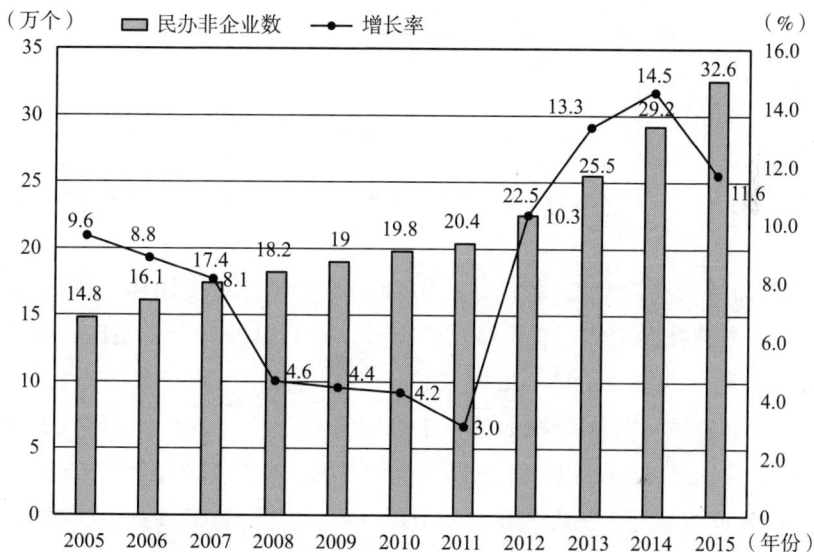

图 4－2　2005～2015 年全国民办非企业发展的情况②

从以上数据可以看出，在各类民办非企业单位中，除了宗教类和国际及其他涉外组织两类外（因为基数小，不能很好地反映其发展趋势），其他类、文化类、体育类和社会服务类的民办非企业在 2015 年都有较好的发展趋势，增速均超过了 15%；教育类、科技服务类、生态环境类和卫生类民办非企业单位处于稳定增长状态；而商务服务类的数量出现了负增长，而且趋势明显。（见图 4－3）

① 根据"中华人民共和国民政局：《2015 年社会服务发展统计公报》、《2014 年社会服务统计公报》"的相关数据整理。

② 资料来源：根据"中华人民共和国民政局：2002～2009 年《民政事业发展统计报告》、2010～2015 年《社会服务发展统计公报》"的相关数据重新整理。

2015年民办非企业

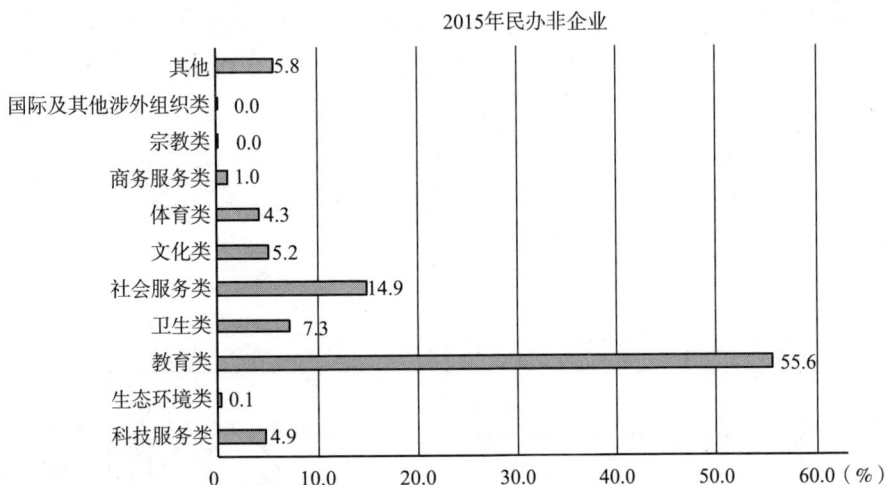

图4-3　2015年按领域划分的我国各类民办非企业单位的比例分布①

截至2015年12月底，我国共有32.6万个全国性社会团体，比2014年增长5.1%。虽然社会团体一直保持增长态势，但与民办非企业相比，社会团体增加比较缓慢（见图4-4）。根据《2015年社会服务发展统计公报》，社会团体涵盖14个领域，具体分布如下：工商服务业类3.7万个，占11.25%，比2014年增长8.51%；科技研究类1.7万个，占5.17%，比2014年增长0.46%；教育类1万个，占3.04%，比2014年减少12.37%；卫生类1万个，占3.04%，比2014年减少0.60%；社会服务类4.8万个，占14.59%，比2014年增长7.55%；文化类3.3万个，占10.03%，比2014年增长9.63%；体育类2.3万个，占6.99%，比2014年增长10.32%；生态环境类0.7万个，占2.13%，比2014年增长0.52%；法律类0.3万个，占0.91%，比2014年减少8.26%；宗教类0.5万个，占1.52%，比2014年增长2.08%；农业及农村发展类6.2万个，占18.84%，比2014年增长2.99%；职业及从业组织类2.1万个，占6.38%，比2014年增长5.70%；其他5.3万个，占16.11%，比2014年增长15.35%（见图4-5）。②

① 资料来源：根据"中华人民共和国民政局：《2015年社会服务发展统计公报》"的相关数据重新整理。

② 根据"中华人民共和国民政局：《2015年社会服务发展统计公报》和《2014年社会服务发展统计公报》"的相关数据重新整理。

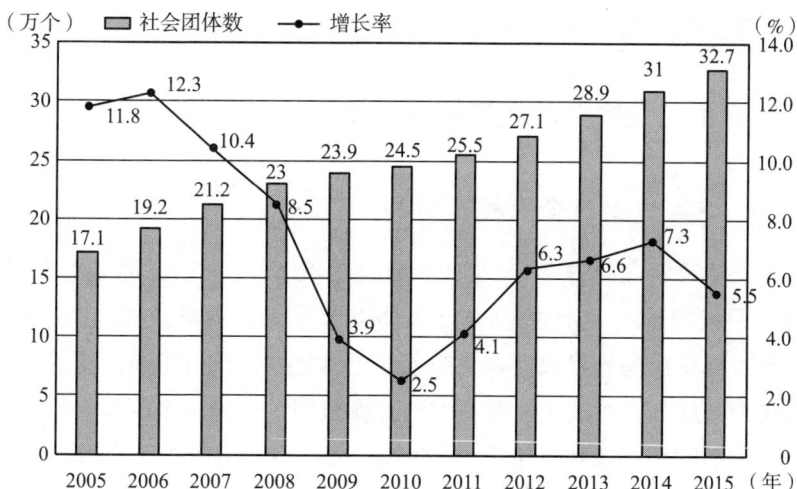

图 4-4　2005~2015 年全国社会团体发展的情况①

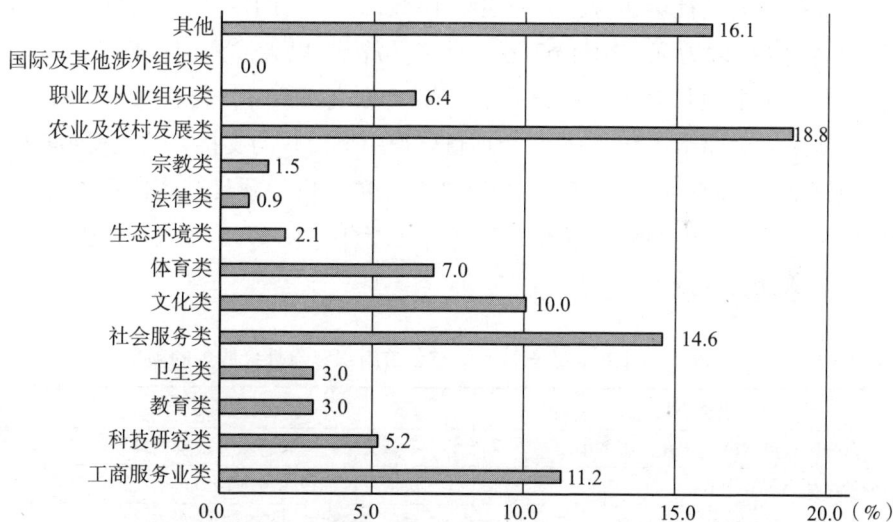

图 4-5　2015 年按领域划分的我国各类社会团体的比例分布②

　　从前文整理的数据可以看出，在 2015 年，各类社会团体中增长速度较快的是其他类、体育类和文化类，增速达到 10% 以上，工商服务类、社会服务

---

　　① 资料来源：根据"中华人民共和国民政局：2002~2009 年《民政事业发展统计报告》、2010~2015 年《社会服务发展统计公报》"的相关数据重新整理。

　　② 资料来源：根据"中华人民共和国民政局：《2015 年社会服务发展统计公报》"的相关数据重新整理。

类和职业及从业组织类均处于稳定增长状态。

二、当前公益组织的发展环境的变化

（一）公益组织的资源投入增加

首先，从政府角度来看，政府不断地为公益组织注入资源。国务院于
2013 年 9 月发布了《关于政府向社会力量购买服务的指导意见》，该意见明确
提出，公益组织成为承接政府购买服务的主体之一，政府将同公益组织一起为
公众提供公共服务，形成了一种新型的合作机制，越来越多的公益组织将成为
社会服务产品的生产者和供给者。[①] 自 2012 年以来，中央财政每年安排约 2 亿
元左右专项资金用于资助公益组织参与社会服务。项目以服务基层公众、扶持
公益组织发展和进行制度探索为目标，引导公益组织向重点地域、重点领域和
重点人群提供大量社会服务。2015 年，民政部共立项了 446 个项目，立项的
总资金高达 19520 万元，预计 62 万人直接受益。[②] 以天津为例，2015 年 3 月，
天津市共有 7 个项目获得中央财政的支持（见表 4－1），共获得 334 万元资
金。三年来，天津市累计已有 30 个项目获得中央财政的支持，共获得 1409 万
元专项资金。[③] 据初步汇总统计，2015 年各立项单位的项目总体达到预期，项
目的资金和执行进度均超过 50％；2015 年上半年已使 37.6 万人直接受益，产
生了良好的社会效益[④]。

表 4－1　　　　　2015 年中央财政支持天津市公益组织参与社会服务的项目[⑤]

受资机构	受资项目
南开区慧灵智障人士社区服务中心	智障人士社区融合服务试点项目
泰达社会服务中心	法治社区建设示范项目
天津市青年创业就业基金会	贫困青年创业就业助学示范项目
天津市青少年体育协会	外来务工人员子女互动示范项目

---

① 资料来源：中华人民共和国国务院办公厅，《国务院办公厅关于政府向社会力量购买服务的指
导意见》。

② 资料来源：大智慧阿思达克通讯社，《关于 2015 年中央财政支持公益组织参与社会服务项目有
关工作的通知》。

③⑤ 资料来源：韩雯，《天津社会组织 7 个项目获得中央财政 334 万元支持》。

④ 资料来源：王兴彬、王冰洁，《2015 年中央财政支持公益组织参与社会服务项目中期推进会在
北京召开》，载于《中国公益组织》，2015 年第 17 期。

续表

受资机构	受资项目
滨海新区新港街道公益组织联合会	"快乐夕阳"助老项目
天同医养院	"医养融合"社区居家养老服务示范项目
天津市公益组织促进会	公益组织提升发展示范项目

其次，从企业角度来看，企业开始将公益组织作为战略资助伙伴，长期为NGO提供大额的资助。据《2014年度中国慈善捐助报告》显示，企业的捐赠金额为721.6亿元，约占我国社会捐赠总额的70%，体现出企业是社会捐赠的主力军。[1] 企业正成为慈善事业发展的重要推动力，在公益创投、社会影响力投资与公益融合的创新商业模式中为公益慈善领域注入了新的活力。据统计，在2015年举行的第四届慈展会上，企业捐赠高达80.64亿元，占对接总金额的65.81%，比上一届慈展会的企业捐赠增长约521.74%。[2] 另外，《第三部门观察报告（2016）》提出以"资源—声誉交换"理论分析企业与公益组织间合作，认为合作的实质是它们之间在社会上进行"资源"与"声誉"的交换，尽可能地匹配各自所拥有的优势及需求。一方面，企业拥有充足的资源，同时需要提升自身的声誉；另一方面，公益组织能够代表社会授予企业声誉，但需要资源的支持。此时，企业与公益组织之间的合作能够提升社会福利，实现企业、公益组织和社会的三方共赢。[3]

最后，从基金会角度来看，基金会开始逐步转型为资助型的基金会，携手公益组织共同推动慈善事业向前发展。从运作模式来看，基金会可分为全能型基金会和资助型慈善基金会。实践证明，全能型基金会亲自开展各项活动，并直接捐赠给困难人群；而资助型基金会致力于资助其他公益慈善组织开展活动实施项目，在整个过程中，基金会的效率会更高，基金会的运作也会更加透明、公正和富有可持续性。[4] 下面将结合基金会资助的具体案例作进一步介绍。

一是南都公益基金会——景行计划。

南都基金会的定位已明确为资助型基金会，通过提供资金和资源来推动优

---

① 资料来源：彭建梅，《2014年度中国慈善捐助报告》，中国社会出版社2015年版。

② 资料来源：中国慈展会，《第四届中国慈展会完美谢幕，资源对接成果122.53亿元》。

③ 根据"公域合力：《主报告：企业与公益组织合作的资源—声誉交换理论及其应用》"整理。

④ 资料来源：孙彦川，《怎样推动资助型慈善基金会的发展》，载于《中国公益组织》，2016年6期。

秀的公益项目和公益组织，从而促进民间组织的社会创新。南都基金会所发起的"景行计划"借鉴战略性投资的理念，经过考察，筛选出有潜力对社会产生深远影响力的公益机构，并给这些机构提供 3～5 年的资金支持，最终协助机构提升自身的能力。截至 2015 年，景行计划已经资助 16 家公益组织，资助机构的领域也日渐多样化，机构名单如表 4－2 所示。

表 4－2 景行伙伴名单（截至 2015 年 12 月）①

机构名称	资助金额（万元）	领域
中国智灵	161	心智残障
心智联会	102	心智残障
上海百特教育咨询中心	153	教育
南京市亲近母语公益发展中心	127	教育
北京市西城阳光农村发展基金会	140	教育
歌路营	150	教育
成都高新区爱有戏社会工作服务中心	110	社区工作
广州绿耕社会工作发展中心	145	农村社会工作
上海新途社区健康促进社	177	社区健康
广州恭明中心	139	支持型
陕西妇源汇性别发展培训中心	127	支持型
北京惠泽人公益发展中心	39	支持型
自然大学	120	环保
四川省绿色江河环境保护促进会	150	环保
广州绿网环境保护服务中心	137	环保
长沙绿色潇湘环保科普中心	140	环保

二是中华少年儿童慈善救助基金会——童缘项目。

2011 年，中华少年儿童慈善救助基金会启动童缘项目，踏上了向"资助型"基金会转型的道路，支持和推动民间公益组织开展儿童救助活动。2014 年，中华儿慈会为了帮助和服务更多的弱势儿童，专门成立了"童缘资助中心"，随后，童缘资助中心还推出童缘留守儿童公益项目，为获奖和入围项目提供直接的资金支持，不断探索解决留守儿童问题的创新方式。② 2016 年 5 月 20 日，儿慈会开展了童缘留守儿童公益项目评选评审会，最终有 10 个项目通

---

① 资料来源：南都基金会，《南都基金会 2015 年年报》。
② 资料来源：中华少年儿童慈善救助基金会官网关于童缘项目简介。

过初选（见表 4-3）并获得项目资助。其中，荣获一等奖的项目获得 5 万元项目资金；荣获二等奖的项目获得 3 万元项目资助，荣获三等奖的项目获得 2 万元项目资助，其余获得入围奖的项目将获得 5000 元资助。[①]　五年以来，童缘项目已经陆续资助了 200 多个公益项目，支持了 47 家公益组织开展联合劝募工作，为公益组织的发展提供支持与帮助，产生了良好的社会效应。

表 4-3　　　　　　　　2016 年童缘项目资助机构[②]

机构名称	申报项目
一等奖	
广州市海珠区蓝信封留守儿童关爱中心	蓝信封留守儿童舒心陪伴项目
二等奖	
北京上海路上公益促进中心	"小雨点"广播
广西爱心蚂蚁公益协会	青葱课堂·青春期教育课程
三等奖	
长沙市岳麓区大爱无疆公益文化促进会	安全小卫士
湖南李丽心灵教育中心	"富力少年"关爱留守儿童公益夏令营
清华大学学生粉刷工作室	匠心独运
入围奖	
安康儿童发展促进会	"拯救海星计划"——留守儿童活动及资源
邯郸市青少年服务中心	春雨乐园
重庆市永川区青益志愿者协会	"童益"计划：永川城乡结合地区留守儿童融入项目
河南省福兴儿童公益基金会	留守儿童"团圆之星"

　　近年来，中国扶贫基金会作为中国规模最大的专职扶贫公益机构，开展了许多资助草根 NGO 的工作。2015 年，中国扶贫基金会与民生银行共同发起了"民生的力量——ME 公益创新资助计划"，该计划投入 1000 万元用来支持 20 个具有创新性及社会影响力的项目进行公益创新实践。与以往公益创新资助项目不同，本次 ME 创新计划除了给予每个机构 50 万元资金支持和机构能力建设支持以外，还会对每个机构进行针对性的社会影响力营造等培训。经过项目的申报和评选，最终有 20 个公益组织入围"公益创新计划"（见表 4-4）。[③]

①② 资料来源：中华少年儿童慈善救助基金会，《童缘留守儿童公益项目评选结果揭晓》。
③ 资料来源：凤凰网商业，《中国民生银行发起 ME 公益创新资助计划》。

表 4-4   "ME 创新计划"入围机构名单[①]

资助领域	机构名称
社区发展领域	北京市西城区仁助社会工作事务所
	广州市金丝带特殊儿童家长互助中心
	内蒙古巴彦淖尔市乌拉特前旗博雅文化协会
	上海洋泾社区公益基金会
	上海艺途无障碍工作室
	石家庄市长安区大爱暖阳社
	珠海市协作者社会工作教育推广中心
教育支持领域	北京歌路营
	瓷娃娃
	广东省担当者行动教育发展中心
	喀什残友社会工作发展服务中心
	绵阳市涪城区为乐志愿服务与研究中心
	青海格桑花教育
	新公民计划
卫生健康领域	北京爱力重症肌无力罕见病关爱中心
	泰安市泰山小荷公益事业发展中心
文化保护领域	济南市基爱社会工作服务中心
	上海益优青年服务中心
环境保护领域	丽江健康与环境研究中心
	四川喜马拉雅基金会

    当前，许多基金会正在尝试成为公益创投机构，努力和公益组织建立长期合作关系，并为其提供管理和技术支持，从而促进公益组织的能力提升。正如爱佑公益创投项目投资总监张琳所说，2013 年以后，大量优质的 NGO 的出现明显改善了我国的公益环境，但是很多机构在组织管理、项目发展以及资源等方面能力不足。而爱佑可以用 10 年来积累的经验和资源，推动公益事业的共同发展，因此从 2013 年起，爱佑开始尝试做公益创投。[②] 2013 年 6 月，爱佑启动了公益创投项目（后来定名为"爱佑益 +"），为有潜在巨大社会影响力的社会企业和公益组织提供资金、资源、管理和战略等多方面的支持。2015 年 1 月，爱佑投入 1000 万元成立"公益创投引导基金"，截至 2015 年年底，

    ①   资料来源：中国扶贫基金会，《至诚至信，必有所获：中国民生银行第二届 ME 创新计划资助名单公布》。

    ②   资料来源：皮磊、王会贤，《基金会体系下的公益机构孵化》，《公益时报》2016 年 7 月 12 日（08）。

"爱佑益 + "共资助了包括公众环境研究中心、罕见病发展中心和科学松鼠会等在内的 30 家公益组织；"爱佑益 + "共进行了约 1500 万元的投资，支持了包括教育、环保、行业支持、人类服务和医疗健康 5 大领域的公益机构，帮助这些公益机构进行了战略转型，使得各个创投机构均在不同方面得到了预期资助和提升。"爱佑益 + "首批资助的 3 家机构的收入在 2014 年平均增长 70.10%，在 2015 年平均增长 33.94%，"爱佑益 + "2014 年第二批资助的 7 家机构的收入在 2015 年平均增长 38.70%（见表 4 - 5）。[1] 2016 年，爱佑继续扩大资助范围，预计投入 3000 万元来资助 70 家机构，其中包括 20 家比较成熟、专业方向比较清晰、处于战略转型期的机构，以及 50 家初创期的机构。[2]

表 4 - 5　　　　　　　　"爱佑益 + "前两期资助机构名单[3]

资助年份	机构	2015 年收入增长率
2013 年	公众环境研究所	33.94%
	重庆两江志愿服务中心	
	善淘网	
2014 年	上海道融自然保护与可持续发展中心	38.70%
	罕见病发展中心	
	广州市北达博雅社会工作资源中心	
	上海复恩公益组织法律中心	
	北京惠泽公益发展中心	
	广州市恭明公益组织发展中心	
	科学松鼠会	

最后，从人力资源角度来看，近年来，我国公益慈善事业人才缺乏的现状已经得到了业内外的高度重视，我国公益行业人才的培养进程进一步加快。国内公益界已开展多项专门资助公益青年的计划和多样化的民间组织从业人员培训项目，为公益事业的发展助力，下面将分别介绍典型的资助公益青年计划和培养公益的项目。

一是南都公益基金会"银杏伙伴"成长计划。南都公益基金会发起"银杏伙伴"成长计划，主要资助草根机构的领导人或创始人，为公益青年提供基

---

①③　资料来源：爱佑基金会，《爱佑基金会 2015 年报》。

②　资料来源：皮磊、王会贤，《基金会体系下的公益机构孵化》，《公益时报》2016 年 7 月 12 日（08）。

本的生活保障，从而满足公益青年对社会认同和自我能力提升的需求，具体包括 1 年 10 万元人民币、连续 3 年的资金支持和 1 年 2 次的集体活动。截至 2015 年，有 81 位公益青年成为银杏伙伴，在包容、开放的气氛中相互学习、相互支持，并已开展了多个合作项目。①

二是友成基金会"小鹰计划"。"小鹰计划"是友成基金会发起的青年发展与培养项目，通过鼓励青年参加基层社区发展项目，让青年在一年的基层实践中磨炼、成长为具有公益视角的跨界领袖型人才。②

三是慈善千人计划——老牛学院。2014 年，"慈善千人计划"由中国慈善联合会指导，中民慈善捐助信息中心和老牛基金会共同发起。"老牛学院"作为该计划的启航项目，由老牛基金会出资 1000 万元，计划在三年内培养 200 名左右的慈善专业人才。该项目每年从全国公益慈善机构选出 60 余名最具发展潜力的学员进行培训，同时组建一支专业高效的师资队伍长期为他们提供辅导咨询服务。③

四是大 NPO 研究所"百人计划"。为了培养公益领域中高端人才和未来的领袖，友成企业家扶贫基金会、基金会中心网和中国人民大学非营利组织研究所联合发起"百人计划"。该计划预期在 5 年内，选拔出百名公益人才，教授他们中美名校非营利管理专业相关的知识，提供在美国知名非营利机构实习的机会、职业规划和资金支持。④

（二）公益组织制度建设日趋完善

1. 公益组织公募资格逐步放开

2016 年 3 月，我国首部《慈善法》颁布，其中第二十二条规定，⑤ "慈善组织开展公开募捐，应当取得公开募捐资格。依法登记满二年的慈善组织，可以向其登记的民政部门申请公开募捐资格……由民政部门直接发给公开募捐资格证书。"

这也就意味着我国公益组织的公募权有逐步放开的趋势。《慈善法》的通过为大量体制外的慈善组织成为公募组织创造了更多的机会。在慈善法的作用

---

① 资料来源：南都基金会，《南都基金会 2015 年年报》。
② 资料来源：友成基金会官网。
③ 资料来源：慈善千人计划·老牛学院官网项目介绍的相关内容。
④ 资料来源：《人大 NPO 研究所"百人计划"》。
⑤ 资料来源：《中华人民共和国慈善法》第 26 条。

下，我国慈善体系将日益透明化、规范化，从而有利于打破慈善资源所存在的行政垄断，使得公益组织也可以通过良性竞争得到更为合理的资源配置。

2. 足协"去行政化"改革

目前，我国不少公益组织属于官办公益组织。官办公益组织按照行政化的管理方式，直接导致自我管理、自我服务等职能受限。中国足球协会是官办公益组织的代表，具有强烈的行政色彩。

2015 年 3 月 8 日，国务院办公厅印发《中国足球改革发展总体方案》，确定中国足球协会改革在足球改革发展中的重要作用，中国足球协会将按照政社分开、权责明确、依法自治的原则进行改革。8 月 7 日，国务院足球改革发展部际联席会议办公室印发《中国足球协会调整改革方案》，确定中国足协将逐步形成依法独立运行的组织框架，依法与国家体育总局脱钩。本次改革以点带面，逐步推进，最终实现中国足协改革与体育公益组织改革的衔接和统一。[①]中国足协的去行政化改革充分激活了其社会功能，重新焕发了生机和活力。

3. 脱钩改革为公益组织发展提供空间

2015 年 6 月 30 日，中共中央办公厅、国务院办公厅正式印发《行业协会商会与行政机关脱钩总体方案》。随后，国务院成立了行业协会商会与行政机关脱钩联合工作组。改革主要从机构分离、职能分离、资产财务分离、人员管理分离和党建、外事等事项这五个方面进行，从而达到规范监管、分工关系、财产关系和管理关系的目的。2015 年 11 月下旬，民政部公布第一批 148 家全国性行业协会商会脱钩试点名单，各地脱钩试点工作有序进行。此次脱钩改革进一步激发行业协会商会的内在活力和潜在职能，充分发挥在经济发展中的独特优势和应有作用。

4. 用代码创新公益组织监管模式

2015 年 12 月 18 日，根据《国务院关于批转发展改革委等部门〈法人和其他组织统一社会信用代码制度建设总体方案〉的通知》，民政部需启用全国公益组织统一的社会信用代码，为新登记的组织颁发统一代码证书，逐步实现存量公益组织码证的转换。这标志着公益组织会拥有全国统一的 18 位数字"身份证号"。[②]自 2016 年 1 月 1 日起，各地已陆续使用新版登记证书。在此基础上，民政部要求，各级登记管理机关要运用互联网技术，加快公益组织信

---

①② 资料来源：佚名，《2015 年公益组织十件大事》，载于《中国公益组织》，2016 年第 1 期，第 8～10 页。

用体系建设，创新监管和服务模式，并于 2017 年年底前完成存量公益组织码证的换发工作。

民政部副部长顾朝曦认为，[①] 在此之前，注册登记公益机构时，必须提供法人登记证、组织机构代码证和税务登记等相关证书证明，而统一代码制度实施后，只需提供民政部颁发的信用代码登记证书即可。这极大地简化了办事手续，节省了时间和费用，激发了公益组织活力，同时，信用信息体系的建设促进了信用信息在公益组织间的共享，也加强了政府对公益组织的监督。

第三节　互联网背景下公益组织的创新实践与主要趋势

随着互联网技术的发展，2015 年我国互联网普及率达到 50.3%，截至 2015 年 12 月，我国网民规模达 6.88 亿，比 2014 年增加 3951 万人。（见图 4-6）其中移动互联网实现了迅猛发展，使用手机上网人群的占比由 2014 年的 85.8% 提升至 90.1%，手机依然是网民选择的首要设备。[②]（见图 4-7）

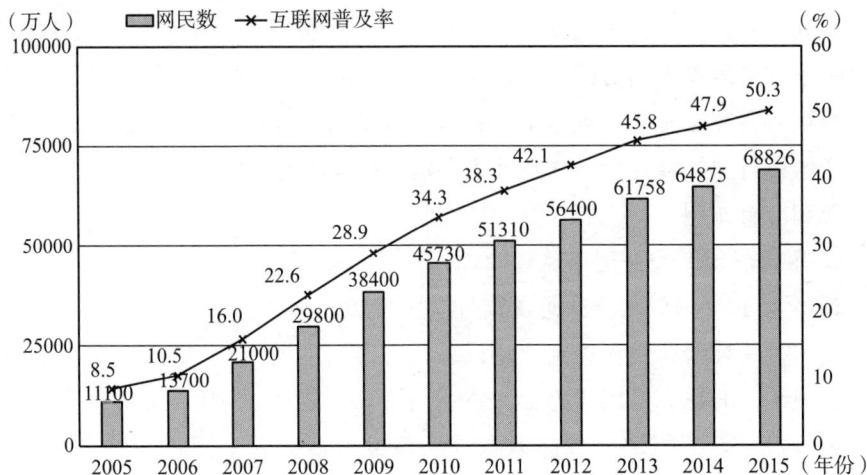

图 4-6　中国网民规模和互联网普及率[③]

---

① 资料来源：新华网，《全国性社会组织统一社会信用代码登记证书首发》。

②③ 资料来源：中国互联网信息中心，《第 37 次中国互联网络发展状况统计报告》。

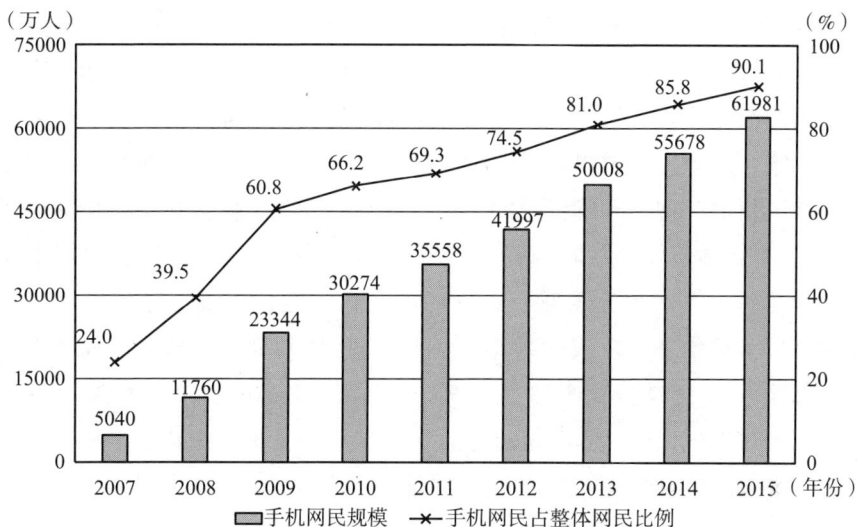

图4-7　中国手机网民规模及其占网民比例[①]

目前，多数的公益组织利用网络技术，在互联网平台开展工作，通过BBS、QQ群、微信群、博客和官方网站等渠道与观众互动，使得所开展的公益活动更加贴近现实和社会。公益组织在扶贫、环保和慈善等领域实现了对政府的有益补充，在构建和谐社会中发挥着独特作用，国内已经形成了许多综合类的网络公益组织，如"NGO发展交流网"、"中国志愿者网"、"中国公益人网"和"公益中国"等。这些公益网站为公益组织和志愿者之间建立了交流平台及公益信息平台，使得公益组织通过互联网实现了网络社会和现实社会的互动，与公众实现了前所未有的紧密联系。同时，公益组织在提供服务的过程中涌现出越来越多的创新实践，改变了整个行业的运作模式。

一、公益募捐与捐赠方式的创新

随着网络环境的日益完善和移动互联网技术的发展，从基础的交流沟通、资料查询，到网络金融、教育和医疗等方面，移动互联网塑造了一种全新的生活方式，影响着移动网民的日常生活。在移动互联时代的大背景下，公益组织也顺势而为不断地创新公益模式。

[①]　资料来源：中国互联网信息中心，《第37次中国互联网络发展状况统计报告》。

互联网改变了公益的传统思维模式，公益组织可以利用微博、微信、众筹众包和公益 APP 等低成本的方式让更多的人参与公益。自从 2008 年"5·12汶川地震"激发全国人民参与公益事业的热情后，中国先后有超过 5 亿人次参与网络捐赠，为个人捐赠提供了一种新的有效方式。随后，公众对公益的热情越发高涨，新浪、搜狐和腾讯等网站因此还专门开辟了公益频道。例如，2014年 8 月 17 日，新浪微公益联合瓷娃娃罕见病关爱中心，在新浪品牌捐平台上发起"冰桶挑战"公益众筹项目，同时在支付宝钱包、百度钱包等其他平台也陆续开辟了捐赠平台。截止到 2014 年 8 月 30 日 24 时，"冰桶挑战专项"捐款金额总计为人民币 8146258.19 元，其中，新浪微公益平台上的筹款金额最多，占筹资总额的 80% 以上，其次是通过向支付宝平台、北京瓷娃娃罕见病关爱中心账户和中国社会福利基金会瓷娃娃罕见病关爱基金捐款（见图 4-8）。[1]

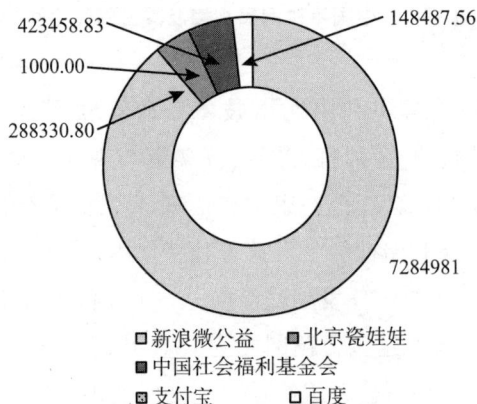

图 4-8　冰桶挑战款项来源[2]

瓷娃娃罕见病关爱中心的款项来源渠道也日渐丰富，传统的模式渐渐退出主角，公众通过互联网对瓷娃娃捐赠的比例明显增加。在 2014 年第一季度的捐赠收入中，银行收款占瓷娃娃捐收款的 70.3%，财付通在线支付平台、新浪微公益捐赠平台的引入，让实现"人人参与互联网公益"成为可能。（见图4-9）在 2015 年第一季瓷娃娃的捐赠收入中，通过支付宝、财付通和新浪微

---

① 资料来源：瓷娃娃罕见病关爱中心，瓷娃娃罕见病关爱中心官网。

② 资料来源：瓷娃娃罕见病关爱中心，《"冰桶挑战"公益项目媒体见面会在京召开　瓷娃娃公布善款使用计划》。

公益的捐款收入占73.2%，可以看出，瓷娃娃关爱中心的收款来源逐渐从以中心银行收款为主的传统模式转向以支付宝、新浪微公益等互联网公益平台筹款为主的新筹款模式。（见图4－10）

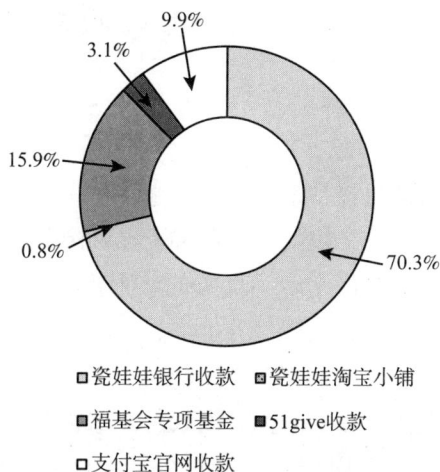

图4－9　2014年瓷娃娃第一季度捐赠渠道①

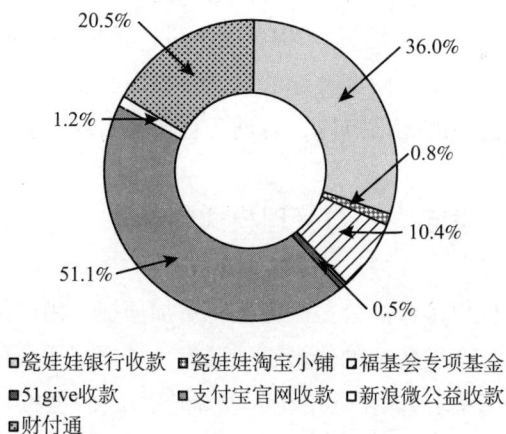

图4－10　2015年瓷娃娃第一季度捐赠渠道②

随着手机 APP 的兴起，互联网的广泛应用使捐款更方便。除直接捐助外，

---

① 资料来源：瓷娃娃罕见病关爱中心，《瓷娃娃》期刊第22期电子版。
② 资料来源：瓷娃娃罕见病关爱中心，《瓷娃娃》期刊第26期电子版。

参与者还可以通过转发或者关注，获得"积分"、"米"和"步"等虚拟收入，企业按照一定比例对换捐助。例如，米公益创办了国内首个移动互联网公益平台米公益 APP，APP 用户通过完成 APP 中指定的健康任务获得虚拟"大米"来兑换真实公益物资，捐给米公益的合作公益组织。这种方式让公众利用碎片化时间做公益，不仅降低了个人公益成本，还以参与健康活动的方式帮助了他人。

二、资源对接方式创新

互联网的发展为资源对接带来了新的思路，互联网通过为资助方和受资方之间架构起线上和线下的全方位的公益慈善资源对接平台，有利于实现公益项目与资源的良好匹配。互联网平台为优秀的慈善机构创造了更好的发展机会，促进了公益行业的平等竞争，实现优胜劣汰。[1]

为解决慈善需求与资源对接效率低、慈善理念普及不足等难题，自 2012 年起，民政部、国务院国资委、全国工商联、广东省政府和深圳市政府等部门决定每年在深圳联合举办慈展会。2014 年 9 月 1 日，政府与中国联合会举办的中国慈展会公益慈善资源对接平台上线试运行，该平台将商业资源对接机制与现代网络交易技术融合，让所有的公益组织拥有同等的机会获得资源，推动了公益慈善资源对接的有效配置。2015 年 9 月，第四届慈展会则首次采取网络众筹、微信扫码捐赠及与商家合作的惠捐模式等新型方式进行资源对接，充分体现了互联网与公益的无限可能，有助于创造公益慈善新生态。[2]

三、公益组织发起方式与管理模式创新

网络社团的出现使得开展公益服务变得更加便捷，由于网络社团可以超越空间障碍，汇聚来自全国各地的会员，从而大大扩展了服务的空间。目前，网络社团主要有两种形态：1. 在网络论坛基础上形成的虚拟社区。许多网民根据兴趣参与论坛的主题讨论和活动，从而在某一专栏形成比较稳定的网络群体，或者通过组建俱乐部、社团举办网上交流和网下聚会。2. 利用网络发起的志愿服务组织和公益性活动组织。这种网络社团针对公众关心的问题和一些

---

① 资料来源：营宇正，《行业热议互联网下的中国公益》，《公益时报》2016 年 6 月 26 日。
② 资料来源：《第四届中国慈展会完美谢幕，资源对接成果 122.53 亿元》和《中国慈展会公益慈善资源对接平台上线》。

突发的事件，利用网络平台发布大量信息，从而可以在短时间内招募大量志愿者并筹集大量资金，并在现实生活中发挥比较大的影响。

但是，依托网络发展起来的公益组织也存在不足之处。网络社团由于身份不明，缺乏规范和引导，具有松散、易变、虚拟等特征；同时，依托互联网发展起来的多数公益组织缺乏稳定的经济支持，对成员是否参与活动的约束力也不强，容易解散。

四、公益组织管理模式创新

在过去的很长一段时间，公益组织在招募志愿者、寻找专业志愿者方面存在着不少困难。传统的纸质统计方式需要大量的人力劳动，导致效率不高且缺乏透明度。而移动互联网的发展为公益组织创新管理模式提供了新机遇，新兴起的志愿者打卡器 APP 作为我国首款志愿者服务记录移动工具，不仅提供了专业的公益信息服务，包括志愿者的属性、志愿技能、活动类型、活动区域以及及时的评价反馈数据等，同时实现了帮助志愿者和管理人员记录公益时间，让每位志愿者都找到自己的归属，提升决策的成功率。志愿者打卡器对所有的组织、个人和企业开放，同时吸纳了更多专业志愿服务的团体加入，逐步提升公益信息的质量，使得体系内的公益活动拥有更加旺盛的生命力；同时，志愿者打卡器 APP 平台让志愿者拿起手机就能参加自己喜欢的公益活动，还能兑换电影票、饮料券等优惠，极大地激发了志愿者参与活动的积极性。截至 2016 年 7 月 8 日，志愿者打卡器的注册志愿者人数高达 67 万多人，完成志愿活动 7 万多个，公益实践 534 万个小时。[①]

五、互联网促进公益组织日趋透明

（一）公益组织的公信力和透明度的现状

目前，网络时代沟通与交流的便捷性与公益组织利用网络平台公开信息的程度较低形成了鲜明对比。公益组织的公信力和透明度令人担忧。根据《中国民间公益组织透明度发展研究报告（2015）》，[②] 2013 年中国民间公益组织的

---

① 资料来源：志愿者打卡器官网。
② 该报告涵盖了 2013 年 1 月 1 日前成立的 1738 家民间公益机构。

透明度平均得分为 27. 23 分，到 2014 年略有提升，达到 27. 87 分，而 2015 年比 2014 年增长了 16. 4%，达到了 32. 44 分。尽管民间公益组织的透明度每年略有上升，但整体透明度的平均得分还是较低，这主要是因为还存在很多较低得分的机构。其中，作为衡量透明度的四个重要指标之一的财务信息只有 2. 45 分，相比 2014 年反而降低，① 所以中国民间公益组织需重点完善该指标的信息披露。

（二）运用互联网提高公益组织公信力

互联网让筹款变得便利的同时，也使公益项目处于公众的严密监督之下。通过互联网公益平台和移动社交网络，用户能快速看到项目进展，并随时查询善款流向，互联网正促使一个透明、高效的公益信任生态日渐成熟。公益组织可以通过互联网向公众展示较高的透明度、及时反馈收支状况和救助进展，向募捐对象表明募捐活动的专业性和规范性，同时有利于帮助公益组织宣传并及时反馈公益实践活动，从而全方位地提高自身的运作效率，吸引更多捐赠资源流入公益体系，帮助公益组织高效地获得资源。除此以外，公益组织还通过公益平台实现公益传播推广，得到项目策划设计咨询与企业项目对接等帮助。

例如，广大公众只需注册成为"公益宝"APP 会员，即可自主查询自己捐赠记录。消费者和商家能够监督捐赠资金的管理和使用，各方的公信力都得到提升。公益宝 APP 面向社会征集千家爱心企业为优秀项目提供支持，让公众在消费、娱乐时可献爱心并点评商家的善举。明善公益网坚持捐赠款项与网站运营完全独立运行，其全部捐赠资金均由浦发银行托管，然后托管系统会自动对接公益宝，让每个会员都可以查询到商家捐款。"公益宝"倡导的这种全社会参与、快乐慈善与阳光慈善的理念是当今中国慈善事业从传统走向现代所缺乏的。用户还可以借助该平台监督项目的各种情况，产生更强的信赖感。对公益组织而言，公益宝借助创新公益模式吸引更多的捐赠资源，有助于帮助公益组织解决传统的公益项目在运作过程中所面临的"难筹资、难宣传、难透明"问题。②

---

① 资料来源：王会贤，《中国民间公益组织透明度发展研究报告（2015）发布公益组织透明度平均分不及格》。

② 资料来源：公益宝官网（http：//www. gongyibao. cn/Default. aspx）和谭光华的《首个消费捐赠平台"公益宝"手机 APP 上线运行》，中新网，http：//www. hb. chinanews. com/news/2014/0920/187595. html。

六、公益组织探索社会企业之路

近年来，由于社会企业作为一种新型社会创新的模式，既具备高效、专业和灵活的商业特性，又以承担社会责任、解决社会问题为目标，越来越多的公益组织开始转型探索社会企业之路。在这样的新型模式下，公益组织能够有效地参与到社会发展与建设中，提供富有活力与成效的创新实施方案。

社会企业在中国的快速发展，不断丰富和塑造了慈善事业的组织形式和捐赠方式，并促使慈善领域尝试用商业技术来解决社会问题，致力于社会企业的创业者也不断涌现。在转型初期，公益组织向社会企业转型的道路上遇到了多重困难，主要表现在理念认可、扶持力度和盈利敏感度等方面。2008 年以后，由于相关的培训、能力建设和研究出版等发展的兴起，中国社会企业步入了新的发展时期。"社会企业"模式在社会上逐渐得到重视并得到了广泛传播，这种崭新理念也慢慢被更多的人所接受，促使很多社会企业建立和发展起来。其中，北京、上海、深圳等地方率先推广社会企业的理念与模式，涌现出一批成功转型的优秀社会企业，如北京富平学校、乐朗乐读、深圳残友集团和天津鹤童养老院等。我国社会企业涉及的业务领域日趋多元化，主要涉及环境保护、教育、社区与老年服务及残疾人帮扶等领域[①]。

为进一步支持和推广社会企业发展，2015 年 9 月 20 日，中国首个民间社会企业认证办法《中国慈展会社会企业认证办法（试行）》在第四次慈展会期间正式发布，该办法由北京大学公民社会研究中心、北师大中国公益研究院、南都公益基金会、深圳市中国慈展会发展中心和社会企业研究中心五家机构联合主办。在这次慈展会期间，第一批 7 家社会企业（见表 4-6）获颁发首批"民间执照"，并获得资金、人才、孵化方面的支持。由于基金会往往更多地支持传统的非营利组织，使得社会企业很难获得风险投资和赠款，从而缺乏初始启动资金。社会企业处于既不是完全营利性公司又不是传统非营利组织的两难境地，导致不能享受税收优惠政策，而民间社会企业的认证有助于破解这样的尴尬身份[②]。

---

① 资料来源：黄晓勇，《2014 年中国民间组织报告》，社会科学文献出版社 2014 年版，第 22～23 页。

② 资料来源：刘水平，《出台中国首个民间社会企业认证办法》，载于《社会与公益》，2015 年第 9 期，第 30～31 页。

表 4 - 6   首次获得民间社会企业认证的机构名单

大连爱卡科技发展有限公司
江门市蓬江区伍威权庇护工场
兰州市崇德孤残困境儿童服务中心
上海黑暗中对话服务中心
上海救要救信息科技有限公司
深圳市残友集团控股股份有限公司
深圳市信息无障碍研究会

第四节   慈善公益组织的主要服务领域

《中国发展简报》的 NGO 名录数据显示，截至 2016 年 7 月 10 日，数据库共收录了 3484 个机构和 4 个领域分类。其中，公益组织的服务领域数量最多的三大领域为教育助学、儿童与老人以及其他综合类；综合志愿服务、环境保护、残障人士、扶贫救灾也属于国内公益组织涉足较多的领域。[1] 具体见图 4 - 11。

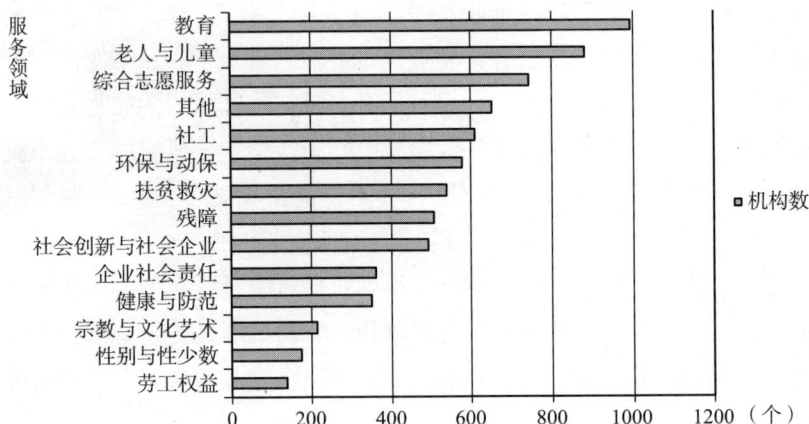

图 4 - 11   按各个服务领域公益组织的数量分布（多选）[2]

---

[1] 资料来源：中国发展简报。

[2] 根据"中国发展简报的相关内容"整理。

本书将选取"儿童、环境保护、老年人、助残、健康、教育和扶贫"这 7个领域来分别介绍典型的公益组织及其举办的公益活动（项目）。

一、关爱儿童

（一）典型活动

1. 孤儿的救助——暖童计划

目前，我国儿童福利制度不完善，孤儿教育救助的发展受到限制，在成长过程中难以得到所需要的保障。面对由教材费用和食宿费带来的巨大的经济压力，多数孤儿被迫提前辍学外出打工。为此，各种孤儿教育救助项目如火如荼地开展起来，其中有不少全国性大型民间慈善和儿童教育相结合的公益项目。

2016 年，大型孤儿成长教育的公益援助计划"中国孕婴童行业慈善助学活动"正式启动，该计划由中国下一代教育基金会、北京孕婴童用品行业协会和北京盛基艺术学校主办，北京京正国际展览有限公司承办。"暖童计划"作为该活动的重头戏，致力于探索互联网与公益相结合的新方法，通过网络平台让更多的网民共同参与援助孤儿，使更多的暖童家庭受益。互联网的运用将生产者、渠道商及消费者有机联动，极大地提高了活动的影响力。①

"暖童计划"分为两期，首期计划致力于让每个参与"暖童计划"的孤儿得到良好的教育机会，从 2016 ~ 2020 年实施孤儿助学项目，项目内容具体为：让 200 家暖童家庭参与企业为每个消费者家庭建立"暖童成长档案"的活动，同时开展孤儿助学等慈善活动，为孤儿助学筹集资金；设立 2000 家门店成为暖童活动辅导站，开展具有创意的慈善教育活动；表彰与宣传在"暖童计划"中做出重要贡献的优秀企业和优秀活动。第二期五年计划则从 2021 年开始，协助 200 个城市与 200 个县乡结成 200 家暖童友谊城，搭建一个沟通的桥梁。"暖童计划"吸引了 5000 家生产企业、10 万家渠道商和百万家门店积极参与助孤行动，使得 1500 万家庭将得到帮助。

在企业与公益组织间合作双赢的这种模式中，参加"暖童计划"的企业及自然人不仅能享受税收优惠，还能通过宣传企业文化来提升企业形象，最重要的是高端促销能给企业带来利润。由企业集团、企业门店和公益组织组成的

---

① 根据"李艳娜：《暖童计划探索'互联网 + 慈善'》相关报道"整理。

暖童组织推动全民慈善的社会新风尚形成，将带领更多的人参与教育助孤的行动。①

2. 寻找失踪儿童

因为"原始信息"缺失和简单可信的比对技术的缺乏，孩子丢失的黄金24小时无法得到妥善利用，导致许多走失儿童无法快速找到亲生父母，以至于我国大量孩子走失后能找回的成功率极低，而有些国家利用各种方法使失踪儿童的信息迅速知晓，找回孩子的做法相对成熟。为此，越来越多的公益组织尝试去弥补了这一领域的空白。

针对这一现状，2015年12月29日，"华夏儿童指纹防丢计划"正式启动，探索通过网络技术的力量来解决问题。该计划是由全国首个协助寻找走失及被拐儿童的志愿者组织"中华志愿者走失儿童救助中心"重点推广的项目。该计划的主要服务对象是8岁以下的孩子，其建立的儿童指纹防丢系统操作简单，能够安全地存储信息，同时比对错误率仅50亿分之一。该系统能长期安全保存孩子指纹和其监护人的相关信息，一旦孩子走丢，其监护人可以通过该系统的"一键求助"功能，便可向全国各地的中华志愿者求助。那么，全国每一位中华志愿者也都可以通过该系统，协助家长寻找走失儿童。②

通过华夏儿童指纹防丢系统，"华夏儿童指纹防丢计划"在全国范围内顺利推广，并在全国上亿家庭推广参与。2016年4月20日，中华志愿者走失儿童救助中心第181站——许昌站正式成立，该服务站成立一个月内已为许昌市100多个孩子采集了指纹及相关信息。③

儿童失踪的信息一旦确定，利用各种媒体、社交网络和移动智能通讯设备等途径可以让失踪儿童的信息迅速被社会大众知晓，能够在最短时间、最小范围内，得到最大限度的响应，从而有助于提高走失儿童的找回概率。除此之外，公益组织可以加强与政府公安部门的联系，共建中国失踪儿童社会应急响应机制，通过群众互助的力量，从而提高找回丢失孩子的概率。

3. 让留守儿童不再孤单

为了帮助解决6100万留守儿童解决普遍存在的问题，比如学习兴趣不足、心理失衡、行为障碍等，中华慈善总会与全球联合之路于2015年在全国启动

---

① 根据"李艳娜：《暖童计划探索'互联网＋慈善'》相关报道"整理。

② 根据"新华网：《华夏儿童指纹防丢计划助力走失儿童找回率》和华夏儿童指纹防丢计划官网中关于我们相关信息"整理。

③ 资料来源：许昌网，《我市有了走失儿童救助中心服务站》。

了"为了明天——关爱儿童"长期慈善项目，共同解决所在地区留守儿童的有关问题。中华慈善总会携手全国各省市慈善会在全国各地设立了"儿童之家"，让孩子们愿意到这个场所学习、阅读、玩乐与交流分享。通过给予缺少父母陪伴的儿童心理支持来帮助改善亲子关系，有助于解决留守儿童面临的各种问题。该项目每年定期举办志愿者能力建设培训，帮助提升志愿者专业水平和能力，更好地为受助儿童服务[1]。为进一步推动留守儿童事业的发展，2016年4月，中华慈善总会以李励达及夫人与张一春合作为"为了明天——关爱儿童"项目捐款为契机，设立"关爱留守儿童慈善家委员会"。该款项可惠及全国各地的留守儿童，根据捐助者的愿望用于帮助指定地区的留守儿童；这些款项还将用于投资设立"儿童之家"，购置"儿童之家"的图书、设备，从而解决留守儿童各种方面的困难。

该项目启动以来，许多省、市慈善会积极行动，分别进行部署、试点或全面展开。比如山西省决定从2016年5月下旬全面启动，在5年内建设500所儿童之家，实现全面覆盖留守儿童问题。目前，社会群体共同助力解决留守儿童困境，已在全国各地取得良好的成效。[2]

（二）典型机构——歌路营

自歌路营成立以来，该机构一直专注为农村住校生群体提供创新教育内容，为寄宿制学校补充教育空白，提高农村弱势学生群体享受优质教育的机会。

自2012年起，歌路营便开始关注农村的寄宿留守儿童并开展相关研究，了解到在全国3000多万寄宿生中，有47.3%的孩子常被不良情绪所困扰。进一步的研究表明，故事能够起到疗愈孩子心灵、激发他们的想象力和塑造良好品格等多方面的作用。"新一千零一夜"项目便由此产生，该项目利用孩子睡前的15分钟，每间宿舍安装一个小喇叭来播放一个睡前故事，以此来丰富他们的住校生活。这种简单易复制的模式，不仅满足了孩子们的成长需求，也有效地减轻了老师晚间管理学生的压力。[3]

为了解项目效果，歌路营对重庆2所学校的235名孩子进行了评估，结果

---

[1] 根据"中国慈善总会官网对'为了明天——关爱儿童'项目的介绍"整理。

[2] 根据"泊伟：《中华慈善总会设立'关爱留守儿童慈委员会'》"和"新华网：《山西启动关爱留守儿童项目，将建500所'儿童之家'》"的报道整理。

[3] 根据"歌路营官网关于'新一千零一夜'项目的介绍"重新整理。

显示：97.1％的学生表示喜欢睡前故事；92.8％的学生表示喜欢故事的类型；79.7％的学生表示喜欢宿舍生活，比一年前提升了56.6％；88.4％的孩子喜欢上了阅读，这一比例提升了65.2％。① 这些数据都表明"新一千零一夜"项目对学生寄宿生活有积极的作用；同时，丰富了学生的写作素材，提高了学生阅读的兴趣和写作能力。截至2014年11月，"新一千零一夜"项目共计覆盖16省市56区县336所学校，收听的学生超过70000人。到2020年，歌路营期待"新一千零一夜"项目能覆盖到3000所农村寄宿制学校。②

为了说明留守儿童确实需要更多的关注和帮助，自2015年10月起，歌路营委托北京大学联合课题组开展"新一千零一夜睡前故事"项目的实验研究。随后发布的《农村寄宿制学校学生发展报告》用精准的数据分析，揭示了样本农村寄宿制学生具有高抑郁的倾向心理、霸凌同学的行为和阅读能力不足等问题。与其他学生相比，这个群体中的低龄住校生在身心发展和学业发展上都显著地落后。③ 歌路营具有逻辑框架清晰和善于"用数据说话"两个特点，有助于帮助歌路营获得公众筹款和长期的资助。

二、环境保护

（一）典型活动

1. 互联网＋环保公益

2015年6月5日是我国新环保法确定的首个环境日，其主题是"践行绿色生活"。为了帮助公众践行绿色生活，鼓励更多人投身环境保护，2015年9月，中华环境保护基金会、环境保护部环境发展中心和国家环境服务业华南集聚区携手佛山市碳联科技有限公司联合发起成立了环保创客联盟项目（以下简称"创客"）。

创客结合移动互联网与环保的发展大趋势，建立了"先进的技术、可持续的发展和创新资金扶持"新模式。创客运用先进的互联网技术，在各个社区构建智能回收系统，从而推动居民进行各种垃圾回收与分类。为激发更多的居民

---

① 根据"歌路营：《歌路营2014年度报告》"的数据重新整理。
② 资料来源：歌路营官网，《"新一千零一夜"按省份覆盖学校一览》。
③ 根据"歌路营：《农村寄宿制学校学生发展报告》"重新整理。

参与垃圾回收的积极性和持续性，创客采用积分兑购、便民服务等激励手段，这种发展模式为创客带来了良性循环效益，解决了运营和可持续发展的问题。为解决从事环保行业人员不足的现象，创客为有志从事环保的人士提供先进的技术、相应的资金支持，将他们培养成创新型环保人才，并提供一个可持续发展的新型的创业平台，促进地区环保产业的发展。①

创客在各地社区建立服务站，实现社区附近商店、居民与物业管理人员间的信息互动，推动居民在生活中将废弃物回收，共同完成垃圾回收和减量，比如提供使用社区快递废弃包装物的管理系统，可以将快递包装废弃物从其他垃圾中分离出来进行回收。针对不同的人群，创客设计了特定、合适的激励方法，它通过对接社区的垃圾智能回收管理和政府的垃圾回收大数据系统，给予参与垃圾回收的居民更多的社会支撑，有利于吸引更多的年轻人参与活动；创客还与教育部等部门合作，通过对学生进行垃圾回收教育来推动家长开展垃圾回收活动；而为推动社区老年人进行垃圾回收，创客还在社区服务站与商店合作开展积分兑购，让社区老年人获得小礼品，从而提高积极性。

环保创客联盟将打造一个集环保创业、环保教育、智能回收和社区服务等为一体的平台。创客积极促进环保公益项目与"互联网＋"相结合，对全民进行环境保护教育，提高公众的环保意识，有利于推动当地环保产业的可持续发展。②

2. 污染地图

基于对环境问题严峻性和复杂性的认知，为了公众可以利用手机更加便捷地获取和了解身边企业的空气质量、水质量和排放污染物等信息，公众环境研究中心与阿拉善 SEE 基金会、阿里巴巴公益基金会于 2014 年 6 月开发了 APP 的 1.0 版本——"污染地图"，将"空气污染地图"搬到了手机上，向公众提供空气质量和企业排放的相关数据。2015 年 4 月 28 日，"污染地图" APP 升级版"蔚蓝地图" APP 收录了全国各地的空气质量信息，并首次为大众提供河流湖泊水质信息，协助公众参与治理空气和水污染的行动中。依托阿里云计算平台实时处理大数据的能力，到 2015 年年底，"蔚蓝地图"上空气质量查询功能已覆盖了 390 个城市。"蔚蓝地图"让公众首次可以通过手机平台查看

① 资料来源：佚名，《"环保创客联盟项目"启动》，载于《环境保护与循环经济》，2015 年第 9 期，第 42 页。

② 资料来源：李禾，《智能回收箱，把更多的人圈到"环保圈"》，载于《智富时代》，2015 年第 12 期，第 64 ~ 65 页。

全国9000家企业废气、废水的实时排放状况；① 公众还可以通过微博等社交平台把地图信息一键分享至新浪微博、微信好友和微信朋友圈，对超标排污企业通过使用微博向当地环保部门进行"微举报"；"蔚蓝地图"还开创了省、市、县三级环保政务微博体系，建立了全省环保系统的微博联动机制，从而形成民众踊跃举报、政府积极核查和企业实质整改的新局面。

2015年，共有553家企业与IPE沟通环境监管记录，其中145家企业通过采取积极的改善措施，实现了污染治理和节能减排。在公众和各地环保部门的推动下，截至2015年年底，已有527家企业就实时监测数据超标问题做出公开说明，100多家企业切实采取整改措施，改善排污状况，其中，山东省评估效果最为明显。从2014年到2015年3月，山东省在环境信息公开和超排放治理方面取得了显著进展，重点企业二氧化硫和氮氧化物的超标排放量均显著下降。② 公众环境研究中心主任马军认为，"新版蔚蓝地图APP不但让公众能找到污染的源头，拿起手机向雾霾和水污染宣战，让公众积极行动起来保护环境。"③

（二）典型机构——自然之友

自然之友作为中国成立最早的民间环保组织，通过环境教育、家庭节能和法律维权等方式，推动更多绿色公民的出现与成长，共同保护珍贵的生态环境④。

1. 城市减碳行动

自然之友通过改造小家庭，以个人家庭的行动带动全社会节能行动，从而促进城市的低碳化发展。2015年3月，自然之友在北京市环境保护宣传教育中心启动以"低碳家庭实验室"为主题的第三期居家低碳节能改造项目。此次改造项目从所有报名的全体北京市民家庭中甄选出25户参与此后为期一年的家庭改造活动。同时，专家将走入每个家庭，通过实地勘测为他们设计"个性化"节能改造方案，帮助其实现节能30%的目标。每个家庭将接受关于节水、节电和绿色装潢等方面的系列节能课程。在前两期活动中，共有42个家庭参与到居家低碳节能改造项目，基本达成了30%～50%的节能目标。在这

---

①③ 资料来源：凌宁，《污染地图升级"蔚蓝地图"》，载于《绿叶》，2015年第5期，第94页。
② 笔者根据"公众环境研究中心，《公众环境研究中心2015年度报告》"的数据整理。
④ 资料来源：自然之友官网。

一过程中，项目将总结出可推广的"低碳家庭"样本，形成"低碳家庭"的高效节能标准，帮助家庭、社区进行节能减排实践探索，再以出版物或视频课件包等形式向全国各省市的城市居民推广成功的经验。①

2. 城市垃圾减量

自然之友作为中国零废弃联盟成员，以谋求联合的力量来推动整体垃圾管理系统的发展，最终达到"零废弃"的目标。目前，社会和公众对垃圾分类的必要性、焚烧的危害以及现有管理等问题的认识和关注不足，给推进零废弃理念带来了极大的限制。自然之友长期以来致力于发掘和支持"零废弃"理念的行动，2016年3月，自然之友零废弃基金支持的"零废弃种子计划"启动。"零废弃种子计划"将组建宣讲师团队，对塑料污染、农村垃圾、电子垃圾分类及减量问题进行宣讲，并通过建立线上资源库来开展宣讲师学习营，培养更多环保讲师。该计划预计在3年内支持50个种子，开展50个"零废弃"领域的项目，聚集50多个行动者，影响10000人的行动，从而倡导一场全国范围内自下而上的环保行动，推广优秀和高效的案例经验。②

3. 成立环境教育机构

自然之友还成立了专业环境教育机构——自然之友·盖娅自然学校，致力于环境保护教育，希望通过课程、师资和基地三部分的持续探索与实践，推动更有效的体验式环境教育和亲子环境教育，拓展自然之友在环境教育领域的专业性、引领性与影响力，培育更多未来的绿色公民。在盖娅自然学校开展的圆明园《自然观察课》之观鸟系列活动中，自然体验师通过自然观察、自然艺术和自然游戏等方式，引导公民学习如何观察身边的鸟类精灵，了解它们的栖息地，进而爱惜和守护我们和鸟类共同的家园。③

在2016年，南都基金会第一期景行资助自然之友，帮助其研发和推广绿色公民行动产品，支持环境公益诉讼网络建设团队发展和能力建设。未来，自然之友还将帮助更多环保组织和公民参与立法和司法领域，大幅提升在环境治理领域的影响力。同时，自然之友将为培育更多的绿色公民和制订行动方案，支持法律和政策的倡导，构建多元稳健的资源体系而不断努力。④

---

① 根据"自然之友：《自然之友低碳家庭第三期居家低碳节能改造项目》"整理。
② 根据"自然之友：《零废弃种子（十五）｜中国零废弃联盟－零废弃的中国实践》"内容重新整理。
③ 根据"环境教育：《自然北京无痕游2天1夜露营课程》"整理。
④ 根据"南都基金会官网中项目动态：《景行新伙伴｜自然之友的'二次创业'》"相关内容重新整理。

三、关爱老人

（一）典型活动

1. 慈善助老

我国已进入人口老龄化的快速发展时期，严重的空巢老人问题已成为全社会共同关注的话题。老年人群容易受到失能失智等问题的困扰，产生抑郁等负面的心理健康问题，急需建立完善的社会支持服务体系。基于此，公益组织不再像以前只是单纯地提供生活保障和日常照料服务，还通过开展精神慰藉、心理疏导等活动提高老年人的生活满足感。

2015 年 10 月，北辰区天津爱馨瑞景园老年公寓开展"九九重阳·慈善助老"系列活动。首先，在"8.12"爆炸事故后，对积极参与为受影响地区群众捐赠的老人进行表彰与慰问，其中，有 247 位老人获得了"热心慈善老人"荣誉称号。其次，由于部分养老机构的设施存在不足、老化的问题，为了让老人生活出行更便利，重阳节期间将获得捐赠的 500 台轮椅和 500 台助行器发放到各地的 25 个养老机构。再次，为老人提供免费身体健康检查，市慈善协会联合天津爱尔眼科医院、天津长庚耳鼻喉医院为老年患者提供医疗救助服务，为生活困难的老人家庭减免部分医疗费。最后，市慈善协会联合市养老机构协会在老年节期间组织举办了"说说咱院里那些事，爱心慈善文艺展演"的活动，给老年人的生活带来乐趣，弘扬了我国尊老敬老的美德。[①]

2. 失能老人引发高度关注

中国越来越多的失能失智老年人，将成为未来人口高龄化过程中最难解决的问题之一。针对该问题，2015 年 12 月 17 日，"老年人长期照护国际研讨会"在北京召开，以"长期照护的未来发展战略"为主题，会议上指出"截至目前，我国共有近 4000 万名失能失智的老年人"，并呼吁不断地建立和完善我国长期照护相关制度。[②]

2016 年，中华慈善总会协同鹤童老年福利协会承办"汇丰中华慈善老人

[①] 根据"天津慈善网慈轩：《重阳节将至，天津市慈善协会开展四项活动关爱老年人》"报道重新整理。

[②] 资料来源：佚名，《"老年人长期照护国际研讨会"在京召开》，载于《中国社会工作》，2015年第 35 期。

关怀计划——农村失能失智老人长期照护"项目第二站在天津市宝坻区宝平街道敬老院启动。该项目发起方之一的鹤童老年福利协会建立了完善的、专业化的长期照护制度，为失能老人提供了全方位的生活照料、康复护理、临终关怀等服务。该项目执行团队根据敬老院的状况将对其进行标准化改造：在硬件方面，该项目为敬老院添置了护理床、护理车、洗浴设施和扶手等设施设备，并根据失能老年人的需求设计房间和浴室的装修风格和布局，使得敬老院能够具有接收更多失能失智老年人的条件；在软件方面，为提高农村敬老院的管理服务水平，该项目将举办院长培训班和养老护理员培训班，培训内容涉及管理、照护和康复技能，同时将运营养老机构的先进理念和经验植入到敬老院，使之具备接收和照护失能老人的条件和能力。除此以外，该项目将在全国 10 个省市选取 10 个农村敬老院作为项目试点，并对这 10 个敬老院进行标准化改造，全面提高试点项目地区农村老人的晚年生活质量。①

（二）典型机构——金太阳

据《中国养老机构发展研究报告》显示，截至 2014 年，我国已有各类养老服务床位 551.4 万张，每千名老年人拥有 26 张养老床位。② 但是由于受到传统观念的限制，加上老年人需要较长时间适应陌生环境的生活，大多数人选择在家照顾老年人。面对这种情况，民办非企业福龄金太阳养老综合服务中心（以下简称"金太阳"）在全国首创构建没有围墙的养老院，老年人只需住在家中就可以享受到金太阳"24 小时一呼百应"的一站式养老服务。

1. 物联网养老模式

为了突破养老服务业的发展"瓶颈"，金太阳创新推出了基于大数据、云计算智能平台，并与线下相结合的"物联网养老"服务模式，专门为老人建立服务热线、健康管理信息系统和数字网络监控系统，不断拓展养老服务水平和范畴。2013 年，金太阳已率先在福建省建成 24 小时信息化平台"968885"，提供老年人应急救助与居家养老的服务。金太阳不仅可以通过 GPS 定位系统帮助家属找到走失老人，还可通过手机 APP 软件帮助家属及时获得老人的身体健康信息。若老人的身体有异常，APP 会立即发出提醒信息，并提供针对老

---

① 资料来源：佚名，《农村失能老人享受国际服务》，载于《天津日报数字报刊》2016 年 5 月 5 日。

② 资料来源：吴玉韶、王莉莉，《中国养老机构发展研究报告》，载于《老龄科学研究》，2015 年第 8 期。

人身体状况的健康生活建议和注意事项等信息。[①]

2. 15 分钟爱心服务到家

金太阳以提供真正有价值的应急救助服务为目标，提供 15 分钟到家的服务是成败的关键。但在运营和实施过程中，成本将远超过机构的负担能力。金太阳提出一个新思路：联合政府提升养老体系。事实上，政府在几年前已经开始要求每个社区配置一个社区服务站，为居民提供基本生活服务。金太阳便向政府提出接管社区服务站，把服务站变成居家养老服务站，既不增加政府负担，又能为老人提供居家养老服务，可谓一举两得，从此，金太阳成为全国首创线上线下无缝连接的服务平台。金太阳建立了以网络信息呼叫平台为支撑的完整的养老产业链，不断推进养老服务的标准化和信息化。

传统的单业态独立发展模式严重限制了养老行业的成长，由于大部分老人的消费能力有限，但养老机构提供高质量服务成本又太高，导致无法形成一个有合理利润的市场。而金太阳独创的多业态整合发展有助于打破这一局限。从老人角度看，这些养老服务能全面满足他们的需求；而从商业角度看，资源整合的规模效应能创造出巨大的利润和发展空间。截至 2016 年 3 月，金太阳已为近 30 万名老人服务，金太阳的每一次服务都为老人们开辟出一条生命的绿色通道。[②]

四、关爱残疾及特殊人群

(一) 典型项目

1. 中国残疾人信息无障碍建设

残疾人在生活会遇到不少的实际困难，为了能及时有效地了解他们的需求，2015 年 5 月 14 日，根据中国残联的统一部署，开通了全国"12385"残疾人服务热线。残疾人可以通过该热线咨询与日常生活相关的国家法律法规及相关的残疾人政策等。[③] 自"12385"服务热线开通以来，这个小平台提供了详尽的资讯服务，指导着残疾人的生活与工作。

---

① 资料来源：《金太阳："互联网＋养老服务"的新突破》，《福建日报》，2015 年。

② 根据"官应廉：《居家养老：服务 15 分钟到家——福州市金太阳老年服务中心》"案例重新整理。

③ 根据"刘奕湛：《中华人民共和国中央人民政府官网'12385 全国残疾人服务热线开通'》"重新整理。

在残疾人群中，存在一类特殊人群视障人士，他们比其他残障人士更需要帮助。在日常生活中，视障人士常常会遇到打车困难、到餐馆吃饭因餐具不合适造成就餐困难等问题，使得他们不仅需要社会的救助，更需要专业化、高质量的服务。基于视障朋友的生活特性，2014 年，北京市红丹丹视障文化服务中心（以下简称"红丹丹"）启动了《北京盲人生活地图》项目，并获得北京市社会建设专项资金支持。该项目旨在寻找具有无障碍服务设施和助盲意识的公共服务机构，北京近 10 万名盲人朋友可以通过盲文版及有声版的《北京盲人生活地图》获得这些公共服务机构信息，享受这些机构员工提供的专业、便捷和安全的日常生活服务。《北京盲人生活地图》在 2015 年 5 月推出第一批 48 家无障碍助盲公共服务机构，涉及视障朋友日常生活接触的 14 类领域里的机构。随着无障碍助盲理念和技能的不断推广，《北京盲人生活地图》将陆续推出更多的无障碍助盲公共服务机构，为盲人在生活上提供便利。除此之外，北京红丹丹教育文化交流中心还用音声解说技术为视障人士提供无障碍文化产品服务，避免盲人因交流障碍引发心理问题。自红丹丹成立以来，它为残障朋友设立了许多项目，包括《心目影院》——每周六固定为视障朋友讲电影，《心目戏剧工作坊》为盲人创造舞台，《触摸——指尖上的世界》让盲人触摸平时罕有机会摸到的物品，感知丰富多彩的大千世界。①

在"红丹丹"与全社会的各界人士共同努力下，视障朋友可以更多地获得平等、安全、贴心的公共服务，能有机会像明眼人一样无障碍地参与社会生活。

2. 特殊儿童教育项目

我国残疾人教育政策规定轻度自闭症儿童可在普通学校就读，但由于自闭症患儿通常在语言、社会交往和智力等方面存在障碍，导致他们缺乏基本的学习和社交能力。而目前大部分的特殊教育学校都把具有学习障碍、读写困难、脑瘫、唐氏综合征和自闭症等各类孩子放在一起学习，缺乏专业化的服务。落后的特殊教育服务水平使得很多自闭儿童的教育得不到保障。

为了改变自闭症儿童的命运，陈婕成功帮自己的自闭症孩子进入了普通学校后，创立了奇翔儿童发展中心（以下简称"奇翔"）。该学校为在发育和学习方面存在障碍的各类儿童提供个别化的指导和训练。2013 年，奇翔发起了

---

① 资料来源：北京红丹丹视障文化服务中心，《北京盲人地图》和红丹丹官网中项目介绍相关内容。

"星宝上学"计划，主要是打通自闭儿从"康复机构"到"普通学校"的衔接，帮助更多 2～12 岁自闭儿提升学习能力，并倡导社会群体接纳与包容自闭儿童，尽可能消除患儿融入普通学校的障碍。① 上海奇翔儿童发展中心在 2016 年 4 月举办了"爱，让星星更闪亮"大型宣传倡导活动，并正式启动在上海人口福利基金会成立的"星宝上学"项目。该项目主要包括出版特殊儿童康复书籍，为特殊儿童家长进行培训，资助贫困特殊儿童家庭和壮大特殊教育师资力量。该项目的第一个子项目是《为特殊儿童家庭编写康复教材》，旨在为中西部地区特殊家庭编写一套简单有效的康复指导手册，解决中西部地区特教资源的缺乏，进而缩小东西部地区在特教方面的差距。②

事实表明，大部分参加奇翔评估与训练的自闭儿都能融入普通学校。奇翔还长期开展免费家长培训和免费公益课程，为家长互相交流经验提供一个平台，也给经济困难的家庭提供实在的帮助。在每年的重大节日，奇翔都会开展大型宣传倡导活动，拍摄多部自闭症主题的宣传片，让大众能够对自闭症孩子和他们的家庭多一分理解和接纳；此外，奇翔还会与多家大型企业共同开展活动，组织自闭症家庭参加春秋游扩展项目，进而丰富自闭症患儿的生活。③

（二）典型机构——残友集团

残友集团通过自身运营发展，已从 1999 年 5 名残障人士组建的社区自助组织发展成为拥有郑宁卫基金会、公益组织群和社会企业群"三位一体"的残疾人事业的综合性平台，形成了良性发展的公益生态链，为数千名残疾人提供集中稳定就业机会。④

据统计，目前全国残障人士超过 8500 万人，其中有 70% 为轻度或中度残疾。据《2015 年中国残疾人事业发展统计公报》显示，大部分残障人士受教育程度较低，全国每年进入高等院校的只有 1%。大多数残疾人因缺乏相应的专业技能导致就业机会有限，只能依靠政府的补贴。⑤

残友集团与企业合作为解决这一问题提供了新的思路，通过互联网让更多

---

① 根据"上海奇翔儿童发展中心官网中项目介绍"相关介绍整理。
② 根据"李艳娜：《上海：'星宝上学'项目关注自闭症患儿教育》"整理。
③ 根据上海奇翔儿童发展中心官网中相关介绍整理。
④ 资料来源：张玉洁，《让残疾人也能实现梦想——探寻深圳残友的党建之路》，《中国组织人事报》2016 年 11 月 6 日（05）。
⑤ 资料来源：中国残疾人联合会，《2015 年中国残疾人事业发展统计公报 [残联发（2016）14 号]》。

的残疾朋友获得同等的"工作"机会，深圳郑卫宁慈善基金会、深圳残友集团创始人郑卫宁先生与阿里巴巴集团董事局主席马云于 2013 年共同发起"百城万人残疾人就业计划项目"。由于阿里巴巴、腾讯等互联网公司提供 IT 云客服等岗位，全国各地的残疾朋友可以获得远程就业机会。[①] 2014 年下半年，阿里巴巴与郑卫宁慈善基金会正式签约推动该项目，帮助残障群体实现自我价值。2016 年 3 月 25 日，摩根大通集团也加入为残疾人创造新的就业机会的行动中，与郑卫宁慈善基金会、阿里巴巴集团正式启动"百城万人"云客服项目，该项目将在一年内为近 3600 名残疾人提供工作中所需的技能培训，包括客户服务技能、产品咨询、产品销售、售后服务以及审核上传的图片等方面，并最终帮助他们实现远程就业。[②]

甘肃、宁夏、河南、青海等省都已经参与到该项目中，并在全国范围内已经获得广泛认可，探索残疾人特殊群体的精准扶贫新模式有助于促进中国残疾人就业事业的创新和发展。[③]

残友集团除对残疾人进行就业帮扶外，还帮助残疾人提高康复的概率。2015 年 10 月 25 日，吴阶平医学基金会、郑卫宁慈善基金会联合深圳市北科生物科技有限公司，共同成立生物医学产业发展基金，让更多的残疾人能够接受免费的干细胞临床治疗，从而帮助残疾人治疗、改善先天基因问题。[④]

五、教育助学

（一）典型活动

1. 阅读公益助力全民阅读

针对城乡阅读资源不平衡的现状，越来越多的机构在为改变儿童的阅读环境而努力，身体力行地推广机构的优秀公益项目，让更多孩子能更接近他们的阅读梦想。2015 年 9 月 7 日，广州市慈善会和广州市青少年发展基金会等机构启动"为爱行走·阅动羊城"大型公益活动，采用徒步挑战和爱心"众筹＋"

---

① 资料来源：张玉洁，《让残疾人也能实现梦想——探寻深圳残友的党建之路》，《中国组织人事报》2016 年 1 月 6 日（05）。

②③ 资料来源：郑卫宁慈善基金会，《摩根大通携手助力百城万人公益项目》。

④ 资料来源：罗典，《深圳成立基金会助力干细胞研究》，《深圳晚报》2015 年 10 月 27 日（A09）。

相结合的方式，为儿童阅读公益项目筹款。经过认真筛选，12 个阅读项目入围 "为爱行走" 筹款平台，这些项目都致力于为阅读资源匮乏的儿童提供阅读机会。例如，满天星的 "星囊计划" 将捐赠儿童书籍和学习用品给贫困地区的儿童，并举办丰富的阅读活动；广州市穗星社会工作服务中心 "医院学校计划" 则将为生病住院的患儿带来有趣的书籍，从而丰富孩子的精神世界①。

为帮助更多偏远的孩子改善阅读环境，橄榄公社也加入到推广阅读公益的活动中，2016 年 3 月 12 日，世界读书日到来前夕，由橄榄公社主办的 "2016 乡村图书馆公益计划" 和公益售卖会在昆明启动。本次公益售卖活动吸引了 200 多位热爱公益事业的人士积极参与，意味着 "乡村图书馆公益计划" 成功地走出了第一步。该计划旨在提倡 "全民阅读" 的纯公益行动，将用 10 万 ～ 15 万元在全国各地建立 10 个左右微型图书馆，让好的文字和好的书籍流通到需要的地方带动更多的人热爱阅读。②

2. 公益教育关爱行动

目前，不少青少年沉溺于虚拟网络，导致与同龄人交流甚少、运动极度缺乏。为了给儿童及青少年提供公益性关爱教育服务，成都市青白江区北清苑教育培训学校和成都市青白江区义工联合会在 2015 年 7 月共同举办了 "童心护航公益教育关爱行动"，该活动由青白江区团区委、青白江区教育局、青白江区妇联和青白江区文明办等政府部门协办。

"童心护航公益教育关爱行动" 一年分 4 期，即春季、秋季、寒假和暑假班，每期计划服务 100 名儿童及青少年。该活动内容包括兴趣特长培养、心理健康咨询、亲子关系教育、社会适应实践活动、外教英语课堂、国学经典课堂和文化课学习方法培养等。截止到 2015 年 10 月，"童心护航" 已经累计为青白江区 200 多名儿童和青少年提供了公益教学和亲子教育服务，"童心护航" 系列活动深受家长和学生们的称赞，已经成为青白江区公益教育的一面旗帜。③

3. 教育公益联盟成立

每年社会上都有大量的资源投入到教育公益领域，但由于教育公益行业的

---

① 资料来源：陈红，《3000 广州市民为儿童阅读徒步》，载于《社会与公益》，2015 年第 12 期，第 70 页和李斯璐：《走起来　为山区儿童筹集阅读经费》。

② 根据 "李艳娜：《昆明：2016 乡村图书馆公益计划启动》" 重新整理。

③ 根据 "'童心护航' 的百度百科词条，http：//baike. baidu. com/link？url＝bg6LlllDbnw5QCry3kD l5OibShYJzHa_PwLVbNlc6PXiRFglsZ－I33zNCDYbVkshne17AmNR7XXkz41bYUEe4LScWoX2piXgvJJOOWAZ FzfbM2Ama_Vm8_ciHkcIiu1_" 整理。

组织间缺乏沟通，资源和资金的使用率并不高。为此，国内各大教育组织强强联手，充分发挥各个教育机构的核心优势，合力解决教育公益事业发展中存在的问题。2015 年 11 月 15 日，教育公益组织联盟（以下简称"联盟"）在第四届中国教育公益组织年会上正式亮相。该联盟的工作委员会由 21 世纪教育研究院、好未来公益基金会、北京新东方公益基金会和中国扶贫基金会等 9 家机构组成。教育公益组织联盟聚集了公益组织、企业和媒体等多方资源，集合了中国百余家教育公益机构和项目团队，形成了跨领域、跨区域的教育公益文化合作体。①

教育公益组织联盟通过在官方网站以及微信账号共享信息，帮助企业和基金会在众多的教育公益机构及项目中能够"沙里选金"。这样能有效解决资助方和公益机构之间的存在的"信息不对称"问题。自成立以来，联盟采用成本低、效率高的交流方式举办"月度沙龙"，每期谈论一个核心难点、热点问题。例如，"为学生而变的教师生涯""移动互联网筹款面谈"等问题。经过以前一段时间的探索，联盟已逐渐打造了一个跨界、多元化平台。②

（二）典型机构

1. 格桑花西部助学网

格桑花西部助学网（以下简称"格桑花"）自 2005 年成立以来，一直聚焦于改善落后的西部教育，通过互联网平台对贫困学生进行多方位综合助学，其中包括一对一捐赠、筹集资金、团体结对、助学支教和为修建校舍和图书馆等。截止到 2015 年年底，格桑花西助学网共筹集到各类物品和资金 1.02 亿元，为近 24 万名西部青少年提供了教育助学服务。③

除一对一结对助学项目之外，格桑花还从西部孩子的内在精神成长需求出发，持续开展拓展营帮助西部孩子健康成长。其中，"行走的格桑花"探索营在格桑花助学工中作起着关键的作用，通过组织西部农牧区孩子到东部城市开阔眼界、增长见识来帮助他们提升社会交往能力，激发内在的潜能，树立新理想和新目标。近年来，青海格桑花教育救助会充分利用社会各界资源，在地方城市开展特色探索营。格桑花已经帮助 1000 多名学生走出家乡去体验城市的

---

①② 资料来源："教育思想网 EDUTHOUGHT；《教育公益联盟成立，'教育益＋'呼之欲出》"整理。

③ 根据格桑花西部助学网官网简介整理。

生活。① 2015 年，格桑花"在观影中成长"项目获得"ME 公益创新资助计划"公益项目的资助，得到了公众的支持和认可。该项目协助西部学校开展集体观看电影活动，逐渐地引导孩子们培养阅读和观影兴趣、开阔眼界、提升他们的理解、表达和思考能力，为心灵安上想象的翅膀。②

考虑到格桑花有潜力产生大规模的社会影响，2016 年，南都公益基金会选择格桑花作为 2016 年度第一期景行伙伴。在未来 3～5 年，南都公益基金会将协助格桑花开展"行走的格桑花"拓展营、"护花行动"健康教育和"悦读计划"等多个项目，转型成为素质教育推动者。③

2. 学愿桥

在我国农村，超过半数的孩子为留守儿童，家庭教育十分不足，老师几乎是他们获得教育的唯一来源。中国乡村有 330 万名老师，在全国教育从业者中占比超过 40%，影响着近 1 亿 7500 万名农村儿童。为帮助更多的乡村老师成为有能力且高效的教师，学愿桥从 2013 年 3 月开始探索乡村"教师支持"，并于 2014 年年底正式注册成立，主要为甘肃省和广东省两省的教师提供支持，为老师课堂内外的教学提供资金和思路的支持。学愿桥运用移动互联网搭建了一个社会化学习平台，针对乡村老师缺少物资、合适的方法和支持不足三大问题，利用各学科的优质教学物资吸引有意愿的老师参加，从而壮大教师队伍；针对这些教学物资提供教学活动方案，帮助教师在实践中提升教学技能。同时，学愿桥采取社会化学习方式将志同道合的老师通过微信群、QQ 群连成一个共同体，既提供针对实操中具体问题的讨论区域，也提供精神支持。④

这种互联网教育模式打破了时间、空间的限制，扩大受益范围；在线支教平台让更多有爱心的人足不出户做公益，有更强的可参与性；互联网时代的现代化教育模式丰富了教学课堂，有效地提升了教学效果，让更多的学习者开阔眼界，分享学习乐趣，共享优质师资和教育资源，以公益方式推动实现教育公平。

---

① 资料来源：格欣闻，格桑花官网《"行走的格桑花"2015 苏州（门源）探索营项目总结报告》。
② 根据"格欣闻：《格桑花'在观影中成长'项目将参加'ME 公益创新资助计划'网络投票》"整理。
③ 根据"范泽婷：《格桑花成为南都公益基金会 2016 年度第一期景行伙伴》"整理。
④ 根据学愿桥官网信息重新整理。

六、医疗健康

（一）典型活动

1. 关爱女性健康活动

依托互联网形成的医疗模式，充分发挥了互联网共享、开放和连接等优点，增强了医疗公益活动的专业性和便捷性。当前，运用互联网做公益已经成为新的时尚，能为更多人带来健康知识与指导。

2016 年 5 月 6 日，由中国抗癌协会康复会、北京爱谱癌症患者关爱基金会与上海罗氏制药有限公司共同举办的全国乳腺健康公众宣教公益活动——"悦享健康，为她而行"在北京正式启动，同时服务于乳腺癌患者的悦享健康行 APP 平台也正式上线。该款 APP 具备多项健康管理功能，患者不仅可以在线查找乳腺癌、胃癌、肠癌的相关知识，根据医生的医嘱进行适当的体育运动，还可以在线分享康复经验来鼓励他人与病患对抗。该活动倡导"早发现、早诊断、早治疗"的健康理念，通过这款 APP 平台鼓励女性关爱自身健康，帮助肿瘤患者提高疾病认知，并呼吁全社会关爱乳腺癌等肿瘤患者，支持他们抗击疾病。[①]

目前，各种互联网公益医疗吸引了大批高端医务人员作为志愿者加入，提供医疗健康讲座和医药捐赠等志愿服务，为解决医疗资源分布不均等问题提供了新思路，比如，借助互联网移动医疗手术平台，通过"公益手术"让贫困患者得到名医的免费手术等方式，推进高端医疗资源的共享，从而为社会创造巨大的价值，帮助社会解决重大痛点。

2. 一张纸献爱心活动

自 2008 年以来，中华慈善总会为救助贫困地区的先天性心脏病儿童，开展了"一张纸献爱心活动"。此项活动倡导国家单位、企业、学校和家庭在工作和生活中收集废旧纸张和书刊，并将这些回收物品投入"爱心屋"，或者直接将其售卖，然后所售得的钱用于捐赠救助患病儿童的"专项账户"。这一活动引起了各地领导以及社会各界的高度关注，2014 年，由民政部、中央文明

---

① 根据"李艳娜：《首个乳腺癌肿瘤患者服务 APP 平台上线》和徐辉：《罗氏制药呼吁社会关注乳腺健康》，《公益时报》2016 年 5 月 10 日"整理。

办和共青团中央联合下发的《关于倡导和支持开展"一张纸献爱心行动"的通知》等3个文件要求在各地推广"一张纸献爱心行动",进一步提高了该活动的受重视程度。2015年,这3个文件得到切实落实,与此同时,中华慈善总会联合全国各地慈善会,通过联合劝募的形式,充分发挥青年志愿者队伍的作用,来大力部署该活动。2015年7月27日,中华慈善总会在北京开展了首次捐赠废旧报刊的活动,带头推动该活动顺利地进行,并统一捐赠了本次活动收集的252公斤废纸。① 截至2015年,共有2525名贫困家庭的先天性心脏病儿童获得了中华慈善总会的免费救助。其中,"一张纸献爱心行动"的捐献救助了472名先天性心脏病儿童。

"一张纸献爱心行动"已在许多地方开展,具有行动快、见效快的特点。在人人都可以参与的情况下,公众只需要在平时生活中养成收集废报纸和书的习惯,不需要动用其他社会资源就可以变卖废纸来获得善款救助"先心病"孩子。这种方式既可以帮助患者筹集资金,又有利于节能环保。②

(二) 典型机构——血友之家

中国血友之家成立于2000年9月,服务于血友病患者,也是唯一受到国际性血友病组织承认的公益组织。血友之家的特别之处在于所有负责人均为患者或家属。血友之家在全国范围内开展血友病患者公益行动,主要以收集患者资料、宣传血友病知识、救助困难患者、协助医院开展相关治疗等工作为主,让血友病的孩子可以感受到来自社会各界人士的关爱,拥有一个健康充实快乐的童年。③

为帮助贫困血友病患儿恢复健康,助力其过上更好的生活,由中国妇女发展基金会和北京血友之家罕见病关爱中心共同发起的血友之家"拯救折翼天使"血友病儿童救助项目于2014年正式启动。北京血友之家罕见病关爱中心(以下简称"血友之家")负责执行该项目,在全国范围内对血友病患儿实施救助公益行动。为扩大项目的覆盖面,2016年,第三期"拯救折翼天使"项目首次接受全国血友病患者的申请资助,全国患者可以在中国血友之家官网上下载相关的项目申请表,填好申请表后寄给血友之家,血友之家将陆续通过网

---

① 资料来源:《一张纸献爱心行》的网页信息。
② 根据"泊伟:《2015年度中国慈善公益盘点》"整理。
③ 根据"中国血友之家官网相关介绍"重新整理。

站、杂志、微信公众号和 QQ 群等传播渠道推送其项目信息，并对符合项目救助标准的家庭给予救助，包括康复救助、紧急救助和生活救助三个方面。通过这些救助来改善危重残疾血友病患儿的健康状况，降低贫困血友病患儿的死亡率，为贫困血友病患儿的生存质量提供了良好的保障。自项目实施以来，不少患者摆脱了残疾的困境，该项目也得到了公众的广泛关注和支持。截至 2016年 5 月 16 日，该项目通过妇基会在腾讯乐捐筹款平台已筹集救助善款2200165.93 元，均用于开展 2016 年度血友之家"拯救折翼天使"项目的三大救助活动。根据该项目救助情况和反馈信息，已经完成 180 名贫困血友儿童家庭的上半年生活救助账，其中 4 名残疾血友儿童康复救助，1 名危重血友儿童紧急救助，超过 90% 的家庭认为该项目有效改善了血友病患儿的生活。[1]

目前，我国血友病患者的诊疗率低、致残率高的的情况急需改善。事实上，血友病人如果从小接受预防治疗，可以减少出血的频率和畸形的概率，从而提高康复的概率。为了帮助公众提早预防和治疗血友病，2016 年 4 月 6 日，由全国血友病协作组、北京血友之家罕见病关爱中心联合发起、拜耳支持的"同关注·友奇迹"公益筛查项目启动。该项目将覆盖全国 43 家血友病诊疗中心，可惠及超过 6000 个血友病患者。该项目参与者可以通过获得免费的疾病检测、病毒筛查和评估的服务，以便确诊是否患有血友病，从而提前采取治疗措施。[2]

七、扶贫助困

（一）典型活动

1. 精准扶贫活动

习总书记明确提出精准扶贫的理念后，中央办公厅在 2013 年 25 号文件《关于创新机制扎实推进农村扶贫开发工作的意见》中，将建立精准扶贫工作机制作为六项扶贫机制创新之一。[3] 在政府的大力推动和公益组织的努力下，

① 根据"西友之家办公室：2016 年 1 月~2016 年 5 月《血友之家'拯救折翼天使'血友病儿童救助项目阶段性报告》"整理。
② 资料来源：高阳，《2016 年血友病诊疗中心公益筛查项目在京启动》，《生命时报》2016 年 4月 12 日。
③ 资料来源：汪三贵、郭子豪，《论中国的精准扶贫》，载于《贵州社会科学》，2015 年第 5 期，第 147~150 页。

精准扶贫的项目顺利在全国各地开展。

中国狮子联会四川会员管理委员会服务队在 2016 年 1 月 11 日，与四川省贫困县残联在成都望江宾馆联合举行"狮爱 1 ＋ 1，携手同行"精准扶贫项目签约仪式，在各市残联指导下和各地县残联配合协调下，中国狮子联会四川管委会实施该项目。"狮爱 1 ＋ 1，携手同行"项目结合每户的实际情况和需求提供不同程度和方面的帮扶，体现了"量体裁衣"的残疾人服务理念，加快残疾人脱贫的步伐。在本次签约中，受益群体涵盖 19 个贫困县的 26 个贫困村，共有 214 户贫困残疾人家庭受益。狮友除了对贫困残疾人家庭进行一对一帮扶外，还陆续为残疾人建立固定的治疗机构、儿童教育机构和集中就业机构。在未来 3 ~ 5 年内，四川省各残联组织将帮助 2000 户以上贫困残疾人家庭实现脱贫致富，在扶贫助困的过程中，各残联组织不仅是给残疾家庭发放助残物资以补贴生活，更是教会这些贫困残友致富的方法，比如，拓宽销售的渠道和专业的技能，这样实实在在让贫困残疾人家庭过上有尊严的生活。

"狮爱 1 ＋ 1，携手同行"是在传统社会力量扶贫助残模式基础上的创新，具有思路新颖、选位精准的特点，这样既激发了帮扶对象改变现状的内在动力和脱贫致富的信心与决心，又帮助他们解决了前行道路上遇到的困难，早日脱贫实现小康生活。[①]

2. 中西部青年就业扶贫计划

由于受到环境资源的限制，中西部地区的就业环境和机会不能很好地满足当地青年的职业发展需求，导致越来越多的中西部青年毕业后在本地找不到合适、利于自身发展的工作。在中西部贫困地区农业生产率低下的情况下，为促进贫困家庭脱贫，提高劳动力素质并成功转移劳动力是值得考虑的手段。为此，中国扶贫开发协会在 2015 年发起了"中西部青年国际培训就业扶贫项目"（以下简称"启程计划"）。[②]

该项目秉承着"帮扶一个青年，致富一个家庭"和"提升能力，改变人生"的宗旨，通过国内技能实训、外语培训和出国工作三个阶段，为中西部贫困地区青年提供相关职业技能和语言学习培训，从而获得到日本、韩国、新加坡等发达国家的就业机会。贫困地区青年在得到该项目的支持与培训后，掌握

---

① 资料来源：蒋硕婷，《四川启动"狮爱 1 ＋ 1，携手同行"精准扶贫项目助残奔小康》。
② 根据"中国扶贫开发协会启程计划公益项目官网信息项目介绍"整理。

一项专业技能，不仅可以提高工资收入来改善家庭经济状况，还能够扩展国际视野，为今后回国就业奠定良好的基础。

该项目有三个目标：首先，根据国内和发达国家需求量大、技术含量高的工种，精选十门"启程计划职业技能"，让中西部地区青年经过几年工作后可以精通该门技能，以便回国后有很好的就业前景；其次，在中西部地区选择100所职业技能培训学校进行合作，建设百所"启程计划爱心学校"，按商定的教学计划对招募的青年进行素质教育及专业技能实训；最后，通过对贫困青年在国内进行 2~3 年的技能实训，加上 3 年海外积累的工作经验，培养万名"启程计划优秀学员"。这不仅能帮助贫困青年实现出国梦，还能通过自身努力积累一定的财富。

2015 年，该项目已在贵州、重庆等顺利进行，通过和当地职业技术教育学校合作的方式，为当地青年提供服装、电子、互联网等方向技能培训和语言教学，已经有近万名青年获得该项目的技能和语言培训，成功到日本、韩国等国家就业。[①]

（二）典型机构——欣耕工坊

只有提升弱势群体自我发展能力，才能真正地帮助弱势群体脱离贫穷的困境，这也是公益组织帮扶的难题。欣耕工坊作为上海一家扶助弱势群体的社会企业，旨在通过教授弱势群体制作精致的手工艺品，搭建项目产品销售平台，为弱势群体提供就业机会，帮助他们实现自力更生的生活。

2006 年，欣耕工坊走访河南艾滋病村时，发现这里 80% 的村民因非法生产爆竹而经常发生炸死、炸伤和致残，为了让他们能从事更加安全的工作，便开始了第一个项目"河南艾滋病村手工工作坊"。欣耕工坊凭借独特的商业化的创新公益模式，先后在河南、上海和苏州开展各类公益项目，主要有河南艾滋病村手工工作坊、上海自渔自乐残疾人手工缝纫工作坊、手工肥皂工作坊、上海社区综合助残服务项目、城市咖啡渣绿循环项目和岑卜村生态文化扶贫项目。其中，岑卜村生态文化扶贫项目是欣耕工坊自主创新的项目。由于岑卜村属于水源保护地区，具有得天独厚的地理优势，欣耕工坊便选取在上海青浦区金泽镇的岑卜村开展起生态农业示范种植。该项目围绕生态农业、生态教育和乡村文化创意产品开展系列活动，希望吸引更多青年人返乡而为家乡做出贡

---

① 根据"张路延：《'启程计划'四川招募 2000 名贫困地区青年出国就业》"整理。

献，提升村民生活与经济发展水平。

欣耕工坊不仅培训了各弱势群体的生产、销售技能，通过开通淘宝店、豆瓣小店等网络销售平台拓宽销售渠道，推广公益消费。不仅如此，欣耕工坊运用环保有机材料制造生态产品，塑造了绿色健康、可持续发展的品牌形象，也促使产品不断得到消费者的认可与喜爱。[①]

---

① 资料来源：罗曙辉，《欣耕工坊的"三寻"》，载于《WTO 经济导刊》，2013 年第 9 期，第 78 ~ 79 页；朱柄肇、刘昭吟，《社会企业在农村》，载于《小城镇建设》，2015 年第 7 期；刘园，《绿色欣耕》，载于《中华手工》，2012 年第 2 期，第 14 ~ 15 页。

第五章　互联网与公益创投[①]

第一节　互联网时代背景下的慈善"新生物"

一、互联网的普及和应用推动慈善领域公益方式的创新

（一）公益创投在我国兴起的背景

近些年来，伴随着互联网技术的不断革新以及应用领域的不断扩大，公益行业也在拥抱互联网，发生天翻地覆的变化。从前媒体时代的"机构做慈善"，到电视时代的"明星做慈善"，再到互联网时代的"全民做慈善"，公益事业已经在很大程度上突破了传统慈善在影响力和渗透力上的"瓶颈"和禁锢，成为一种"人人可参与、时时可参与、处处可参与"的公众活动。借着"互联网+公益"的良好发展契机，各类公益组织积极探索新型的公益模式，在改变筹资渠道以及寻找发展资源等方面不断创新，微公益、移动公益以及各种公益平台层出不穷。一方面，互联网已成为人们日常工作以及社会交往中最重要的科技工具，人们对互联网的依赖程度越来越深，在此背景下，公益活动和慈善信息能够快速地通过各种网络渠道广泛扩散；另一方面，互联网技术的发展带来慈善捐款方式上的革新，从而极大地提升了公益慈善活动的群众参与率。近些年来，随着各种第三方网络支付平台（如支付宝、财付通等）不断涌现，人们不再受限于传统的捐款方式，可以随时随地地进行"一键式"捐

---

① 本章由暨南大学产业经济研究院李美棠执笔。

款，从而省去了定点捐款时代所带来的各种时间成本以及中间繁琐的捐款流程，极大地便利了公众参与到慈善活动中来，这也在很大程度上解决了公益资金的募集和公益活动的社会动员问题。根据《中国经济周刊》对腾讯公益慈善基金会秘书长翟红新的采访报道，2015年是互联网公益爆发式发展的一年，全年基金会共募集网络公益资金5.4亿元，这个数字甚至超过了之前五年网络募款总和的5倍之多，互联网公益正逐渐成为当前一种主流的公益形式。[①]

当善款纷至沓来之时，人们开始更加关注如何合理使用筹集的资金以及资金的使用效率问题，之前一直被群众忽略的问题也渐渐浮出水面。一方面，善款增加了，就需要更多专业的公益组织来合理分配善款来更大范围地帮助困难群众和更深层次地解决社会问题。但是，从总体上来看，当前国内能够独立承担起一个完整的公益项目并自始至终致力于实现某种社会目标的公益组织却不是很多，优质的公益组织更是寥寥无几，很多民间公益组织既没有明确的发展战略，也没有建立完整的管理体系，甚至没有清晰的财务报表，这就导致了这些民间公益组织普遍出现发展道路模糊、项目执行力薄弱、社会公信力匮乏等问题。在这种情况下，政府或者大型基金会只能将募集来的善款分配给一些大型的慈善机构，这就在很大程度上限制了慈善的广度和深度，无法解决许多社会问题，很多善款都用不到"刀刃"上，资金的使用效率偏低。另一方面，在互联网技术背景下，信息传递的成本变得很低，信息披露和慈善监督等方面也变得便利起来，有更多的热心公益人士开始关心自己的善款具体流向了何方，帮助了哪些人抑或解决了什么样的社会问题。当人们的目光开始关注慈善项目的整个实施过程时，大量问题被曝光，并引起很大的社会反响，这给政府以及基金会带来了很大的舆论压力，他们迫切希望寻找这一问题的解决办法。在此背景下，公益创投作为一种新型的公益模式被引入我国的公益行业实践中。

公益创投是在新的时代背景下产生的一种新型公益方式，它借助风险投资方式与公益组织展开合作，由捐赠者向公益组织提供金融资本、知识资本以及社会资本，并积极地参与到公益组织的经营管理过程中，进而推动公益事业的发展与创新，因而也被称为公益风险投资。公益创投主张把投资相关的技能和慈善基金结合起来，把投资领域关于公司治理、管理等方面的专业技能应用到非政府组织、社会企业以及任何有兴趣开展社会目标的组织，为它们提供项目

---

① 资料及资料来源：劳佳迪，《互联网＋公益：钱来得容易了，去向会更透明吗？》，载于《中国经济周刊》，2016年第26期。

资金，并在项目评估、运营管理、人员培训等众多方面提供非资金支持和服务，并对项目的运营和资金的使用实行监督。现代形式的公益创投始于 20 世纪 90 年代中期，最早出现在美国，后经发展扩展到欧洲、亚洲以及世界各地，被认为是"21 世纪慈善的主导模式"。

（二）公益创投的特点

与传统公益资助方式相比，公益创投拥有以下几方面的特点：（1）公益创投本质上属于慈善领域的一种风险投资，更加倾向于投资于一些处于发展初期，具有高成长性和高回报率的慈善机构或社会组织，鼓励社会组织探索解决社会问题的新方法。（2）投资者与被投资者之间关系紧密，支持方式多样化。在公益创投方式下，投资者除了向被投资者提供资金援助以外，更多的进行陪伴式、参与式的资助，注重受助机构的综合能力建设。（3）提倡系统性地解决问题。公益创投不仅致力于单个受助机构问题的解决，更重视促进整个行业的生态发展，着力促成行业生态系统的形成和良性发展，积极推进公益行业与其他行业之间的跨界合作，借助其他行业成长的经验来支持本行业的成长，实现行业间的大融合。（4）重视投资绩效的评估。公益创投并不是"一锤子"捐赠，它和商业风险投资相似，是基于绩效和发展前景的投资，它注重对资助对象后期的业务规划、社会产出和影响力、发展方向及管理水平等各方面进行综合评估，对发展良好、未来成长空间无限的优质机构和优质项目进行追加投资，对发展缓慢、缺乏明确目标、管理秩序混乱等劣质机构和项目终止投资，以实现优胜劣汰。

（三）公益创投的构成要素

从整体上来看，一个完整的公益创投活动一般包括以下三个方面的构成要素：公益创投投资主体、社会目标以及社会目标的实践者。[①]

（1）公益创投投资主体。主要是指政府部门、大型企业的社会部门、基金会以及一些其他的非营利性组织。其作用在于组织和发起公益创投活动，寻求受助机构和项目，并对受助对象给予全方位的支持，除了提供物资、活动场所、办公场地和设备等各种硬件支持以外，还提供管理技术培训、人力资源扶

---

① 资料来源：刘新玲、吴丛珊，《公益创投的含义、性质与构成要素》，载于《福建行政学院学报》，2011 年第 4 期，第 31～35 页。

持与开发等软件服务和援助，必要时还会同受助者一起寻找出资者。这些投资主体大多在资金实力、经营管理、资本运作、咨询培训体系等多方面或某一方面具有非常明显的优势，掌握着丰富的社会资源，具有一定的社会影响力，因而能够轻易地调动社会资源或者运用自身的专业优势为受助机构和项目提供各种支援和服务。

（2）社会目标。也即是公益创投活动所需要解决的社会矛盾或社会问题，一般来说可以分为以下两个层面的问题：一是直接和公众个体切身相关的问题，即个体层面的问题；二是影响社会整体公共和福利事业发展的问题，即社会层面的问题。从个体层面来讲，主要包括教育、医疗、环境等；从社会层面来讲，主要包括科学文化、社会建设、公共安全和社会保障，以及弱势群体权益问题和"三农"问题等。在公益创投的方式下，投资者往往更加注重以更小的投入和更低的成本来实现社会效益和福利的最大化，即寻求一种更加有效地解决社会矛盾和问题的公益方式。

（3）社会目标的实践者。也就是公益创投活动的受助对象，包括社会企业和非营利性公益组织。其中，以各种基层公益组织为代表的非营利性公益组织是公益创投扶持的重点。这些受助对象是公益活动和公益项目的具体实践者和落实者，他们深入基层和群众，更加了解社会矛盾和社会问题的现状以及产生的根源，在公益理念、项目执行以及提供丰富、优质的社会服务上有着独特的优势。公益创投的目的在于更好、更有效率地解决社会问题，而社会企业和非营利性公益组织则正是实现这种社会目标的载体，通过公益创投的方式，社会企业和非营利组织可以获得来自资助方的资金支持以及在项目管理、人才培训等各方面的支持，弥补自身规模小、资金不足、管理不完善、专业知识缺乏等方面先天性的不足，从而可以极大地提升这些机构提供社会服务和解决社会问题的能力和效率。

二、公益创投在我国的发展进程和现状

我国公益创投最早始于新公益伙伴（NPP）。2006 年 11 月新公益伙伴于香港注册成立，2007 年 12 月，新公益伙伴与中国红十字基金会共同成立"NPP公益创投基金"，成为我国内地最早开展公益创投活动的公益组织。该基金会不是针对个体进行慈善活动的，而是借鉴风险投资的模式以及企业管理的理念来对有发展潜力和拓展价值的公益组织进行资助和能力建设，并取得了明显的

效果。随后，这种形式的公益模式很快就在国内得到了各界的广泛认可和支持，政府、基金会、非基金会慈善机构以及社会企业、大型商业企业的社会责任部门等都纷纷开始效仿这种公益创新模式，并结合自身优势探索出各种行之有效的公益模式，使得公益创投这种新的公益模式在短时间内迅速在全国范围内兴起。

2006年，恩派（NPI）在国内首创公益孵化器模式，并于次年年初，在上海开始实践；2007年，联想在北京发布企业社会责任战略，宣布实施首期公益创投计划，为企业参与公益事业打开了更广阔的空间；2007年5月，友成企业家扶贫基金会成立，成为国内首个由企业家群体共同发起的非公募基金会；同在2007年，南都公益基金会发起"新公民计划"，启动新公民学校项目和新公民公益项目，在支持教师、社工和社区工作者的同时，也关注流动儿童的教育问题；2010年，零点咨询公司发起青年人公益创投活动，将公益创投的模式引入学校开展实践，以扶持更多的青年人进行公益创业，培育青年公益人才；2011年，岚山社会基金成立，成为国内首家专注于民生行业的风险投资的基金，专门投资于环保和大公益领域；2011年，海航集团进军公益创投领域并举办了社会创新创投竞赛，旨在发现更多的社会创新项目，号召更多的人关注海南和我国公益事业的发展；2013年，爱佑慈善基金会凭借其在慈善领域十多年来积累的经验优势参与到公益创投事业中来，并成功打造了第一个公益创投项目——"爱佑益＋"；2015年，阿里巴巴公益基金会携巨额基金开始初步展开环保领域的公益创投活动，预计在2016年将进行更大规模的布局……除此之外，北京联合慈善基金会、上海百特教育发展中心等也是内地具有一定影响力的公益创投机构，国外的许多公益风险投资机构也纷纷进入中国市场。

尽管国内公益创投最早出现在慈善组织和机构中，但是从总体上来看，目前非政府公益组织的数量还比较少，规模也还不是很大，调动社会资源的能力比较有限。而政府在资金支持和资源调动这一块却有着得天独厚的优势，能够在最短时间内调动更多的社会资源参与到公益创投活动中，因而，当前我国公益创投活动仍然是以政府参与和支持的公益创投（也即政府购买模式下的公益创投）为主。政府主导下的公益创投，其资金主要来源于两个方面：一是公共福利彩票基金，二是政府的财政拨款，当然也有少数政府部门通过与NGO公益组织合作，借助公益创新平台募集社会资金来支持当地的公益创投活动以及公益事业。2014年11月24日，国务院在《关于促进慈善事业健康发展的指导意见》中提到，"地方政府和社会力量可通过实施公益创投等多种方式，为初创慈善组织提供资金支持和能力建设服务"，国家开始从政策层面上鼓励和支持公益创投这种新的公益模式的发展。

2009 年 5 月，由上海民政局主办的上海社区公益创投大赛正式启动，标志着政府部门正式参与公益创投领域的实践。紧接着深圳、东莞等地也开始实施，之后杭州、广州、苏州、昆山、北京、天津、武汉等地亦纷纷跟进，公益创投活动瞬间在全国各大中城市开展起来。这些大中型城市每年都会采取各自的公益创投形式，征集公益创投项目，并对优势的项目进行资助。

三、我国公益创投的主要模式及其代表

关于公益创投的模式问题，国内外有着不同的分类。严格意义上讲，目前我国大部分的公益创投并非真正意义上的公益创投，还处在一个刚刚起步的发展阶段，各种公益创投模式尚处于探索的过程中。参考岳金柱（2010 年）[①] 以及冯元、岳耀蒙（2013 年）[②] 等对于国内公益创投的基本模式的分类，笔者认为当前我国的公益创投模式可分为以下几种：

（一）公益孵化器模式

所谓公益孵化器模式，即指选择一些尚处于成长初期，但发展潜力较大、项目可行性和创新性较高、组织管理模式较好、具有良好社会效益的社会公益组织进入公益孵化基地，为其提供项目运行所需要的场地、设备、资金等各方面的支持，并帮助公益组织建立完善的财务体系、提供专业的人才培养和组织管理培训，使其具备"自我造血"的功能并能够持续运营和不断完善成长。这种模式始于 2007 年非营利组织恩派（NPI）在上海的实践，其基本流程是："项目申报—项目评估—入驻基地—项目资助和辅导—能力评估—退出基地（独立运行）—跟踪服务"，投资主体主要是企业与基金会，投资期一般为 2 ～ 5 年。2009 年，NPI 将这种模式进一步扩展到北京，与西城区政府合作建立"公益组织孵化器"，取得良好效果。

① 资料来源：岳金柱，《"公益创投"：社会组织培育发展的创新模式》，载于《社团管理研究》，2010 年第 4 期，第 12 ～ 15 页。

② 资料来源：冯元、岳耀蒙，《我国公益创投发展的基本模式、意义与路径》，载于《南京航空航天大学学报（社会科学版）》，2013 年第 4 期，第 28 ～ 32 页。

（二）第三方评估介入模式

该模式旨在采取比赛的方式，通过第三方评估介入筛选出一批既具有创意又符合特定社会目标的公益组织，对其进行资金资助，并提供专业的咨询和能力建设服务，以此来推动社会组织的培育和发展。其基本的流程是"发布活动通知—项目征集—项目初评—项目终评—项目审批—媒体宣传—后续跟踪和评估"。这种模式开始于2009年的上海市公益创投大赛。大赛由上海市民政局主办、第三方公益组织NIP承办，通过各种媒体渠道（电视、广播、报纸、互联网等）进行广泛宣传，面向广大公益组织征求有创意且可实施的公益服务项目，由NIP组织对其进行项目初评，并评价参赛表现，通过评审的公益组织可以获得5万~20万元不等的投资资金，但获得资助的公益组织需要经过两次关于项目绩效和组织能力建设方面的后期追踪评估，款项也分三期进行拨付，审评未通过的将不再受资助。通过这种持续督导和分次评估的方式，可以有效地鞭策社会组织在提供社会服务的过程中不断地完善自身的组织管理能力和解决社会问题的能力，进而提升公益组织的公信力和自我造血的能力。随后，东莞市在2011年、苏州市在2012年、合肥市在2014年等也都进行了类似的公益创投实践活动并取得良好效果。

（三）合作模式

合作模式即投资者通过筛选出优质的公益组织并与其建立合作伙伴关系，通过自有发展管理经验引入公益社会组织，帮助公益组织进行战略规划、问题诊断、管理咨询和能力建设等。这种模式始于2007年的"联想公益创投计划"，该计划由联想集团和第三方支持性公益组织恩派共同实施，将公益创投模式应用到支持青年公益创业和草根公益组织的发展中，同时也是联想在承担企业社会责任上的创造性探索。通过这种合作伙伴的公益创投模式，热心青年和草根社会组织可以得到来自企业的资金财务、人力资源和管理经验等各方面的支持，而在另一方面，企业的社会责任也能够得到体现，实现合作双赢。

（四）重点投入模式

所谓重点投入模式即集中优势资源暂时支持某一领域或者某一群体内的相关社会组织的发展，针对这类社会组织集中进行公益创投或者类似于公益创投的实践活动。这种模式的典型代表是零点研究咨询集团在大学校园里的实践。

2010 年，零点公司将公益创投的理念带入大学校园中，在众多大学中先后投资了几十个大学生公益创投项目，旨在为参与公益创业的大学生提供接触社会的途径与锻炼提升的机会，为我国公益事业培养更多优秀的人才。其具体的资助和培育措施包括：货币资本的组织与转投入、人力资本的投入以及社会资本的扩展等。2013 年，南京市公益创投协会启动"公益创业梦工场"行动计划，充分利用南京社会工作教育和人才资源优势，动员高校大学生参加公益创业项目（或创意）评选活动，由专家对参选公益创业项目进行评选，并为入围项目提供场地、设备支持以及 2 万元的项目扶持资金。这种模式的最主要的特点和优势就在于它是有针对性地进行重点投入，因而可以集中优势资源来推动某一特定领域的发展。南都基金会的新公民计划也属于这一模式。

第二节　公益创投与我国的公益产业链

一、我国的公益产业链的基本情况

任何一个完整的产业体系，首先都应该具备"自我造血"的能力，有盈利的能力并且能够创造就业，通过上下游企业之间以及同类企业之间的相互竞争与合作，形成兼具商业效益和社会效益的产业集群。公益产业也不例外，一个完整的公益产业链就应该包括上、中、下游三个层面，各个层面的主体之间相互配合和协作，互助互长。按资金的流向分，传统的公益产业链的上游主要是指资金的持有方或捐赠方，包括政府、企业、个人等；产业链的中游是各种从事慈善事业的各种组织或机构，包括基金会、公益组织、社会企业、企业的社会部门等；产业链的下游是直接或间接受益的个人和群体。[①] 随着新媒体传播和互联网技术的发展，公益领域不断创新，公益产业链不断地得到扩充和向外延伸，目前已基本形成包含捐赠主体、支撑型中介机构、基层公益组织、受益群众以及大众传播、第三方支持平台在内的公益产业链（见图 5 - 1），以及从资金募集到资本运作，再到项目策划与落地实施，最终大众受益的公益产业价值链。

---

① 根据"东滩视界：《慈善公益产业的产业链和发展模式》"相关内容重新整理。

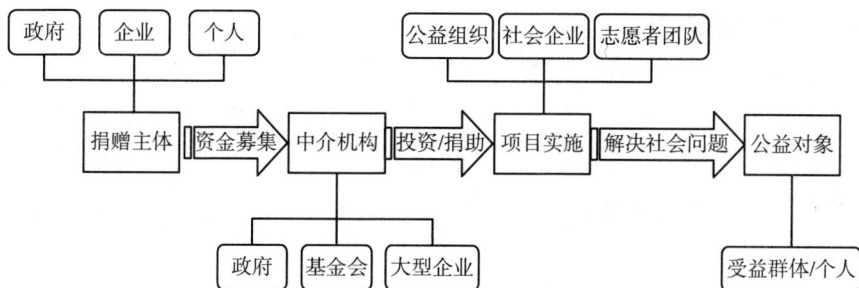

图 5 - 1　我国公益产业链示意

二、公益创投在公益产业链中的作用和地位

目前，我国虽然在公益产业的上、中、下游环节之间都已经出现了对应的主体和服务机构，也在一定程度上形成了一条公益产业链。但是，从总体上来看，各产业链环节发展还不充分，各环节之间的接合还不合理，在资源整合上也还存在断裂的情况，并且这种断裂的情况尤其体现在由公益中介平台向具体的社会组织资助的环节。在过去，由于各方面资源条件的限制，动员社会资源参与公益活动成为困扰政府和各大基金会的主要问题，同时，由于信息不对称，许多迫切需要得到援助的群体或迫切需要解决的社会问题得不到公众的关注，因而这种矛盾也就成为社会公众更为关注的问题。然而，在互联网技术广泛应用和新媒体传播的时代，这两大难题已经得到部分解决：一方面，近年来，社会化媒体的出现，尤其是微信、微博、BBS 论坛等大众广泛参与的互动交流平台的广泛应用，使得公益信息能够快速传播，人们可以很容易地通过各种渠道了解到当前正在进行的公益活动，并且，由于各种网络筹款平台以及支付宝、财付通、银联支付等第三方网络支付平台的出现，在很大程度上方便了公众捐款，提高了公众参与公益活动的积极性，相应地也提高了政府和基金会筹款的效率；另一方面，信息网络时代的到来，在极大地提高了信息传播效率的同时，也极大地降低了信息传播的成本，使得很多底层需要帮助的困难群众的呼声能够快速地在网络上扩散开来，之前得不到关注的社会问题也可以快速地进入公众的视野。这两个方面问题的解决，使得人们的关注点转移到产业链条中断裂的环节上来。以 2008 年汶川大地震为例，在抗震救灾结束后，有专家对此进行专门的研究发现，八成善款进入了政府财政，而真正急需资源支持

抢险救灾的草根组织们却得不到本土资源的支持，难以开展救助。① 类似的情况还有很多，现实中往往是掌握善款和资源的慈善机构找不到合适的公益组织，而真正有能力解决社会问题、帮助困难群众或者拥有良好的公益想法的公益组织或个人却找不到资源支持，这种信息不对称导致在中国产业链中"马太效应"严重，中小型的社会公益组织难以发展壮大，严重制约了整个公益产业的活力和发展。

公益创投的出现能够有效地解决公益产业链中的断裂问题。公益创投作为一种新型的公益方式，通过采取多种形式（合作、投资入股、无偿资助等）参与到社会组织的组织管理过程中，在项目评估、运营管理、人员培训等众多方面提供非资金支持和服务，并对项目的运营和资金的使用实行监督，使得两者之间在社会化目标和掌握的信息上趋于一致，大大减少了信息不对称带来的效率损失。同时，公益创投鼓励基层的公益组织主动地去贴近普通大众的日常生活，发现群众的困难和需求，做到有针对性地、重点地进行公益性服务和支持，避免了政府或慈善机构在直接提供公共服务或公共产品上的不及时、低效率和高花费的弊端，因而具有更好的灵活性和创新性。通过项目化运作的方式，可以为社会提供更精细化的社会服务产品，满足小众群体的差异化需求，这样不仅提高了公共服务产品的质量，而且完善了整个社会服务的供给体系。公益创投的这种高参与度的特点，使得公益创投活动成为解决产业链条中断裂环节最有效的措施之一，进而完善整个公益产业链，推动整个公益产业链的生态运行。

第三节　公益创投在我国的实践

在我国，公益创投事业尚处于发展的起步阶段，政府在这个过程中起着关键的推动作用，是推进我国公益创投事业发展的最重要的力量。我国政府参与公益创投始于 2009 年在上海的实践，紧接着深圳、东莞等地也开始效仿。随着经济的发展和社会的进步，政府对公益事业的重视日益加强，尤其青睐公益创投这种新型的公益模式，公益创投先后在杭州、广州、苏州、昆山、天津、

---

① 资料来源：王强，《再造中国公益产业链——专访希望工程创始人、南都公益基金会副理事长兼秘书长徐永光》，载于《商务周刊》，2009 年第 21 期，第 44 ~ 46 页。

武汉等地也进行了探索和实践，从而在全国范围内掀起一股公益创投热，横向上呈现出由沿海城市逐渐向内陆地区延伸的趋势，纵向上呈现出由省市向区县层级延伸的趋势。

而另一方面，社会组织在公益创投事业中的作用也日益突出，一些大型的慈善基金会和非基金会慈善机构开始涉足公益创投领域，并在发动群众参与、组织模式创新、资金筹集与利用方式等方面做出巨大贡献。自 2007 年 NPP 新公益创投基金会（国内首个公益创投基金）成立以来，恩派公益组织发展中心、南都公益基金会、友成企业家扶贫基金会、爱佑慈善基金会等 NGO 组织也纷纷开始进军公益创投领域，并按照各自的理念和关注的重点发展各具特色的公益创投事业。

此外，企业也成为当前公益创投领域的一支新兴力量，已有的参与慈善活动的企业宣布并切实开展公益创投活动的主要包括联想集团开展的公益创投计划、阿里巴巴在环境领域的公益创投活动、海航举办的社会创新创投竞赛、冠群驰骋投资管理（北京）有限公司等机构举办的北京公益创投大赛等。虽然从整体上看，我国目前参与公益创投的企业还比较少，也主要集中于一些大型的企业集团和互联网企业，但是，已经有越来越多的企业开始注重把商业目标和社会责任相结合，未来也将会有更多的企业参与到慈善事业和公益创投活动中来。

一、政府主导的公益创投活动

（一）中国公益慈善项目大赛

中国公益慈善项目大赛是国内目前级别最高、规模最大、影响最广的公益慈善项目大赛。它是由中国公益慈善项目交流展示会组委会主办，由深圳市民政局、深圳广电集团、深圳市社会公益基金会、芒果 V 基金共同承办，并受到众多专业单位、媒体单位和创投企业的支持。截至 2015 年年底，中国公益慈善项目大赛已成功举办了四届，参赛项目来自全国各地（包括 31 个省市自治区和港澳台地区），总计 3034 个。大赛共投放超过 1080 万元的福彩公益金创投资金，并得到各方的捐助和支持，撬动社会化创投资金 3000 多万元。从前四届大赛的对比情况来看，无论是申报项目，还是涵盖领域和服务领域均有较大程度的增长，其中，申报项目由 246 个上升到 1323 个，增长了 437.80%；涵盖的领域由 25 个领域上升到 33 个领域，共增加 8 个领域；服务领域由最初的 12 个最多增长到 25 个（第三届），共增加 10 个领域。对比情况见图 5－2。

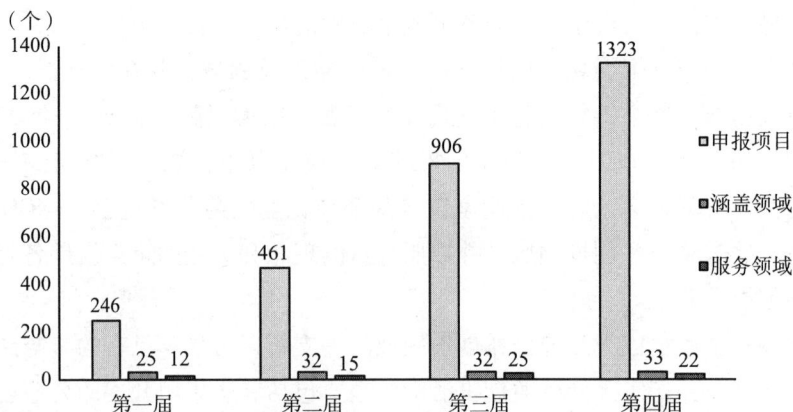

图 5－2　四届中国公益慈善项目大赛项目申报情况对比①

　　其中，第四届中国公益慈善项目大赛与前三届相比有许多方面的突破和创新。在第四届大赛中，共有 1323 个项目参与报名，比上一届增长了 46%，其中，社会创新项目 731 个，占 55.25%；大学生公益创客项目 371 个，占 28.04%；大学生公益视频项目 221 个，占 16.71%。项目来自全国 30 个省市自治区和港澳台地区，服务领域多达 22 个，其中青少年儿童（教育）类的项目数量最多，达 300 个，环保类、残障失能类和老年人类项目分别位列二、三、四名，总数也都超过 100 个（见图 5－3）。大学生类项目（大学生公益创客项目和大学生公益视频项目）是此届慈善项目大赛中的新增内容，信息一公布，就受到了全国众多高校学生的广泛关注，参赛高校 211 所（共 336 个申报主体），② 其中不乏"985"及"211"高校的身影，"985"高校的参赛率更是高达 80%。参赛者以本科生为主，占总数 74%，其中，申报数量排名前四位的地区分别为广东（77）、四川（32）、北京（28）、江苏（26）。③ 大赛挑选出"双百强"项目（100 个社会创新项目和 100 个大学生公益创客项目）入围

---

　　① 资料根据"深圳市社会基金会公众号：《【走进特训营】第四届中国公益慈善项目大赛总结分享会暨特训营结业典礼》"整理。

　　② 资料来源：廖奕，《第四届中国公益慈善项目大赛双百强项目榜单揭晓》。

　　③ 资料根据"深圳市社会公益基金会公众号：《【走进特训营】第四届中国公益慈善项目大赛总结分享会暨特训营结业典礼》"整理。

下一轮的角逐，并设立了30个社会创新金银铜奖和40个大学生公益创客金银铜奖，获奖的项目将有机会获得由深圳市福彩公益金提供的共270万元的项目资助金。通过层层考核，最终由古村之友申报的"古村之友全国古村落志愿者网络"和由陕西科技大学申报的"'手握一滴水·心系一个家'——陕西科技大学赴陕北健康水圆梦行动"分别以98分和98.08分的高分，夺得社会创新类项目大赛和大学生公益创客项目大赛的桂冠。本次慈善项目大赛最吸睛的地方在于新增的品牌传播提升计划及社会创新提升计划，为入围的项目提供精细的辅导和品牌宣传服务。值得注意的是，入围双百强项目还有机会在腾讯乐捐平台进行网络筹款，截止到网络募捐结束日，各个项目共筹得资金总额743.71万元。

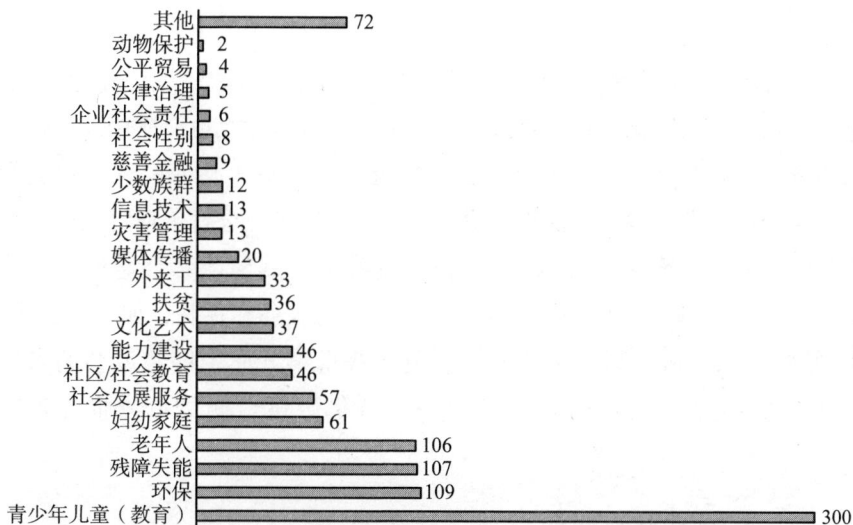

图5-3　第四届中国公益慈善项目大赛各领域项目申报数量[①]

　　当前，以"社会创新，助力可持续发展"为主题的第五届中国公益慈善项目大赛正在紧张地进行着，伴随着第二届大学生公益创客大赛也开始了新的一个赛季的比拼，大赛围绕联合国发布的17个可持续发展目标（1. 消除贫困　2. 消除饥饿　3. 良好健康福祉　4. 优质教育　5. 性别平等　6. 清洁饮水和

---

　　① 资料根据"深圳市社会公益基金会公众号：《【走进特训营】第四届中国公益慈善项目大赛总结分享会暨特训营结业典礼》"整理。

卫生设施　7. 廉价和清洁能源　8. 体面工作和经济增长　9. 工业　创新和基础设施　10. 缩小差距　11. 可持续城市和社区　12. 负责人的消费和生产　13. 气候行动　14. 水下生物　15. 陆地生物　16. 和平、正义与强大机构　17. 促进目标实现的伙伴关系），面向全国征集社会创新项目和大学生公益创客项目和公益视频项目。据大赛组委会最新数据统计显示，截至 2016 年 6 月 20 日，第五届中国慈善项目大赛共收到申报项目 1128 个，其中社会创新项目 749 个，大学生公益创客项目 379 个。参赛项目中关注度最高的前 5 个领域分别为良好与健康福祉（285 个；占比 25.27%）、优质教育（236 个；占比 20.92%）、可持续城市和社区（167 个；占比 14.80%）、消除贫困（93 个；占比 8.24%）和体面工作与经济增长（71 个；占比 6.29%）；关注最少的三个分别为廉价与清洁能源（14 个）、气候行动（13 个）和水下生物（9 个）。①

　　相比过去四届大赛，此届大赛的创新点和亮点在于推出三大创新服务（见图 5-4），并以"社创种子培育计划"和"拾点公益募捐计划"两大创新举措推进赛制的互联网化，在资金扶持和非资金扶持力度上也有所增加，包括来自深圳市福彩公益金的 270 万元公益创投资助金和近 1 亿元的社会化创投资金、社会创新培训在线学习课程网络募捐和推广服务、公益创业孵化服务（包含入驻中国公益创客基地（深圳）、企业投融资及其他配套公益创业孵化服务）等。入选"双百强"的项目还将享受更多的服务和福利，如入选芒果 TV"善之映画"系列微电影故事选题库、免费获得第五届中国慈展会的参展资格、进入中国慈展会资源对接平台——"百亿级供给侧清单"推荐资助项目等。②

（二）广州市社会组织公益创投活动

　　广州市社会组织公益创投活动是由广州市民政局主办的一项慈善项目活动。首届公益创投活动始于 2014 年 5 月 1 日，活动以 1500 万元的公益创投资金来吸引优质创意项目，围绕为老年服务类、助残服务类、青少年服务类、救助帮困类、其他公益类这五大领域进行项目筛选。自消息公布后一个月内就收到了来自 200 多个社会组织申报的超过 200 个创投项目，取得了巨大的社会反

---

　　① 资料来源：深圳市社会公益基金会微信公众号，《第五届中国公益慈善项目大赛报名结束　全国顶级社会创新项目聚首比拼》。

　　② 资料来源：中国慈善项目大赛官方网站。

响。为此，该项活动收获诸多荣誉，如被评为"广州市社会创新优秀试点项目"以及被评为"省年度政府治理优秀案例"等。

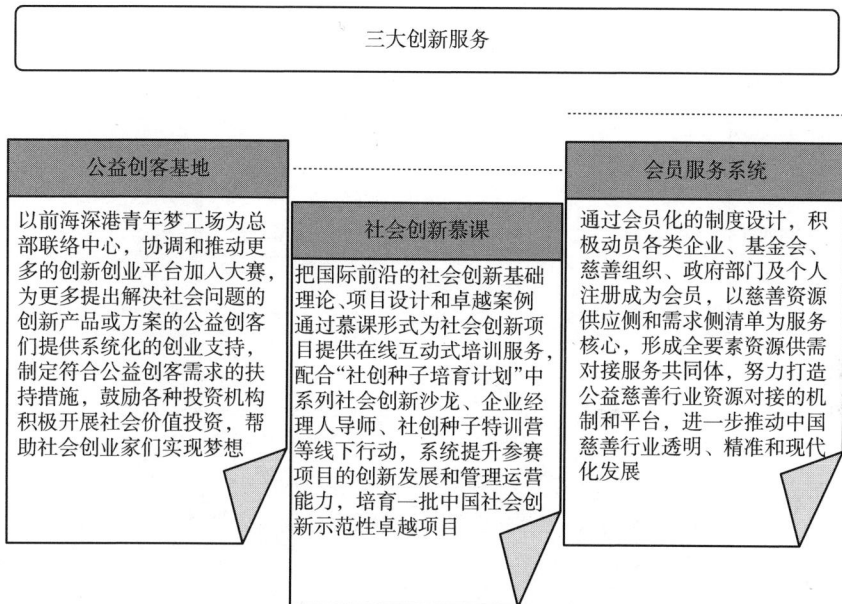

图5-4　第五届中国慈善项目大赛三大创新服务[①]

相比第一届，广东省第二届社会组织公益创投活动在申报项目数量、项目质量、扶持力度以及活动的社会影响力等各个方面均有所提升。活动继续围绕为老人服务、助残服务、青少年服务、救助帮困及其他公益这五大类开展，截至申报结束日，共收到317个社会组织的申报项目，较首届的238个增长33.19%，其中入围的有115家，较上一届的100家增长15%；项目总体合格率达到96.5%，优秀率达54.7%，比首届的36%的优秀率高出近19个百分点，项目整体质量大大提高；直接受益的人数达43.8万人，间接受益的人数达193万人，比第一届分别增长5.6%和48%；共有100多个社会组织和3000多名从业者得到专业化的培训，使他们在经营管理和项目实施等方面的能力得到显著提升。[②]值得关注的是，两届公益创投活动成功撬动了2000多万元社会

① 资料来源：深圳市社会公益基金会微信公众号，《第五届中国公益慈善项目大赛报名结束　全国顶级社会创新项目聚首比拼》。

② 资料来源：广州公益创投微信公众号，《明星名企齐参与　益路阳光百花香——第二届广州市社会组织公益创投活动圆满结束，第三届活动接力前行》。

资金，直接受益对象累计超过 85 万人，间接受益对象总人数高达 323 万人，引起包括中央人民广播电台、新华网、南方日报在内的 30 多家媒体的关注和美评，吸引了一大批的爱心人士和志愿者加入创投活动（见图 5 – 5）。

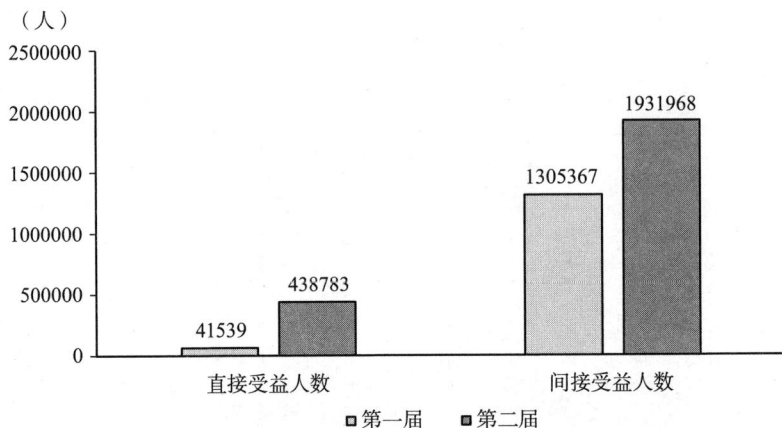

图 5 – 5　广东省第一、第二届创投活动受益人数对比[①]

最近，第三届公益创投已紧锣密鼓地接力上来，项目征集和评审已于近日圆满结束。此次活动共征得 372 个创投项目，比上一届增加 55 个，增长 17.35%；入围的项目共 154 个，比上一届增加 39 个，增长 33.91%，入围项目的类别比重如图 5 – 6 所示。[②]

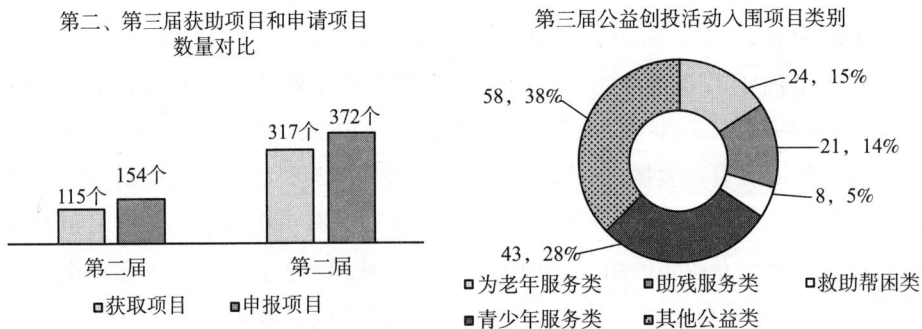

图 5 – 6　第三届公益创投活动项目统计情况[③]

①②③　资料来源：广州公益创投微信公众号，《明星名企齐参与　益路阳光百花香——第二届广州市社会组织公益创投活动圆满结束，第三届活动接力前行》。

（三）天津市社会组织公益创投活动

天津市社会组织公益创投活动由天津市民政局、文明办、团市委、妇联、残联和社团局联合主办。首届公益创投活动于 2015 年 3 月 1 日正式启动，围绕"新天津、心公益、馨生活"的主题向全市社会组织征集公益创投项目，涵盖了"慈善帮扶、团结和谐、文化教育、为老服务、创业就业、科技环保、卫生体育、减灾救灾、法律服务和美丽社区"十大领域。活动开展以来，全市共 8 个区（占 50%）开展了推进公益创投落地实践的行动，另有 3 个区（占 18.75%）出台了相应的公益创投支持性文件，其他各个区县也纷纷开展了相应的公益慈善活动。[①] 此届公益创投活动，天津市共列支福利彩票公益金 500 万元，[②] 资助了 35 个公益创投项目，每个项目平均获得 10 万 ~ 15 万元的资助额度（最高不超过 50 万元）。[③]

2016 年 3 月 11 日第二届天津市公益创投活动正式启动，申报项目共 152 个，通过多环节的答辩和评审，共有 50 个项目获得资助。此届大赛天津福彩公益金共投入 550 万元扶持金，给予每个入围公益创投项目 5 万 ~ 15 万元不等的支持资金，对于优秀项目可以调整最高额度，但最多不超过 25 万元。这 50 个项目涵盖了老人、助残、济困、青少年和社区公益服务 5 类重点扶持领域，代表性的项目有：失能和高龄老人助浴示范项目、养老护理技能培训项目、流动儿童关怀项目、走进乡村支教，关爱留守儿童项目等。[④]（见图 5 - 7）

相比第一届公益创投活动，天津市在第二次创投活动做出了更多努力，一是在进行项目征集时，由市社会团体管理局印发有关的通知，更加明确地规定了创投资金的支持方向和申报范围；二是引入第三方综合评审机制，建立"网络初评→立项答辩→项目审评→合同签订"的标准化立项管理流程，组建专家评审组，使评审机制更加规范，评审结果更加公平；三是建立更加全面、科学的评审指标体系，坚持社会效益性和经费合理性相结合的原则，从项目的必要性、可行性、创新性、团队管理和执行能力、项目社会影响力、申请资金额度等方面进行评审和把关，以挑选出质量更高的项目，提高资金的利用效率。

---

① 根据"中华人民共和国民政部：《天津发布〈天津市社会组织公益创投规程〉地方标准》，http://www.mca.gov.cn/article/zwgk/dfxx/201606/20160600000905.shtml"相关信息整理。

② 资料来源：张明敏，《首届"2015 天津公益行"：天津市 500 万公益创投资金签约》。

③ 资料来源：赵首蕊，《天津启动首届社会组织公益创投项目征集活动》。

④ 资料来源：天津市社会组织动态微信公众号，《2016 年天津市公益创投项目立项》。

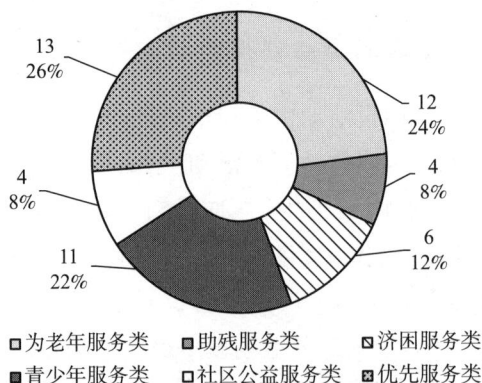

□ 为老年服务类　■ 助残服务类　▣ 济困服务类
■ 青少年服务类　▫ 社区公益服务类　▨ 优先服务类

图 5－7　2016 年天津市社会组织公益创投项目立项分类①

（四）重庆儿童救助项目公益创投

重庆儿童救助项目公益创投是由重庆市儿基会、福彩中心联合主办的公益创投活动，活动旨在通过公益创投的形式，发掘更多优质的儿童救助项目，扩大扶助困境儿童的覆盖面积，帮助困境儿童健康成长。首届儿童救助公益创投活动于 2014 年 3 月正式启动，由儿基会联合福彩中心为 15 个社会组织的公益项目提供 150 万元的种子资金，同时给予系统的管理服务培训，提高这些公益组织的服务水平。此次公益创投活动中，直接或间接受益的儿童数超过 3000 人，受益的儿童可以享受到各种优质的服务，使其在学习、生活、健康、情感等各个方面均有所改善。② 继 2014 年首次开展公益创投活动以来，2015 年 3 月重庆市开展了第二届公益创投活动，累计为近万名困境儿童送去专业的慈善帮扶，参与创投的社会组织在承办慈善项目过程中管理能力不断增加，项目运作更加规范，慈善服务专业化程度日益提高。

2016 年 3 月 15 日，第三届儿童救助项目公益创投正式面向全市征集慈善项目，儿基会将会组织专家评委团从项目的创新性、服务的有效性、管理的规范性等角度对申请的项目进行严谨的评价，为申报成功的社会组织提供 6 万～10 万元的慈善项目运作经费和持续的能力建设培训。自 2016 年 3 月启动以来，共 58 个项目参与申报活动，经组织评审委员筛选，最终挑选出 24 个项目进入

---

① 资料来源：2016 年天津市公益创投项目立项。

② 根据"陈俊帆：《重庆首届儿童救助公益创投成果展示 3000 名儿童受益》"重新整理资料和数据。

众筹环节。截至 2016 年 6 月 27 日，初选入围的 24 个社会组织众筹善款597965 元，成功率为91%，共 8127 名爱心人士的慷慨捐赠。①

（五）昆山市公益创投活动

昆山市公益创投活动是由昆山市民政局主办、昆山市乐仁公益发展中心承办的一项公益慈善活动。自 2012 年昆山市首届公益创投活动启动以来，昆山市已经先后举办了四届公益创投活动，每年都有近百家社会组织和社会草根团队获取资助。四年来，昆山市共投入市镇两级资金 3200 万元，资助了 305 个社区民生服务项目，为 18353 位长者、2444 位残障人士、114740 位社区青少年、4873 位陷于生活困境的人群以及 237515 位有特殊需要的个体提供服务支持，在培育发展公益服务类组织、营造良好的公益氛围方面发挥了积极地推动作用。②

2016 年 3 月 10 日，第五届公益创投活动正式启动，此届活动的主题为"三社联动精细化治理和谐社区"。据昆山市民政局发布的《昆山市第五届公益创投活动公告》，昆山市计划投入总资金 800 万元，其中，社区综合治理类项目 400 万元，社会工作专业类项目 235 万元，志愿者服务类项目 100 万元。对于昆山来说，通过举办公益创投大赛，不仅可以吸引外地社会组织来昆山公益创业，实现技术引进、组织引进、项目引进，更为重要的是通过参赛团队的带动，使公益服务水平在整体上得到提升，进而推动昆山社会组织生态环境的改善。

（六）武汉社会组织公益创投大赛

武汉社会组织公益创投大赛由武汉市民政局、社会组织发展基金会与长江日报联合举办。自 2013 年武汉市首届社会组织公益创投大赛启动以来，3 年间共筹得善款 552 万元，成功孵化 60 个公益项目。③

2016 年 5 月 9 日，武汉市第四届社会组织公益创投大赛开始启动。为了方便公众参与到慈善公益事业中来，提高社会各界参与公益的积极性，此届公益创投大赛引入"互联网＋"的概念，实行企业冠名、线上众筹、网络投票

① 资料来源：重庆儿童救助基金会微信公众号，《【慈幼聚焦】第三届公益创投众筹近 60 万元》。
② 资料来源：昆山市公益创新中心微信公众号，《公益创投·微展览|那些年，昆山市公益创投都有啥？》。
③ 资料来源：武汉市民政局，《2016 年武汉社会组织公益创投大赛正式启动》。

和分开评选等运作模式，发动社会各界人士献出爱心，为公益项目提供支持。截至6月15日，大赛共有364个公益项目报名参赛，组委会对项目进行审核后开始网上投票，第一阶段投票采取微信投票形式，取票数最高的前50名进入第二阶段；第二阶段采取众筹投票的方式，根据每个项目获得捐款的次数和金额计算权重，并同时进行50强路演活动，由专家评审选出前20名，参加20强决赛晚会。最后通过现场大众打分、专家评委评审和场外观众投票等方式选出"十佳"项目，每个项目可获得15万元定向的项目资金，剩下未入围"十佳"的项目也可获3万元公益扶助金。[①]（见图5-8）

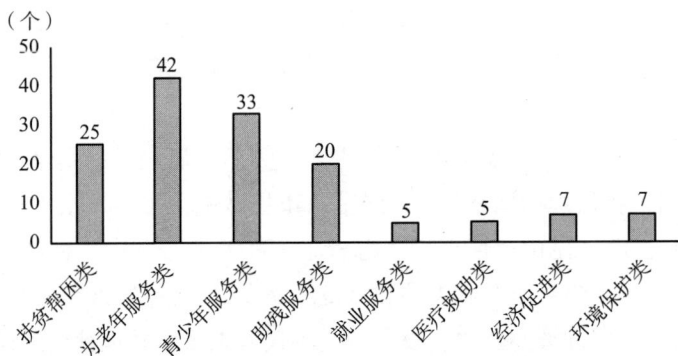

图5-8 2016年参与网上投票的144个项目的类型[②]

二、非政府组织（NGO）主导的公益创投活动

（一）NPP公益创投基金

NPP公益创投基金是中国大陆第一个公益创投基金，成立于2007年12月10日，由NPP公益创投组织与中国红十字基金会联合设立。该基金的设立旨在为公益组织提供资金、管理、发展战略规划以及其他各种专业能力的支持，制定和推广行业公信力标准，搭建公益产业信息平台和中介平台，资助模范公益组织，倡导先进的公益理念，帮助公益事业进行产业基础建设。自基金会成立以来，NPP通过提供尽职调查、发展战略规划服务、动员和组织志愿者、提

---

① 资料来源：汉公益公众微信号，《公益创投大赛投票开始啦!》。
② 资料来源：武汉社会组织公益官方项目列表。

供专业服务等多种形式的支持，资助了一大批具有较大发展前景的公益组织，取得了显著的效果。例如，NPP 于 2007 年 6 月发起的"爱客行动"就是以一种全新的志愿服务方式来提升公益机构的发展能力，充分利用 NPP 机构背后强大的董事会资源，广泛动员麦肯锡、奥美、德勤、君合、摩托罗拉、雅虎等大型跨国集团的优秀员工志愿协助公益机构改善自身的经营管理、宣传策划、发展战略等，将大型企业中的一些专业技能上的优势应用到普通的公益机构中，助力中国公益产业能力库的建设。[①] 具体扶持项目包括为"吉美坚赞福利学校"和"妙心家政"制定发展策略，协助项目募集社会捐款，招募社会工作人员并为其提供工资支持，保证发展策略的贯彻落实；为"恩玖中心"研发出一套"NPO 自律准则"，并构建了推广标准的组织构架；为南都基金会的"新公民计划"的可行性研究提供指导，并制定相应的发展战略规划；为中国扶贫基金会制定新五年发展规划战略，梳理和整合公益产品线，制定相应的品牌策略等。[②] 2008 年年初，NPP 进一步开展爱客学院项目，为热衷于公益事业的学生提供相应的实习机会，让他们能够亲身体验和深度了解公益活动，并参与到实际的项目，在此过程中，还为参与的学生提供管理、咨询、财务、媒体公关等方面的专业知识和技能的培训，为公益事业注入更多新鲜的血液，提高公益团队的整体素质和活力，同时培育出更多优秀的公益领导人。

NPP 公益创投基金自成立之初就着眼于整个公益产业，具有较高的战略层次和眼光。它不拘泥于具体的慈善项目，更关注公益机构自身运作能力和自我造血能力的提升，同时，它还致力于行业公信力标准的制定和推广，期望推动公益行业整体公信力的提升，最终实现中国社会公益产业的健康发展。

（二）恩派公益组织发展中心（NPI）

恩派公益组织发展中心是我国目前规模最大、服务最全、影响最广的支持性公益组织，它成立于 2006 年，是我国大陆发展较早的一个慈善机构。多年来，恩派一直致力于发掘和培育那些处于成长初期的草根社会组织和社会企业，如今已经硕果累累：截至 2015 年，恩派累计服务过数千家公益机构，为它们提供了成长过程中所需要的各种物质和非物质支持；组织公益人才参与培训，累计培训人数逾万人；为公益组织提供媒体宣传服务，并协助其筹措运作

---

① 资料来源：《NPP 公益创投基金招募实习生》。
② 资料来源：《NPP 麦肯锡对中国公益产业的深度研究要点》。

资金，累计募资超过 3 亿元；承担各类社会创新园区和社区公共空间的运营工作，总面积约 8 万平方米；服务范围涵盖扶贫、教育、环保、青少年发展、助残、社区服务、社会工作等众多领域等。[①]

1. 公益创投模式

从恩派公益创投发展的历程来看，恩派先后采用的以下三种公益创投模式：早期"和企业合作"的模式、"和政府合作"模式以及 2015 年以来所采取的公益创投新模式，其中前两种模式又被称为"高参与度的捐赠模式"。[②]

（1）和企业合作模式

这种模式下，由企业出资资助，恩派负责对潜在目标进行项目筛选、评审、设定投资方案、签订协议、项目跟踪及成果展示等工作。对于敲定资助的公益组织，恩派通过自己所掌握的资源来帮助这些公益机构成长，协助投资对象梳理自身业务，帮助他们优化财务管理、团队管理等方面制度和流程，在项目设计、能力建设、市场开发、计划完成度、阶段性评估、成果展示等方面提供"陪伴式"服务。这种模式的典型代表是与联想合作共同举办的"联想公益创投大赛"，实行之初就取得了广泛的社会影响。之后，恩派又在康师傅、英特尔、淡水河谷等企业之间展开了这种合作的公益模式，受托的公益创投资金超过 5000 万元，先后资助近 300 个公益项目。

（2）和政府合作的模式

这种模式始于 2009 年的上海社区公益创投大赛，由上海民政局主办，并委托恩派承办，从而开创了民间公益组织与政府合作共同推动政府资金资助公益组织发展、购买社会组织服务的模式。这种模式开展之后，纷纷被各地政府效仿，苏州、东莞、深圳、北京等众多政府也开始这种模式的公益创投活动，并委托恩派承办落实，并获得社会各界的高度肯定，被称为近年来社会建设领域的重要制度创新。

（3）第三种模式

鉴于之前的公益实践活动经验，恩派发现在与企业或政府合作过程中存在着一些不起眼的草根机构被列在了企业和政府支持以外，这些草根机构虽然目前尚处于弱势地位，但却具有较大发展潜力。为了帮助这些草根机构获得发展

---

① 资料来源：恩派官网"关于我们"。

② 根据"公益时报微信公众号：《社创系列四｜恩派：让'公益创投'成为社会型投资新风尚》"整理。

资金，恩派在 2015 年专门成立了一个非公募基金会，并设立恩派公益创投基金，引入社会影响力投资，由多方投资者（其中包括 LGT 影响力投资）共同组建资金池，凭借恩派在该领域多年的经验，借鉴商业领域的投资视角，去发掘和资助一些真正有潜力、有价值的社会型企业，并以参股的方式参与企业的经营管理过程，通过合理的退出方式获得投资回报，这样不仅可以使受助形成造血机能，又能保障基金本身的可持续发展，这便是恩派公益创投的第三种模式。目前，该模式尚处在探索阶段，未来还需要更长时间的完善和发展。

2. 主要产品业务[①]

（1）公益孵化器

2006 年，恩派在国内首创公益孵化器模式，旨在为处于初创期的公益组织提供关键性的支持（办公场地、设备、小额补贴、注册协助、技术辅导等），其基本的业务模式是社会力量兴办、政府政策支持、专业团队管理、社会公众监督、公益组织受益。截至 2015 年，恩派共孵化了约 500 家优秀社会组织，涵盖了帮贫救困、为老服务、教育、青少年发展、助残和社区服务等诸多领域。其中，代表性的出壳项目包括"屋里厢""新途""多背一公斤""青翼""手牵手""瓷娃娃""快乐成长俱乐部"和"西部乡土"等。

（2）公益资金托管

自 2008 年恩派与上海民政局联合开展公益创投以来，公益资金托管成为恩派的一项重要职能和业务。恩派利用已有的资源优势和丰富的实践经验，积极促进投资者与创投项目的对接，全力支持私募投资机构对社会企业的风险投资。2013 年以来，恩派公益招投标团队将业务逐步扩展到公益捐赠顾问和公益资金托管等方向，未来还将进一步引入更有创意和效率的金融模式。

（3）影响力投资[①]

从世界范围来看，影响力投资是未来公益领域发展的一个主流方向，2012 年 10 月中国本土第一个影响力投资基金——新湖育公益创投基金成立。2013 年，恩派与熠美资本合作成立了恩熠影响力投资基金，该基金在进行投资之前会对目标项目进行严格的筛选，不仅对其社会影响力设定了严格的标准，同时要考察其商业价值的大小，并通过市场化的方式来培育公益项目，培养其自我创造价值的能力。

---

　① 根据 NPI 恩派官网相关介绍整理。

（4）公益人才培养

公益人才培养计划是恩派全局战略中的重要内容，并专门成立恩派社会创业家学院。学院定位于培养杰出的公益行业领袖，引领未来公益行业的发展。同时，学院还致力于搭建草根公益组织能力建设平台，为广大公益组织和NGO从业人员提供包括咨询、培训、专业技能辅导等多方位的能力建设服务。当前，恩派已在全国各地开展了数百场培训和讲座，累计服务上万人次，未来还计划推出网上课程，使更多的公益人士从中受益。

（5）公益策展出版

公益策展出版是恩派进行公益宣传的重要方式，其旗下的《社会创业家》杂志是向广大读者传递新公益理念的有力工具，该杂志旨在打造中国社会创新领域的领军读物，为公益职业经理人和社会创业者呈现丰富的新案例和内容，杂志面向全国发行，在社会组织、企业 CSR 部门、基金会、相关政府部门、学术机构和志愿者组织等机构群体中具有一定的影响力。

（6）社会服务平台

社区服务平台通过引进专业化的社区服务组织来整合社区的资源，提高社区的能力建设，并开展各种社区服务项目，满足社区居民的需求，提高居民的生活质量。代表性的项目包括 2008 年成立的上海屋里厢社区服务中心、2010年在四川先后启动的诺基亚阳光社区中心项目和成都市高新区青年公寓社区中心项目和 2013 年年底承办的汇丰中国社区建设计划项目等。

（7）联合劝募平台

上海公益事业发展基金会是恩派于 2009 年发起的一家社会兴办、政府支持的新型公募基金会，旨在联合众多的公益机构，采用创新的募款方式向潜在捐款群体募集公益资金，服务于更多的弱势群体，解决社会问题。联劝成立以来，成功打造出多个知名的时尚公益项目，其中"一个鸡蛋的暴走"就是劝联平台下发起的一项影响最为广泛的公益活动。活动所募集的资金将通过与多方合作，开设专项基金和资金池，用于资助社会公益组织及其公益项目。

（8）企业社会责任（CSR）咨询服务

CSR 咨询服务是恩派提供的协助企业更加有效地开展企业社会责任的一项服务，并专门搭建了企业社会责任咨询平台，在该平台上，依托明善道 CSR咨询的专业团队为企业提供 CSR 综合咨询服务，包括战略规划、公益营销项目策划、管理咨询与评估、员工志愿者活动与管理体系搭建、企业基金会战略规划和项目设计以及 CSR 报告的撰写等。

（9）社会创新园区

社会创新园区是恩派多年来致力打造的多功能场所，集 NPO 公共空间、项目孵化、公益创意展示和公益人才实训基地于一体，形成了创新型公益组织和公益项目的集群。落地的项目包括上海社会创新孵化园（"凤巢"）和"公益新天地"园等。

（10）国际合作

作为国内规模最大、影响力最广的支持性公益组织之一，恩派始终积极参与国际公益领域的交流与合作，并在 2013 年与 UnLtd（世界上最大的社会企业家培育平台之一）达成独家战略合作伙伴关系，向着更深层次的领域展开合作。

（三）南都公益基金会①

南都公益基金会的公益创投活动始于 2007 年 8 月的"新公民计划"，之后又陆续开展了一些新的公益创投活动，从投资于人的"银杏项目"再到投资于机构的"景行计划项目"，南都公益基金会开始从投资的角度思考新的公益方式，扮演好"种子基金"的角色，推动优秀公益组织和公益项目的发展，以带动社会创新和支持民间公益。从南都公益基金会当前的公益项目来看，大体可以分为五个部分：宏观性项目、战略性项目、社会企业与社会投资项目、特定公益领域和研究项目（见图 5-9）。

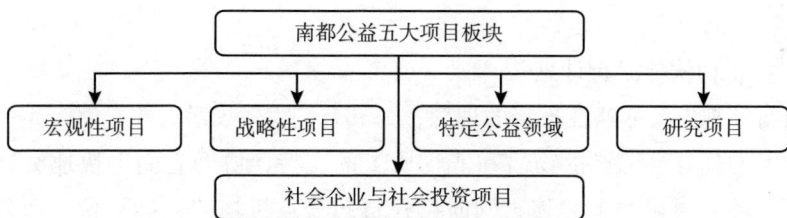

图 5-9 南都公益五大项目板块

1. 宏观性项目

宏观性项目是南都公益基金会从自身优势的角度出发，基于公益行业产业

① 资料来源：南都基金会，《2015 年南都公益基金会年报》。

链的视角，对产业链上下游进行引导和支持，进而开展的促进行业内和行业间的合作、交流以及人力资源建设的项目。宏观性项目以"推动生态系统良性发展为主线"，围绕"引导资源方、倡导资源向民间组织倾斜""支持民间公益组织能力建设和网络构建""跨界传播公益理念"三个主题开展工作，时刻把握行业中发展的热点和趋势，并致力于营造良好的公益文化环境。2015 年，宏观性项目在原有项目的基础上，根据公益行业发展趋势和 NGO 的需求，积极探索新项目，撬动社会资源、带动行业发展、促进行业基础设施建设，以及加强公益理念倡导，全年共审批 17 个项目，审批资金 2583110 元。

2. 战略性项目

（1）银杏伙伴成长计划

银杏伙伴成长计划是南都公益基金会发起的一项针对青年领袖的培养和资助的计划，目的是为未来的公益领域培育出更多高素质的领导人才，资助对象包括草根组织的创始人或领导人以及各个领域潜在的公益领导者。该计划倡导社会各界共同搭建公益人才成长培育体系，同时提供每年 10 万的项目资金支持（连续资助三年），另外每年还组织 2 次集体活动。截至 2015 年，"银杏计划"共有 414 位推荐人，546 位银杏候选人，实地考察了 138 位银杏伙伴，共资助银杏伙伴 81 位，伙伴遍布 22 个省（市、自治区），项目涉及城市社区发展、健康扶助、劳工福利、农村社区发展、青少年教育、生态保护、性与性别、NGO 支持、文化艺术、灾害与安全、志愿者服务等 11 个领域。2015 年 7 月 20 日，北京银杏公益基金会正式成立，南都基金会在银杏计划上实现了从催生者向引领者的角色演变，开启银杏 2.0 的新篇章（见图 5－10）。

（2）机构伙伴景行计划

景行计划借鉴战略性投资的理念，为具有较大发展潜力并能够产生大规模社会影响的公益组织提供物质和非物质上的支持，协助它们更快地突破发展"瓶颈"，实现突破型的发展，同时搭建卓越公益机构的社群平台，为公众认识社会问题并参与解决行动创造窗口（见图 5－11）。

2015 年，典型机构发展趋势良好，新增伙伴 4 家（见表 5－1）。同时，统计 8 家伙伴在解决社会问题能力、自身发展状况、支持同行业发展方面的关键数字后发现，机构的规模、财务状况、动员社会群众的能力以及直接反应解决社会问题能力的指标都良好。

图 5 – 10　银杏网络建设项目①

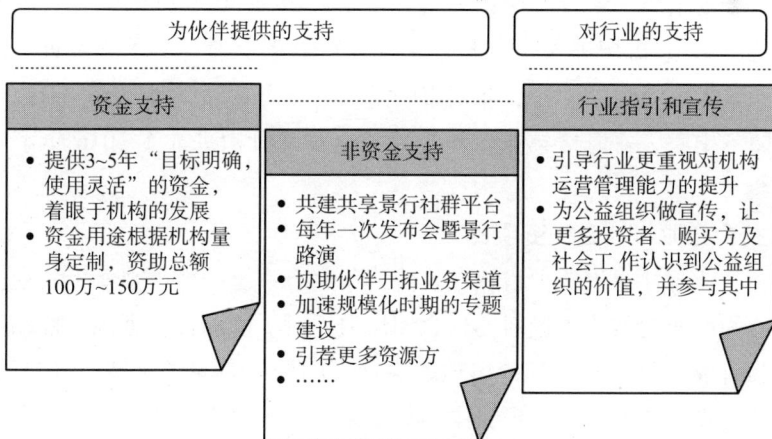

图 5 – 11　景行计划项目支持②

---

①② 根据"南都基金会：《2015 年南都公益基金会年报》"整理制作。

表 5 - 1   2015 年新增景行伙伴机构①

序号	机构名称	资助周期	资助金额	项目简介	项目成就
1	长沙绿色潇湘环保科普中心	2015.12 ~ 2018.11	140 万元	绿色潇湘由一群热爱家乡环境的湖南本地人成立的民间环保公益组织，致力于保护当地的自然环境	2015 年，参与湘资沅澧四水守望者的网络志愿者达 300 多人，发布监测信息 2000 多条，跟进解决污染案例 93 起，环境污染快速反应小组出动 24 次
2	上海百特教育咨询中心	2015.12 ~ 2018.11	153 万元	专注于青少年财经素养教育，面向儿童和青少年普及金融教育和创业教育	过去 6 年在全国累计服务了 100 万名青少年，其中约 70% 是来自外来务工人员子女或留守儿童群体
3	四川省绿色江河环境保护促进会	2015.12 ~ 2020.11	150 万元	致力于环境宣传教育和长江源垃圾污染调查	获得中国大部分的环保奖项，受青海政府、当地居民和成千上万志愿者的认可
4	广州绿网环境保护服务中心/重庆两江志愿者服务发展中心	2015.12 ~ 2018.11	136.5 万元	为公众提供独立可靠的环境数据服务，让大家方便地了解周边环境的状况	每年在 10 余个省份开展工作，调查了近千家重污染企业，通过行政、媒体等手段，推动上百家企业进行环整改

2016 年上半年，景行计划在全国范围内开始接受申请，并提供了在线申请通道，截至报名结束日，南都公益基金会共收到 30 家机构的正式申请，并从中筛选出 12 家机构进入初步调查，并对其中 9 家进行了尽职调查，最终北京十方缘老人心灵呵护中心、北京市朝阳区自然之友环境研究所、云南连心社区照顾服务中心、青海格桑花教育救助会这 4 家机构进入了 2016 年第一期专家评审会。

3. 社会企业与社会投资项目

社会企业与社会投资项目旨在扶持公益生态系统的新生力量——社会企业的发展，为行业发展注入创新的理念和活力，对于撬动社会资源、推动社会创新和更为有效、大面积、可持续地解决社会问题有着重要意义。2015 年社会企业与社会投资项目从宏观项目中独立出来，全年共审批 4 个项目，审批资金1050000 元②。

---

① ② 资料来源：南都基金会，《2015 年南都公益基金会年报》。

（1）社会企业与社会投资论坛及返乡创客项目资助

2015年度的社会企业与社会投资论坛年会于6月在深圳举办，年会共设五大系类，由12个分论坛和2个路演活动组成，涵盖政策研究、社会创新、影响力评估等多个话题，超过800位嘉宾参会，成了中国社会企业发展的里程碑事件。南都基金会同时还参与了论坛首届年会"返乡创客"的评选，为来自内蒙古、广西和安徽的三位返乡创客提供资助，激励年轻人返乡创业。

（2）BC社会投资平台无息贷款项目

2015年3月南都基金会确定了与工蚁坊（上海）商务咨询有限公司的合作，为其在全国增设分点提供50万元无息贷款。之后，南都基金会继续在社会投资平台上寻找新的社会企业伙伴，总共收到136家机构的申请，3家入围深入接洽环节，最终选择1家社会企业为其提供50万元的无息贷款。

（3）"服务援"计划试点

2015年年底，专业服务配比资金计划——"服务援"开始试点，试点期为6个月，选择优先配比相对标准化的服务，加快项目的更新迭代。期间选择了3家机构进行试点，分别提供财务管理服务、联系人管理服务和项目宣传片拍摄服务。

4. 特定公益领域项目

（1）新公民计划

新公民计划是南都公益基金会于2007年发起的民间公益组织。自成立之初就一直致力于改善流动儿童的成长环境，让他们也能够享受到公平、优质和适宜的教育。截至2015年年底，新公民计划项目与超过100家关注流动儿童教育的公益机构建立了合作伙伴关系，共完成200多个公益项目，投入超过7500万的项目资金，业已建立包含全国14个城市、441所学校和超过2500名教师的支持网络，支持了10个城市的20个人口集聚的社区中心，为社区的工作人员提供能力建设和网络平台，累积服务的流动儿童超过43万人。

（2）灾害救援和灾后重建

2015年，南都基金会在"正面灾害观"及新的救灾策略的指导下，通过组建学习网络的方式，在非物质重建（灾后重建）、应急及推进基金会合作参与救灾等方向进行了资助，并积极回应了尼泊尔地震及天津特大爆炸事故。全年共资助14个项目，审批资金178万元。

5. 研究项目

研究项目指的是南都公益基金会启动的公益行业和领域研究战略，该战略始于 2010 年，旨在为高层的战略决策提供更多的信息和咨询，同时，及时捕捉行业和重要领域中的热点和趋势，并给予相应的研究资助，包括行业研究和领域研究两个方面。2015 年，南都公益基金会共资助研究项目 1 个，审批金额 50 万元。

（四）友成企业家扶贫基金会

友成企业家扶贫基金会是我国首个由企业家群体共同发起的非公募基金会，成立之初便致力于发现和培育"新公益"领袖，同时推动建设跨界合作的社会创新网络支持平台。2007 年，友成企业家扶贫基金会正式成立，并制定了基金会创新战略；2008 年，友成开展实施"扶贫志愿者行动计划"，搭建抗震救灾社会资源协调平台；2009 年，友成成立社会创新支持中心；2010 年，友成首次提出新时代背景下的"新公益"七大趋势；2011～2012 年，友成先后发起"小鹰计划""长青义教""创业咖啡""新公益领导研修班"等项目活动，培养具有社会企业家精神的未来跨界领袖，试点 MOOC（慕课）；2013 年，友成将投资的概念应用到新公益的推广中，倡导和引领国内的社会价值投资；2014 年，友成研发出多维度的社会价值评价体系——"三 A 三力"原则和评价体系，坚持以人为本，并发起成立了社会价值投资联盟；2015 年，友成分别与《斯坦福社会创新评论》和《中国社会组织》进行合作，创办了《新创客》和《社会创新评论》两刊杂志，旨在打造一个全新的"社会＋商业＋科技"的跨国、跨界社会创新创业交流平台。至今，友成经过了 9 年的实践，在这 9 年中，友成始终坚持探索中国"新公益"事业发展的生态道路，在公益领域扮演着天使投资人的角色，倡导新公益理念，支持社会创新。据《友成基金会 2014 年年度报告》统计，基金会自成立以来，用 2.09 亿元的资助，支持各类创新型的社会组织和社会企业 161 个，自主研发和创立了 11 个平台型项目，社会创新和新公益理念为越来越多人所接受。

2015 年友成开发出社会创新"三 A 三力"评价原则 2.0 版，继续坚持着理论上的不断创新。同时，友成参与和举办了第四届慈展会、社创客助推设计思维论坛、全国高端电商扶贫论坛、第二届专业志愿服务亚洲峰会等各项重大活动，并获得了广泛的社会影响。在 2015 年福布斯中国慈善基金会榜上，友成基金会位列第四名，仅次于爱佑慈善基金会、上海真爱梦想公益基金会和中国扶贫基金会，成为影响中国慈善事业尤其是公益创新领域的重要力量。

2015 年，友成主要的项目落地实践情况如下：①

1.《社会创新评论》、《社创客》杂志创刊

2015 年 2 月 26 日，《社会创新评论》——中国第一本专注于国际与国内社会创新前沿理论与实践的期刊。该刊与民政部下属的全国性专业期刊《中国社会组织》杂志进行内容和渠道合作，联合出版每年 6 期的《社会创新评论》杂志，每期发行量逾 60000 份，向社会组织从业者、管理者、研究者及各级党政机关和两会代表等传播社会创新的思想和实践。

《社创客》是《斯坦福社会创新评论》（SSIR）在中国指定的合伙伙伴，也是社会价值投资联盟的智库平台。2015 年以社会创新为主线共出刊 5 期，以内刊形式赠阅 5850 册，其运营的微信公众号在短时间内就吸引了 6300 多名粉丝，期间推送社创知识与案例文章近 200 篇。

2. 路人甲：开创"惠捐"新模式

"路人甲"是友成基金会在 2014 年孵化的一个新的募捐模式，是一个带有答谢机制的公众小额捐赠平台。在该平台上，用户可以从众多优秀的公益项目中进行选择，每捐赠 10 元即可持续获得该项目的进展反馈，同时还可以兑换合作商的超值优惠券及享受在线服务，从而实现了捐款人、公益项目和商家三者之间的互惠共赢。据《友成基金会 2014 年年度报告》统计，"路人甲"自 2015 年 2 月 14 日上线以来，在未作任何推广的情况下，30 天内累计装机用户达 6600 人，注册用户 2871 人，捐赠 1230 笔，注册用户转化率超 30%，捐赠用户转化率近 50%，远高于国内现有的其他公益捐款平台。"路人甲"在公益合作方面也发展飞速，报告期内已和 300 余家公益机构确认合作意向，其中已签约的中国最具影响力的大型基金会 10 余家，已上线公益项目 30 多个，审核中项目 30 余个。同时，"路人甲"联合各公益组织，结合阶段性热点公益事件，组织主题活动，扩大新用户，已经与近 100 家著名企业确认合作关系，已上线优惠券 7 种，在调试优惠券 10 种，对接后台端口商业机构近 10 家，合作商家覆盖娱、食、住、行等全方面百姓消费领域。②

---

①　本节根据"友成基金会：《友成基金会 2014 年年度报告》"整理得到，由于撰写期间，友成基金会 2015 年年报尚未发布，因而使用的 2014 年年报。

②　由于本报告撰写期间，友成基金会 2015 年年报尚未发布，统计数据均来自《友成基金会 2014 年年度报告》。

3. 扶贫计划:"慕课(MOOC)+扶贫"的新方式①

"扶贫志愿者行动计划"是友成企业家扶贫基金会开展的第一个自主研发和实施的创新项目,这项行动计划将在富裕的城市与贫穷的乡村之间建立起信任、互动与统筹的合作机制,构建一个推动农村减贫与发展的专业化、一体化运作的社会公益服务体系,该计划包含电商扶贫、创业咖啡、长青义教等几个主要项目。2015 年,慕课的引入给这些项目带来一些新的进展和特征。

(1)电商扶贫:慕课 + 电商,推动贫困地区经济发展

2015 年,友成基金会首次将慕课与电商扶贫相结合,展开"MOOC + 农村电子商务能力建设"项目,并开发出一套针对贫困地区农村合作社、返乡青年、大学生村干部等人群的电商能力建设的课程,建立了相应的服务体系,以推动贫困地区的经济发展。当前,首期课程已经全部上线,MOOC + 县域电商服务平台分 38 个版块,111 节精品课程。

(2)创业咖啡:深扎高校创业教育土壤

友成创业咖啡旨在把设计思维带入高校创业教育中,是 2015 年新开发的一个项目。2015 年,共 114 个高校及机构与创业咖啡展开合作,开展设计思维培训课程,激励了一大批学员开始实践自己的创业梦想。

(3)1 教室:"大篷车"走进乡村校园

2015 年是 1 教室快速落地实践的一年,该项目专注于中小学生艺术普及和教育,旨在提高中小学生的综合素质,塑造孩子基本的艺术修养。截至 2015 年年底,1 教室项目已在河北滦平县和北京怀柔区两地的 10 所中小学开展。

4. 小鹰计划:稳步成长,影响力不断扩大

小鹰计划是友成基金会在 2011 年发起的,旨在发现和培养具有企业家精神的跨界青年领袖,同时为贫困落后地区提供有效的社会服务。参与小鹰计划的青年将开展为期一年的社会实践,深入基层乡村,以此来激发他们的社会责任感、锻炼他们的综合能力。多年来,申请参加小鹰计划的人数已达数千人,而他们中只有少部分人才被选中,配以一名发展导师、一名学术导师和一名基层实践督导老师全方位陪伴成长,以项目为基础,根据当地具体需要和学员自身特点来开展相应的公益项目。2015 年,小鹰计划又迎来了一批新的学员,

---

① 资料来源:友成企业家扶贫基金会微信公众号,《年终盘点|2015 年友成的 20 个闪亮足迹》。

小鹰在继续成长，影响力也在不断扩大。

5. 资助合作：众人拾柴火焰高

新公益领导力发展研修班是友成企业家扶贫基金会持续推动中国公益领袖人才培养的重要计划，在 2015 年的新公益领导力发展研修班中，共开发了北京、甘肃、长三角、山东、湖南等五个学区；拥有 50 多名专家学者、专业志愿者顾问和培训师投入 ILD－3 期的专业服务，贡献志愿服务时间合计 6000 多小时，捐赠价值 120 多万元；促进学员之间、跨界与跨区域合作、众筹和资源整合，支持和促进 ILD－3 期 20 多家机构获得政府购买和筹资总额达到 860 多万元；招收了正式学员 97 人，毕业学员 39 人，毕业率为 40.2%。其中，有 5 名学员或其机构获得全国性表彰，20 多名学员获得当地省市表彰。①

（五）爱佑慈善基金会

爱佑慈善基金会成立于 2004 年，是一家由企业家发起并运作管理的，旨在促进我国慈善事业发展的非共募基金会。通过 10 多年的发展和探索，爱佑慈善基金会已经在孤贫儿童医疗救助和公益创投两个领域内形成了自有的品牌。一方面，爱佑倾力于孤贫儿童的医疗救助，立志做世界上最好的儿童救助基金会，并形成了"爱佑童心""爱佑天使""爱佑新生"和"爱佑和康"等多个品牌，建立了一套完善的运营管理体系。另一方面，爱佑立足于传统慈善领域十年来积累的丰富经验，积极引进国际先进慈善理念和公益模式，运用互联网技术和互联网思维，成功运作出公益创投的第一个项目——"爱佑益＋"，经过三年的努力，这个项目已经资助了 30 家公益机构，大部分机构实现了规模的大幅增长，机构能力也有了不同程度的提升。2015 年年底爱佑又运行了一个公益社群项目——"益空间"，用移动互联思维来做公益界的价值分享平台。至此，爱佑的公益创投项目矩阵也逐步完善。从儿童救助项目领航者到国内公益创投模式先导，从专注于项目执行到实现平台化资源共享，爱佑一直追求高效、透明、国际化，并倡导让公益成为每个人的生活方式。

1. "爱佑益＋"——多维度公益资助项目

2013 年 6 月，爱佑慈善基金会发起第一个公益创投项目——"爱佑益＋"，意在寻找具有发展巨大潜力和社会影响力的公益组织和公益项目。入选的公益

---

① 资料来源：爱佑基金会，《爱佑基金会 2105 年度报告》。

组织或公益项目将享受爱佑为其长期提供的量身定制的资金支持和市场营销、人力资源和财务管理等方面的服务，在整个过程中，爱佑将高度参与到被支持的社会组织的运营管理过程中，为其组织能力建设提供指导并对其进行绩效评估，以保证项目的可持续进行。（见图 5 – 12）

图 5 – 12　"爱佑益 +" 特色①

2015 年年初，爱佑设立公益创投引导基金，投入资金 1000 万元。截止到 2015 年年底，"爱佑益 +" 共资助了 30 家公益组织（北京 9 家、西安 2 家、上海 7 家、重庆 1 家、昆明 1 家、广州 9 家、深圳 1 家），涵盖教育、环保、行业支持、人类服务和医疗健康 5 大领域的 26 个细分领域。其中，资助期满一年的 10 家机构在机构战略、机构规模、影响力等不同方面都有明显提升："爱佑益 +" 首批资助的 3 家机构收入在 2014 年平均增长 70.10%，在 2015 年平均增长 33.94%；"爱佑益 +" 2014 第二批资助的 7 家机构收入在 2015 平均增长 38.70%。②

2016 年，爱佑进一步扩大投资规模，预计总共投入扶持资金 3000 万元，资金主要来源于基金会的非定向资金和专项基金（其中包括基金会原有捐赠人的捐赠以及对公益创投感兴趣的新捐赠人的捐赠，两部分各占 50% 左右），③资金将用于资助 70 家公益机构，其中，有 20 家处于战略转型期的机构，另外

①②　根据 "爱佑基金会：《爱佑基金会 2105 年度报告》" 绘制。
③　参考 "公益时报" 微信公众号：《社创系列五｜爱佑益 +：70 家公益机构、3000 万资助，你心动了吗?》。

还有 50 家处于创业初期的机构。

2. "益空间"——平台型公益社群项目

在"爱佑益＋"项目的基础上，2015 年爱佑慈善基金会利用互联网思维建立起连接公益组织与社会资源的公益社群——益空间。益空间是在"互联网＋"的时代背景下产生的公益社群，能够通过多样的形式辐射到更广泛的人群。益空间交流平台的搭建，一方面，可以实现行业内的资源共享和信息互通，使爱佑慈善基金会和其他公益机构紧密联系起来，为所有热衷于公益事业和渴望提升自身能力的公益机构和公益人提供一个高价值的分享平台；另一方面也可以促进行业间的跨界融合，打通公益行业与其他行业间的沟通渠道，促进不同领域间的经验分享，培养跨界思维，从而有利于催生出更多公益新模式。

截至 2015 年年底，"益空间"已有 237 名注册会员，其中机构会员 178 家，个人会员 59 名。"益空间"自 11 月上线以来，短短一个半月时间共完成 4 期线上访谈，线下 1 次交流，听众数超过 2000 人次，影响公益机构 300 余家。

从整体上来说，"爱佑益＋"和"益空间"是一个有机整体，"爱佑益＋"的设立可以发现和吸引更多的优秀公益人才参与到慈善事业中来，而"益空间"的构建则为"爱佑益＋"提供了更加丰富的交流方式和更广泛的交流领域，二者相互借力，形成一个良性的公益生态系统。

三、大型企业主导的公益创投活动

（一）联想集团

联想集团是我国最早参与公益创投的企业。2007 年 12 月，联想在北京发布企业社会责任战略，宣布实施首期公益创投计划，旨在为初创和中小型公益组织提供创业和发展资助，其重点关注缩小数字鸿沟、环境保护、教育和扶贫四大公益领域，经过严格的评审和筛选，最终确定了 16 家民间公益组织为资助对象，为其提供包括 300 万元资金以及综合能力建设等方面的资助，引起了社会广泛关注，取得了良好社会效益，其中，"多背一公斤""红丹丹""绿色汉江"等项目成为公众耳熟能详的公益项目；2008 年 10 月，联想与世界银行签约成为战略合作伙伴，在世行第二届中国发展市场民间组织创新大赛中设立"联想创新奖"，有 6 家公益组织获得资助；2009 年 2 月，联想开始启动第二期公益创投计划，此次公益创投计划聚焦于环保领域，在入选的 16 家公益组织中，环保类的公益组织有 9 家，占 56.25%。① 此后，联想集团还举办了多期"青年公益创业计划"，动员高校优秀的公益团队参与到公益创业计划中，并为获选的团队提供资金上的支持，同时还邀请专家进行跟踪指导，并提供孵化支持等服务，其中，"你好营养""小考拉亲子童书馆"是主要的代表。

联想自 2007 年启动公益创投计划以来，先后投入创业扶持资金近千万元，有 60 多家公益组织和公益项目在这个过程中取得重大进展，实现了自己的公益目标，联想已然成为我国具有代表性的公益品牌。2014 年联想集团携手友成基金会启动了"联想—友成公益创投教育信息化创新项目"，将公益创投目标聚焦于教育领域，以"汇众智、创新知"为主题在全国范围内征选优秀的教育信息化解决方案，项目共收到了有效项目书 46 份，覆盖 17 个省市自治区。项目议题涉及翻转课堂、双师教学、电影课程、教学软件、Pad 课堂、教师间交流网站和读书网络等内容。经过初审、实地考察、复审、能力培训、终审等环节，在 2015 年 1 月最终决出年度 5 强，它们将共同分享价值 100 万的联想互动课堂解决方案。

（二）阿里巴巴

阿里巴巴公益基金会是阿里巴巴集团为促进我国公益事业发展和营造良好的公益氛围而成立的一个公益基金，它成立于 2011 年 12 月 22 日，重点关注环境领域的公益组织和公益项目。2015 年，阿里巴巴公益基金会共评审通过 73 个项目，共计 150848479.24 元（签约金额 131875849.80 元），实际捐赠支出金额 135241214.56 元。其中，环境保护项目 42 个，签约金额 7946710 元，其中，重点集中在水环境保护和唤醒公众环境保护意识及行动两个领域，这两个领域的投入占环境资助总额的 61%。②

阿里巴巴的公益创投活动首先在环境项目中开始实践。2015 年，阿里巴巴公益基金会对当前的环境状况进行了深入分析和判断，确定了清源行动、环境云图、自然教育和公益创投四个主要方向。其中清源行动、环境云图和自然教育已形成投资指南，并对外发布招募合作项目，在中国环保公益界产生了重大的影响力（见图 5－13）。

---

① 资料来源：新浪公益，《九家环保 NGO 入选联想第二期公益创投计划》。
② 资料来源：阿里巴巴集团，《2015 年阿里巴巴公益基金会工作报告》。

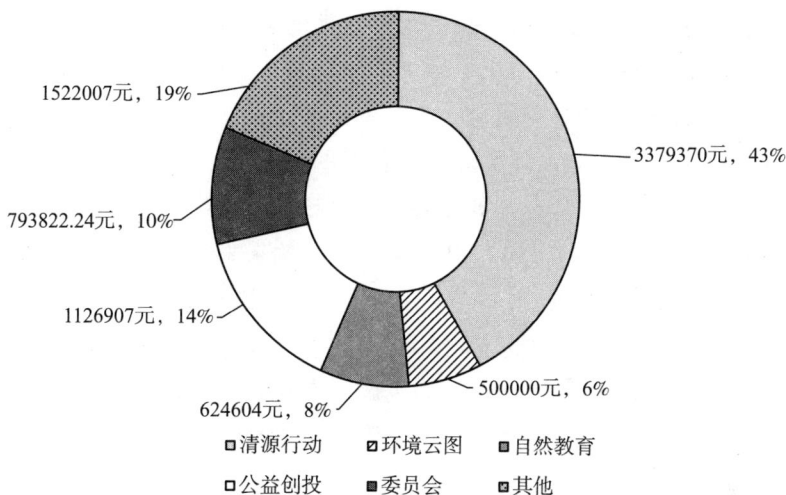

1522007元，19%

3379370元，43%

793822.24元，10%

1126907元，14%

624604元，8%

500000元，6%

□清源行动　　□环境云图　　■自然教育
□公益创投　　■委员会　　　■其他

图 5 – 13　阿里巴巴公益基金会 2015 年环境资助分布①

2015 年，阿里巴巴公益基金会在传统的公益行业发展的基础上，开展了"成蹊计划"和"源创马拉松"两个公益创投项目，吸引了 20 多家公益机构共同参与。这两个项目均在于保护水资源以及唤醒公众水环保的意识，其中，"成蹊计划"旨在为处于新生阶段的水保护公益组织提供包括信息支持、资金援助和技术辅导等在内的多方面支持，提高从业人员的专业素质和行动能力，并呼吁广大优秀青年大学生环保人才加入水保护者的队伍。"源创马拉松"则旨在唤醒公众水环保意识及行动，通过在全国各地巡回举办公益创投活动，挑选出优秀的产品或方案启动公益创新孵化计划，给予小额启动资金，并根据项目的公众参与度及后期的运作情况择优进行长期资助。当前，具有阿里巴巴特色的公益创投正在形成。凭借阿里巴巴在云计算和大数据上的优势，阿里巴巴未来很可能会突破传统基金会的公益创投模式，形成多层次的公益创投格局。阿里巴巴公益基金会公益创投项目将大规模地在 2016 年全面实施，覆盖从公益"天使投资 VC""成熟机构投资 PE"的各种创投模式。

（三）海航集团

海航集团是较早涉足公益慈善事业的企业之一。多年来，海航一直坚持在

---

① 资料来源：阿里巴巴集团，《2015 年阿里巴巴公益基金会工作报告》。

参与社会公益事业上不懈努力，并在教育援助、扶贫救困、医疗援助、社会道德、环境与文物保护等方面做出了巨大贡献。截至 2015 年年底，海航集团已累计投入超过 10 亿元的慈善资金，支持和培育了众多公益项目，获得广泛的赞誉。当前，公益创投是海航关注的一种新的公益模式。自 2011 年海航首次与《21 世纪经济报道》联合开展社会创新创投竞赛以来，海航就将公益创投作为未来投入的一个重点方向。2012 年，海航就未来五年的社会创新创投竞赛制定了一个中期规划，按照每年一个主题的方式进行项目征集，2012 年以扶贫为主题，2013 年以教育为主题，2014 年以环境保护为主题，2015 年以社会救助为主题，2016 年以文化保护为主题。参赛者可以是全国范围内的社会组织、社会企业、非营利组织（NPO）及热爱公益的个人，选手自由进行组队，围绕当年主题开展项目活动。通过这种社会创新的方式可以实现在全国范围内寻找有效解决该社会问题的优秀项目，进一步通过对这些优秀项目进行培育和扶持，更好地助力中国社会创新和社会公益事业的发展。

社会创新创投竞赛是海航集团与《21 世纪经济报道》进行的一次公益与商业模式相结合的探索，获得了较大的社会反响和社会影响力，是解决当前社会问题和社会矛盾的一种重要的手段和方式，这种模式超越了传统慈善"授人以鱼，不如授人以渔"的理念，更加强调项目活动和公益产业的可持续性，强调社会创新组织的自我造血机能，在解决社会问题的同时兼顾自身的存续和发展，具有借鉴意义。

第四节　我国公益创投事业的未来[①]

一、我国公益创投在实践过程中存在的问题

（一）缺乏有效地市场化运行机制

公益创投的本质是公益领域的风险投资，是市场化的活动，真正意义上的公益创投，往往会在项目投资中结合各种金融投资工具（如股权、债权或可转

---

① 此部分内容根据"解放日报：《社会创业背景下的公益创投发展》"整理。

换优先股等），同时通过各种形式的退出机制来获得合理的利益分配。然而，在我国，风险投资市场本身还不是很完善，相关的金融体系还未健全，应用到慈善公益领域就会更加薄弱。在具体实践中，大多数公益创投的实践主体尚未摆脱传统的慈善思维模式，仅强调公益活动本身的社会性，资金来源主要依靠外界的捐助或自身的商业业务收入，没有建立以价值为基础的合理收益分配方式和相应的退出机制，导致投资主体活力不足，往往在用完善款后就出现资金短缺的问题，最终被迫又重回到了以往的慈善模式，公益创投模式不可持续。

（二）行政主导下的公益创投存在着诸多弊端

虽然目前许多地方政府在开展公益创投时，往往会委托第三方社会组织承办或与社会组织联合开展，在一定程度上实现了"权力下放"，但是，在实践的过程中依然会出现行政主导过强的情况，这给公益创投活动带来了诸多限制甚至是消极影响。首先，由于福利彩票公益金使用会受到严格的限制，而政府开展的公益创投活动的资金绝大多数均来源于各级民政部门的福利彩票公益金，这就导致了公益创投的资金投向、使用范围、使用方式严格受限。其次，由于我国公益创投还处于刚刚兴起的阶段，大部分地区的政府部门对公益创投还没有足够深入的了解，但为了迎合中央政策的指令方向，很多地区在准备不足的情况下就开始涉足公益创投活动，没有科学合理的规划和具体可执行的活动方案。在实施的过程中，普遍存在着把活动的次数、项目的数量和资金投入规模当成公益创投的成果的现象，结果经常是耗费了大量的人力、物力和财力，服务对象却没有受益，社会问题也没有得到解决，服务产品质量得不到保证，造成了极大的资源浪费。最后，在具体实践中，部分地区还存在着资金分配不公的问题，公益创投的资金大部分落到了有政府背景或和公益投资者有关系的社会组织手里，而真正有能力解决社会问题的民间社会组织却得不到或只分配到少额资金。此外，部分地区甚至出现了腐败或寻租行为，例如有些社会组织在拿到入选项目资金后被要求"返利"，或者某些不良社会组织为拿到项目资金而对相关部门进行游说和贿赂等。

（三）公益创投专业人才不足

公益创投对具体实践的公益组织的支持除了资金注入外，更为重要的应该是在战略规划、公司治理、人力资源管理、财务管理、信息技术等各方面的辅导，这就要求公益创投团队本身在这些方面有较高的专业素养和丰富的实践经验。而公益创投在我国发展的时间还比较短，各方面的专业人才还很匮乏，给我国的公益创投事业带来不小的阻碍。

二、如何加速我国公益创投事业的发展

（一）进一步完善公益创投市场化运行机制

首先，进一步细分公益产业链中的各个环节，在各个细分领域上形成一些专业服务机构，使资源得到更好、更充分地利用，同时，将原来处于竞争状态下的机构之间转变为产业上下游之间的合作关系，可以进一步地优化整个产业生态链条；其次，进一步完善我国的金融体系，促进公益产业中多样化金融工具的产生，让公益创投实施主体更好地参与到公益组织的经营管理中去；最后，借鉴资本市场的发展经验，搭建社会企业或社会组织的交易平台，鼓励社会企业或社会组织之间的并购，为公益创投的退出提供有效渠道。

（二）建立政府、基金会、基层公益组织之间的新型公益伙伴关系

在新型公益伙伴关系中，政府起着引导作用，指导公益事业未来前进发展的方向，同时发挥政府在整个公益过程中的监督作用，营造良好的公益环境；同时，充分利用政府在资金和社会影响上的优势地位，建立政府公益创投"母基金"，引导社会基金注入公益创投事业，以避免政府主导下的公益创投所面临的管理低效问题。同时，充分发挥公益组织更贴近群众、灵活多样的优点，让公益组织变身为整个公益过程中的主角，更加合理、有效地利用公益善款，切切实实的帮助受困群众，解决大众普遍关注的社会问题；而基金会等慈善机构则更多的是发挥其中介桥梁的作用，一方面发动更多的公众参与到公益活动中来，同时募集更多的公益资源，另一方面，给予基层公益组织更多物质层面和非物质层面的支持。三者之间，相互协作，相互促进。

（三）提高公益创投人员素质，为公益创投事业注入活力

借鉴发达国家公益创投的发展经验，通过期权、股权分配等方式来激励和吸引更高素质人员的加入，形成专业化的管理团队；同时借助于互联网工具，开发多种形式的教育培训模式，如在线网络课程、专家指导讲座、茶座会等等，培育更多优秀的新公益领袖，为我国公益创投事业源源不断地注入新生力量。

第六章 企业家名人公益活动[①]

　　企业家和名人一方作为握有大量财富的能力者，一方则作为在社会上享有高知名度的公众人物，分别通过自身财富实力和公众影响力对公益事业产生重大影响。由于两者自身特性不一样，所以参与慈善活动的主要方式也不同，企业家作为大量资源的持有者，主要是以捐赠的方式从企业层面和个人层面推进慈善事业的进步，将资源转移至社会各个片区中需要帮助的人；而名人虽然也参与慈善捐赠活动，但其本身的优势不同于企业家们持有的大量财富，而是拥有广泛的影响力，因而他们更多的是通过参与慈善拍卖、发起公益项目募款等个人间接募捐，以及发起公益组织、发起公益活动、参与公益活动、公益代言、公益宣传等切身参与的方式带动社会上的其他力量一同参与公益事业，从而对慈善事业的贡献远大于自身直接起到的作用，因此名人公益也正在逐步成为带动公益事业发展的一支主要力量。无论是企业家还是名人，都对公益事业的发展和促进起了重大的作用。

第一节　企业家名人捐赠活动

一、年度综述

　　近几十年来，随着中国经济的飞速发展和人们收入的不断增长，许多家庭不再受困于温饱问题，人们的需求也在不断发生变化，越来越多的人开始回馈社会，追求人生价值。公益事业作为大众回馈社会的一种方式受到越来越多人

---

① 本章由暨南大学产业经济研究院陆小慧执笔。

的青睐，特别是拥有大量资源和社会知名度的企业家和明星们逐渐成为公益事业的支柱。根据 2016 年 6 月初胡润研究院发布的慈善排行榜，① 中国境内最近一年最慷慨的慈善家中，有 98 位均为企业家，另外两名分别为画家和演员，位列排行榜中第 20 名和第 87 名。作为每年大额捐赠主体的企业家们在不断创造财富的同时，也积极投入到奉献社会的队伍中，履行社会责任，不断地推动社会更快更好地发展。多年来，很多企业家在自然灾害救助、推动国民教育、家乡建设、宗教和文化发展、公共事业等社会公共领域投入了大量的人力和财力。慈善行为和公益活动作为第三次分配的重要方式，使得大量财富从富裕阶层向贫困阶层转移，促进了社会的和谐发展。往年，企业家或名人主要通过将慈善款项直接交由基金会或是某些慈善项目，全权授予他们进行管理善款和进行捐赠；近几年来，随着我国公益事业体制的不断完善、法律制度的不断健全和社会人士慈善理念的不断进步，同时互联网不断普及带来舆论的不断强化和群众的实时监督都在促使社会大众慈善捐赠方式的转变和革新，使得捐赠渠道更加多元化，捐赠形式更加丰富多样。从近一年企业家名人捐赠的活动来看，他们参与慈善的积极性得到了很大的提高，参与的方式也变得灵活，不单单只关注捐赠的规模，同时也考虑到了捐赠的社会效益。

二、捐赠规模

据 2016 年最新的胡润慈善榜显示，前 100 名慈善企业家名人总捐赠总额达到 300 多亿元，比去年上升 48.29%，实现较大的增长幅度，是 3 年前的 5 倍之多。2016 年榜单的前 100 名上榜门槛较上一时期的 1200 万增加了 55 万元。虽然 2015 年以来，中国经济开始走弱，个人捐赠额却呈现大额化趋势，根据榜单显示有 27 名企业家或名人捐赠过亿，比去年增加 9 名，捐赠过亿人数达到历史峰值，与 2008 年持平。近几年来，榜单中企业家和名人的总捐赠额虽然有浮动，但总体呈上升的趋势，2011 ~ 2016 年前 100 名中国大陆企业家慈善捐赠的具体情况如图 6 - 1 所示。

① 2016 胡润慈善榜：胡润研究院于 2016 年 6 月 7 日发布，该排行榜囊括 100 名中国大陆最慷慨的慈善家，根据慈善家于 2015 年 4 月 1 日 ~ 2016 年 3 月 31 日期间的现金捐赠，以及与现金相关的捐赠，有法律效力的承诺捐赠以及 2016 年 4 月 ~ 5 月的过亿捐赠都统计在内进行排名得出年度慈善排行榜。

（亿元）　　　　　　　前100名慈善家捐赠数额

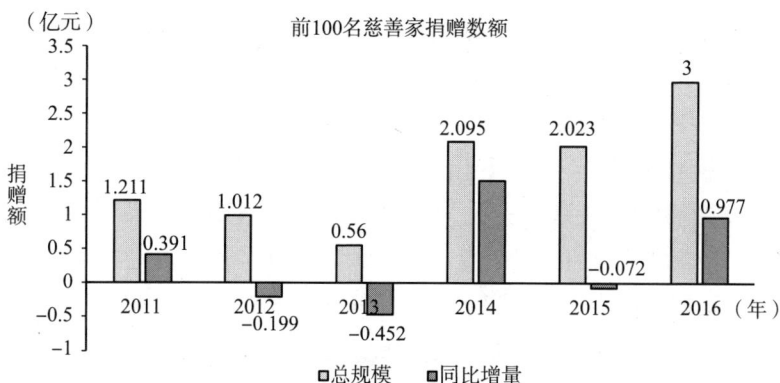

图 6 - 1　2011 ~ 2016 年百强慈善家捐赠情况①

2014 ~ 2016 年捐赠总规模实现较大的跳跃，前 100 位企业家名人捐赠总额都在 200 亿元以上，这很大程度上得益于首善的上百亿捐赠。慈善捐赠总额在 2016 年达到了历年巅峰，很大一部分要归功于排在胡润慈善榜单中前几位的大额捐赠企业家。2016 年 4 月中下旬，腾讯公司总裁兼董事会主席马化腾宣布将一亿股个人持有的公司股票，价值约 139 亿元人民币捐出，成为新一年度胡润慈善榜单中的首善。该笔资金将会全额捐入正在筹建的公益基金，将来用于援助国内教育事业、环保公益及医疗健康等方面的发展，以及支持基础学科的发展和支撑前沿科学的探索；排在该年度榜单第二名的慈善企业家也是出自腾讯公司，作为该公司创始人之一的陈一丹先生捐赠 40 亿元人民币，正在进一步打造属于自己慈善事业上的神话；该年度榜单中的第三位是东方园林集团的董事长何巧女，捐出个人持有的价值约 29 亿元人民币的股权。该年度胡润慈善排行榜中前十名的慈善家捐赠额均高于亿元，对中国的慈善事业做出了卓越的贡献。

三、捐赠主体

（一）捐赠性别比

据 2016 年度胡润慈善排行榜单统计显示，该年度前一百名慈善捐赠家中

---

①　资料来源：2011 ~ 2016 年胡润研究院。

女性慈善家有 14 人，低于上一年度的 18 位；而百富榜中有 21 位女性上榜，高于慈善榜中女性的占比。历年来，慈善榜单中女性捐赠慈善家的占比一般都低于百富榜单中女性富豪的占比，其中两者比例最接近的一年应属 2015 年，2015 年中慈善百强榜单中有 18 位女性企业家，是近五年来最多的一次，而 2015 年中富豪榜中女性富豪占比为 20% 左右，两者数值是最为接近的一年。总体而言，富豪榜中女性占比高于慈善榜女性占比，相反男性在慈善榜中的占比高于在富豪榜中的占比，从某种意义上来说，男性企业家相较于女性企业家更加热心于慈善公益事业的发展，更积极主动承担社会责任。

（二）慈善家所属地域

划分企业家和名人所处地域的方式之一是根据企业家名人的出生地，依照出生地标准，根据 2016 年胡润研究院公布的关于企业家慈善捐赠信息，捐赠额排在前 100 的企业家分别有 12 人来自浙江和广东，并列第一名；福建企业家比上一年度减少 6 位，总计 8 人上榜，位列第三名；湖南地区企业家较上一年度增加 3 人，共计 4 人上榜，成为历年之最，排在第四名；有 3 位来自河北省，仅比湖南省少一名；而来自山东、北京、上海、四川、河南、天津、黑龙江地区的百强慈善企业家均有两名。百强企业家出生地的具体分布见图 6 - 2。

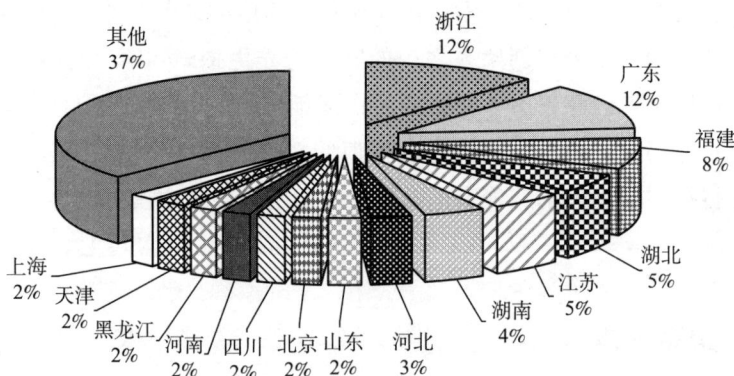

图 6 - 2　百强慈善企业家出生地分布[①]

以马化腾为首的广东企业家捐赠总额约占总榜比例的六成，居地区捐赠总

___
① 资料来源：胡润研究院 2016 年数据。

额排名第一名；捐赠总额排名第二名的是来自浙江的商人，令人出乎意料的是此次浙江的首善是一位女性慈善家，是素有"园林皇后"之称的何巧女董事长；捐赠总额排在第三名的是四川地区的商人，以王健林为首。此外，福建、河南、山东、湖北、河北地区企业家捐赠总额分别位居第四名~八名，占总榜比例均超过1%。各地区捐赠额具体占比情况以及地区首善详见表6-1。

表6-1　　　　各地区企业家名人捐赠情况（以企业家出生地为依据）[1]

排名	出生地	地区捐赠总额占总榜比例（%）	上榜人数（人）	地区首善
1	广东	59.10	12	马化腾
2	浙江	14.40	12	何巧女
3	四川	4.80	2	王健林
4	福建	3.90	8	黄如论
5	河南	3.10	2	许家印
6	山东	2.70	2	卢志强
7	湖北	1.80	5	吴少勋
8	河北	1.10	3	王玉锁、赵宝菊夫妇
9	江苏	0.60	5	朱共山
10	北京	0.50	2	崔如琢
11	湖南	0.30	4	傅军
12	天津	0.30	2	刘毅
13	上海	0.20	2	虞峰
14	黑龙江	0.10	2	杨卓舒
15	其他	7.10	37	—

　　而如果按照捐赠企业家的公司总部所在地划分企业家所处地域，根据2016年胡润慈善榜数据，从上榜慈善家公司总部分析，25位慈善企业家的公司总部坐落在北京市，成为全国慈善企业家公司总部坐落最多的地区；总部坐落在广东省的公司比去年增加1个，总计21个，慈善家企业总部所在地排名第二名，地区首善马化腾也是全国首善；企业总部在上海的慈善家比2015年增加6人，增至12人，从2015年第六名上升到第三名，泰然集团董事长潘宝峰向浙江大学捐赠1亿元，成为上海地区2016年度的首善企业家，在全国的榜单中排第20名；浙江和福建分别排在第四名和第五名，企业总部位于浙江

①　资料来源：2016年胡润慈善榜。

的共 8 位，捐赠最多的是森马集团的邱光和家族，捐资 3 亿元定向用于温州教育事业发展，在全国的榜单中排第 9 名；公司总部位于福建省的总共有 5 家，其中骏豪地产的蔡端宏先生向厦门大学捐款 3000 万元，[①] 是该地区捐赠最多的企业，具体分布详见表 6 - 2。从更细的城市角度来看，北京、上海两地的慈善企业家公司总部数量位居前两名，广州和深圳地区并列第三名，这一现象也说明地区公益事业的活跃度通常与地区的经济实力相挂钩，基本上呈正相关关系。

表 6 - 2　　　　　　　　上榜企业家的各地区分布情况[②]

排名	地区	上榜人数（人）	地区捐赠总额占总榜比例（%）	首善
1	北京	25	26.1	何巧女
2	广东	21	63.5	马化腾
3	上海	12	1.9	潘宝锋
4	浙江	8	2.9	邱光和家族
5	福建	5	0.4	蔡端宏
5	湖北	5	1.6	吴少勋
7	香港	4	0.7	李贤义
7	河北	4	1.1	王玉锁、赵宝菊夫妇
7	天津	4	0.5	刘毅
10	江苏	3	0.3	陈光标
10	湖南	3	0.2	陈邦
12	四川	1	0.3	唐立新
12	广西	1	0.2	许淑清
12	安徽	1	0.2	王伟胜
12	江西	1	0.1	聂景华
12	云南	1	0.1	柳天伟
12	澳门	1	0.1	曾志龙

（三）捐赠者年龄分布

根据 2016 年胡润慈善榜榜单统计发现，上榜的 100 位企业家名人的平均

①　图表以企业家公司总部所在地为依据，排名以地区上榜人数为计算依据，资料来源：胡润研究院。

②　资料来源：2016 年胡润慈善排行榜。

年龄为 55 岁，与前两年榜单平均年龄基本相同。基本上，每年捐赠百强榜单显示的慈善捐赠者的平均年龄都处于 50～55 岁之间，变化幅度较小。2016 年度上榜的企业家平均年龄较百富榜中企业家的平均年龄大一岁。榜单中有大约 60% 的慈善企业家同时也位列于同一年度的胡润百富榜中，与往年相似，大部分慈善企业家都来自百富榜，因此每年慈善榜上榜者的平均年龄也较百富榜榜单中企业家的平均年龄相差无几。但总体而言，慈善榜企业家平均年龄均较百富榜企业家平均年龄高，可能是由于年龄较大者更愿意从事公益事业，或是年龄较长者的社会责任意识更强（见图 6 - 3）。

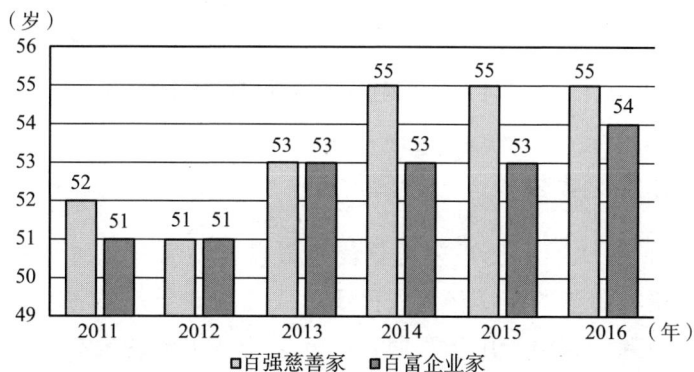

图 6 - 3　2011～2016 年百强慈善企业家与百富企业家平均年龄[①]

（四）慈善家所属行业

房地产、金融、IT、医疗、制造业行业的企业家的名字是在慈善排行榜上出现频率最高的行业，其中，地产业是历年来出现最多捐赠企业家的行业，其次是金融行业。近些年来，随着互联网和科学技术的不断进步，IT 行业企业家正逐步稳定在捐赠行业的前三甲中。根据胡润研究院的数据显示，在 2016 年度最慷慨的 100 位企业家名人中，有 60% 左右的企业家名人均属于 IT、地产和金融三大行业。虽然，地产行业的捐赠者比上一年度减少 9 人，仍然有 35 位企业家和名人属于该行业；金融与投资行业比去年增加 14 名，有 33 位企业家名人上榜；IT 行业比去年增加 7 名，有 13 位企业家名人出自该行业。在过去的 5 年里，地产行业的慈善企业家一直是最多的。在 2012 年胡润研究

---

①　资料来源：胡润研究院 2011～2016 年数据。

院发布的中国大陆最慷慨的 100 名慈善家中，地产行业的企业家就占据了一半以上，在后续的 3 年间，地产行业的慈善家基本维持在四成至五成的水平上，[1] 历年均列居各行业之首。此外金融、IT 行业、医疗和制造行业的企业家也表现不俗，在各年慈善排行榜中均占有多个席位（见图 6-4）。

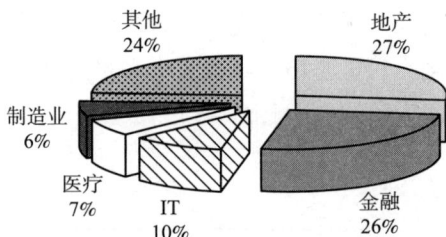

图 6-4　2016 年慈善捐赠百强企业家所属行业占比[2]

（五）首善的比较

2016 年 4 月 18 日，腾讯公司总裁兼董事会主席马化腾宣布将捐出一亿股腾讯股票，市值约 139 亿元人民币，成为新一年度首善。款项将全额注入个人公益慈善基金，用于资助各项社会公益事业的发展。继上两个年度的首善马云之后，马化腾成为再一位宣布捐赠款项过百亿的慈善家，同时二人均来自 IT 行业，这可能也主要得益于近年来互联网在中国的迅速发展，使得 IT 企业得到飞速的发展，企业价值迅速提升。马化腾此次捐出的 139 亿元不仅使其成为本年度国内的首善，[3] 也使得其成为全球前十名的慈善家。此外，马化腾主导的腾讯基金会也是全国范围内综合排名首位的非公募基金会，同时该基金会旗下的腾讯公益平台也已成为目前中国最大的互联网公益平台。

前几年的中国首善主要出现在地产行业和其他实体企业。而近三年得益于中国经济和互联网时代的发展，中国首善均出现在 IT 行业，且捐资额也出现了量上的飞跃，由以往的几十亿级别达到现在的百亿级别。具体情况可如图 6-5 所示。

---

① 资料来源：胡润研究院 2011~2016 年数据。
② 资料来源：胡润研究院 2016 年数据。
③ 资料来源：王勇，《许家印："民生理念"的践行者》，《公益时报》2014 年 4 月 22 日（21）。

（亿元）　　　　　　　　首善捐赠额

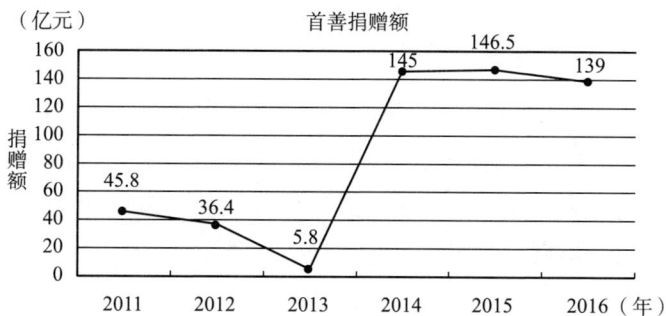

图6-5　2011~2016年中国首善捐赠数额①

（六）慈善家身份

根据最新一年的胡润慈善榜单统计发现，拥有政治身份的慈善家占20%，比上一年度降低6%，但仍高出百富榜将近9%的水平。历年来，慈善榜中拥有政治身份的企业家占比都远高于百富榜中的比例，因此也可以在某种程度上说明拥有政治身份的企业家的社会责任感强于普通企业家。（见图6-6）

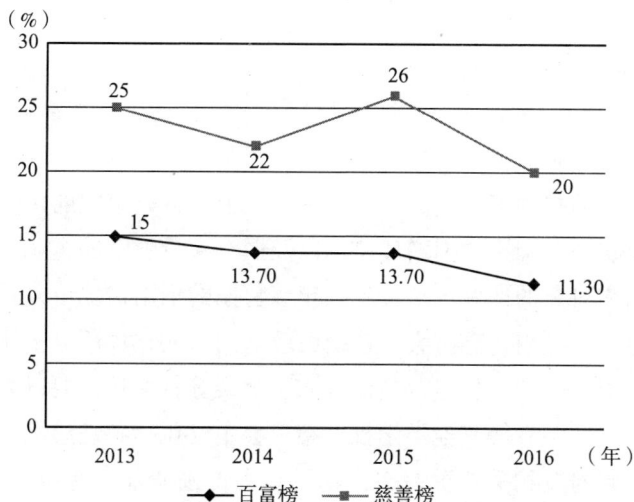

图6-6　2013~2016年拥有政治身份企业家占比②

---

① 资料来源：2011~2016年胡润慈善榜。

② 资料来源：2013~2016年胡润研究院数据。

（七）捐赠额在财富占比

根据历年统计的捐赠数据，中国慈善家平均捐赠额约占他们财富的0.5%～2%。2016年度前100名最慷慨慈善企业家的平均捐赠额占他们平均财富的1.9%,[①] 为历年最高水平，近3年呈上升之势。除了2014年外，在近5年内，企业家捐赠额占平均财富的比例均高于1%。（见图6－7）

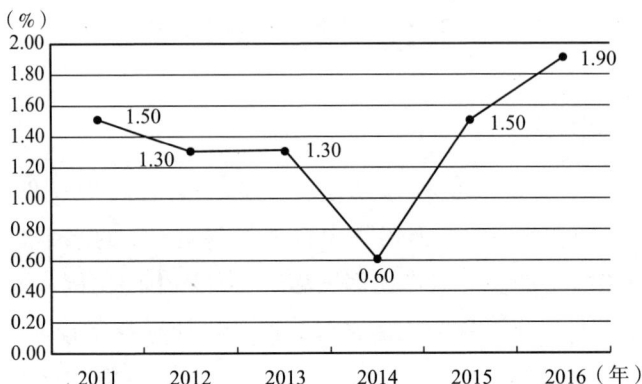

图6－7　2011～2016年企业家捐赠额占平均财富之比[②]

四、受赠主体

依据胡润研究院最新一年慈善排行榜的资料，下面简要分析捐赠额前100名的企业家名人的捐助资金流向。在某种程度上，各类组织的接受捐赠情况能够从宏观上反映一个国家的捐赠环境，以及握有大量财富的企业家和影响力较大的名人对捐赠对象的偏好。从过去一年慈善家的捐赠情况可以看出，受赠主体主要有基金会、学校、慈善会、各级民政部门、文化场所等主体，其中基金会包含个人出资成立的，也包含其他官方基金会等；学校主要以大学为主，辅之以小学、中学、中专等其他类学校；慈善会主要包括各地慈善总会；各级民政部门指各级政府及相关机关；文化场所包含古迹遗址、博物馆、宗教场所、科技馆等场所。从2015年4月～2016年4月，受赠主体受捐金额的分布情况如图6－8所示。

---

①② 资料来源：胡润研究院2011～2016年数据。

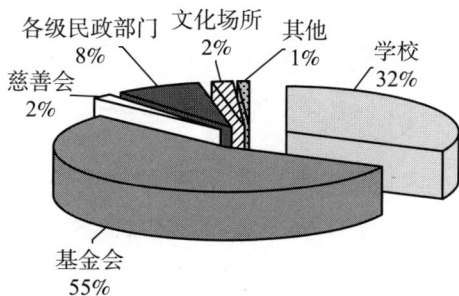

图6－8　2016年各部门接受捐赠情况①

　　近一年内，企业家名人捐赠的受赠主体主要在基金会和学校，捐赠大额资产的企业家以设立独立基金会为主要方式，如首善马化腾和女首善何巧女等大额捐赠者均是通过成立个人基金会运营慈善资金；由于对母校捐赠的企业家较多，学校成为第二大受捐机构。各级民政部门也是企业家名人捐赠的对象之一，主要以扶贫项目和赈灾项目为集资缘由。相对于全国对慈善会的捐赠情况，过去一年内最慷慨的100位企业家名人中很少有人将资金捐助于慈善会，受捐金额只占2%,②与古迹遗址、博物馆等文化场所受捐金额相差无几。

五、捐赠领域

　　教育公益事业和社会公益事业一直是企业家们最乐于捐资的两个方向。根据2015年4月~3月底企业家公益的捐赠情况，该年度教育领域的捐赠人数仍然最多占46%，上榜中有将近一半的企业家都有参与教育事业的慈善捐赠，比去年增加2%，成历年之最；社会公益事业仅次于教育事业，企业家名人第二关注的是慈善公益捐助领域，捐赠该方面的企业家人数占比1/5，比去年稍有降低；扶贫和赈灾也是企业家名人捐赠的一个主要方面，最新一年度企业家捐赠人数分布占比分别为11%和3%（见图6－9）。③

---

①②③　资料来源：胡润研究院2011~2016年数据。

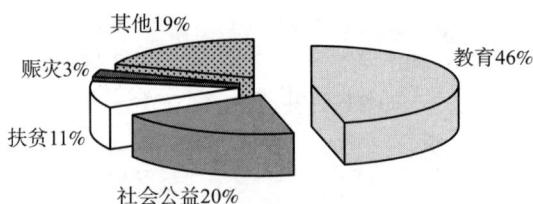

图 6－9　2016 年企业家捐赠主要方向①

从历年的平均数据来看，教育和社会公益领域的捐赠人数基本保持在较高的水平，两者合计超过半数；历年来，扶贫的捐赠人数都比较稳定，在 15%前后浮动；赈灾方向的捐赠人数随每年灾况而变化，每年波动幅度较大。具体情况如表 6－3 所示。

表 6－3　　　　　　　　　**2011～2016 年企业家捐赠主要方向②**

方向	2011 年	2012 年	2013 年	2014 年	2015 年	2016 年
教育	24%	36%	34%	27%	44%	46%
社会公益	29%	32%	26%	20%	26%	20%
扶贫	9%	20%	15%	11%	9%	11%
赈灾	26%	3%	1%	19%	5%	3%
其他	12%	9%	24%	23%	17%	19%

（一）教育

教育作为企业家名人们最关注的公益领域之一，各类学校、助学基金会和教育慈善会等每年均能获得大量的慈善捐助。企业家捐赠的款项主要用于支持教育慈善会的发展壮大、教育基地以及校园和学校基础设施建设、助学促学基金会发展、成立各项奖助奖金、扶助贫困学生等有利于教育事业发展的工程。校园和学校基础设施建设是指企业家无偿出资援建各层级校园以及校内各项基础设施和教学设备，其中大学校园的建设是企业家捐赠最多的一项。在过去一年内进行校园建设最多的是陈某某，个人捐资 20 亿元用于武汉学院建设；③另外还有邱某某家族共捐资 3 亿元，全额用于森马学校的发展；解某某向复旦大学捐资 2.5 亿元用于大数据科学与技术学院学科的建设和发展；吕某某

①②　资料来源：胡润研究院 2011～2016 年数据。
③　资料来源：《腾讯创始人陈一丹捐赠 25 亿港币创立"一丹奖"》。

向中国科学院大学捐资 2 亿元，用于建设国科大存济医学院。此外，也有很多慈善企业家通过捐资或成立各类助学基金会，支持国家教育事业的发展，捐资或成立各类助学基金会是指企业家选择捐赠学校的助学基金会或者直接成立自己的助学基金会，其中捐赠最多的是广东心里程电子集团彭某某董事长，以集团的名义捐资 1 亿元成立红岭教育基金，不盈利不冠名，只为促进教育事业进步。潘某某先生通过向浙江大学教育基金捐资 1 亿元用于设立泰然互联网金融教育基金，促进浙江大学互联网教育事业的发展。另外也有很多企业家通过捐赠帮助困难学生或是捐资各地慈善会来促进各地教育事业的进步发展。

在 2016 年，向母校捐赠仍然是企业家名人进行教育捐赠的最主要方式，在百位最慷慨企业家名人中有 27 位通过此种方式回馈母校、回馈社会（见表 6-4）。受校友捐赠额最多的学校依次是上海的复旦大学、北京的清华大学和中国农业大学。复旦校友卢志强向母校教育事业项目无偿捐赠 7.3 亿元，是近一年来复旦大学最慷慨的校友。董钧向母校清华大学捐赠 2 亿元，主要用于学生活动中心大楼和支持更多的毕业生到基层和国家重点发展的行业和地区发展事业，建设国家。清华大学另一名校友汪潮涌也向母校捐资 1 亿元用于支持清华大学的教育事业。毕业于中国农业大学的大北农集团董事长邵根秋此前也向母校中国农业大学捐资 2 亿元，用于建设校园，发展教育。除此以外，北京大学、上海交通大学、中山大学、西南财经大学和深圳大学受校友企业家捐赠数额也都超过 1 亿元。从历年平均受捐水平来看，复旦、清华、中农大的校友最慷慨。此外，大学受非校友企业家捐赠的比例也在逐年增加，其中最醒目的应属陈一丹捐资 20 亿元用于筹建武汉学院、解直锟捐资 2.5 亿元，款项用于建设复旦大学的大数据科学与技术学院。

表 6-4　　　　　　　　　　校友企业家向母校捐赠情况[①]

姓名	受捐高校	捐赠款项（万元）	捐赠内容
卢志强	复旦大学	70000	支持母校教育事业发展
董钧	清华大学	20000	为清华大学建设学生活动中心
邵根伙	中国农业大学	20000	支持中国农业大学发展

---

① 资料来源：胡润研究院 2011~2016 年数据。

姓名	受捐高校	捐赠款项（万元）	捐赠内容
吴小兰	深圳大学	12000	捐建"吴玉章楼"
吴刚	西南财经大学	12000	为学校设立创新创业基金
马云	杭州师范大学	10000	为母校设立马云教育基金
汪潮涌	清华大学	10000	支持母校教育事业
吴炯、孙洁夫妇	上海交通大学	6500	设立"吴炯孙洁永久基金"
赵文权	北京大学	6380	支持北京大学教育事业发展
刘水	北京大学	6000	捐建环境绿色大楼建设
刘毅	天津大学	6000	捐资至善贷学金
唐立新	重庆大学	6000	设立教育发展基金
陈家泉	复旦大学	5000	捐建"康泉图书馆"
虞锋	复旦大学	5000	支持教育事业
沈南鹏	上海交通大学	5000	为医学设立研究基金
陈东升	武汉大学	3000	捐赠武汉大学万林博物馆
王同川	西北农林科技大学	3000	设立"王同川励志奖学金"
陈光明	中山大学	3000	支持中大校区建设
陈乐田	中山大学	3000	支持中大校区建设
方明	中山大学	3000	支持中大校区建设
刘伟	中山大学	3000	支持中大校区建设
曾志龙	厦门大学	2300	为学生创新创业活动提供资金
李亦非	武汉大学	2000	支持武汉大学教育事业发展
蔡练兵	中南大学	2000	出资建设大楼
于刚、宋晓夫妇	武汉大学	1270	设立"于刚·宋晓奖学金"
李占通	南开大学	1200	捐建南开大学学生活动中心
李占通	天津大学	1200	出资支持天津大学教育基金发展
郑钢	南京大学	1000	设立"郑钢师生奖励金"

（二）社会公益

历年来，捐赠慈善基金会等社会公益方面一直都是企业家热门的捐赠方向。2015 年 4 月～2016 年 6 月期间，捐赠额前 100 名的慈善家中就有 20% 的企业家选择捐赠社会公益，该比例是历年来的最低水平，与 2014 年度占比持平，而其他年度选择捐赠社会公益的企业家的比例都高于 20%，总体而言，企业家们对于社会公益事业的捐赠呈下降的趋势（见图 6-10）。

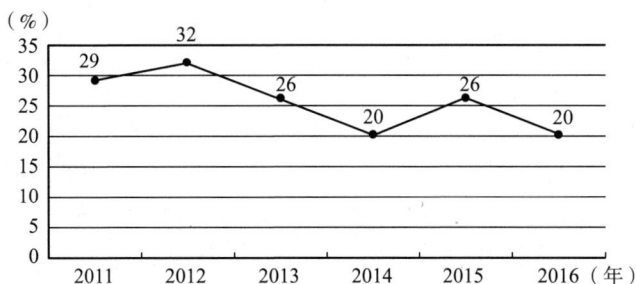

图6-10 2011~2016年企业家对社会公益捐赠的占比情况①

2015~2016年，男首善马化腾和女首善何巧女都选择将捐赠资金投入到社会公益，二者都是通过捐出持有的股票，将资金投入到个人组建的基金会中，以逐年划拨的方式促进社会公益事业的发展。此外，捐赠额过亿元的慈善企业家还包括张汉鸣、陈玉梅夫妇和纪海鹏董事长，他们都通过向慈善基金会捐赠来促进社会公益事业。

（三）扶贫

扶贫济困是传统公益慈善的重要内容，也是企业家们最热衷捐赠的一个方向。近一年来，100位最慷慨的慈善企业家中有11%的企业家选择将援手伸向贫困人民，帮助贫困人民脱离困境。历年来，帮助穷困人民的企业家约占10%，基本上保持在比较稳定的水平上（见图6-11）。

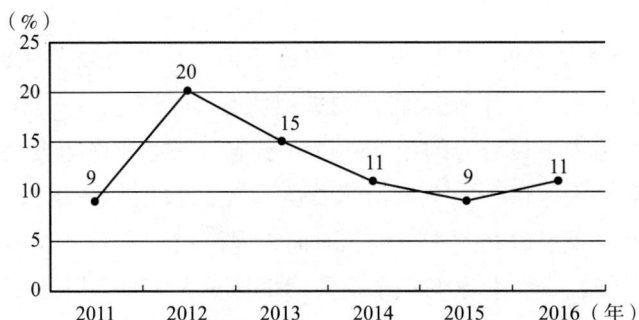

图6-11 2011~2016年致力于扶贫公益事业企业家的占比②

①② 资料来源：胡润研究院2011~2016年数据。

王健林是从事扶贫公益事业上时间最长，力度最大的企业家之一。王健林从多年前就开始投身于社会上的扶贫事业，计划分步捐赠 14 亿元，一步步帮助丹寨人民找出路，希望通过在丹寨县建设工厂，发展地区经济，给当地居民提供就业岗位，帮助人们实现持久性脱贫脱困。在扶贫公益事业上，恒大集团的许家印董事长也备具经验，曾捐赠 30 亿元帮扶贵州省大方县人民脱贫致富，首期帮扶资金 10 亿元已就位。此外，在扶贫公益事业上，还有许多其他的企业家也做出了极大的贡献，向贫困人民伸出了援助的双手。

（四）医疗领域

近年来，企业家对医疗领域的捐赠逐渐升温，越来越多的人关注到医疗领域的公益需求。在过去一年，就有 4 笔来自企业家对于医疗事业的大额捐赠，用于促进我国医疗技术的进步。2015 年 12 月 22 日，李彦宏总裁向北京协和医院捐资 3000 万元，无偿资助食管癌研究。2015 年 8 月 18 日韩春善董事长向中国残疾人福利基金会捐赠 5500 万元，这笔捐款主要是用于无偿资助 5 万名困难白内障患者，为他们解决复明手术的费用，在过去一年时间里，中国残疾人福利基金会还收到郭小卫先生的 5500 万元的大额捐赠，用于帮助残疾人康复。此外，湖南爱眼公益基金会也收到过陈某董事长 2000 万元的捐赠，① 资金将用于促进眼科医疗事业的发展。

（五）减灾救灾

在世界上的各个角落，每年都在发生着大大小小的灾难。2015 年 8 月 12 日发生了天津爆炸案，在灾情发生的那一刻，社会公众及时伸出了双手，给受难者送去了援助，企业家们作为握有大量财富的社会一分子也积极援助，给受难者送去了最有力的经济支持。李金元先生在得知灾情后，立即向当地受灾民众、天津市公安救援消防总队和灾区救援部队送去 3000 万元救助资金；另外，束昱辉和刘强东也及时向天津港爆炸受难区捐献 1000 万元，帮助人们灾后恢复。企业家们除了在天津爆炸重大灾难事件中积极承担减灾救灾的责任外，也时常现身于其他大大小小灾难，给当地的灾区和灾民们送去援助（见图 6 - 12）。

---

① 资料来源：胡润研究院 2016 年数据。

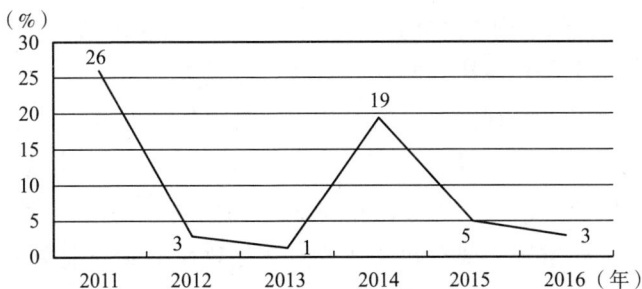

图 6-12　2011~2016 年参与救灾企业家的占比[①]

（六）基础设施建设

通过投资捐建公共基础设施，为居民生活提供便利，增进当地居民福利也是企业家们回馈社会的一种重要方式。过去一年时间里，在公共基础设施建设上捐赠最多的是恒大的许家印，许家印董事长捐赠公共基础设施建设的目的是帮助贵州大方县人民摆脱贫困，2015 年年底，许家印承诺帮助贵州大方县脱贫致富，计划 3 年内无偿投入扶贫资金 30 亿元，[②] 目前 1/3 的资金已经到位。该笔资金主要用于建设搬迁移民安置区、新农村、各类学校、儿童福利院、医院、敬老院等基础设施，共计 40 项基础工程，还将培育 200个农牧业产业化基地。直接捐赠各地慈善总会是更多企业家选择捐建公共基础设施时的一种方式，其中劲牌的吴少勋捐资 2.13 亿元用于大冶基础设施建设；金川置业的鲁建仁向浙江平阳凤湖公园工程捐赠 5000 万元；在"湖北慈善之夜"活动举办当天，阳光房地产的肖基成向当地慈善总会捐赠3200 万元，用于支持十堰基础设施的建设。除以上企业家在基础设施建设方面的公益行动外，还有很多企业家也做出了重大的贡献，但相较于企业家在教育、社会公益以及扶贫上的捐赠，企业家们在基础设施方向的捐赠相对较少。

（七）文体科技

文体科技的捐赠与传统慈善的教育、扶贫、赈灾相比，向来较少受到企业家们的关注，2015 年 4 月~2016 年 4 月，中国大陆地区最慷慨的 100 名企业

---

① 资料来源于胡润研究院 2011~2016 年数据。

② 资料来源：王勇，《许家印："民生理念"的践行者》，《公益时报》2014 年 4 月 22 日（21）。

家中仅有 6 人的捐赠投向为文体科技方向，且大多数以文化类为捐赠方向，而较少有企业家在体育和科技方面进行捐赠。在过去一年里，对文化事业做出大额捐赠的企业家主要有巨力集团的扬子、富德集团的张俊、福耀玻璃的曹德旺、新华联的傅军和肖文慧，其中扬子捐赠 3300 万元建造玉树当卡寺；张俊为延边州创建全国校园足球改革试验区捐赠 8000 万元；曹德旺捐 1000 万元助闽侯将军庙重修；傅军和肖文慧向文化教育事业分别捐款 5000 万元。虽然文体科技方面的捐赠还未受到企业家们广泛的关注，相信未来随着经济的发展和人们精神需求的不断提升，企业家们对于文体科技的公益活动也会越来越多。

六、捐赠方式

近几年，随着慈善环境不断优化，股权捐赠受到越来越多慈善企业家的青睐。对企业家而言，捐赠股权不会影响企业的现金流和偿债能力，从而有利于股权的增值保值，股权捐赠模式与传统的现金捐赠模式存在本质上的区别，它没有特定的受捐目标，而是由基金会的管理者而非捐赠者做出慈善决策，不局限于特定的某些受捐群体。这种方式下的捐赠不局限于捐献者设立的或是其他特定的基金会，且企业家采取的股权捐赠方式往往涉及的金额较大。

在接近 2015 年底，Facebook 总裁为庆祝自己孩子的出生，决定和妻子一起捐出其拥有的公司股份的 99％，支持慈善事业的发展，为下一代改善世界，这一消息不仅引爆了整个商界，也在慈善行业引起广泛的关注。而扎克伯克此次公益捐助选择的是捐出股票而非现金的方式也引起大家广泛的关注和热议。过去更多企业家选择捐赠的方式是采取现金直接捐助，而现在有些企业家开始选择股票捐赠的方式。在过去一年里，中国地区男首善马化腾和女首善何巧云都选择股票捐赠的方式进行公益捐助，此外，北京大学校友赵文权也选择通过股权捐赠的方式向母校捐赠持有的蓝色光标 200 万股，市值 6380 万元。虽然在近一年内最慷慨的 100 名慈善企业家中仅有三人是以股权的方式进行捐赠，但以股权方式捐赠的额度却高于非股权捐赠的额度。2015 年中国大陆地区的首善马云先生也是选择以股权捐赠的方式进行慈善公益捐赠。由此可知，股权捐赠往往伴随着高额的慈善捐助（见图 6－13）。

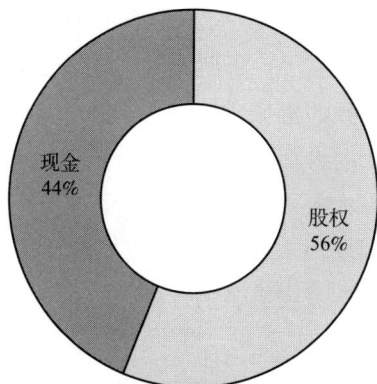

图 6 – 13　2016 年前 100 名最慷慨企业家捐赠方式的额度占比①

七、捐赠特点和趋势

（一）特点

据 2016 年胡润慈善排行榜的数据显示，在过去一年里，捐赠额排在前两位的分别是马化腾和陈一丹，两人都是来自腾讯，作为同一家企业的创始人，马化腾和陈一丹不仅有着共同的商业理想，同时也对世界充满着责任，热心于公益事业。最新一年度的女首善——东方园林董事长何巧女以股权捐赠的方式捐出 29 亿元，成为历年来首次进入慈善排行榜的女性，近年来，女性在慈善的大舞台上也绽放出越来越多的光彩。此外，今年排行榜上还出现了历届年龄最小的百强捐赠者，年仅 26 岁的演艺明星杨某和其丈夫黄某某在过去一年累计捐赠 1685 万元，成为排名第 87 名的慈善家，引起大众的热烈关注。2016 年度的胡润慈善排行榜也是历年来第一次出现演艺明星的身影。

（二）趋势

近年来，越来越多的高净值人群认为慈善捐赠是体现企业家社会责任的最好方式之一，因此企业家中慈善捐赠的比例逐年上升。企业家名人做慈善的活跃度基本上与其年龄呈正相关的关系，根据慈善捐赠数据统计发现，年龄在 45 岁以上的企业家，参与慈善活动的比例为 78%，而企业家年龄低于 30 岁

---

① 资料来源：胡润研究院 2011～2016 年数据。

的，参与公益活动的活跃度降低 13 个百分点，因此，随着年龄的增长，人们对社会的回报积极性也随之高涨。近些年来，随着慈善基金透明度和公信力的上升，选择向慈善基金捐款的富豪比例也在上升，富豪们参与慈善的方式虽然多种多样，但其中有 2/3 的人都选择直接将资金投向慈善基金会的做法，其中以希望工程和红十字会为代表，受到众多企业家的信任。根据企业家们的身价分级也发现一个有趣的现象，千万身家的企业家们主要选择以民间基金的方式参与慈善活动，而亿万企业家则更多的选择公立基金或者直接捐助慈善项目的方式参与慈善活动。

愈来愈多企业家选择采用注册基金会或以基金的方式参与慈善公益活动。2016 年，首善马化腾宣布将捐赠 1 亿腾讯股票，他此次参与慈善的方式也是将善款全部捐入个人成立的慈善基金会中。此外，女首善何巧女承诺捐赠个人持有的价值约 29 亿元的股票，与马化腾一样，她也是将该笔慈善资金注入到她个人成立的"北京巧女公益基金会"中。除此以外，上一年度的首善马云也是通过成立个人基金会进行慈善捐赠。

近年来，国内企业家进行海外捐赠的现象与日俱增。近一年来，对海外捐赠超过千万的企业家就有三位，其中向海外捐赠最多的大陆企业家是王健林，捐资超亿元；地产商周泽荣向悉尼大学捐资 6800 万元，用于校内扩建博物馆；福建实体企业家曹德旺向海外捐资 4600 万元，用于美国代顿大学的发展建设。随着公益环境的不断改善与人们思想的不断革新，企业家们做慈善不再是仅仅追求简单的数目，而是更加看重善款能够带来的社会改善程度，对人们生活的改善和社会的进步速度，不仅关注国内的发展与进步，同时也密切关注世界的文明与和谐。

第二节 名人公益活动

一、名人公益简介

名人通常指各行各业中能力突出而备受外界景仰和关注的人物，他们的行为也经常受到公众的关注和效仿，所以，拥有高收入、高知名度与广泛影响力的名人正在日益成长为慈善公益事业的重要力量。虽然他们没有能力像企业家一样进行巨额的捐赠，但不少名人也在以自己的方式贡献社会，且名人慈善的最大价值并不在于他们自身捐赠的多寡，而在于他们身体力行的公益行为给社会起到的示范效应，带动更多人的关注公益，践行公益，共筑美好的社会。外界也许有声音认为名人做公益只是提升形象，只是为了丰富自己的形象，即便如此，名人公益更多的是利用名人效应传播正能量，社会群众会通过自己所关心的名人偶像了解到一个慈善活动、一个公益项目，通过生活闲聊传播公益，使更多的人了解这些活动，也号召了一部分人参与其中，使得公益效应得到大范围的扩散。名人无疑通过传播效应，如多米诺骨牌影响着一批一批的社会大众，因此，名人公益实践有如催化剂，使公益事业得到广泛传播和实践。

2015～2016年，演艺明星、艺术家、运动员、主持人及作家等名人都在通过个人捐赠、间接募集、公益行动、公益影响力等方式推动着中国公益事业的发展。他们从担任公益形象大使、为公益活动站台宣传，捐款、捐物到身体力行助人行善、抢险救灾、深入大山支教、到敬老院陪伴和帮助老人、号召自己身边的朋友一起捐款，一起植树造林，践行环保公益、成立公益机构，越来越多的明星名人将公益作为自己生活的一部分，挤出大量的时间践行公益事业，并将公益观念融入生活，向无数关注他们的大众传播宣扬，提倡人人公益理念。

在为公益活动站台宣传、担任公益形象大使方面，2016年期间就有佟某某、关某夫妻共同作为中国扶贫基金会爱心大使，同时知名导演哈某以及知名演员高某某等也共同出席了"圆梦832" 2016新长城贫困高中生爱心寻访活动的首发仪式，为活动站台宣传，引导大家关注贫困儿童就学问题。2016年，白某某作为壹基金"公益露天电影"项目的形象大使，同壹基金秘书长李某共同出席了在灾后重建地区举行的公益露天电影活动，同孩子们一同观赏电影，为灾后孩子们带去快乐与文娱享受。2016年期间，环保达人李某某再次作为联合国环境规划署全球亲善大使和世界自然基金会全球推广大使，出席了地球一小时熄灯公益环保倡导活动；李某某担任环保公益大使已达8年，大众看到"地球一小时"或者是"没有买卖就没有杀害"等字眼就会自然地联想到李某某，她的形象已经与环保紧密地结合在一起，也让环保成为一种时尚。另外也出现了众多歌手、歌星通过歌曲传达公益。谭某某是一名著名的音乐人，利用自己的特长将公益和音乐结合起来，通过歌声将环保理念灌注到大众的脑海中，前后创唱了《给你一点颜色》《万物有灵》等环保公益歌曲；另外一位知名的歌手吴某某也连续两年为防艾公益推出单曲；黄某也通过推出新曲

《善行者》，传播满满的正能量，传播公益理念，为爱奔走。此外，柴某、蒋某某、周某、小陶某、海某、李某等众多明星也在以自己的方式为环保代言，提倡大众关注自然，保护环境。

捐款或捐物方式是名人践行公益最为直接，也最为方便的一种方式，却也是最有效的一种方法。2016 年，著名画家崔某某先生向故宫捐赠 1 亿元，用于故宫文物保护和文化传播，这成为故宫文物保护基金截至当日收到的最大一笔个人现金捐赠，另外崔某某先生还将自己的 15 幅画作免费捐献给故宫博物院，增加故宫书画作品的收藏。2015 年，黄某某与妻子杨某大婚期间承诺捐款资助了 527 个孩子的生活费，为他们提供上学机会，此外二人近两年在全国各地出资捐建了 30 所小学，解决贫困地区孩子上学问题。2015 年期间，崔某某将个人 2 亿元代言费全数捐给了北京市永源公益基金会，支持乡村教育计划。另外赵某于 2015 年期间向 "V 爱白血病专项基金" 捐赠了 100 万元。该基金会旨在帮助 3～14 岁白血病患儿接受移植手术，赵某捐献的善款也将全部用于救助白血病患者。2015 年，杨某从个人首部书的收益中拿出了 30 万元用作善款，贡献给公益事业。2015 年，深入中国西南部的贵州省岑巩县，帮助培训医生，并救治了 500 位白内障患者。韩某多年来为医疗公益事业做出了卓越的贡献，2015 年期间还捐赠了 30 部运动型多用途车用于开展医疗急救，与此类似的是袁某 2015 年期间也向大爱清尘慈善项目的患者捐赠了 100 部制氧机以帮助他们呼吸，用于医疗救助公益事业。在慈善事业上坚守十余年的姚某于 2015 年期间再度发起了姚基金慈善赛，意在通过门票筹集善款，并将所有收入捐献出来，为中国的希望小学建造篮球场。

身体力行助人行善是最富有感染力也最为令人敬服的公益方式之一。2016 年崔某某十年坚守身体力行助人行善，早年并发起成立了爱飞翔项目，助力贫困地区教育公益事业发展，意在让帮助乡村的孩子未来更有希望。2016 年期间，崔某某联同著名歌手薛某某先生及等众多嘉宾一同出席该项目宣传活动，继续帮助乡村教师提高自主学习能力，改善乡村教育状况，为孩子们提供更好的教育。著名演员范某某也是身体力行的公益达人，从 2010 年开始的每年都会亲自入藏，将需要治疗的儿童带至北京或上海进行手术，2016 年更是协同男友李某一起继续践行公益，引发大量的外界关注。除了亲身走访助人行善的践行公益外，2016 年著名艺人莫某某还独具匠心的通过设计衣服并出售以支持公益。莫某某携手亚洲动物基金以及 IHubb 设计师品牌共同推出公益服饰系列之 "保护月熊"，并正式登陆 D2C 全球设计师集成平台进行独家发售，服饰售卖所得的部分收益将捐赠给亚洲动物基金，为保护月熊贡献力量。2014 年综艺节目《奔跑吧！兄弟》开播以来，奔跑兄弟团就开始一起做公益，组建了公益活动"让爱益起跑——公益奔跑计划"，通过义卖的方式筹集善款，并将款项用于为贫困山区的孩子们添置运动设施。另外奔跑家族还组建了"跑鞋计划"等公益项目，呼吁大家一起关注公益，践行公益。与此类似的还有另一档综艺节目《极限挑战》，发起"极限益分钟"和"极限公益成长计划"等综艺节目，将公益融于节目之中，呼吁网友参与一分钟的自我挑战，突破自己的极限同时也能帮助筹集到更多的善款，助力公益事业；另外也呼吁大家关注城市外来务工子弟的成长，通过优酷众筹平台，为外来务工子弟筹集成长补助资金，关爱他们的健康与生活。陈某也是明星中的公益达人之一，2011 年开始组建了公益项目"行走的力量"，至今已经过去 5 年，每年都坚持将公益践行到底，从起初的义卖捐赠，发展到后来的山区支教活动，陈某都在用自己的力量一步步推进慈善公益的发展。

在成立基金方面，越来越多的名人选择也通过这种方式的帮助需要的人。自 2015 年起，胡某某得知了白酒女孩的故事，并通过四处走访联合各方力量终于帮助白酒女孩获救。此次的救助也让他感到个人力量的单薄，为了能够大面积的帮助更多需要的人，2016 年 4 月 26 日胡某某正式注册成立了"医诺千金"基金。该基金主要作用是资助困难家庭医疗救助，让他们获得经济支持；此外也将提供对称的医疗信息，帮助患者及时获得有效的救助信息。

每年全国各地都会发生意外的灾害，而名人也是活跃在救灾活动上的主要人群之一。2015 年天津发生 8·12 特大爆炸灾害，黄某某夫妇、范某某、李某、杨某、刘某某、成某、韩某、乔某某、蒋某、叶某某、唐某等众多明星名人及时为灾区送去救助资金。2016 年夏季全国众多地区发生了特大洪灾，许多地方被洪水淹没，在灾害面前，范某某和李某合捐款 100 万元人民币抗灾，另外黄某某夫妇也及时捐献 100 万元人民币为灾民提供救援，另外王某某、赵某以及甘某某等人也为灾区送去了救助资金。

在深入大山支教方面虽不乏深入大山支教的明星艺人，但是能够持续坚持几年的却不多，而江某某就是其中一位。曾在中国南部的广西壮族自治区小嘎牙村坚持了 8 年支教的"小江老师"为山里的孩子带去了外面世界的精彩。陈某也是一位长期坚持到贫困地区支教的艺人明星，近几年来，都会定期到聋哑学校，给孩子们上课，画画、与孩子们一起玩耍，一起成长。

二、名人慈善家所属领域

各行各业中的众多知名人物都在用自己的力量改善这个社会，让世界更加美好。根据《中国慈善家》杂志评选的慈善名人榜，在过去的 3 年，对慈善事业做出比较大贡献的名人中有一半或半数以上均是演员，而歌手也是人数较多的慈善家，此外，主持人、导演、表演艺术家、运动员们均对慈善事业做出了较大的贡献。具体如图 6 - 14 所示。由于名人们通常是通过自身影响力和实践推进公益事业发展，因此在每年的慈善名人榜中新上榜者较少，往往后一年的慈善榜有一半以上与前一年的相同。名人榜中排名第一名的慈善家对公益事业的影响力逐年上升，且 2015 年榜单中的名人慈善家总影响力较上一年实现较大的上升，说明名人慈善家的影响力在逐步地上升，在公益领域发挥着越来越大的作用。

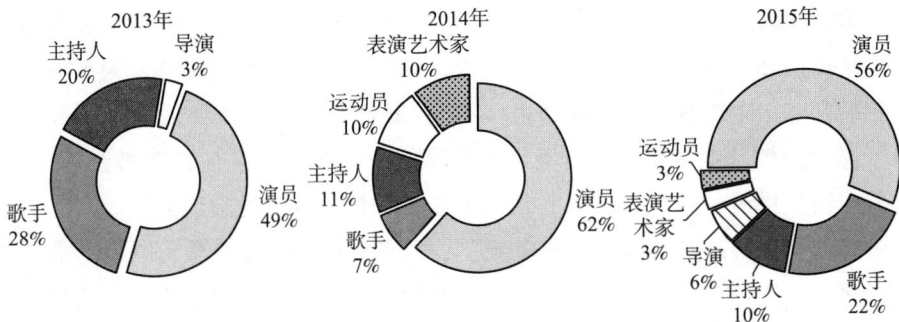

图 6 - 14 2013 ~ 2015 年各行业名人慈善家占比情况[1]

三、互联网时代名人公益新形式

随着互联网时代的到来，明星践行公益的形式也在推陈出新，由传统的公益模式演化为形式多样的线上和线下公益，尤其是线上公益正在逐步成为公益队伍中的一支重要力量。明星公益由过往的捐赠、亲历公益活动、担当公益形象大使等形式扩展至创办公益基金会、公益协会等，再到现在的公益接力（冰

---

① 资料来源于《中国慈善家》2013 ~ 2015 年中国慈善名人榜。

桶挑战）、慈善捐步，公益综艺等形式。2016 年来，公益又出现可一种新的玩法——"直播模式"，通过明星直播，获得打赏，筹集公益资金，将全额助力慈善事业。

（一）"爱心一碗饭"——公益直播活动之一

2016 年 5 月 13 日，一下科技与新浪微博宣布共同推出直播产品"一直播"，紧接着于成立的当月 22 日联同微公益和免费午餐成立"爱心一碗饭"公益活动。此次公益活动主要是通过让明星面对直播镜头亲手做一顿饭，或者吃下一碗白米饭，粉丝可透过直播平台对明星进行打赏，明星参与公益直播所产生的打赏收益将全部用来为贫困地区的学生改善午餐，意在号召大家对贫困山区孩子们的饮食健康的关注。活动开始当天，便得到著名演星姚某的率先响应，在活动开始后的两个月时间里，先后有萧某某、张某某、杜某、张某、谢某、李某、张某某、胡某、陆某、蒋某某、张某某、朱某、冯某某、谢某、胡某、李某、张某某、韩某某、Alex 大叔、沈某某、俞某某、白某某等近 300 位明星名人参与。截至 7 月 25 日，直播视频累计播放次数超 2.78 亿次，点赞数超 9 亿，直播时长超过 222 小时，微博话题阅读数 16.6 亿，累计向贫困地区学生捐赠了 332470 份免费午餐，价值超过 130 万元。[①] 此次一直播推出的"爱心一碗饭"公益活动火爆程度不亚于 2014 年风靡全国的"冰桶挑战"公益活动。

一下科技作为一直播的主办方之一，之前利用秒拍成功的开了"明星 + 公益"的战略，"冰桶挑战"也成为最成功的全民公益案例之一。现今搭载一直播平台再次运用"明星 + 公益"的战略可谓是驾轻就熟。一直播通过微博和秒拍做品牌背书，轻松获得众多明星的信赖和参与。由于明星往往具有较高的人气，多年来在微博上积累了大量的粉丝资源，下至几百万，多至几千万粉丝，因此明星的直播可以迅速引起粉丝们的关注，通过直播获到广大粉丝群的打赏，通过这种"人与人"的关系快速传递公益，是一直播与其他直播平台最大的不同之处，也是其明星公益能取得重大成就的原因之一。

（二）"画出生命线"——公益直播活动之二

2016 年 8 月 15 日，一直播再度携手时尚芭莎推出"画出生命线"公益活

① 资料来源：天津北方网，《直播公益联盟成立众星点赞　张馨予担任爱心大使》。

动，延续直播公益模式。活动一开始便吸引了大量知名公众人物的关注和参与。"画出生命线"活动旨在通过明星直播手画救护车，以直播形式让每位明星各显神通地直接与网友进行互动，并争取获得粉丝网友的金币打赏，直播获得的打赏金额全部捐献给"思源·芭莎"慈善救护车公益捐赠项目。"画出生命线"公益直播活动一开播就取得了良好的成效，仅26分钟就获得了7万元人民币的打赏金额，同时也开创了仅单个人直播所获收益就能为"思源·芭莎"慈善救护车公益捐赠项目捐献一辆救护车的纪录。名人公益活动形式随着互联网时代的到来也越加丰富，呈现在大众面前的是更加直接和亲近的公益方式，也让慈善与公益迈向了新的里程。

（三）"我们在一起"——综艺公益

除了直播模式，互联网综艺模式也受到越来越多的关注。2016年9月合宝娱乐推出国内首档明星慈善公益综艺节目《我们在一起》，又名《我们在益起》，在江苏卫视获得首播。该综艺采用直播或微访谈形式加综艺的模式，拍摄明星走进民间公益，跟明星一起做公益的活动。每期节目有两名明星嘉宾出现，通过领取特殊而神秘的公益挑战任务，到民间践行相关的公益行动，明星们在拍摄过程中与粉丝公众进行互动，带领大家了解公益，深入社会需要帮助的领域。综艺一开始就吸引了孙某、俞某某、邓某某、王某某、何某等多位明星的参与。近几年"互联网＋"概念的白热化与综艺节目的火爆，而《我们在一起》公益综艺节目在这个时点的出现无疑是最合适的。其打造以明星公益为主体，选择现今社会最受关注的公益热点为切入点（导盲犬、空巢老人、自闭症儿童、保护野生动物、白领健康、关注城市外来务工女性等）。在这些公益热点中有为了让盲人群体获得更好生活品质而奋斗在导盲犬培训第一线的女博士王某；有不忍空巢老人饮食难顾，而创建三块钱食堂的大嫂王某某；还有默默守候在山间林野，为在野生动物和人类之间创造和谐共处环境的黑豹野生动物保护站站长李某等。该综艺节目总共包含十二类主题，十二个公益故事，不仅节目内容多元化，也引领大家进入不同的慈善视角，洞察社会微小公益。此外，在节目播出的同时，也伴随着一系列线下公益活动同步进行。明星主体将以直播、微访谈等形式，推进合宝娱乐联合公益机构共创的一系列公益项目。明星互联网公益活动以受关注度高和传播迅速的特点，形成聚少成多的影响力，日积月累的宣扬与传播将加速"平民慈善、人人公益"理念的形成与发展，互联网时代下中国公益慈善领域也正展现出蓬勃发展、欣欣向荣的新气象。

四、名人公益效应的放大镜——互联网

慈善公益是一件需持久践行且范围极广的社会活动，并非短时间或个人力量能带来巨大的作用，倡导全民公益才能让公益事业持久、大规模的发展。企业家名人慈善行为的作用并不仅仅局限于本身所能带来的直接效用，更重要的在于其所带来的名人效应。所谓的名人效应是指名人出现往往可以带来巨大的关注。自动强化事件、事件的影响力以及引发人们对名人行为进行效仿的现象。简而言之，名人效应犹如品牌效应，自带传播特性，影响着社会生活中的方方面面，如名人参与慈善事业能够带动社会关怀，名人代言商业广告能够刺激消费等都是名人效应的体现。

21 世纪以来，电子信息技术的大力发展，迎来了在互联网时代，企业家名人的一举一动都受到人们时时刻刻的关注，名人的点点滴滴都能得到迅速的传播、转载和效仿。在这个信息和技术大爆炸的时代，信息不仅能瞬间传播，更能无障碍的大范围传播。人们每天都淹没在大量的信息洪流中，同样是对天津 8.12 爆炸惨案的捐赠，名人的直接捐赠或是发起的基金会募捐相较于普通人更能吸引受众眼球，更有利于传播，而名人公益本身就极具话题性及新闻报道价值，吸引了大量媒体的追踪和报道，随着媒体曝光率直线上升，借助于互联网的迅速传播功能，社会关注度进一步大幅度提高，从而起到迅速扩散和示范的作用，起到更快更强的公益效应，互联网无疑成为名人公益效应的扩散器，使名人公益行动产生的社会效益得到数倍的扩大。

互联网时代的到来，也改变了信息的传播方式，企业家名人们借助于互联网平台在网上开通微博等个人与公众互动工具，借助大量的粉丝关注，传播企业家名人的个人信息和价值理念。当下"粉丝经济"是我们现代生活中时常听到的热词，泛指因粉丝对名人、偶像、明星等群体的崇拜而引发的消费经济。而粉丝对于名人的关注在公益领域也可以产生"粉丝公益"的作用，即一人公益行动，带动千千万万粉丝效仿，起到以点带面的公益效应。根据中国公益指数权威发布官方账号"中国公益指数"发布的 2015 名人公益榜显示前 5 名的慈善名人公益微博阅读量均在 10 亿以上，其中任志强以 18.2 亿微博阅读量居榜首，赵某、孙某、范某某、李某分别以 13.2 亿、11.3 亿、11.0 亿和 10.8 亿[①]

---

① 资料来源："中国公益指数"。

微博阅读量居后四名。然而这样庞大的信息阅读量在非互联网时代很难做到，互联网时代的到来，完全改变了以往信息传播的广度和速度。

名人参与公益的传播效果能够通过自身参与直接或间接地增强普通民众参与公益慈善的意愿，影响人们的行动，促使他们积极投身公益活动。名人参与对公益事业的传播和推广有极大地促进作用，能够激发普通群众的参与热情。尤其是对粉丝群体而言，他们更愿意响应偶像的号召，发扬慈善精神，把对偶像的爱转化为公益的爱，与偶像同心同力去传播爱心，帮助更多需要帮助的人。随着公益活动的参与主体由名人个体逐渐转变为粉丝群体，名人在社会上形成更大的影响力和带动力，吸纳越来越多的普通群众自愿参与进来。因此互联网时代下，信息无缝隙的传播使得名人慈善发挥着更大引导的价值，例如黄某某夫妇不仅力行公益，也时时刻刻倡导人人公益，关爱社会，将慈善深入到生活的方方面面。在杨某的影响下，其粉丝团也组建"小天使公益基金"，践行公益行动。该小团体时常组织公益活动，号召大家爱护小动物，提倡领养流浪小动物，关爱患有疾病的小孩等各类社会公益活动，林林总总都凸显出"粉丝公益"的巨大作用。因此企业家名人的公益慈善活动，社会影响示范作用远远大于普通人。名人的公众知名度和关注度以及广泛影响力在公益事业中可以起到扩大慈善公益活动的影响力、提高公益宣传的可信度和说服力，增强普通群众参与公益活动意愿，对公益传播起到极大地助推作用，在互联网时代，名人无疑是带动公益慈善事业发展的重要力量，具备天然的公益传播功能。

第三节　社会评论

虽然公众对于企业家名人的慈善行为总是褒贬不一。对于企业家们的捐赠行为，常有网友认为企业家捐赠是理所应当的，甚至一些网友认为企业家们捐赠额太少，与他们所赚取的财富不对等，不能体现他们的爱心和责任心；而对于名人们的慈善公益活动，网友们的言谈有时显得更为激烈，有些网友甚至认为名人公益只是为了作秀，只是为了美化名人自身在公众面前的形象，佯装关心社会和大自然而已，并不值得表扬和称颂。虽然外界对企业家名人的公益行为常有怀疑的声音，但是大部分人还是保持支持和赞扬的态度，认为企业家名人投身公益慈善事业是回馈社会的一种表现，体现了他们的爱心和社会责任心，对于促进公益事业有着极大的作用。

虽然部分企业家和名人参与慈善捐赠或者是投身公益事业有作秀的成分，但是无论是捐赠还是实际的公益行动都或多或少的帮助了一部分人，解决了自然或者是社会上的一些问题，促进了自然与人类之间的和谐和社会的文明发展。只要企业家名人们的行为真真切切地起了有益作用，无论他们的初衷是真心做慈善还是作秀，都是值得称赞的。

附录 1：2016 年胡润慈善排行榜

排名	姓名	捐赠总额（万元）	捐赠方向	捐赠明细	公司
1	马化腾	1395200	社会公益	承诺将捐赠 1 亿元腾讯股份注入正在筹建的基金会，价值约 139 亿元；向腾讯公益基金会捐赠 2.5 亿元	腾讯
2	陈一丹	400650	教育	出资 20 亿元捐建武汉学院；另捐赠 25 亿元港元设立教育奖项"一丹奖"	腾讯
3	何巧女	292300	社会公益	承诺向北京巧女公益基金会捐赠个人的 7630 万元股票，价值约 29 亿元	东方园林
4	王健林家族	126010	扶贫、教育、文化	在贵州省丹寨县实施造血式扶贫计划，捐赠 14 亿元，首批扶贫资金 9 亿元已就位；向大连慈善总会捐赠 1.2 亿元；2015 年度海外捐赠 1.4 亿元	万达集团
5	许家印	83960	扶贫、社会公益、文化、教育	对贵州省大方县捐赠 30 亿元实施扶贫计划，首期帮扶资金 10 亿元已就位	恒大集团
6	黄如论	81770	教育、基础设施建设、社会公益	捐赠 2.6 亿元兴建宁波杭州湾新区初级中学及世纪城实验小学；再次捐资 1.3 亿元兴建福建科技新馆等	世纪金源
7	卢志强	73070	教育	向母校捐赠 7 亿元促进教育事业发展	泛海
8	吴少勋	32300	扶贫、敬老、基础设施	向湖北慈善总会捐赠 1.13 亿元；向大冶基础设施建设捐赠 1 亿元	劲牌
9	邱光和家族	30000	教育	捐资 3 亿元捐建温州森马学校	森马
10	邵根伙	27000	教育、扶贫	分别向中国农业大学校和浙江大捐赠 2 亿元和 5000 万元等	大北农
11	解直锟	24900	教育	向复旦大学捐赠 2.5 亿元建设新学院	中植
12	王玉锁、赵宝菊夫妇	24270	教育	捐赠 2.5 亿元，用于促进北京大学教育事业发展	新奥

续表

排名	姓名	捐赠总额（万元）	捐赠方向	捐赠明细	公司
13	董钧	20000	教育	捐赠2亿元，促进清华大学教育事业	清控科创
14	陈经纬	17600	教育	在北大、清华等内地十所高校设立"紫荆谷创新创业发展辅导中心"，共捐资2亿港元	经纬
15	吕建明	15600	教育	捐赠2亿元，发展国科大教育基金会	通策
16	李贤义	13800	教育	出资1.38亿元，捐建龙岗区贤义外国语学校	信义玻璃
17	杨国强、杨惠妍父女	11525	教育、扶贫、医疗	以父亲和女儿额名义捐赠1亿元扶贫	碧桂园
18	朱孟依家族	10955	社会公益、教育	在慈善项目推介会上承诺捐1.3亿元，发展慈善公益事业	珠江投资、合生创展
19	马云	10195	教育、文化	捐赠1亿元人民币，发展母校杭州师范大学的教育事业	阿里巴巴
20	张汉鸣、陈玉梅夫妇	10000	社会公益	向瓯海区慈善总会捐赠1亿元	温州大学城市学院
20	张扬	10000	教育	向清华大学教育基金会捐赠1亿元	华控基金
20	彭国远	10000	教育	注册成立红岭教育基金，共捐赠1亿元	心里程电子
20	潘宝锋	10000	教育	捐赠1亿元，用于发展浙江大学教育事业	泰然
20	崔如琢	10000	文化	向故宫捐赠1亿元	—
20	汪潮涌	10000	教育	捐赠1亿元，用于发展清华大学教育事业	信中利
20	纪海鹏	10000	社会公益	向龙光慈善基金会捐赠1亿元	龙光
20	吴刚	10000	教育	捐赠1亿元，在西南财经大学设立了创新创业基金	九鼎
28	唐立新	8500	教育	捐赠6000万元成立"重庆大学唐立新教育发展基金"	新尚
29	周泽荣	6855	教育	捐赠1500万澳元，帮助扩建悉尼大学博物馆	侨鑫
30	吴炯、孙洁夫妇	6500	教育	向上海交大捐赠6500万元，发展密西根学院	风和投资
31	赵文权	6380	教育	向北京大学捐赠个人持有的公司股票，价值6380万元	蓝色光标

续表

排名	姓名	捐赠总额（万元）	捐赠方向	捐赠明细	公司
32	宗庆后家族	6320	教育、救灾、扶贫、社会公益	捐赠 1806 万元支持浙江大学馥莉食品研究院人才培养；捐赠 2000 万元支持杭州市第十五次、第十六次春风行动；捐赠 500 万元支援雅安灾后重建	娃哈哈
33	刘水	6050	教育、环保	向北京大学捐赠 6000 万元，发展母校教育事业	铁汉生态
34	刘毅	6010	教育、社会公益	向天津大学捐赠 6000 万元，发展母校教育事业	九安医疗
35	吴小兰	6000	教育	向深圳大学捐赠 1.2 亿元	京兰
35	朱共山	6000	教育	无偿捐赠 6000 万元，发展清华大学教育事业	协鑫
37	周兵	5510	社会公益	出资 1.08 亿元，与家族成员共同成立荷福慈善基金会	荷福
38	周戈	5290	社会公益	出资 1.08 亿元，与家族成员共同成立荷福慈善基金会	荷福
39	王伟胜	5025	社会公益、教育	向湖北慈善总会捐赠 5000 万元，支持慈善事业发展	名流投资
40	鲁建仁	5000	基础设施建设	捐赠 5000 万元支持浙江平阳凤湖公园二期工程	金川置业
40	沈南鹏	5000	教育	向上海交通大学捐赠 5000 万元，发展母校教育事业	红杉资本
42	欧宗荣	4875	教育、社会公益	向麟峰小学捐赠 3700 万元，用于建设小学分校	正荣
43	许淑清	4840	社会公益、扶贫、救灾	捐赠 3000 万元，为广东扶贫慈善事业助力	中恒
44	陈炽昌、林小雅夫妇	4815	教育	捐赠 1 亿元，在清华大学成立在线教育基金	全通教育
45	陈家泉	4000	教育	捐赠 5000 万元，发展复旦大学教育事业	豪盛投资
46	陈东升	3980	文化、社会公益	向武汉大学万林博物馆捐赠收藏品，价值 3000 万元	嘉德、泰康
47	周政	3835	教育	捐赠 5000 万元，发展中国传媒大学教育事业	天洋控股

续表

排名	姓名	捐赠总额（万元）	捐赠方向	捐赠明细	公司
48	陈光标	3700	教育	向教育产业捐赠 3700 万元	黄埔再生资源
49	李金元	3570	救灾、教育、环保、敬老	向天津港重大事故捐赠 3000 万元	天狮
50	冯海良	3325	社会公益	向海亮慈善基金会无偿注资 3000 万元	海亮
51	杨子	3300	文化	出资 3300 万元捐建玉树当卡寺	巨力
52	陈鸿道	3280	教育、扶贫	捐赠 3000 万元，建设中山大学珠海校区	加多宝
53	肖基成	3200	基础设施建设	向湖北慈善总会捐赠 3200 万元，建设十堰基础设施	阳光房地产
54	傅军	3040	文化、教育	向文化教育事业捐赠 5000 万元	新华联
55	王同川	3000	教育	捐赠 3000 万元，发展西北农林大教育事业	川睿投资
55	陈光明	3000	教育	捐赠 3000 万元，发展中山大学珠海校区	富港
55	陈乐田	3000	教育	捐赠 3000 万元，发展中山大学珠海校区	禾田
55	孟丽红	3000	教育	出资 3000 万元，设立助学基金	祈福
55	李金苗	3000	教育	捐资 3000 万元，发展武汉理工大学教育事业	天盟
55	蔡端宏	3000	教育	捐资 3000 万元，发展厦门大学教育事业	骏豪地产
55	虞锋	3000	教育	捐资 3000 万元，发展武汉大学教育事业	云锋基金
55	李彦宏	3000	医疗	捐赠北京协和医院 3000 万元，用以项目中食管癌研究	百度
63	方明	2970	教育	捐赠 3000 万元，发展中山大学珠海校区	方圆
64	刘伟	2760	教育	捐赠 3000 万元，发展中山大学珠海校区	新科佳都
65	韩春善	2750	医疗	向中国残疾人福利基金会捐赠 5500 万元	远程视界

续表

排名	姓名	捐赠总额（万元）	捐赠方向	捐赠明细	公司
66	邓振龙	2680	教育、基础设施建设、扶贫	捐赠 2000 万元，在嘉应学院成立"邓振龙奖教奖学基金"	绿基房地产
67	艾路明	2445	教育、社会公益	捐赠4200万元，发展武汉理工大学教育事业	当代科技
68	李占通	2400	教育	向天津大学、南开大学分别捐赠1200万元	大通投资
69	张近东	2370	基础设施建设、扶贫、社会公益	捐资1461万元，支持中国扶贫基金会扶贫公益事业	苏宁云商
70	曾志龙	2300	教育	向厦门大学捐赠2300万元，发展母校教育事业	泽龙
70	许健康家族	2300	教育	向复旦大学5000万元，支持教育事业发展	宝龙
72	郭小卫	2200	医疗	向中国残疾人福利基金会捐赠5500万元	远程视界
73	高庆寿	2100	社会公益	向湖北慈善总会捐赠3000万元，设立专项基金	国创高科
74	陈邦	2025	医疗	向湖南爱眼公益基金会捐赠2000万元	爱尔眼科
75	柳天伟	2015	扶贫	捐资2000万元，帮助西双版纳扶贫	西双版纳石化
76	王填、张海霞夫妇	2005	社会公益	捐赠2000万元，支持光彩基金发展	步步高
77	李亦非	2000	教育	向母校捐赠19件价值约2000万元艺术收藏品	广州华艺
77	蔡练兵	2000	教育	捐赠2000万元，捐建向中南大学大楼	金贵银业
77	苏庆灿家族	2000	教育	捐款2000万元，发展厦门大学教育事业	华夏眼科
80	薛行远	1910	教育、社会公益、基础设施建设	捐赠1000万元，支持北师大教师奖励基金	祥兴
81	肖文慧	1900	文化、教育	捐款5000万元，支持文化教育事业发展	新华联
82	鲁伟鼎	1860	社会公益	捐资5000万元，成立公益基金	民生人寿
83	束昱辉	1805	救灾、扶贫、基础设施建设、医疗	向天津港"8·12"重特大爆炸事故捐赠1000万元	权健

排名	姓名	捐赠总额（万元）	捐赠方向	捐赠明细	公司
84	吴以岭家族	1775	社会公益、敬老、医药	向"院士博爱基金"捐赠价值1000万元款物	以岭药业
85	曹德旺	1750	教育、文化	向代顿大学捐赠700万美元；捐资1000万元重修闽侯将军庙	福耀玻璃
86	刘强东	1700	救灾、教育、扶贫、社会公益	向天津爆炸事故捐赠1000万元；向京东公益基金会捐赠1556万元	京东
87	黄晓明、杨颖夫妇	1685	社会公益	启动"青春启航计划"等公益项目	黄晓明工作室
88	梁光伟	1675	扶贫、社会公益	捐赠1675万元，发展深圳公益事业	华强
89	张峻	1600	文化	捐赠8000万元，捐建全国校园足球改革试验区	富德
89	许世辉家族	1600	敬老	捐赠1600万元用于爱心敬老金	达利
91	杨卓舒	1560	扶贫、教育	捐赠1500万元善款，支持威海市南海爱心基金会发展	卓达
92	陈永建	1500	教育	捐赠1000万元，成立了"养正中学种胜教育基金会"	华城国际
92	郑钢	1500	教育	向母校南京大学捐赠1000万元	无锡智盈投资
94	王振滔	1450	社会公益	捐赠1000万元，助力"爱心接力计划""爱心明眸工程""爱心100"等公益慈善项目	奥康
95	邓伟	1385	教育	捐赠1500万元，发展北京外国语学院	亿阳
96	聂景华	1350	教育	捐赠1500万元，捐建华中科技大学大楼	华伍科技
97	许荣茂	1340	社会公益	捐赠2000万元，支持上海慈善事业发展	世茂
98	张茵	1330	社会公益、扶贫、教育	捐赠1000万元，支持广东扶贫公益事业	玖龙纸业
99	于刚、宋晓夫妇	1270	教育	捐赠200万美元，发展武汉大学教育事业	岗岭
100	杨钊家族	1255	社会公益、扶贫	捐赠1605万元，支持广东扶贫公益事业	旭日

附录2：2013～2015年名人慈善榜部分信息①

2013 年			2014 年			2015 年		
排名	姓名	职业	排名	姓名	职业	排名	姓名	职业
1	王菲 & 李亚鹏	歌手 & 演员	1	崔永元	主持人	1	黄晓明 & 杨颖	演员
2	李连杰	演员	2	李连杰	演员	2	成龙	演员
3	成龙	演员	3	杨澜	主持人	3	范冰冰	演员
4	韩红	歌手	4	姚明	运动员	4	崔永元	主持人
5	濮存昕	演员	5	韩红	歌手	5	赵薇	演员
5	朱哲琴	歌手	5	成龙	演员	5	杨澜	主持人
7	姚明	运动员	7	李亚鹏	演员	7	韩红	歌手
8	杨澜	主持人	8	范冰冰	演员	8	姚明	运动员
9	崔永元	主持人	9	陈数	演员	9	汪涵	主持人
10	伊能静	演员、歌手	10	陈坤	演员	10	袁立	演员
11	姚晨	演员	11	姚晨	演员	10	江一燕	演员
12	陈坤	演员、歌手	12	六小龄童	表演艺术家	12	姚晨	演员
13	李冰冰	演员	13	李冰冰	演员	12	陈坤	演员
13	王凯	主持人	13	黄渤	演员	14	古天乐	演员
13	李静	主持人	13	吴奇隆	歌手	15	李亚鹏	演员
16	范冰冰	演员	16	濮存昕	演员	15	李冰冰	演员
16	周笔畅	歌手	16	伊能静	演员	17	伊能静	演员
18	陈伟鸿	主持人	18	杨恭如	演员	18	陈可辛	导演
18	黄晓明	歌手、演员	18	黄晓明	演员	18	赵本山	表演艺术家
20	刘德华	演员、歌手	20	曾梵志	艺术家	20	杨幂 & 刘恺威	演员
21	张国立 & 邓婕	演员 & 演员	21	李宇春	歌手	21	李宇春	歌手
22	张杰 & 谢娜	歌手 & 主持人	22	韩美林	艺术家	22	TFBOYS	歌手
23	李宇春	歌手、演员	23	赵薇	演员	23	龚琳娜	歌手
24	范玮琪 & 陈建州	歌手 & 主持人	24	周迅	演员	24	鹿晗	歌手
25	吴奇隆	歌手、演员	25	金铭	演员	24	贾樟柯 & 赵涛	导演 & 演员
25	马伊琍 & 文章	演员 & 演员	25	高雷雷	运动员	26	景甜	演员

① 排名来源：《中国慈善家》，公益活动介绍来源于《2015中国慈善名人榜》。

续表

2013 年			2014 年			2015 年		
排名	姓名	职业	排名	姓名	职业	排名	姓名	职业
27	羽泉	歌手	27	李娜	运动员	27	黄渤	演员
28	海清	演员	28	邱启明	主持人	27	吴亦凡	歌手
28	黄奕	演员	28	林志玲	演员	28	韩庚	演员
30	胡军	演员	30	张杰＆谢娜	歌手＆主持人	30	吴奇隆	歌手

附录3：2015 年名人公益事迹简介（部分）

排名	姓名	公益活动	效益得分
1	黄晓明＆杨颖	黄晓明 2015 年个人捐款额逾千万元，其中有 200 万元被用作 8 月天津塘沽爆炸事件的救援资金。大婚时夫妻承诺资助了 527 个孩子的生活费，近两年在全国各地共捐建了 30 所小学	83
2	成龙	8 月天津塘沽爆炸事件后，向牺牲消防员的家属捐赠了 300 万元。此外，捐出了粉丝赠与的生日礼物，总值 100 多万元	81
3	范冰冰	8 月天津塘沽爆炸事件后，向牺牲消防员的家属捐赠了 100 万元。是"爱里的心"公益项目发起人，"爱里的心"开始于 2010 年，每年范冰冰都会亲自入藏，将需要治疗的儿童带至北京或上海进行手术	80
4	崔永元	2014 年，将 2 亿元代言费尽数捐给了北京市永源公益基金会。2007 年，崔永元联手北京红十字会建立了永源公益基金会，致力于培训乡村教师，保护非物质文化遗产	79
5	赵薇	于 2015 年 2 月向 V 爱白血病专项基金捐赠了 100 万元。该基金会旨在帮助 3～14 岁白血病患儿接受移植手术	78
6	杨澜	杨澜阳光文化基金会的主席。阳光文化基金会致力于促进中外慈善活动交流，自 2007 年起，它已帮助培养了 500 名非营利组织工作人员。在出版了首本书以后，杨澜从首部书的收益中拿出了 30 万元用作善款	78
7	韩红	捐出了 50 万元用以支持天津塘沽的救援工作。于 2011 年成立了韩红爱心慈善基金会。近 4 年来，该基金会每年都会造访一个城市，并向当地医院提供医疗援助。2015 年，深入中国西南部的贵州省岑巩县，帮助培训医生，并救治了 500 位白内障患者。同时还捐赠了 30 部运动型多用途车用于开展急救	77
8	姚明	自进入 NBA 后，始终致力于公益事业。相当关注中国的艾滋病预防及治疗研究发展。2015 年，发起了姚基金慈善赛，并将所有门票收入捐献出来，为中国的希望小学建造篮球场	75

续表

排名	姓名	公益活动	效益得分
9	汪涵	始终致力于湖南的文化遗址保护和传统文化传承工作。2015 年，发起了"响应"计划并和团队成员一起造访了全湖南的方言专家，旨在寻找保护并留存方言的方法。迄今为止，他已为该计划投入 456 万元	72
10	袁立	长期参与大爱清尘慈善项目。2015 年向这些患者捐赠了 100 部制氧机以帮助他们呼吸	71
10	江一燕	江一燕不仅是中国女演员兼摄影师，还是联合国儿童基金会的亲善大使。曾在中国南部的广西壮族自治区小嘎牙村支教七年。还在网上开了家慈善商店，用以出售朋友们的捐赠品。所得收入将用于帮助村里的孩子	71

附录 4：企业家、名人公益活动①

马化腾

1971 年 10 月著名企业家马化腾出生在广东省汕头市。1998 年马化腾连同合伙人创办了现今家喻户晓的腾讯公司，现任职腾讯公司控股董事会主席兼 CEO；此外，他还是全国青联副主席。随着腾讯集团的不断发展壮大，作为 CEO 的马化腾自身财富也在一步步的累积，但他并未将这些财富都留作己用，而是积极用这些财富造福社会。多年来马化腾一直热衷于慈善事业，曾担任中国爱佑慈善基金会副理事长，曾联同马云、潘基文等出资成立了公募基金会——爱佑未来，另外他也是壹基金和大自然保护协会的理事成员，同时还担任桃花源生态保护基金会的联席主席。于 2007 年，马化腾带领整个腾讯开创了第一家由互联网公司组建的公益基金会——腾讯基金会，意在推动互联网时代下公益慈善事业信息化发展，马化腾也承诺每年腾讯公司将抽取一定比例的利润赠予基金会，诸多公益行动都表现出马化腾对慈善的关注和奉献。

马化腾在 2016 年 4 月 18 日宣布，将个人持有的 1 亿股腾讯股票捐赠给正在筹建的慈善基金会，按照捐赠前日收盘价计算，价值为 165 亿元港币，合计约 138.7 亿元人民币。此次马化腾捐赠的 1 亿股均属于其个人私有财产，据可查资料发现，马化腾此次捐赠的股票数目占其所持有腾讯股份的

---

① 本附录由作者根据"慈善信息网，http：//gzcs. gzmz. gov. cn/"、"公益时报，http：//www. gongyishibao. com/index. html"和"慈讯网，http：//www. icixun. com/magazine"等网站的相关报道整理。

1/8。

虽然目前这笔捐赠款项尚无具体的实施措施和运营模式，但未来该公益慈善基金将透过各家公益慈善组织和项目，该笔资金将会全额捐入正在筹建的公益基金，将来用于援助国内教育事业、环保公益以及医疗健康等方面的发展，以及对基础学科发展的支持和对前沿科学探索的支撑。虽然此次捐赠数额占马化腾个人财富的 1/8，但此次因捐赠造成的减持并不会影响他推动公司现在与未来发展。基金会将来会交由专业人士进行科学管理，不会触及马化腾对腾讯公司的整体管理，且该公益慈善基金与此前由腾讯公司成立的腾讯基金会属于独立关系，分别经营。

马化腾不仅个人热心公益，也倡导腾讯企业内部员工积极投身公益事业。截至 2016 第一季度，腾讯基金会从公司内部筹集到的善款达 17.46 亿元；而截至 2016 年 4 月 17 日，腾讯基金会平台筹集到的捐赠款项约 10 亿元。

陈一丹

陈一丹，创立了腾讯商业帝国和腾讯公益基金。现在，他又多了一重身份——武汉学院举办人。在带领腾讯集团对产业及社会作出卓越贡献的同时，陈一丹先生对公益慈善事业倾注了极大的关注与热情，不仅身体力行参与社会公益活动，更亲自领导腾讯企业社会责任的战略规划，积极推动互联网平台与公益慈善事业的深度融合。陈一丹先生对少数民族文化传承工作也投入了巨大的心血，在他的资助下，《苗绣》《苗装》和《贵州原生态民歌》等各式各样深具文化传承意义的非物质文化遗产项目得以出版，继续流传，为少数民族文化的传承做出了巨大的贡献。陈一丹早年便热衷公益事业，在 2006 年 9 月，陈一丹先生及腾讯创始人团队倡议发起成立中国互联网第一家公益基金会——腾讯公益慈善基金，尝试以创新型互联网服务模式改变公益世界，开启了公益慈善的互联网时代。教育公益是陈一丹先生最为热衷的慈善领域之一，在国内，2015 年年初，出资 2000 万元为武汉学院构建图书馆，而后进一步对武汉学院投入 20 余亿元进行开发建设以及人力师资，目前该院校是国内民办学校中投入最多的大学之一，也是中国第一所不以营利为目的的民办高校；在海外，陈一丹于 2016 年 3 月宣布出资 100 万美元在美国高等学府斯坦福大学设立"陈一丹奖学金"，用于资助符合条件的中国学生赴美学习。早期，陈一丹先生的公益事业早已做得风风火火，带领腾讯公司不断践行公益事业，为此陈一丹在公益界也获得了"中国互联网公益教父""互联网公益第一人"等多项令人敬仰的称号。

何巧女

浙江籍企业家何巧女，不仅是非常有魄力的一位女性，同时也是非常有爱心和远见的慈善人，她一手创办了东方园林股份有限公司，2015 年，她以拥有东方园林 53.77% 的股份位居胡润女富豪榜的第九名。这位拥有百亿身家的企业家不是急于享受财富带来的满足感，在拥有巨额财富之后首先想到了自己的责任和能力：促进社会的进步，实现自身财富的最大价值，为此，她想到了慈善公益，把财富散播到更需要的人群中，促进社会和谐和幸福。在公益道路上，总能频频见到她的身影，最令人瞩目的是在 2015 年 9 月期间，她承诺捐赠出个人持有的 7630 万股公司股权，价值约 29 亿元，成为该年度的女首善，也是第一位捐赠超过 10 亿元的女性。该笔资金与马化腾等的捐赠方式类似，都是将捐赠资金投入到自己成立的基金会中，以逐年划拨的方式实现。

一千个读者就有一千个哈姆雷特，同样一千个慈善家就有一千个关于慈善的理解。何巧女对慈善有着自己独到的见解，她认为慈善首先是一种美好，而看到美好就会想到慈善和公益，让世界变得更加美好也是她的一个梦。在做公益事业之初，何巧女并无太多的经验，为了更有效地利用有限的资源，使创建的基金会所创造的社会福利尽可能多，曾带领自己的基金团队出外考察，向国外资深的罗斯柴尔德基金会、洛克菲勒家族基金会、盖茨基金会等著名的基金会进行访问学习，希望通过借鉴他们百年的慈善经验，令创办的"巧女基金会"少走弯路，多创造公益价值。何巧女希望"巧女基金会"能够成为一个员工践行公益的平台，东方园林的员工也能够成为参与公益时间最长的族群，传播"人人公益"的思想。何巧女最为关注的公益领域之一为创新和引领性的项目，前后分别与北京大学、清华大学、北京林业大学、人民大学等国内顶尖学校联合创办了 4 个生态库，以推进生态公益事业的研究。无论是创办企业还是组建公益基金会，何巧女都展示了女性的非凡能力。

王健林

万达集团董事长王健林多次位居中国首富之位，同时也是中国知名的慈善家。相区别于其他很多慈善家的补助方式，王健林有自己一套资助方式，主要通过设立基金支持青年或者贫困人口创业或是学习新技能获得收入来源。在2010 年期间王健林联同柳传志、马云、董文标等众多国内知名企业家共同出资成立了瀛公益基金会，该基金会的主要目的是资助社会有为青年的创业项目；2013 年，为支持大学生创业活动，王健林带领万达集团出资成立"万达集团大学生创业计划"，该计划承诺每年无偿出资 5000 万元，资助 100 位大学生创业项目，每人可获得的创业补助资金为50万元。除此之外，王健林每年坚持践行各类公益事业，时常活跃在各类慈善榜单中。

王健林对扶贫有着特殊情结。从1994年开始，万达就开始进行针对性扶贫，截至2015年年底，王健林旗下的万达集团累计捐赠的扶贫资金超过50亿元，成为民营企业之首。对于扶贫王健林也有着自己的见解和方法，近年来他一直在通过自己的努力试图将丹寨贫困县的人民从贫困中解救出来。王健林第一次来到丹寨是在2014年年底，丹寨是少数民族聚居的地区，位于贵州的东南部，总人口约17万人，其中贫困人口达5.13万人，将近1/3的人口处于生活水平极低的状态。来到丹寨的王健林看到丹寨地区人民的疾苦，决定出资帮助人们寻找生活出路，与当地政府签订一项10亿元的扶贫协议，承诺帮助当地居民摆脱贫困。该项10亿元的协议并非直接将救助资金分发给民众，而是采用企业包县，整体扶贫的模式，通过创办公司、工厂，提供就业岗位的形式帮助人们永久性脱贫。

在丹寨县脱贫工作座谈会上，王健林决定将扶贫资金增至14亿元，这笔资金将从产业、基金、人才三个方面共同促进丹寨人民脱贫，其中6亿元将用于建设一座旅游小镇，发展丹寨旅游业，5亿元用于成立扶贫专项基金，满足短期脱贫项目需要，余下3亿元用于创建一所职业技术学院，帮助未能进入高等学府学习的孩子们提升专业技能，培育技术型人才，解决未来生计问题。除此之外，王健林还规定丹寨毕业的学生拥有优先进入万达集团就业的机会，希望通过一人就业，起到一家脱贫的效果。时至今日此项脱贫计划仍在继续着，2016年2月28日，王健林资助下的学院工程正式开工，按照总体规划，该学院将在2017年的年中完工，下半年9月便可开始招收学生，正式启动丹寨人才培育的长期脱贫计划。

李河君

出生于广东河源的商人李河君是中国知名企业汉能集团的CEO，同时还身兼全国新能源商会会长。与许许多多的企业家一样，李河君常年来一直热心于公益事业，时常以出资人或者参与人的身份出现在社会各项公益活动中。早年，李河君作为发起人之一，成立了"中华红丝带基金会"，并带头认购了一亿资金。该基金会是专门针对中国艾滋病防治而设立的，拯救和帮助身受艾滋病之苦的患者们，而后他也一直亲力亲为担任该基金会的首任执行董事长；在慈善公益领域他还身兼中国光彩公益事业促进会的副会长，长期致力于解决贫困山区问题，持续为其捐赠大量的资金，期间累计向观塘小学捐资120万元，资助学校教学楼、操场以及基础设施的建设，帮助校园实现绿化；同样在云南贫困地区，为了使移民孩子能够有学可上，李河君出资 500 万余元，并带领华睿集团的员工在当地建设光彩小学，解决上学问题，还在当地投资建设了水电项目；除了自己出资成立公益项目外，李河君也曾向云南省的"见义勇为基金会"捐赠 500 万元。

近些年来，李河君参与的公益领域又多了环保这一项。在 2015 年 6 月 17 日当天，李河君公开宣布未来 5 年时间将逐步捐赠出 10 亿元用于甘肃省武威市民勤县进行防沙治沙。民勤县地理位置特殊，是连接国家"丝绸之路"经济带的重要区域，然而其周边被大范围的沙漠覆盖，沙漠化面积占 90% 左右，是造成中国主要沙尘暴的发源地之一。为了加强沙尘暴的防治，防止该地区沙漠化的进一步恶化，减轻其对居民生活的影响，李河君联同民勤县政府及中国绿化基金会共同发起了对民勤县的防沙治沙工作，成立了专项基金会保护民勤县的环境。

卢志强

山东籍商人卢志强不仅是著名的企业家，身兼泛海控股股份有限公司和中国民生信托有限公司董事长以及中国民生银行副董事长等职；同时他也为慈善做出了卓越的贡献，协同创立了了"泛海公益基金会"，并担任基金会的副董事长，还是"中国光彩事业基金会"副理事长。早年卢志强在复旦大学攻读经济学硕士并获得了学位，此后下海经商获得了巨大成就。2015 年时值复旦大学 110 周年校庆之日，为了感恩母校复旦大学的培育之恩，为将母校建设成为一流名校尽绵薄之力，卢志强决定向母校捐赠 7 亿元人民币。该笔资金是通过卢志强名下泛海基金会捐赠给上海复旦大学的发展基金会，整体计划捐赠金额为 7 亿元，其中 2 亿元分为 5 年逐年划拨，其余 5 亿元没有特定日程计划，将按照建设工程的进度进行实时支付。7 亿元将划分为 5 部分，一项 5 亿元，另外 2 亿元等分为 4 份，分别获拨 5000 万，其中 5 亿元人民币主要支持"复旦泛海中心"工程项目的建设，该工程主要是面向复旦大学的经济金融学院和创新创业等学院，捐资建设社科交叉研究中心，以及其他教学科研发展机构，促进复旦大学相关学科的进步与发展；另外的 4 份 5000 万元将分别用于设立"复旦大学经济学院泛海发展基金""复旦泛海国际金融学院发展基金""复旦大学创新创业学院泛海发展基金"和"复旦—泛海助学金、学生海外交流奖学金"四个项目，这四项基金的设立主要都是为了支持各大院系引进高级人才，开展专业学术研讨，设立创新创业补助资金，以及设立奖学金和助学金，为家庭困难的学生给予帮助等一系列活动。卢志强对于复旦大学7亿元的捐赠，这个数字不仅刷新了复旦校友捐款的纪录，更深深震撼了每一位关心教育事业的国人。

在中国，校友捐赠并不如欧美国家那般常见，同时也不如欧美国家那般重视，在欧美地区校友捐赠是评价一流大学的一项标准。根据每年发布的《中国大学评价研究报告》，校友捐赠是其中的一项重要评价指标，该报告统计了从1990~2015年各个大学受校友捐赠的情况，并依此进行排名，根据排名结果发现复旦大学排名为第24位，但在2016年的榜单中，增加了卢志强7亿元的捐赠，使得复旦大学的排名陡然跃居第四名。

邱光和

邱光和是知名服装品牌——浙江森马服饰的创始人，同时也是森马集团的董事长。作为知名的企业家，邱光和也一直热心于公益事业，时常能在抗震减灾、扶贫济困、助学兴校以及贫困地区建设等各项公益事业中见到邱光和先生和森马集团员工们的身影。在2015年期间，邱光和先生向温州市瓯海区慈善总会捐赠3.36亿元，该笔资金将全权交由瓯海区慈善总会进行管理，用于森马学校的建设，按照计划资金将定向支付给森马学校及其教育基金会，预计森马学校将用地150亩，总建筑面积达6.5平方公里左右，校区将以小学和初中部为主，辅之以幼儿园和高中部，将设立80个班级，计划招生2400余人，全部工程预计于2016年年底总体完成，从2017年9月开始招生。学校建设完成之后，确保没有问题之余，将无偿交由政府管理，实施公办教育，而非占为私有财产。

杨国强

著名企业家杨国强是碧桂园地产的创始人，同时也是现任董事会主席。一直以来，杨国强先生都十分关注教育事业的发展，2015年期间，他决定向中山大学的珠海校区捐资1亿元，资金将主要用于帮助中山大学吸引国际型人才，执教于中山大学，帮助中山大学发展学术研究能力。此次杨国强先生捐赠1亿元虽然金额很大，但也在意料之中，从1997年开始，他便持续对教育公益事业做出努力。杨国强先生一开始从事教育公益事业，是从最基础的教育助学、为孩子们提供无偿的义务教育机会以及向学业不好的同学提供职业教育，而后逐步涉猎高等院校的捐赠。无论是在企业辉煌的时候，还是比较困难的时期，杨国强先生都从未间断过对教育事业的奉献，即使是在金融海啸刚刚过去的关键恢复时期，手里仅有200余万元留存利润，杨国强先生没有太多顾虑，将手上一半的留存利润捐赠给《羊城晚报》，共同设立仲明奖学金，将这笔助学金交由羊城晚报社进行管理和安排，为困难学生提供助学金，帮助他们解决学费等一系列问题。汶川地震给汶川人民带来了毁灭性的伤害，杨国强先生也是第一时间伸出了援手，不仅积极帮助汶川地区进行复建工作，同时也知道学生最需要的是能够继续上学，因此主动捐资将汶川地区1500余名老师和孩子们接到广东地区碧桂园自己设立的学校上学，提供完全免费的教育，让孩子们继续接受教育。

从1977年杨国强先生开始从事慈善事业至今，已经累计捐资达19亿元人民币之多，在众多公益领域之中，杨国强先生最为关注的领域为教育。从开始的"仲明奖学金"，到后来的各种校园捐赠，再到后来的汶川地震救灾助学，再后来尝试开设职业培训学校，帮助贫困的退伍军人学习新的职业技能，帮助实现就业，现今开始创办全国第一所职业学院——碧桂园职业学院，不仅免除学费，而且为学生提供免费的生活用品和伙食。之所以对教育公益事业如此热衷，主要是源于杨国强先生希望通过"授人以渔"的方式帮助贫困群众实现永久性脱贫，使贫困人口实现指数型递减趋势。

解直锟

解直锟是一位著名的企业家，于1995年期间创办了中植集团。中植集团是一家涉足多领域的企业，在矿产资源开采、水利和交通等重大基础设施建设、房地产开发以及金融等行业均有涉及。中植集团是一家具有浓重社会责任感的企业，公司的文化理念是"回报社会，造福人民"，充分体现了对社会的责任感，因此中植集团受到社会各界人士的广泛支持和赞扬。作为中植企业集团的主要领导人，一直提倡企业应该具有高度的社会责任感，同时作为个人，解直锟先生也十分关心公益，关注中国慈善公益事业的发展。

教育事业的发展一直以来是解直锟先生十分关注的领域之一，在中植集团不断的成长过程中，解直锟也在不断回馈社会，积极为教育事业捐资助学。在2015年4月期间，解直锟向复旦大学捐资2.5亿元，全部资金将分5年时间逐年划拨，该笔捐赠款项主要是用于助力复旦大学建设科技创新中心，创办一流的大数据科学与技术研发学院，以配合复旦大学积极响应上海市全力建设世界有影响力的科技创新中心，促进上海科技创新成果的推进。

陈发树

陈发树先生作为知名企业家，在获得巨大财富的同时，也在积极的回馈社会，热心于各项公益事业，其中教育事业是陈发树先生最为关注的领域之一。

为了回馈母校的培育之恩和促进母校教育事业的进一步发展，陈发树选择在母校周年庆的日子签订一份捐资协议，当作送给母校北京大学的生日礼物，在2016年5月2日北京大学校庆日当天，陈发树承诺向母校捐资1亿元，这笔资金将用于支持母校研究能力的建设，兴建科技研究中心，助推北京大学发展科技创新能力。

陈发树一直在用自己的实际行动支持社会的发展，人类的进步。曾经将自己私人财产的一半用于慈善公益事业，出资83亿元筹办了当时国内最大的个人慈善基金会——"新华都慈善基金会"。该基金会采取企业化运作的模式，确保基金能够保值、增值的情况下，每年向慈善公益领域投入资金过亿元。曾在半年的时间里，"新华都慈善基金会"捐赠成立了多个学校院所，包含十所中小学校园、260所义务图书馆、新华都商学院；此外还设立了多个奖学金项目，资助大学生完成学业，推动中国的教育事业又向前迈进了一大步。新华都基金会的成立不仅直接推动了中国慈善事业的发展，也潜移默化地影响着社会有能之士对公益的关注和作为。它的成立带来了公益事业的新潮流，在此之前中国的非公募基金会有2/3是由企业设立创办，在此之后越来越多的企业家也选择创办自己私人的公益基金会，如南都、万科、蒙牛、万通等地产、乳业、矿山等行业的知名企业在此之后也都开始设立自己的公益基金会，捐献数额从几亿一路飙升至几十亿元，甚至出现股权全部捐赠的"裸捐"慈善捐赠。

陈发树先生对公益事业的热爱之情可以追溯到他曾经的经历，以及从事慈善、支持教育的初心。陈发树出生在一个贫苦的家庭，儿童时期外出务工，而后开始创办小型百货店，再后来进军矿产行业，一步步建立起自己的商业帝国，这个过程陈发树付出了巨大的努力，这些经历都让他深深感受到贫困带给一个人的痛苦和无奈，因此当自己有了些许身家的时候就马上想到如何使财富发挥它的最大价值。当开始有了一定的财富积累之后，即刻开始回馈社会，回馈家乡，当他拥有100万盈余的时候，便拿出1/3的身家为家乡造桥修路，建设基础设施；当拥有一千万的事业盈余时，再次捐出将近1/3的盈余建设家乡，发展家乡经济，改善家乡的生活水平；随着事业规模的进一步发展壮大，拥有了上百亿身家的陈发树，再次捐出了将近一半的财产成立个人的慈善基金会。正由于小时候没能上得起学及自身对于知识的渴望，加上自己多年的从商经验让他深刻体会到国家的强大首先需要教育的强大，因此陈发树先生一直以来对教育事业都显得格外钟情。为此，他先后在教育事业上有过多次的无偿捐赠以帮助他人和振兴国家教育事业，因而2016年对于北京大学1亿元的教育投入也就显得非常的符合陈发树先生的慈善投入风格。

李俊峰

李俊峰，一位毕业于北京大学的高才生，在结束了自己的学生生涯之后，创办了"富基融通科技有限公司"和"北京环融网络科技有限公司"。前者2006年在美国纳斯达克上市。学业、事业双丰收的他是许多人羡慕的对象，他的成功可能是源于从小接受的良好家庭教育，他的父母均毕业于著名的清华大学。在这些光环背后他也是位心智障碍孩童的父亲，也由此结缘公益，而后开始逐渐将精力转移到了公益事业的发展，成为一名活跃的公益人，现今身兼融爱融乐心智障碍者家庭支持中心负责人。李俊峰先前的企业管理经验和人脉为融爱融乐心智障碍者家庭支持中心带来了先进的管理和大量的资源，至今该心智障碍者家庭支持中心已经得到了多家公司和基金会的援助。

李俊峰先生致力于帮助心智障碍者也许一开始是源于对自己孩子的关注，而后期让他坚持投身于心智障碍救助中心却是他心底深处对于每位心智障碍儿童的关爱。经数据调查发现中国心智障碍者占总人口的1.5%左右，全国大概有2000万人，其中北京市就占百分之一的人数。李俊峰发现，虽然残疾人联合会在积极帮助残疾人解决就业问题，但由于残疾人群体庞大，联合会不能全面的顾及到每一方面的残疾人士，特别是心智障碍者的就业是被安排在比较末尾的位置，为此他下定决心要为更多的心智障碍者提供力所能及的帮助，让他们也可以像其他正常人一样的生活。在组建救助团队的同时，李俊峰先生也在不断梳理着救助中心方向和救助的具体内容，最终他将融爱融乐中心的工作范围定位为大体的三大块，首先是家长倡导，家长是孩子的依靠和最大支持来源，目前多数家长对待心智障碍儿童只是简单的停留在传统的治疗的阶段，对于其他项目没有太多的了解。为此，李俊峰带领中心成员联合大众媒体与机构积极向心智障碍儿童家长宣讲针对他们孩子的相关娱乐活动，帮助孩子融入社会。娱乐活动主要包含一些常规化的快乐大本营、组织相关游戏环节和体育运动，此外招募志愿者与孩子们一起进行一对一的交流，通过活动方式增进感情，打开孩子们的心扉，增强他们对社会的融入感。在两年的时间里，李俊峰带领救助中心的成员一起举办了各式各样的体育活动，有舒缓的马拉松长跑项目，也有稍显刺激的戈壁挑战比赛等体育项目。除了努力增强孩子们的体质和社会融入感之外，李俊峰也积极帮助心智障碍者实现就业，探索适合他们的就业领域和就业岗位，让他们可以成为独立生活、自食其力的正常人，也帮助家长解决巨大的经济压力和心理压力。因此，融爱融乐中心最终目标就是要帮助孩子在普通的企业或者机构里找一个工作岗位，并由他们培养的专业辅导员来帮助孩子学会在这个岗位上工作，虽然此项工作的难度系数很高，却未让李俊峰先生有丝毫退缩之意。在融爱融乐救助中心成立的两年时间里，先后培育了9位专业就业辅导员，帮助11位孩子成功就业。

目前融爱融乐的资金主要是来自一些基金会、企业以及李俊峰私人朋友的捐助。2014年期间，李俊峰带领融爱融乐救助中心联同中华社会救助基金会一起创立了"乐憨儿"专项基金，该项基金将主要针对孩子们体育活动和定向就业项目的支持；除此之外，融爱融乐救助中心还联合戈友基金会创立了另一个"乐憨儿"专项基金，该项基金主要用于专项培育心智障碍者就业辅导老师。通过他们的努力，现今已获得多家基金会和企业的支持，为他们的就业辅导老师支付薪资。为了进一步发展救助中心，帮助更多的心智障碍儿童，李俊峰希望中心未来能够获得一些专项资金的支持，继续壮大中心救助规模，争取未来可以拥有一支50人以上就业辅导团队，每年至少帮助百位心智障碍者获得就业岗位。公益事业的发展壮大不仅需要有财力之人的热心捐赠，同时也需要身体力行的公益之士带领中国慈善事业不断前进，帮助更多需要的人们，而李俊峰先生就在用自己的行动将此付诸实践。

许荣茂

许荣茂先生是世茂集团董事局主席，同时也是全国政协经济委员会副主任、中国侨联副主席、中国侨商联合会会长、世界华商联合促进会会长。作为成功的企业家，许荣茂对公益事业的支持同样令人敬佩。多年来一直热心公益事业，造福社会，从未间断的为社会做贡献。先后出资建设了上百家"世茂爱心医院"；创办针对患病孩童关爱项目"蝶爱行动"；出资成立"香港新家园协会""中华红丝带基金"等公益慈善组织，累计为社会公益事业捐赠超11亿元，为公益事业做出卓越的贡献。

许荣茂在大多数人的眼里只是一位成功的企业家，但他更是一位博爱的公益践行者。在过去的几十年时间里，许荣茂无时无刻不在关注中国公益事业的发展，他做公益事业的特点是不为锦上添花，只为雪中送炭。2016年4月10日许荣茂来到四川雅安参加"世茂侨爱钟灵社区医院"授牌仪式。3年前的4月20日雅安芦山地震发生后这座医院受损，许荣茂先生即刻出资500万元用于修复当地医院，以尽快让当地群众获得医疗救助。这所医院对许荣茂先生有着重大的意义，因此，当天他不远千里亲自前往雅安参加了授牌仪式。此次在雅安捐建的社区医院并非许荣茂先生的第一次医疗事业捐赠，早在2008年5

月 12 日四川省汶川大地震时，许荣茂先生通过当时电视的报道看到很多人受伤了，急需医疗救助，于是他首先想到的是这个地方的医疗条件急切需要改进，因此，他决定捐建一家社区医院，医院名为"世茂爱心医院"，帮助周围老百姓解决病伤，及早从伤痛中缓解过来。此外，帮助偏远地区提升医疗卫生设施，让更多人的身体健康可以得到保障是许荣茂先生投建医院的另一个初衷。为了尽快恢复汶川地区医疗基础设施，许荣茂先生立即向汶川受灾区捐资一亿余元，建设爱心医院，之后无偿将医院转交由当地政府管理，为乡镇群众提供安全、有效、方便、价廉的基本医疗卫生服务。至今，由许荣茂先生出资捐建的一百多家公益医院已落户甘肃、陕西、云南等各省，为贫困地区带来更高的医疗保障。他还考虑如何提升乡镇医疗卫生服务水平，不断更新设备和培养医务人员。

党彦宝

党彦宝，与众多企业家一样拥有双重身份，是宁夏宝丰集团董事长，同时身兼宁夏燕宝慈善基金会理事长。不仅由于他在商业上获得的巨大成就，更由于他的善心善行，使党彦宝成为宁夏回族自治区企业界和慈善界的一位杰出代表。党彦宝和其夫人边海燕一直怀着相同的理念，把公益视为一项神圣的信仰，一项光荣的事业持续发扬下去，不光要自己做，也要带动身边的人去做，坚持把公益慈善精神作为一种荣耀、作为传家宝，不断的发扬光大。

多年来，党彦宝和夫人持续不断地坚持着各项公益事业。在 2011 年年初，党彦宝与夫人边海燕共同出资新建了"宁夏燕宝慈善基金会"，并一次性向该基金会注资 5 亿元人民币，款项主要用于帮助困难学生，兴建校园，支持医疗项目等公益项目。该基金会在党彦宝的带领下不断实施公益慈善活动，其中每年无偿捐资 3000 万元用于资助宁夏地区各个层级困难学生就学，累计至 2015 年年底，党彦宝已为助学项目捐资超 6 亿元；另外，在生态移民安置区无偿建设各项基础设施，建有 10 余所卫生公共医院，9 所小学校区，为移民居民提供生活便利，解决基本入学就医等问题；宁夏燕宝慈善基金会在成立之后相继开展了救助残疾人、扶持贫困、救助留守老人、抗洪救灾等一系列公益慈善活动。

王兵

王兵，鼎天资产管理有限公司董事长，同时身兼中华全国工商业联合会常委、中华全国青年联合会常委等职务，此外他还是爱佑慈善基金会理事长和全球慈善家组织 GPC 成员之一。在 2000 年期间王兵开始创办自己的企业"鼎天资产管理有限公司"，4 年后王兵协同其他公益人士发起成立了大陆地区第一家非公募慈善基金会——"爱佑慈善基金会"，并长期在此担任理事长，为中国公益事业作出卓越的贡献。

爱佑慈善基金会的成立，是王兵先生将个人对公益的热诚转化为可实操的专业化组织的一种方式。该基金会经过 10 余年的发展壮大，已经从一个运作型基金会变为资助型基金会；王兵先生对于爱佑慈善基金会未来的发展规划是通过移动互联网，将爱佑变成一个生态型组织，帮助更多需要的人。截至2015 年年底，王兵运营的公益生态圈已经获得 30 个资助伙伴、200 家社群公益伙伴和上千名公益伙伴的支持，而这仅仅是王兵先生公益生态圈规划的开始，他的目标是在 2016 年能够聚集百家资助者，千家社群公益合作人以及数以万计的公益伙伴。

王兵先生最初从事公益的主要方向是救助艾滋孤儿，而后渐渐的将公益领域拓宽至骨髓配对等项目，由于这些项目的特殊性而无法形成可复制的规模效应，而后王兵先生把做慈善公益的视角延伸至可复制、可监控、规模可扩大、可度量的慈善项目，将自己运营的基金会逐步壮大为有知名度有影响力的基金会。基金会有规模、有知名度才会有影响力和号召力，才能撬动更多更优的资源，才能更大范围的扩大基金会的用途和效用，帮助更多需要被帮助的人们，实现起初设立基金会的目的。如今爱佑基金会在王兵先生的带领下，不仅规模和影响力逐步扩大，同时在公益创投领域也获得长足的进展和成就，投资建立了两个全球规模最大的先天性心脏病儿童公益项目。[①]

黄如论

黄如论是知名房地产商，世纪金源集团董事局主席，同时也是享誉国内的闽籍慈善家。黄如论的儿子黄涛也紧随父亲在公益领域的善行，是商界中有名的慈善父子兵。黄如论家族热衷于慈善公益事业，坚持回馈社会，造福人民。黄如论家族做慈善事业一直低调入骨、从不张扬。作为财富的极大拥有者，黄如论承诺将自己的 1/3 财产用于慈善，每年捐赠额几乎都过亿元，连续 7 次荣登"中国慈善榜"榜首。目前，他最大手笔的捐赠是为家乡出资 9 亿元捐建"福建科技新馆"，历年累积捐资总额达 48.06 亿元。

黄如论先生热心于教育公益事业与其小时候的经历有着很大的关联，黄如论先生孩童时期，由于家庭贫困而没有很好的受教育机会，早年便入菲律宾谋

---

① 此处指爱佑慈善基金会的"爱佑童心"项目和"爱佑益＋"项目。

生活，毫无生活经验的他在当地获得许多人的帮助，因此在他事业小有成就的时候，开始回馈社会，帮助困难的群众。在众多公益领域中，黄如论最为关注的是教育领域，他希望家庭困难的孩子也能获得受教育机会，享受获得知识的快乐。黄如论每次慈善捐赠都可以让人看到一个豪气的企业家的大爱无私，捐赠每次都在千万元以上。2005 年年底，黄如论创建了个人的非公募基金"福建江夏慈善基金会"并首期注入 5000 万元，后期也在不断地为各项慈善事业进行捐资，即使在遭遇商业困难，企业周转不灵时期，黄如论一如既往继续着慈善事业，向云南省捐资近 2 亿元人民币，这笔巨额款项主要用于为云南省的孩子们提供助学金、给老人提供生活支持，此外通过在贫困地区推广核桃种植技术，帮助人们获得经济来源，实现自我扶贫。

马云

　　马云，阿里巴巴集团主要创始人之一，现任阿里巴巴集团董事局主席。马云不仅在商业领域成绩斐然，在公益领域，他也悄悄地建立起自己的慈善帝国和公益团队。教师出身的马云尤其支持教育，在 2015 年期间向母校"杭州师范大学"捐资 1 亿元人民币，注册成立"杭州师范大学马云教育基金会"，该基金致力于杭州师范大学各项教育事业的发展；于 2016 年 4 月中旬，马云启动"马云乡村教师奖"公益评选项目，设立乡村教师奖项的目的在于提高乡村教师的教学水平，呼吁大家对乡村教育的支持。评奖项目将由马云主导的"浙江马云公益基金会"开展评选工作，通过接受各地乡村教师的申报，评选报名和提交申请材料，最终评选出 100 位优秀的乡村教师，每位获奖老师也将获得 10 万元的资金奖励和连续 3 年的专业教育工作培训，提升教师自身素质和教学能力。另外由马云主持的该项基金会将会提供老师们交流互动的网络平台，推进各地区及各学校老师之间的学习合作，共同推进教育事业长足发展。2016 年评选的范围在去年评奖的基础上将评选覆盖范围扩大至国内 13 个省区，包括陕、甘、宁、云、贵、川，以及 2016 年新增的新疆、西藏、内蒙古、青海、重庆、广西以及浙江省。开创此项教师奖项的目的在于鼓励乡村教师，鼓舞大家积极参与乡村教育工作。

　　每年主办"马云优秀教师奖"的"浙江马云公益基金会"成立于 2014 年年底，由马云个人出资注册成立，属于国内非公募基金会的一种，马云成立该基金会的目的在于支持国内各项基础设施建设、环境与工程、医疗卫生、人才培育以及教育事业等公益领域的发展。每年举办乡村教师评选活动就是支持教育事业发展的一种方式。

罗掌权

罗掌权，中国澳门著名企业家——施美兰集团董事局主席，同时也是知名的社会活动家和广为人知的慈善家。经过多年在商场上的打拼获得大量的财富，而后便开始积极回馈社会。在全国范围内大量进行捐资办学、帮助残疾人士，将公益事业进行到生活的每一处。另外作为澳门日报读者公益基金会顾问，罗掌权先生多年来致力慈善公益事业、紧急救援社会弱势群体、帮助贫困儿童解决上学问题、援助贫困和关心弱势群体等多项社会服务。

多年来，罗掌权先生怀着一颗爱国爱澳的赤子之心，奉献于国家和社会。仅在过去 2015 年一年的时间里，罗掌权共捐出 1713 万元，支持中国慈善公益事业的发展。如很多企业家一样，罗掌权先生也极其关心国家教育事业的发展，担心还有许多孩子读不起书、上不起学，由此而重视教育事业的投入，减少教育不公现象的发生。陕西省一直都是大陆地区较为贫困的地区，当地人民生活较为疾苦，特别是陕西省最贫困地区孩子们常常不能享有基本的教育资源。为了使孩子们可以享受基本的教育，2015 年期间，罗掌权为陕西省延安市梁家河村设立"港澳青少年学习基地"，为当地孩子们送去了宝贵的教育资源。另外，罗掌权先生也关心贫困地区人民的生活，希望可以通过自身的努力改善贫困地区人民的生产方式、医疗环境。为了改善陕西省贫困地区人民的生活条件，2015 年期间，罗掌权在陕西省境内启动爱国慈善教育家罗掌权慈善项目，在延安市吴起县发起饮水工程搭建和农作物灌溉的公益项目，帮助当地居民解决用水问题和经济作物养殖困境；此外在延川县各个镇区内大力兴建卫生院和医院，为改善当地居民生活条件出谋划策，捐资出力。在公益事业上，罗掌权先生也将目光投向了最需要关爱老人群体，每年依托澳门台山坊众互助会平台为老人群体开展联欢活动，与 500 多位长者一起庆祝新春，给老人群体送去欢乐与温暖。

赵涛

赵涛，步长制药创始人之一，身兼步长制药董事长和步长（香港）控股有限公司董事局主席，同时还是"北京市红十字基金会"常务理事和"共铸中国心"主席，积极谋划中国公益的进步发展。不仅自身积极参与公益事业的发展，同时也带领公司内部投身公益事业发展，带领步长制药集团出资 1 亿元注册成立共铸"中国心公益基金"，且其所在公司集团每年会定期向该基金捐赠千万元，发展国内慈善事业，因此，步长制药连续几年获封"十大慈善企业"荣誉称号，赵涛先生也连续多年荣获"十大慈善家"名誉称号。

在 2016 年的中国慈善榜中，赵涛先生上一年总捐资 1901 万元，位列第 84 名。除了做出巨额捐赠外，赵涛也常常发起各类公益活动，在他的领导下，"共铸中国心基金会"在过去的 8 年时间里组织医疗队伍积极入藏，给藏民提供医疗服务。未来赵涛先生希望把这个平台搭建得更好，让更多藏民可以获得医疗服务，缓解藏民们"看病难"的问题。

经过赵涛先生及其团队多年努力和苦心经营，"共铸中国心公益基金"组织的入藏医疗服务，已经成为现今医疗公益慈善领域规模最大，效果最好的项目之一，项目以"重走长征路，共铸中国心"为主题开展医疗健康活动，为藏民提供免费医疗服务，缓解藏民就医问题。2015 年，"共铸中国心"项目继续将医疗服务范围扩至更大的范围，走进了四川阿坝藏民区，这也是他们医疗团队入驻的第五个藏区，之前还深入过西藏、青海、甘肃、云南四个藏区，为当地居民送去服务。"共铸中国心基金会"每年组织的医疗服务志愿者团队，深入到藏区的多个乡镇，上千户居民家，提供数以万次的免费义诊，为藏民提供免费的医疗服务和药品。从成立之初至 2015 年 9 月，"共铸中国心基金会"已累计派出约万名的志愿者，累计为 33.5 万藏民提供志愿医疗服务，捐赠物资合计约 8000 万元人民币，救助了无数名患病儿童、老人。

除了在医疗健康方面对穷困边缘地区给予帮扶外，"共铸中国心基金会"还通过对各地采访考察，了解当地居民的实际需求，推出最适合当地的公益项目，此前曾推出诸如：健康学院、寺庙"四个一工程"、野生中药材基地保护等特色公益慈善项目，解决当地居民问题，给予真切的帮助，提升当地居民生活质量。除了自己组建团队参与公益活动外，赵涛也带领"共铸中国心基金会"积极响应国家的扶贫计划，派出公益医疗小组参与国家扶贫队，完成精准扶贫任务。

杨受成

杨受成是香港著名的企业家，作为英皇集团主席同时也是中华慈善联合会的常务理事。杨受成先生长年来一直热衷于公益事业，对中国慈善公益事业做出卓越的贡献，也曾多次获得"中国十大慈善家"和"全国十大社会公益之星"等多项慈善殊荣。

杨受成先生在公益事业上从来未显露出一丝吝啬，多年来在推动内地公益事业上不遗余力，为中国的公益事业做出巨大的贡献。2015 年年底，杨受成先生在河北省捐资建立的最新老人服务项目"杨受成关爱老年中心"彻底完工，前后杨受成先生为此项目捐助人民币共计 1000 万元。从经商的早期开始，杨受成就一直在关注中国慈善事业的发展，在 1976 年，为了全面参与公益事业，杨受成先生在香港创立"南九龙狮子会"，致力于促进中国公益事业。往后的几十年里，杨受成坚持参与社会公益事业的发展。特别是担任创会会长以来，经常在各项公益活动中看到杨受成忙碌的身影，不仅亲身参与慈善项目，同时也积极倡导狮子会的会员们参与到实际的公益项目中，帮助需要帮助的困难人群，直至今日，杨受成还在一如既往地参与着各项支持工作，义务为困难人群提供帮助。在参与社会公益的期间，杨受成先后于 1997 年、2004 年、2008 年分别发起成立了"英皇慈善基金""新报慈善基金""杨受成慈善基金"三个慈善基金，用以系统地发起各项公益慈善项目和活动，全面推进大陆地区和香港境内环保、扶贫、扶幼、扶老以及医疗和教育等公益事业的发展。其中杨受成先生最为关注的是教育领域的发展，除了在香港地区 9 处学校设立奖学金外，还捐助了北京大学、中国政法大学、中国司法部等多个大陆地区的教育基金，让成绩优秀的学生得到奖励、让清贫失学的优秀学生得到资助，获得学习机会，促进社会教育公平。

王振滔

王振滔，著名鞋企"奥康集团有限公司"的总裁，该公司主导的"奥康皮鞋"是中国皮鞋行业著名商标。然而更令人敬服的是王振滔先生对公益事业的兢兢业业，他是中国大陆地区第一位成立私人非公募基金会的民营企业家。王振滔先生认为真正的企业家应该是一位怀有浓厚社会责任感的人，没有社会责任感的企业家不是好的企业家。因而在获得事业成功的同时，王振滔先生也不忘回报社会，帮助困难群众解决问题，促进社会福利的增加，是一位名副其实的慈善企业家。他不仅自己热衷于公益，也倡导集团内部员工积极参与慈善活动，在他的领导下，奥康不仅仅是鞋业中的领军企业，也是一个富有社会责任感的公司。

早在 20 世纪末，王振滔先生就已开始投身慈善事业，积极参与各项公益活动。于 1993 年奥康集团在王振滔先生的主导下出资 8 万元义务修建永嘉县千石村道路，解决当地居民出行问题；而后在 2006 年，王振滔为帮助黄冈贫困地区大学生实现大学梦，成立助学专项基金，并首次注资 1000 万元。于次年出资 2000 万元，出资成立个人非公募慈善基金会——王振滔慈善基金会。紧接着在 2008 年奥运会期间，出资 3000 万元构建圆梦基金，借助奥运营销将商业与公益联合起来，推广企业的同时也将公益进行到底，让更多的人认识公益，参与公益。2011 年期间，在参与北京召开的"爱心衣橱"慈善会上，积极响应会上活动，宣布推出"爱心鞋柜"相关公益活动，依托其个人慈善基金会为贫困山区孩子免费赠送保暖鞋子，保护孩子们的双脚不受严寒侵袭。伴随着"王振滔慈善基金会"的成立，基金会开展了诸如"爱心接力计划""爱心鞋柜""关爱夕阳红""冬季温暖列车"等一系列的慈善活动，为各式各样的贫困人民送去温暖和爱。2016 年，王振滔将实施两项慈善工程："爱心明眸工程"和"爱心 100 项目"，致力于为贫困地区的白内障患者和儿童提供帮助。截止到 2016 年 4 月，王振滔向社会公益领域累计捐赠资金达 1.5 亿元人民币。

李彦宏

李彦宏，中国著名企业家，知名互联网公司"百度"的现任总裁。2015 年 12 月 22 日，李彦宏与北京协和医学院签署了一份关于食管癌研究项目的合约，此次合作中，李彦宏承诺捐赠 3000 万元资金支持食管癌的研究工作。长期以来，中国是食管癌出现最多的国家，中国食管癌患者占全球的一半左右，由于食管癌出现并未带有明显的特征，导致在出现的早期难以被诊断和发现，直至晚期才能被发现，因此患者的存活率很低。近年来这个问题一直困扰着患者，也困扰医学界，因此找出食管癌早期的症状是走出食管癌困境的第一步。除了提供资金支持外，李彦宏还将利用公司作为搜索引擎的功能，为协和医院提供大数据以及人工智能和先进技术等，协助协和医院开展针对食管癌基金组的研究，寻找早期食管癌出现的标志物，破解食管癌秘密，为诊断和治疗提供科学参考。此次李彦宏先生对协和医学院的捐赠不仅仅是一次简单的公益行为更是互联网技术与生命科学的一次联手，是大数据、人工智能技术应用于医学研究的一次尝试。诸如此类的合作，无论是对于科学而言，还是对人工智能和互联网技术以及大数据应用范围领域的拓展都产生极大的意义。项目交由北京协和医院分子肿瘤学国家重点实验室开展食管癌基因组研究项目。按照计划，研究项目将于 2016 年正式启动，计划在两年时间内完成初期样本收集任务，抽取 1500 例食管癌患者和 100 例食管癌家庭血液作为样本，预计将在 2017 年前完成对采集样本的分析测试工作。该项合作期望能够促进食管癌的发现，帮助食管癌的早期诊断和治疗。

牛根生家族

牛根生，知名企业家和慈善家，创立了中国乳业大集团——蒙牛乳业集团，被称为中国股捐第一人。牛根生在借鉴了美国知名私人公益基金会"洛克菲勒基金会"之后，萌生了创建私人公益基金会的想法，于 2004 年创立了"老牛基金会"。多年后，牛根生带着自己子女牛奔和牛琼再次造访洛克菲勒基金会，也是这一次的参观访问，在看到洛克菲勒家族从社会上获得巨额财富的同时也承担起社会的责任，充分体会到"能力越大，责任越大"的含义。此外，他们也发现家族慈善能够将慈善由平面变为立体，更为有力的促进慈善事业发展进步。经过深入的访谈和深思熟虑之后，牛根生与牛奔、牛琼都觉得家族慈善基金会是一个可复制、可持续的发展模式。而后，牛奔和牛琼以洛克菲勒兄弟基金会为参照，在中国成立了属于牛根生家族的第二代基金会，2015年 3 月正式注册成立，取名"北京老牛兄妹公益基金会"。牛根生家族创新性的慈善公益做法，让牛氏家族再次走在公益道路的前沿，为社会创造更多的福利，也促进了中国公益事业的长足发展。

为了将家族慈善事业办得更好，利用现有的资源帮助更多的人，牛根生家族对于慈善事业有着长远的谋划和清晰的布局。儿子牛奔全力负责环保公益事务；女儿牛琼则倾力于儿童关怀业务；2015 年创立的新基金会业务范围将主要设定为儿童关爱和支持青年创业项目，以及在中国倡导和推动现代家族慈善发展。现今老牛兄妹基金会开始筹划两个新的公益项目，一则是公益儿童电影项目，筹备资金，组建团队，免费为贫困地区儿童放电影，让贫穷的孩子也能享受电影带来的美妙和欢愉；另外一个项目是计划与美国某基金会合作的贫困孩子访美留学计划，针对贫困孩子，挑选优秀的青年赴美学习，让他们也能享受出国学习的机会。

崔如琢

崔如琢，中国知名的书画家、收藏家。在几十年的艺术生涯中，崔如琢先生一直心系祖国文化的发展与繁荣，关注国内和谐社会建设。为了保障国家文化资源，于 2016 年 2 月 25 日，崔如琢先生向故宫捐赠 1 亿元，用以维护故宫的文化遗产。该笔捐赠款项是目前为止故宫文物保护基金收到的最大一笔个人现金捐赠。计划这笔资金未来将划拨 2000 万元用于故宫文物保护和文化传播；4000 万将用于故宫学院开展学术研究和培训项目；余下 4000 万将用于文物保护项目。同年 5 月，崔如琢将自己的 15 幅画作免费捐献给故宫博物院，增加故宫书画作品的收藏。故宫中当代作品凤毛麟角，崔如琢先生捐赠的画作无疑对故宫而言是一笔无价的文化财产。

黄晓明 & 杨颖

黄晓明和妻子杨颖都是演视圈著名的演员。在第十三届中国慈善榜颁奖盛典中，黄晓明、杨颖夫妇因常年来热衷于公益慈善事业，不仅进行大量的慈善捐赠，也践行多项公益活动，为慈善公益事业做出巨大的贡献，在颁奖典礼中二人共同被授予明星慈善的最高奖，获得"最具慈善影响力明星"称号。黄晓明、杨颖夫妇是明星中公益行动的佼佼者，植根慈善事业多年，尤其是近年来更是频频现身在社会上需要帮助的地方，给人们带去帮助，送去温暖。

在 2015 年，黄晓明和杨颖夫妇累计全年捐赠物资总额超 1000 万元。除此之外，他们也时常出现在各类公益活动和项目中，将工作之余的时间几乎都花在了公益事业上，坚持将慈善进行到底，在能力范围之内帮助尽可能多的人。除了在平时专门组建团队践行公益之外，黄晓明、杨颖夫妇也将公益融入平时的生活中。2015 年 10 月 8 日，黄晓明与杨颖举行了瞩目的世纪婚礼，令人意想不到的是夫妻俩将公益也融入了婚礼中，俩人婚礼现场的喜糖礼盒中有一盒饼干，是经由南京残障人手工制作的特殊饼干，试图通过简单的方式帮助他们，也意在呼唤更多人对残障人士的关心和帮助，以小爱唤大爱，倡导更多有能之士参与到慈善事业中。另外，婚礼现场使用的树木和鲜花饰品在婚礼结束后都将全部捐给福利院循环利用，改善福利院的空间环境。在婚礼的当天黄晓明宣布成立"关爱宝贝"公益项目，呼吁大家共同关注穷苦、残疾儿童，为他们提供更多的社会帮扶和支持。

黄晓明夫妇不仅在婚礼中将公益事业融入其中，号召更多人关注世界角落里处需要援手的人们。此外，在平日生活中也时常关心儿童和老人，给他们送去帮助和爱心。黄晓明的慈善事业最早是从四川开始的，从起初实现 40 多个贫困孩子上学梦开始。2015 年，黄晓明还悄悄以妻子的名义认养了 4 个孩子，为他们提供生活费和学费，解决穷苦孩子们上学难的问题。虽然在贫困地区孩子们已经解决了温饱问题，但是却无法获得普通人可以享受的教育，因此夫妇俩除了在生活上支助孩子们，更多的是把精力投入到孩子们上学问题上，2015年春节期间黄晓明偕妻子带着十几箱的爱心物资前往贫困地区看望孩子们，并当众宣布捐赠 30 所博爱小学，捐款达到 150 万元。夫妻俩时常为孩子们送去珍贵的物品，支持孩子们上学、改善生活条件。

除了小孩，老人也是社会上最大的弱势群体之一，尤其是空巢老人，常年没有子女的陪伴，只能孤独而冷清地熬着日子，因此黄晓明夫妇二人也把老人们挂在心中。2015 年春节，黄晓明偕杨颖来到山东青岛探望空巢老人陆奶奶，并为老人戴上"防走失黄手环"。截至 2015 年年底，黄晓明、杨颖夫妇联同中华社会救助基金会在成都、雅安和南昌等地为上千位空巢老人送去爱心包和防失手环，不仅给老人们送去温暖，也防止老人走失无人帮助的困境。

为了将慈善事业做得更好，黄晓明还专门在其工作室下设社会慈善公益部，全面负责公益事业的发展。而后，黄晓明工作室与中华社会救助基金会合作共同创立了黄晓明"明天"爱心基金，该基金包含"为了下一颗海星""温暖十七城""让爱回家黄手环中国公益行"三个主要公益项目。从起初零星的资助孩子上学开始到现今成规模帮助大量的孩子老人，黄晓明的公益之路走了足足 12 年之久，从未间断过，他们的坚持让每个人都感动和敬佩。

谭维维

谭维维是大陆知名的女歌星，中国知名的摇滚女王，也是一位用"声"援助环保公益的慈善达人，用音乐和行动呼唤大家一起保护环境。由于明星自带光环的性质时常引起很多人的关注，明星的行为总能引起较多的社会关注，带来示范效应，因此谭维维觉得作为明星应更加积极主动的成为公益活动的参与者之一。因明星普遍受到关注度较高，在粉丝传播和示范效应下将有较强的号召力，所以明星更应该更多地去参与公益活动，促进公益事业发展。谭维维认为明星总是能够得到很多人的关爱，所以应该尽可能地去回报这些爱、回报社会，献出自己的爱心，改善社会发展。

为了提倡大家关注环保事业，在 2015 年的一期综艺节目中，谭维维演唱了一首由传统唱法和现代摇滚完美结合的歌曲"给你一点颜色"，由于歌曲本身动听震撼，曲风新奇引爆微博和朋友圈；并且歌词"为什么沙漠没有绿洲，为什么星星不再闪烁，为什么花儿不再开了，为什么世界没有了颜色"4 句撼动人心的质问，是谭维维及创作团队对环保公益事业的呼唤，意在呼唤社会保护环境，努力共建我们生态环保地球村。2016 年 3 月 12 日，阿拉善 SEE 基金会发起"一亿棵梭梭、给世界一点绿色"公益环保活动，谭维维成为该项公益活动的大使，与阿拉善 SEE 基金会共同为内蒙古西部沙漠地区植树固沙，送去绿色。除了亲身参与边缘地带固沙活动外，谭维维也通过微博等媒体宣传沙漠地区植树固沙的重要性，呼吁大家关注沙漠化，积极为绿化沙漠贡献点滴力量。作为环保公益推广大使，她亲自深入到阿拉善左旗和苏海图等沙漠地区拍摄宣传曲 MV，并参与了相关志愿者公益探访活动。为宣传低碳生活，谭维维特别录制环保主题曲《在束河里》，也曾多次参加由韩红爱心慈善基金会组建的医疗公益项目，担任志愿者，参与西藏、青海、贵州等地的救助活动，为当地居民发放医务药品。继该环保公益活动之后，谭维维并未放松，继续坚持环保公益事业，亲自创作了另外一曲环保歌曲《万物有灵》，持续灌输环保理念。创作环保歌曲的目的是为了让大家听到歌曲之后，唤起大家对于环境的爱护，主动参与到大自然的保护工作中。谭维维一直坚持践行公益初心，坚信慈善是一种生活态度，一种生活方式，既是付出者也是受益者。

李晨

李晨作为一名演员，多年来不仅活跃在影视圈，也在公益领域留下自己深深的痕迹。近年来，更是频频现身于各式各类的公益活动，以自身的能力帮助其他人，促进社会发展，也积极呼吁更多爱心人士参与到公益的行列，号召大家关注社会，帮助有困难的群体，共筑和谐温馨的大集体，为美好社会添砖加瓦。2015年，李晨的行动遍布公益事业的方方面面。在动物保护领域，李晨代言了由网易、世界自然基金会及中国绿化基金会等联合发起的，意在抵御气候变暖，保护北极熊生存环境的公益活动；在环境保护领域，参与了由联合国环境规划署与微公益共同发起的"挑战两个地球"行动，提高公众节能减排意识，主动践行节能减排活动；在市容卫生方面，李晨被北京市市容环境协会正式聘任为北京市市容环境卫生行业形象大使，号召大家自觉维护市容市貌；在关爱儿童方面，李晨亲自到燕京小天鹅公益学校，为孩子们送爱心跑鞋，此外，还同奔跑兄弟团一起为南京市一所打工子弟小学的150个儿童送去爱心跑鞋和爱心书；在抢险救灾方面，李晨为8·12天津爆炸事故捐款50万元。除个人公益项目外，李晨在2015年期间也持续参与了"爱里的心""大病医保""阳光跑道"等各项公益活动，以及由李晨本人发起的"晨路公益计划"。李晨一直在用自己的实际行动证明行动的力量远远高于口号。2016年3月27日，李晨正式成为"2016年北京环保公益大使"推广环保公益项目。对待公益，李晨不仅从自身做起，践行公益环保事业，同时努力通过自身示范作用倡导影迷朋友及社会各界的好友，共同关注公益、参与慈善，践行绿色生活方式，为美丽北京加油。另外，作为北京环保公益大使，李晨还将拍摄相关环保公益广告，倡导环保理念，宣传环保行为。

胡海泉

2016年一则关于众多明星和私募大佬参加基金从业考试的新闻刷爆新闻，其中著名音乐人、天使投资人胡海泉便是此次新闻的主要人物之一。胡海泉参加基金考试的目的与普通人不一样，他参加基金考试是为了更好地经营自己成立的公益基金。胡海泉一直热衷于各项公益事业，他最初开始做慈善是从2010年开始，同搭档陈羽凡一起参与"天使之家"民间慈善机构，帮助治疗因重病被丢弃的孤儿，让众多可怜的孩子们重获生命。此后，胡海泉开始了自己的慈善生涯，不断的贡献自己的力量，帮助需要的人脱离苦难。2015 年胡海泉获知一位 13 岁的"白酒女孩"——程欣的故事，被她的故事深深的感动和震撼后决定尽自己所能帮助这位可怜、又令人心疼的女孩。在探寻和周转之下，"白酒女孩"获得成功的医疗救助。在这次救助"白酒女孩"行动之后，胡海泉发现仅仅依靠个人的力量，能做的事太有限，要将这种公益善行成规模的发展，才能帮助到更多的人。于是他萌生了创建公益基金的想法，帮助更多被病患折磨而无力就医的困难群众。怀揣着这个简单而美好的想法，经过几个月的构思、奔波，于 2016 年 4 月 26 日胡海泉正式注册成立了"医诺千金"基金。基金主要作用是资助困难家庭医疗救助，让他们获得经济支持；此外也将提供对称的医疗信息，帮助患者及时获得有效的救助信息，由于现实中很多患者亲属即使砸下重金依然未能治愈患病家人，而这次对于程欣的公益治疗，由于汇集了多方力量，解决信息不对称问题，终使程欣能够成功获得治疗，因此获得对称的救助信息就显得格外重要。胡海泉设立"医诺千金"基金的目的是希望通过结合医疗专家和热心机构的信息资源，为困难患者提供经济支持的同时，也提供对称的医疗信息帮助患者及早脱离疾病，重获健康。

为了将"医诺千金"基金救助范围和影响力逐步扩大，帮助更多的家庭。胡海泉除了汇集有名医生专家的医疗方案外，还向各个爱心企业积极募捐物资，除此之外，为了能够使基金的救助能力继续延续下去，倡导全民公益，汇聚社会力量一起参与公益救助，才能延续基金的救助，发挥基金的更大作用。经过充分的前期准备，海泉于 2016 年 3 月 25 日首次在公益众筹平台发起"医诺千金"公益众筹项目，向社会大众募集公益资金。胡海泉作为"医诺千金"公益基金网络公益众筹的发起人，结合新科技和新商业模式，将科技的进步与慈善的爱心结合起来，将公益事业的作用发挥得更加淋漓尽致。

李冰冰

李冰冰，中国大陆著名女演员，知名的环保达人。2016 年 3 月 19 日，在中国北京举行了"为蓝生活，为蓝城市"地球一小时熄灯公益环保倡导活动，这次活动是由世界自然基金会主导举办的一项环保公益活动，联合国环境规划署全球亲善大使和世界自然基金会全球推广大使李冰冰被世界自然基金会邀请成为此次环保公益的宣传推广大使。作为北京熄灯一小时的形象大使，李冰冰在宣传大会上发表了环保宣言，呼吁公众重视环境的恶化，珍惜和爱护地球，时时刻刻维护自然环境，倡导有责任的生活；此外在活动现场，李冰冰也呼吁大家增强保护动物的意识，一同参与到保护野生动物的队伍中来，保护动物的生存环境，创造自然和谐的生态环境，营造人与动物和谐相处的环境。从"地球一小时"第一次进入中国开始，李冰冰就加入其中，8 年来，从一开始的各方质疑到现今全球 170 多个国家和地区的参与，李冰冰都一直用自己的行动在倡导大家参与，将环保践行到生活中。

在出道十几年时间里，李冰冰积极发挥明星偶像的影响力，持续的以身作则，号召大家一起践行环保公益事业。2009 年之前主要以参与者的身份践行各项环保公益项目。随着经验的积攒，在 2009 年期间，李冰冰发起注册了个人的公益品牌"L. O. V. E"，发起各式各样的环保公益项目。随着李冰冰知名度的不断提高和环保经验的累积，2010 年期间，她被同时受邀成为"全球亲善使""世界自然基金会全球大使""百万森林"亚太区大使等多重环保大使，成为名副其实的环保达人，此后总能在各项环保宣传活动中见到她的身影。随着气候的变化，野生动物的栖息环境不断受到迫害，2012 年期间，李冰冰组织了专业的气候变化考察团，深入青海湖、漓江、长江等多处江豚栖息地，了解当地生态变化和对人类以及动物的影响，为当地环境出谋划策。2013 年携手个人公益品牌"L. O. V. E"与 GUCCI 联手推出环保类首饰，该类环保首饰采用竹子、植株果实等环保材料制作而成，向市场推广，并将义卖获得的资金收入全额用于其他环保项目，提倡环保时尚。

第七章 热点事件篇[①]

随着信息技术革命的深入发展，互联网已经深刻影响到人们生活的方方面面，尤其是公益慈善事业。然而科技革命的迅速发展，也滋生了众多棘手的社会问题，而公益慈善界又在社会问题的解决中发挥了重大作用。本章通过梳理各热点事件的背景、过程以及结果，结合社会各界的评论，同时查阅文献和相关资料，从科学的视角观摩互联网时代下的社会问题，进而研究互联网时代下公益慈善对于解决社会问题的重大作用，分析互联网在事件中所起到的作用，该事件对公益事业的促进作用以及互联网对此事件形成的挑战，总结概括公益组织的参与解决方式，并革新思维方式，最终促进互联网时代下公益慈善的繁荣发展，解决更多的社会问题。

第一节 穹顶之下

随着中国的崛起，经济的迅速发展，中国跻身世界先进大国行列，然而与此同时，中国林立的工厂，却让社会笼罩了一层厚厚的屏障——雾霾。雾霾，是一种危及人类健康的环境污染现象。但是并没有多少人对此重视，直到2015年"两会"即将开幕之际，著名记者柴某通过多个网络渠道推出自费拍摄的雾霾考查纪录片《穹顶之下》，空气质量和污染治理议题才成为舆情热点，引起有关部门、能源公司、环保机构的高度重视。对公益行业而言，该片综合了社会学与传播学特点，通过多角度的调查、娴熟的编导技巧、优秀的传播平台和巧妙的时间点，取得了最佳传播效益和相应的政策影响力，开拓公益倡导新模式，对整治雾霾做出了众多的举措。

---

① 本章由暨南大学产业经济研究院周建红执笔。

一、事件介绍①

雾霾是关系人类生存与健康的环境问题，2013 年，"雾霾"成为年度关键词。这一年的 1 月，4 次雾霾笼罩着 30 个省（区、市），在北京，仅有 5 天不是雾霾天。有报告显示，中国最大的 500 个城市中，只有不到 1% 的城市达到世界卫生组织推荐的空气质量标准，与此同时，世界上污染最严重的 10 个城市有 7 个在中国，我国中东部多个城市被雾霾笼罩，空气污染十分严重，PM2.5 屡屡爆表，大范围的雾霾天气引发严重的呼吸道疾病，6 亿人受到影响，雾霾对国民健康的影响难以估计。这场席卷大半个中国的雾霾污染，引起了柴某的关注。

2015 年 2 月 28 日，《穹顶之下》上线仅 24 小时，就被播出了近亿次。视频中，柴某身先士卒，通过实地考察，深入采访，查阅资料，统计数据等措施，用事实解答观众的疑惑，叙述了在过去的整整一年，她所"目睹"的一切：在雾霾中待一天，一个白色的采集样本的仪器变成了黑色，从中发现了15 种有害物质；跟随环保部门用无人机巡查空气污染地区，深入探查乱排污企业，揭示闻所未闻的"褐煤"对空气污染的巨大影响；为揭露夜间污染不降反升的奥秘，半夜奔赴北京延庆，探查柴油车排放超标并大面积作假情况；探索能源结构背后工业化城镇化的道路，走访中国能源方面的权威人士，寻求未来能源体制改革目标……最后提出"同呼吸，共命运"的社会呼吁。

二、事件评论

柴某的《穹顶之下》视频一经播出，在社会各界引起强烈的反响，获得了众多公益组织的支持，充分发挥了公益慈善在互联网时代的巨大作用，推动了雾霾问题的传播和解决。柴某依托互联网具有的强大影响力，通过《穹顶之下》让大多数普通人认识到治理雾霾绝不仅仅只是少数富人、名人的事情，每个人都能够为治理雾霾添砖加瓦，向广大公众普及了环保的理念。柴某更是用自己的努力为雾霾"配捐"，践行了先进的环保理念，并加入公益组织元素，

---

① 本部分介绍根据"牛宝宝文章网：《柴静苍穹之下，记柴静苍穹之下的心得体会》"相关内容整理。

带动了大量企业参与公益，大大推动公益慈善事业在中国的发展。《穹顶之下》播出后，活动的发起方、参与方和其他社会公众都纷纷发表了不同的观点与看法，以下为摘录的部分评论（观点）：

环保部部长陈吉宁向记者透露，[1] 看完了《穹顶之下》这部纪录片之后，让他想起了美国作家雷切尔·卡森的《寂静的春天》，唤起了全球对环境的关注。而这部纪录片，唤起了公众对环境的重视，对环境问题引发的健康问题的关注，有其特殊意义。

原《焦点访谈》主编庄永志认为柴某的此次行为是"互联网时代下的公民调查"，[2] "目力所及，这是非机构、非记者所做的信息来源最可靠、信息最全面、视野最宽广、技巧最丰富、最有行动感的雾霾调查……她居于调查的动员，将诱发新一轮的、更普遍的从修改法律到政策转变再到公民自发的治霾行动。""她是以个人、市民的身份调查空气污染的危害和治理污染方面的立法、战略规划和能源政策的制定与实行，不妨从信息公开和民主决议的视角考虑其间的得失、掂量国外同类决策能否进行参考。网民不必居于渠道信任，而是出于对个人魅力的赞美和对自身利益的重视、对社会问题的正视而去观看《穹顶之下》，这只是网民参与的开始。"

前央视主持人崔永元评价道，[3] "《穹顶之下》唯一的作用就是启蒙，但对于国家雾霾治理可以忽略不计。从长远角度来看，柴某的《穹顶之下》确实力量微小，仅仅是挖掘了问题，并没有真正切实解决问题，这是柴某需要深思的，也是社会人们需要思考的。"

南京大学周雷博士比较详细地谈了谈他的看法："柴某是一个非常好的记者，因为她使用调查数据、归因分析再一次诠释了雾霾知识，并进行系统的整理，带来令人相信和感同身受效果。然而，由于学识观和认知形式的限制，她的调查在某些方面没有实现真正意义上的突破。提到烧煤造成的空气污染，她介绍了外国通过洗煤来解决这一问题，但并没有深入分析洗煤水可能产生的恶果；提到能源消耗，她分析了能源产业内情，但没有去观察这些能源消耗细节问题，哪些人是这些能源消费的大头并带来了什么样污染蔓延？中国的污染与全球的经济有什么联系？中国现有污染机制是如何形成的？在没有弄清楚问题

---

① 评论根据"《柴静雾霾调查不仅是'私人恩怨'》，《中国妇女报》2015 年 3 月 2 日（A4）"整理。

② 评论根据"网易新闻：《柴静雾霾纪录片引各方争议，这是目前最前面汇总》"整理。

③ 评论根据"联合早报网：《崔永元：穹顶之下的唯一作用是启蒙》"整理。

是什么以及问题为何会产生以前，她在国外的考察资料几乎都是很片面的。她谈到伦敦的污染企业升级转型，伦敦采取的环保措施，但却没有考虑到所有的西方人群，乃至所有的人都在外包和异化自身的认识。当自己的国家渐渐撤销那些高污染产业，空气质量慢慢好转，仿佛污染问题就已经解决了。柴某和一些老北京进行了交流对话，提到童年时期回忆，仿佛以前有一个管用和绿色的北京 Style，这种逻辑和认知模式错得非常离谱。治理污染问题，历来应当是多管齐下，不是用小组调查的方式，而是要找出症候的产生机制。"

三、互联网与公益携手治雾霾

柴某利用互联网多媒体技术，促进了《穹顶之下》在社会范围内广泛传播，引发社会对雾霾的关注热潮。她巧妙地发挥了互联网快捷方便的传播技术，使雾霾迅速成为社会焦点，并且带动了广大人民的热衷参与。其中公益组织就是其中一个强大的团体，他们也发挥了互联网时代信息化的优势，开拓创新，为整治雾霾做出了重大贡献。柴某建议每一个人、每一家企业、每一个监管部门通力合作，从根源上治理雾霾问题。首先，政府部门制定更直接更有效的环境保护政策，赋予环保部门和环保机构更多权力，让环保部门有法可依；其次，生产企业要切实加强环保责任意识和法制意识，不断完善环保管理机制，严格控制和消除生产过程中产生的各种污染物；最后，社会个体要改变以往破坏环境的日常行为，减少自驾车出行的次数，多进行绿化行动，崇尚低碳生活。

视频中，柴某推荐了公开企业排污讯息的手机 APP——污染地图。① 只要大家在该地图上看到有排放大量有害气体的企业，便可投诉。"污染地图"，一款由公益机构公众环境研究中心研发、阿里云免费提供云计算资源的环境监测软件，其主要功能就是"发现身边的污染源"，用户能随时阅览国内近 1000 个空气质量监测站的空气质量指数和污染物浓度。同时，汇集各省市有害气体污染源数据，实现了实时监控，每 60 分钟刷新一次，其数据的计算和处理能力具有高精准、高要求的水准，还可即时共享，使工厂接受民众监督。

---

① 根据"许佳：《云计算曝光'污染地图'》"整理。

在柴某的纪录片中，自然之友的一段动画，① 为大众科普了他们应该如何应对雾霾污染，例如少开车、拨打12369投诉等。其实，自然之友很早就启动了一个名为"蓝天实验室"的计划，"面向大众无偿开放的大气污染检测和雾霾应对方式开发的创新行动方式"。未来，他们还将辅助普通人更清醒地了解雾霾，在雾霾最终消散之前科学地和雾霾相处，并积极探索治理雾霾的有关方案。

《穹顶之下》播出后，自然之友和公众环境研究中心获得了他们根本没有想象过的高度重视。但是，治理空气污染问题是一个长久的课题。公众研究中心主任马军表示，他们将会推出"污染地图"的升级版，进一步完善应用功能、提高用户友好性，来共同守护蓝天。

第二节 毕节四兄妹自杀事件

多年以来，随着城市化进程的加速，农民工群体的壮大，庞大的留守儿童群体已经成为一大社会问题。根据2013年全国妇联的数据显示，② 我国农村留守儿童数量已达6102.55万名，其中独居留守儿童已达205.7万名。留守儿童问题的解决需要加快全国户籍政策改革，让农民工尽快融入城市，与孩子团聚。然而，这是一个漫长的过程，需要政府以及人们的共同努力，特别是公益组织的努力加快了留守儿童问题的解决。

一、事件介绍③

近年来，留守儿童问题上升为社会的焦点，众多地区出现留守儿童自杀的问题。根据2015年《中国留守儿童心灵状况白皮书》调查结果披露，④ 有近1000万名留守儿童一年到头都见不到父母；一年到头都接不到父母电话的留

---

① 根据"张盖伦：《'穹顶之下'并非柴静的'私人恩怨'——抗霾公众能做什么》，《科技日报》2015年3月2日（01）"整理。

② 根据"界面：《中国留守儿童问题调查》"整理。

③ 本部分介绍根据"刘洋：《毕节四兄妹为什么会死?》，《南方都市报》2015年6月12日（AA01）"整理。

④ 根据"张皓俞：《留守儿童心灵状况白皮书：1000万儿童终年见不到父母》"整理。

守儿童接近 260 万名；另外，每年与父母通话的频率低于 4 次的留守儿童有 885 万名；三个月一次的有 1519 万名。因此，留守儿童亲子沟通与教育问题引起老师、父母和社会的关注。

2015 年 6 月 9 日晚 11 时 30 分许，田坎乡派出所接到报案，贵州毕节市七星关区田坎乡茨竹村一户张姓人家 4 兄妹，"吃了农药，生命垂危"。老大是男孩，其余均为女孩，4 兄妹都在田坎乡中心校念书：老大小刚 13 岁，六年级；老二小秀 9 岁，二年级；老三小玉 8 岁，一年级；最小的小味 5 岁，幼儿园。同村村民张某某是第一个发现 4 兄妹出事的人。事发当晚，在张家旁边修房子累了、正靠着摩托车休息的张启付，忽然听到张某某家房子方向传来"呼、呼"的声音。"我当时以为是野猪来了，就拿着电筒跑过去察看，结果看到一个孩子倒在地上，正在抽搐。"据七星关区委宣传部一位负责人介绍，当田坎乡派出所和卫生院工作人员迅速赶到现场时，发现老大已失去生命体征，另有两个孩子在抢救途中死亡，还有一个女孩在卫生所抢救时无效死亡。

经茨竹村一位年逾七旬的老大爷介绍，这四兄妹有着不幸的出身：父亲张某某 30 多岁，长期在外打工，与妻子关系不好，多次打架，后来妻子"跟别人跑了"，张某某觉得丢脸，也不愿在村里多待。孩子爷爷奶奶去世已久，外公外婆也都年老力衰，张某某其外出打工后，4 个孩子全靠自己生活，偶尔有远房亲戚接济。

从当地村民那里得知，"这 4 个孩子日常并不惹是生非，他们都很害羞，基本不与村里其他孩子玩耍，经常都是关门自己在家，我们都不知道他们到底怎样生活的"。另有村民表示，以前听到楼上有动静去敲门，这 4 个孩子都不理会，特别是事发前一个月，村民们更是很少看到他们的身影。

按照村支书说法，孩子们的爸爸今年 4 月还给他们寄了 700 元钱，警察在他们的银行卡发现，仍有 3500 余元。孩子们的姨婆潘某向记者透露，张某某有一次殴打老大，把左手臂打到骨折，右耳朵撕裂。2012 年 8 月 16 日，老大离家出走十几天，被找回家后，母亲脱掉了他的所有衣服，罚他裸体在天台的大太阳下晒了 2 个多小时。七星关区委宣传部有关负责人称，官方也掌握了张家夫妻不和睦的信息，但两人并未正式离婚，且都处于失联中，目前还无法确认这与孩子喝农药有多大联系。

二、事件评论

在 2012 年 5 名儿童中毒死亡事件后，毕节市曾逐一排查全市留守儿童，设立了留守儿童关爱基金，为了保证留守儿童正常的学习和生活，政府财政每年拨款 6000 万元左右，并且采取了"一对一帮扶"政策；教育部等中央机关也发布文件，要求制定留守儿童注册制度，目的是为了确保留守儿童能够享受教育等基本公共服务。然而，这些政策的出台并没有及时挽救这四名儿童喝农药致死的命运。留守儿童是社会的一大问题，毕节四兄妹自杀事件也为社会敲响了警钟，暴露出种种问题，政府相关部门形式化的不作为令人们失望，同时引发了社会上的广泛关注，以下是社会各界人士的评论：

北京青少年法律援助与研究中心执行主任张雪梅在接受中国青年报记者采访时表示。[1] "贵州毕节 4 兄妹非正常死亡事件，反映的依然是与儿童保护相关的老生常谈的问题，未成年人如何获得有效监护，如何避免出现无人监护照看的真空地带。根源在于，我国系统的家庭儿童保护机制体系没有建立，缺乏社区儿童保护机制，学校对辍学没有采取有效措施，委托监护不够完善，这些都是我国儿童保护制度的短板。"

长期关注贫困地区儿童问题的中国发展研究基金会秘书长卢迈说，[2] 现在对留守儿童的关爱，在一定程度上陷入两难，大多数外出务工父母生活的环境并不利于儿童的健康成长或者是他们无力在城市抚养孩子，留在农村又无人照顾。除了生活上的照顾，对儿童的心理关爱尤其缺少，应引起高度重视。

中国教育科学研究院教育政策研究中心主任、博士生导师、全国妇联留守儿童专家组成员吴霓表示，[3] 改善留守儿童问题最根本的办法是加强农村建设。在关注城镇化和城市发展过程当中，不能忽略农村建设和发展。目前，主要劳动力外出打工从而造成许多农村成为空巢，农村生态环境和物质生活条件也停滞甚至恶化。所以，政府应着力发展县域经济，加强农村建设，以城带乡，实现城乡一体化发展，甚至乡村优于城市发展。只有农村获得发展机遇，劳动力能就近就地务工，并安心在家乡生活，这才是从源头上减少留守儿童的

---

[1] 评论根据"王亦君：《谁在毕节 4 兄妹非正常死亡事件中缺位了》，《中国青年报》2015 年 6 月 12 日（05）"整理。

[2] 评论根据"吴涛、胡星：《毕节四兄妹曾遭严重家暴'性格很孤僻'》"整理。

[3] 评论根据"中国新闻网：《专家：留守儿童问题的核心是家庭监管的缺失》"整理。

最主要方法。

　　新华网特约评论员王石川表示，① 毕节 4 兄妹自杀事件，再次提醒我们必须更加关爱留守儿童，这种关爱不是同情，也不只是金钱的帮助，而应该是情感上的倾注。最应该的是通过制度革新，使他们能够和父母生活在一起，体体面面地生活，健健康康地长大。

　　蒲公英特约评论员朱四倍表示，② 政府、社会、亲戚和父母，任何一个环节的责任履行到位，都能够避免毕节悲剧的发生。但悲剧还是发生了，因此留守儿童的监护与教育问题不能只停留在个别家庭、学校教育层面，留守儿童问题也不单单是一个家庭的问题，也不只是学校教育的问题，它涉及家庭、学校、政府、社会等各个方面。唯有整合各种社会资源，共同关注留守儿童的健康成长，才能避免时代之痛。

三、互联网时代公益组织促进社会关注留守儿童

　　许多专家学者一直在探索如何运用互联网技术把家庭、学校、公益组织和爱心企业连接在一起，共同打造关爱留守儿童的"互联网 +"生态。借助互联网，学校可以定期组织网上家长会，让外出务工的家长及时了解孩子在学校的身心发展情况；公益机构可以和学校一同设计家庭教育课程，提升父母的主体责任意识；网络公司可以为留守儿童家庭建立"在线团聚"的虚拟空间，增进亲子交流。③

　　此外，通过互联网进行线上学习改变了传统的教育模式，实现了优质网络课程在全国各地的共建共享，从而让偏远地区的学校和留守儿童也有机会享有优质的教育资源。值得一提的是，人大附中、友成基金会以及国家基础教育联盟联合推出的远程教育创新项目"慕课 1 + 1"即"双师教学"的实验。④ 从2013 年 9 月起在正保远程教育集团全面的技术支持下，远程在线直播课堂实现了将人大附中上课教学情况传送到广西、内蒙古、重庆、河北、北京五个省市（自治区）的 13 所乡镇项目学校，进一步实现教育资源的共享。经过大半

---

　　① 评论根据"王石川：《新华网评：不能让临时救助制度流于形式》"整理。

　　② 评论根据"朱四倍：《'四兄妹'自杀凸显留守儿童监护人不确定的尴尬》"整理。

　　③ 根据"《互联网 + 留守儿童：打造线上的亲子沟通空间》"整理。

　　④ 本部分根据"宋晓梦：《我们和人大附中一起上课——关于'慕课 1 + 1'即'双师教学'的调研》"整理。

年的磨合训练，这个当初许多人不看好的教学实验已初见成效，最明显的效果就是项目学校教师专业素质显著提高，学生的学业水平明显进步。

互联网线上学习模式带给学生的好处主要有：第一，可以进行因材施教。在学生感觉自己跟不上的时候，可以暂停，听自己的老师进行解释。第二，可以增加学生思考和动手练习的时间。比如第一课堂老师的提问，第二课堂学生要是感觉来不及思考，可以将录播暂停，由第二课堂老师将题目再解释一遍，进行适当启发，让学生思考后回答。第三，学生会变得特别有自豪感。感觉自己和人大附中的学生一起上课，由人大附中的好老师讲课，如果他们做出和人大附中学生一样的答案，还会感觉特别兴奋，进而提高学习的兴趣。

然而，互联网还存在着许多不足。首先，留守儿童长期与父母分离，即使可以通过互联网增进交流，但是对于父母的爱和信任的感受体验不会像在身边来得那么贴切和温暖，一旦内心烦恼得不到排解，内心的不信任和孤独感就会增强；其次，留守儿童通过网络交朋友，极易被不良网友带向歧途甚至被骗财害命；最后，留守儿童容易沉迷网络游戏，在网络世界中，他们极富成就感，久而久之，容易沉迷其中不能自拔，进而厌烦现实。这些都是互联网时代下公益慈善遇到的难题，公益组织在创新模式的同时还需要对现实更深的思考。

第三节　腾讯公益发起全国首个互联网公益日

随着互联网技术的普及和发展，互联网在公益行业的运用愈发普遍和重要。在此背景下，腾讯公益联合全球数十家知名企业、上百个公益组织、中国最顶尖的创意机构、名人明星以及数亿网友一起，首次发起了互联网公益日——"99公益日"，掀起了一场覆盖面广的全民公益活动，对公益行业未来的发展和公众实现"人人公益"提供了很多可能。

一、事件介绍[①]

公益日活动作为一个让全民参与公益的活动，众多知名企业和NGO都会参与到这一活动，为公益贡献一份力量，在欧美国家比较普遍，如英国的

---

① 本部分内容根据"腾讯公益微博：《腾讯公益合发起首个互联网公益日》"相关内容整理。

"Red Nose Day"、美国圣诞节后的"全民 Giving day"。而在中国，积极发挥公众力量的公益日活动还比较少。互联网行业的领先企业——腾讯则一直努力将互联网的高效性、共享性、连接互动等特点与公益行业结合起来，为运用互联网扩散公益而努力，在互联网发展的契机下，腾讯便联合众多企业、公益组织、名人明星和网友，在 2015 年 9 月 7 日宣布发起首个互联网公益日。

在"99 公益日"活动中，腾讯公益以"一起爱"为主题，在发挥其自身产品和平台的优势的同时，还充分发挥各大合作伙伴（企业、公益组织和名人明星）的力量，尽可能地使更多的公众参与此次公益日活动。本次公益日活动主要有以下特点：

围绕着"一起爱"主题，腾讯基金会按照特定比例进行配捐，即"9 月 7 日~9 日，网友每向公益项目捐助 1 块钱，腾讯基金会将配捐 1 元钱；网友每捐 10000 步，腾讯基金会（与合作伙伴）将配捐 2 元钱"，其中每人每天配捐上线为 9999 元，单个计划配捐上限为 999 万元，这 3 天的总配捐金额上限为 9999 万元，平均每天配捐上限为 3333 万元。腾讯基金会希望能够将这些配捐资金作为爱的种子，带动更多人参与公益，资助更多需要帮助的人。

在此次公益日活动中，腾讯充分发挥了各方力量，让"随手公益"变为可能。具体表现在：腾讯充分利用微信、手机 QQ、腾讯新闻、电脑管家、QQ空间、QQ 邮箱等强势产品宣传"99 公益日"活动，让诸多网友在活动开始前便知晓相关消息，这些平台还使得网友通过手指简单一划，便可捐赠所关注的公益项目；除公益组织外，肯德基、国美、顺丰、必胜客、星巴克等几十家世界知名企业也参与了"99 公益日"活动，纷纷在各自的营业网点推出"99 公益日"的推广活动，如肯德基的"99 感恩桶"及相应的"捐一元"公益计划等，很好地形成线上线下的公益联动；此外，众多有爱心的明星也纷纷加入公益日活动，黄晓明、唐嫣和林更新等出席此活动，以"明星效应"带动数亿网友参与公益。

二、社会各界的评论

在 2015 年的"99 公益日"是第一次由互联网公司发起的大型公益配捐活动。该活动引起各界较大的反响。腾讯公司利用其在互联网中强大的影响力，"99 公益日"让大多数普通人认识到了公益不仅仅是少数富人、名人的事情，每个人都能够为公益添砖加瓦，向广大公众普及的公益的理念。"99 公益日"

更是用自己的资金为公益组织"配捐",践行了先进的公益理念,带动了大量企业参与公益,推动了公益慈善事业在中国的发展。"99 公益日"开始后,活动的发起方、参与方和其他社会公众都纷纷发表了不同的观点与看法,以下为摘录的部分评论(观点):

腾讯主要创始人陈一丹提到,[①] 每个人内心都有爱的火苗,为了能将个人内心微小的爱的火花融合成一股熊熊烈火,点燃全中国公益的辽阔草原,腾讯公益便团结各方力量发起了全国首个公益日——"99 公益日",并以"一起爱"作为此次公益日的主题。

壹基金秘书长李劲在参加"99 公益日"新闻发布会时提到,[②] 相对于募捐,壹基金更为重视首个"99 公益日"发动普通大众参加公益的意义,希望"99 公益日"能够向更广泛的微信用户推广公益的理念——世界的变化不是因为少数人做了许多,而是大多数人做了一点点。公益日虽然只有一天,但是做公益则没有时间局限,如果每个人每天做一件善事,那么每天都是公益日。

肯德基相关负责人王立志表示,[③] 肯德基将不遗余力推进全民公益,希望可以携手腾讯让"捐一元"等公益项目产生更大的蝴蝶效应,引起更多人的注意和投入,利用社会力量快速推进"人人公益"时代的到来。

国美相关负责人介绍道,[④] 国美积极补充了全国各地 1700 多家门店在线下参与"99 公益日"的方式,推进线上线下的跨界联合,加强了公益项目的互动性。门店网络所蕴藏的庞大客流与国美员工对公益的热情投入,可以提高公众对"99 公益日"线下活动的关注度,为全国热忱于公益事业的人提供更加便捷的参加途径,也可以让爱心人士亲身体验在国美门店参加公益活动的趣味和成就感。

映诺社区发展机构总监李镝则对"99 公益日"提出了质疑:[⑤] 虽然"99公益日"无疑是公益圈子真正迈出全体公募的第一步,开出了脱离基金会独家

---

① 评论根据"中华儿慈会:《99 公益日　为爱而战感恩永远》"整理。

② 评论根据"腾讯公益微博:《'99 公益日'壹基金和你一起行动》"整理。

③ 评论根据"恭义:《肯德基联手腾讯推动'99 公益日'》,《海南日报》2015 年 9 月 14 日(013)"整理。

④ 评论根据"王四和:《腾讯公益联合国美等多家企业发起首个'99 公益日'》,《都市时报数字报》2015 年 9 月 11 日(A31)"整理。

⑤ 评论根据"李镝:《99 公益日反思:什么才是真正的公益力量》,《南方都市报(深圳)》2015年 9 月 18 日(A02)"整理。

支持的头班车。但是事情总是具有两面性，此次活动开展初期，广州公益圈则纷纷撰文批评此次公益圈"强捐"和"抢钱"，质疑"99 公益日"追名逐利，这可能也需要相关机构进行反思。

国务院参事、友成企业家扶贫基金会常务副理事长汤敏对于"99 公益日"也发表了自己的看法，① 当民间公益参与的主体越来越多，这里面无疑会有部分良莠不齐的项目和组织。根据腾讯的数据，去年"99"中有 5% 左右的项目未能有效践行承诺，这个不良率虽然是可以接受的，但依然要加强公益项目的监管力度和透明度。

三、"99 公益日"推进互联网与公益的结合②

虽然互联网的发展已经在一定程度上缓解了信息封闭带来的公益组织运作低效、透明度较低的问题，但公益项目与互联网一直很难实现较好的结合。腾讯"99 公益日"活动则为"互联网＋公益"提供了新思路，将一套"互联网＋公益"参考方案推荐给中国的公益组织，与中国扶贫基金会、中国社会救助基金会、中国妇女发展基金会、壹基金等超过 100 家公益机构进行合作，引入麦肯、阳狮以及奥美等 16 家拔尖的 4A 公司策划本次"99 公益日"活动，他们将结合以往自己的营销心得，帮助公益组织设计细致的网络推广计划，让更多高质量的公益项目在网上广泛传播。在这一过程中，知名公益人、免费午餐发起人邓飞便发起了"99 公益营"行动，口号为"99 公益日，克隆爱"，爱心人士可以寻找 18 个队员，通过腾讯公益平台发起"一起捐"，借助朋友圈的力量为山区的留守儿童送上一份免费午餐。③

"99 公益日"活动使得许多公益组织或公益活动都更有机会进入公众的视野，不仅腾讯的合作伙伴可以共享关系链、社交能力、支付能力等优质资源，促进公益组织的发展；同时移动互联网技术可以充分发挥腾讯"连接器"的作用，让公益从"少数人的事情"变为"人人为我，我为人人"的崭新模式，实现人人公益，有利于构建一个朝气蓬勃的生态圈。

---

① 评论根据"汤敏：《99 公益，我们该看什么，我们该防什么？》"整理。
② 根据"张松：《腾讯发起'99 公益日'，'互联网＋'破解行业痛点》"重新整理。
③ 根据"新科技：《'99 公益日'玩法曝光，网友称要与腾讯'赛跑公益'》"整理。

第四节　"最悲伤作文"

一、事件介绍①

爸爸四年前死了。

爸爸生前最疼我，妈妈就天天想办法给我做好吃的。可能妈妈也想他了吧。

妈妈病了，去镇上，去西昌。钱没了，病也没好。

那天，妈妈倒了，看着妈妈很难受，我哭了。我对妈妈说："妈妈，你一定会好起来的，我支持你。把我做的饭吃了，睡睡觉，就好了。"

第二天早上，妈妈起不来，样子很难受。我赶紧叫打工刚回家的叔叔，把妈妈送到镇上。

第三天早上，我去医院看妈妈，她还没有醒。我轻轻地给她洗手，她醒了。

妈妈拉着我的手，叫我的小名："妹妹，妈妈想回家。"

我问："为什么?"

"这里不舒服，还是家里舒服。"

我把妈妈接回家，坐了一会儿，我就去给妈妈做饭。饭做好，去叫妈妈，妈妈已经死了。

课本上说，有个地方有个日月潭，那就是女儿想念母亲流下的泪水。

柳某

2015 年 6 月 20 日

这是大凉山的 12 岁彝族小女孩木苦某某（汉文名：柳某）描述她母亲离世场景的作文，索玛慈善基金会理事长黄某某在探望宝石小学支教老师期间，无意间在教室墙壁贴的作文里看到了《泪》这篇文章，随后他拍下这篇作文，在 2015 年 7 月 11 日简述事实后并分享到了微博及朋友圈。

在黄某某将《泪》传至微博及朋友圈后，这篇作文在各网络平台迅速流

---

① 根据"百度百科：《'最悲伤作文'词条》"整理。

传，木苦某某受到众多网友的关心，不少爱心人士纷纷向小女孩捐款。新浪四川看到微博后，首先于 2015 年 8 月 3 日发布微博"这世上最悲伤的作文，来自大凉山的孩子"（附有作文照片）；随后在 2015 年 8 月 4 日，在新浪微公益启动了"帮帮大凉山的孩子们"公益项目，当天，中国妇女发展基金会便认领了该项目，并开始接受爱心捐款，截至 8 月 6 日 9 点，该项目已募集到约464736 元网友的捐款。

二、社会各界的评论

在"最悲伤作文"引起网友广泛关注，爱心捐款不断的同时，社会公众也围绕该事件展开了思考和质疑。以下为笔者摘选出的相关评论：

京华时报特约评论员王石川谈到，[①]"最悲伤作文"已变成一场舆论的斗争，除了叹息仍是叹息。莫廉价同情，也莫在质疑声中跑偏。当然，怀疑不是坏事，指引人们以更深入的目光重视凉山孤儿的情况。例如，如何处理捐款？比如，国家对凉山救济可以说尽心尽力，当地脱贫情况到底怎样？另外，凉山长期困扰于毒品和艾滋病，如何彻底解决毒品和艾滋病生存的环境？不难想象，假如毒品和艾滋病没了生存土壤，假如凉山脱贫了，当地人活得有滋有味，就不会有那么多悲剧发生。

时评作家余宗明指出，[②]《泪》之所以流传极广，首要原因是其清澈的文笔，但更重要的是她遭受的苦难和冰冷的绝望。而当它折射出社会需要正视的问题时，作文里的写作方法是怎样的，已经无关大局了，重要的是如何帮助摆脱困境。从这一点来看，对文笔的精练考究也是对问题焦点的跑偏。说到底，"最悲伤作文"应该将讨论的关注点更多地投向对贫穷及扶贫方式的深思，而不应该主动忽略掉悲剧本身，纠结于文字写作手法，基本就是在用病态考据癖和轻薄的旁观态度来消解悲剧的分量。

作家曾颖谈到，[③]对"最悲伤的小学作文"的各种解读反映了时下社会议论的多向性和复杂性。越是在这个时候，越是需要用一颗平常心面对这样一篇本来极

---

① 根据"王石川：《'最悲伤作文'，质疑别偏离靶心》，《京华时报》2015 年 8 月 7 日（002）"整理。

② 根据"世界之最：《最悲伤作文，已成公共事件》"整理。

③ 根据"曾颖：《质疑'最悲伤作文'，莫将舆论焦点带偏》，《新京报》2015 年 8 月 7 日（A03）"整理。

其简单的小学生作文，我们吃过太多对文字过分解读的亏，切不要去重蹈覆辙了。

网络评论员毛建国指出，[①] 拿"最悲伤作文"来说，固然文章结构选材都很精妙，很有技巧的力量，但更重要的是文章字字血泪，蕴藏着催人泪下的悲伤力量。虽然大多数人没有那样的生活经历，但我们知道在平常的生活中，有一些人面对着坚硬的现实，他们甚至连基本的生存都没有解决。这些人是我们心中的痛，让他们过上美好生活，是我们孜孜以求的目标。

网络评论员戴先任说道，[②] 从木苦某某的故事中，我们更应该看到背后许多同样处于困境中的儿童，政府和社会应考虑对这些儿童进行制度救济，让每一个孩子都能幸福地生活。度过儿童时代的快乐时光。所以，与其发掘出这些孩子辛酸的故事，不如相关部门行动起来，多下工夫，肩负起自己责任，对管辖区域内的困境儿童实行救济。

三、互联网与公益组织的作用

"最悲伤作文"之所以能被广大网友看到，主要是因为索玛慈善基金会理事长黄某某无意发现《泪》后上传到微博及朋友圈，这在一定程度上反映了基金会在帮扶贫困山区儿童的过程中起了较为重要的作用。

新浪四川负责人刘某某在微博上看到这篇文章，迅速向黄某某了解木苦某某的家庭情况后，便在新浪微公益平台上发起了"帮帮大凉山的孩子们"的公益项目，各大网络平台在短短一天内便募集到约 92 万元的网友捐款，这体现了互联网催生的各大网络筹款平台大大降低了网友筹款的门槛与成本，提高了募款的效率。在这一过程中，中国妇女发展基金会以公募基金会的资质担当善款接受方，新浪四川担任监督方，新浪微公益作为募捐平台，虽然四川省索玛慈善基金会因为可能要帮扶木苦某某兄弟姐妹 5 个人而放弃担任善款执行方，但整体来说，在为木苦某某募款过程中，各机构间形成了较为明确的分工，有利于募款的有序有效开展。

总的来说，在该事件的全过程中，无论是"最悲伤作文"引起网友广泛关注，还是网友为小女孩积极捐款，都体现了互联网举足轻重的作用。一方

---

① 根据"毛建国：《北青报：为'最悲伤作文'感动永远没错》，《北京青年报》2015 年 8 月 7 日（A02）"整理。

② 根据"戴先任：《让孩子从心底写出'快乐的作文'》，《大众晚报》2015 年 8 月 7 日（04）"整理。

面，由于互联网的受众面广、传播迅速，往往偏远山区的一些贫困群体的事件一经互联网传播，便能获得社会各界乃至公益组织的广泛关注，从而获得社会的救助；另一方面，很多偏远山区受制于所处地理位置，并不一定所有的弱势群体的问题都能借助互联网力量进行传播，这也就需要相关政府部门加强对贫困儿童等弱势群体生活现状的关注与了解，完善公共服务，加强对贫困儿童的制度救济，协同互联网共同缓解当地的贫困问题，避免"最悲伤作文"这种令人痛心的事情再发生。

第五节　百度血友病吧被卖事件

在互联网时代，一方面，信息的共享和流通变得越发便利；另一方面，少数互联网巨头钻"监管的空档"，利用对信息资源的垄断来牟取利益，近年来，已有越来越多的公众因此受害。2016 年年初，有网友发帖称，百度血友病吧原吧务团队被无理由撤职，新任的吧务则是用钱买下贴吧以自我宣传的骗子团伙。这一事件顿时将百度推上了舆论的焦点，舆论的高潮过后还需妥善处理此问题，在这过程中，网络时代下的公益组织发挥了巨大作用，开创了互联网监督的新时代。

一、事件介绍[①]

百度血友病吧作为重症贴吧之一，原本是数千血友病患者的聚集地。他们在那里分享自己的经历，相互扶持，以此作为对抗病魔的武器。然而，2016年 1 月 9 日，有网友发帖称，血友病吧原吧主、小吧主被百度贴吧无故撤销职务，随后一批新的吧务"空降"到了血友病吧。

1 月 11 日深夜，原血友病吧第二大吧主"蚂蚁菜"在知乎发帖称，长期以来自己和原大吧主山东老八路一直致力于为贴吧内的患者提供科普知识，把血友病吧打造成为一个没有骗子打扰的净土，使其成为数千病友和家属的家园、全国最知名的血友病知识地之一。但是近日百度方面单方面取消其吧主身份，并引入了 ID 为"血友病专家"的新吧主。这个"血友病专家"带领的

---

① 本部分介绍根据"腾讯科技：《百度血友病吧被卖事件始末》"整理。

"专家团队"中有一个名叫刘某某的教授，他自称是陕西医大血友病研究院院长，而他实际上是个骗子，他曾在 2014 年被血友病吧吧友多次举报，陕西媒体也报道过他的医患纠纷事迹。这些人花钱买下血友病吧吧主的位置，其目的无非是利用贴吧进行自我宣传，从而继续行骗。

"蚂蚁菜"还表示，假如这仅仅是一个普通贴吧的话，他们早就无所谓了，"我们担心骗子删帖子，因为精品吧里的好多帖子对血有病患者非常重要，如果他删了，我们就损失惨重了"，没想到的是忍气吞声并没有换来好结果，论坛里原来用来分享正确治疗方案的帖子以及揭露骗子的帖子都被一一删除了。如果真的让骗子得逞，不光是救命钱被骗走了，致残甚至是致命的情况也有可能会发生，所以他觉得不能轻易抛弃血友病吧，必须要把事实真相给讲出来，以免出现血友病患者上当受骗。

随后，知乎网友 ytytytyt 整理并发表了一批被百度以相似手法"空降"吧主的贴吧，并指出 40% 的热门疾病相关贴吧都已经被卖给了无资质的医疗机构、制药企业。这说明百度很早就想把百度贴吧商业化，希望通过售卖贴吧的管理权，来牟取经济利益。

此事件经多方转载迅速传播开来。网友们纷纷对百度只注重商业利益、坑害吧友、纵容骗子大行其道的行为表示强烈的愤慨。许多媒体也先后对此事件进行了报道，揭露并批判了血友病吧事件背后的种种弊病。

1 月 12 日，在强大的舆论压力下，百度方面终于做出对于血友病吧事件的回复。对于本次血友病吧卖吧事件，百度给出以下处理结果：

1. 百度解除了跟医院的商业合同；

2. 因商业合作增加的新任吧主全部撤销；

3. 蚂蚁老师等旧吧务组成员能够再次申请做吧务，继续处理血友病吧事务；

4. 贴吧以后会引入一个国际公益医疗组织来当大吧；

5. 百度允诺血友病吧今后不会再引入医院等商业机构。有意向为病友服务的个人可以请求当吧务，加入到具体的管理事务的行列中去。

同时百度也承诺，不会再将疾病相关贴吧卖给个人，而是积极引进相关领域的专业机构，从而为广大吧友提供援助。据了解，目前百度已经与中华少年儿童慈善救助基金会、天使妈妈慈善基金会、罕见病发展中心、北京血友之家罕见病关爱中心、爱佑慈善基金会、中国红十字基金会等公益组织达成合作意向。这意味着，贴吧将以更加积极开放的态度，寻求与更多病种类公益组织机构合作，对相关贴吧进行更加专业和高效的运营管理，而广大病种类吧友无疑是最大获益者，他们将获得更多实际的帮助与支持。

二、事件评论

百度作为中国最大的互联网相关企业之一，利用其权力坑害网友牟利的行为，引起了众多网友的不满，也使各界都开始反思网络背后的商业和伦理道德问题。以下是社会各界人士的相关评论：

国家卫生计委新闻发言人毛群安评论道：[①] 我们希望百度可以将贴吧打造成为一个给网友提供可靠的疾病诊断、医治建议和病愈信息的可靠平台，希望权威的医疗卫生组织可以和百度等一些网络公司合作。我们许多的医院和一些专业学术机构也在举办"病友会"，病友们可以在网上进行交流，因此我们希望加强这方面的合作，充分利用好百度贴吧这个互动平台。我们希望大家一起把这个问题搞好，切实发挥好网络在精准医疗推广领域的长处，协调好网民自发组织与一些专业机构，尤其是那些有实行健康教育的愿望、颇有心得的机构，这些机构都可以和百度等网络企业携手合作。

中国政法大学传播法研究中心副主任朱巍表示，[②] 这段时间以来在网上关于血友病吧事件的舆论高涨，大家之所以非常重视这起事件，是因为百度确实是我们国家最大的中文社区，有点风吹草动，大家当然会觉得无比紧张，爱它有多深，恨它就有多深。如今它把关系到生命安全的东西用来谋利，这严重地伤害了许多吧友的心灵。令人欣慰的是，百度及时采取措施，将这些特殊病类的贴吧交给了第三方权威机构进行管理。其实此前，百度贴吧中就已经出现一些违法违规的虚假广告，尤其是关于一些比较专业的问题，一般网民是没有能力进行辨别的。百度选择和一些非商业性又具有权威性的第三方机构合作，说明它想维护网民的利益。因此，这个风波造成的影响并不全是坏的，至少百度方面已经愿意补救自己的过失。

中国互联网协会副秘书长石现升认为，[③] 贴吧属于开放性网络平台，如何进行治理，包括所有权归属和由此引发的经济效应、社会效应归属也都需要经

---

① 评论根据"彭小菲：《卫计委回应百度贴吧事件：应精准进行健康知识传播》，《北京青年报》2016年1月6日（A03）"整理。

② 评论根据"郅怡倩：《百度血友病吧事件：做事要有尺度》"整理。

③ 评论根据"林斐然、涂重航：《百度回应血友病吧被卖停止商业合作》，《新京报》2016年1月14（A14）"整理。

过专业机构判定。在没有法律明文规定的情形下，吧主与平台的关系需要视是否违背公共利益和公共道德的用户协议而定。

博客网创始人、互联网实验室董事长方兴东表示，[①] 百度血友病吧事件不仅是简单的是非问题，也在拷问互联网企业底线。以中立客观为生命线的搜索引擎，究竟该如何平衡商业和公共利益。互联网企业屡屡洞穿道德底线，影响的不仅是企业自身，也会影响互联网产业甚至整个社会的健康发展。

媒体人曹旭刚评论道，[②] 作为平台提供者的企业，追求利益无可指责，但平台的影响力是万千网友细心呵护出来的，是无数病友的信任依赖支撑起来的，将其轻易转卖会导致网友合力拱卫的公益性导向流失，也容易刺激起病友群体的恐"骗"情绪，到头来也是饮鸩止渴。为止渴而丢公信的"命"，太不值得，不如不喝。

资深媒体人邓聿文认为，[③] 在国家相关管理法规没有出台前，百度邀请公益组织协助管理病种类吧，不失为一个保持百度贴吧公益性质的办法。这也说明，即使国家的监管尚未建立或者不完善，如果舆论监督的通道通畅，即使企业在市场中处于垄断地位，也不能不在舆论监督下去改进产品和服务。

北京京润律师事务所律师韩骁称，[④] 百度引入所谓专业机构管理贴吧的行为，违反了民法公序良俗原则及禁止滥用原则。贴吧，尤其是此类专业型贴吧，在给百度带来商业利润的同时，也充当了公益交流平台的角色。百度如果不经核实身份，引入其他机构管理贴吧，并将原吧主禁言，删除防骗帖子等贴吧原帖，有违社会公德，损害了大部分贴吧吧友利益。百度应当及时停止该行为，采取必要的措施以维护贴吧的正常运行。

三、互联网时代公益慈善促进网络监督与管理[⑤]

在此事件之后，百度方面宣称，百度贴吧将和多家公益组织携手，利用好

---

① 评论根据"方兴东：《'贴吧被卖'拷问网企社会责任》，《环球时报》2016 年 1 月 13 日（15）"整理。

② 评论根据"曹旭刚：《转卖'血友病吧'是为骗子开门》"整理。

③ 评论根据"财经网：《邓聿文：百度贴吧事件与监管问题》"整理。

④ 评论根据"林斐然：《百度血友病贴吧疑'被卖'，百度介入调查》，《新京报》2016 年 1 月 12 日（A15）"整理。

⑤ 评论根据"血友病吧：《百度贴吧与多家公益组织达成共识，将从多维度服务吧友》，《京华时报》2016 年 1 月 14 日（036）"整理。

公益组织在相关病种领域的专业积累与百度的技术、平台等优势，为广大吧友提供更优质的内容服务。

这次百度贴吧与公益机构的协作中，公益组织将发挥自己在有关特殊病种方面的专业优势和资源优势融入贴吧的共同管理当中去，例如邀请国内顶尖专家给吧友们进行相关病种的分析解答，在贴吧里创建救济渠道，举办相关的公益活动等，并对贴吧内发布的帖子进行审核。而百度将利用技术资源、流量资源以及平台资源，为公益组织打开方便之门，让更多的饱受疾病折磨的人能接受到更加详细贴心的医疗建议。

按照百度与相关公益组织制定的初步协议，渐冻人吧（肌萎缩性侧索硬化症吧）、白血病吧、脑瘫吧等特殊病种类吧将交由中华儿慈会、北京新阳光慈善基金会、天使妈妈慈善基金会等公益组织联合管理。接下来，百度将激励更多的公益组织参与到更多特殊病种类贴吧的合作建设中来。

百度还与公益组织达成共识，打算把病种类吧、成熟的 NGO 组织、医学类权威协会等专业机构团结起来，协同组建病种类吧管理机构，修订吧规，审查内容，保证发到贴吧里的关于医疗领域的信息内容都要标注医学出处，使得特殊病种类贴吧得到更加专业化的认可，也能使得贴吧的内容更客观、更可靠。

百度此次将权威公益组织引入病种类贴吧，将有效地拓展公益机构与患者吧友们进行沟通交流的渠道，能够为患者们提供疾病治疗的专业建议，为他们送去更多的人道帮助。其中有很多贫困的患者就是贴吧服务的对象，而且特殊疾病患者们也在这个平台上找到他们的第二个"家"，得到"家人们"提供的设身处地的理解和慰藉。病友们对于组织的归属感和在组织中获得的信息，为他们带去了精神力量，甚至能够重燃他们对生活的希望，帮助患者积极面对生活、配合治疗、与病魔抗争到底。

第六节　民间环境公益胜诉

随着 2015 年新《环保法》的正式实施，首例由自然之友和福建绿家园提起的民间环境公益诉讼案，顺利立案并以环保组织的胜诉而告终。该案拥有多重意义：这是第一个由社会组织发起的环境公益诉讼，也是第一个触及破坏环境的公益诉讼官司，同时也是首例得到"环境公益诉讼支持基金"赞助的案件。该案促进了我国环境公益诉讼迈入了一个历史新台阶，为取得环境公益事业的长远发展奠定了坚实的基础。

一、事件介绍①

采矿破坏环境的问题在我国一直长期存在，然而并没有哪个人为之愧疚，甚至为环境维权。2008 年 7 月底到 2010 年年初，在没有获得占用林地许可证及采矿权的情况下，谢某、倪某、郑某、李某等 4 人到福建省南平市延平区葫芦山非法挖掘石料，并将泥土和废石倾倒至山下，造成植被的严重损坏。在国土资源局屡次叫停采矿的情况下，2011 年 6 月，被告仍然叫来挖掘机到该矿山修路，并把矿山塘口面积再一次扩大，进一步破坏森林植被。2014 年 7 月 28 日，福建省南平市延平区法院以非法强占农用地罪对 4 名被告进行了严肃处理。

2015 年 1 月 1 日，新修改的《环境保护法》正式生效当日，自然之友和福建绿家园作为联合起诉人向福建省南平市中级人民法院发起环境公益诉讼，并很快立案，得到福建省南平市人民检察院与中国政法大学环境资源法研究和服务中心的大力支持。

自然之友和福建绿家园一致认为，该案是一件毁坏生态的环境民事公益诉讼案，4 名被告违法开采石料，四周的森林植被受到严重的损坏，被损坏的林地，不但丧失了生态功能，还影响了四周生态环境功能及完整性，致使生态功能失衡。自然之友和福建绿家园请求法院判令 4 被告担负修复环境责任，并赔偿生态环境损失费用。

自 2015 年 1 月 1 日公益组织起诉，直到 10 月 29 日宣判，期间进行了 3 次庭审，耗时 10 个月才最终打赢这场官司。在庭审过程中主要存在三个争议点：一是原告之一"自然之友"的主体资格是否适合；二是生态环境受到损害至恢复原状期间服务功能损失费用的数额，鉴定主体资质以及鉴定意见的合理性和科学性；三是南平市国土资源局延平分局和南平市延平区林业局作为第三方是否应承担民事责任以及承担责任的法律依据。其中，最核心的议论点是自然之友是否有原告主体资格。

10 月 29 日，福建省南平市中级人民法院宣判，责令 4 名被告花 5 个月拆

---

① 本部分内容根据"张明敏：《新〈环保法〉实施后 NGO 打赢首例公益诉讼》"整理。

除矿山工棚、机械设备、清理石料和弃石，修复被损坏的 28.33 亩林地植被，而后在该林地上栽种树木并且悉心护理 3 年，如果在规定期限内不能恢复森林植被，那么就需要共同赔偿 110.19 万元用于生态环境恢复；共同支付 127 万元弥补自然环境遭到损坏至恢复原样形态服务功能损失，用于原地生态恢复或异地公共生态修复；共同赔付自然之友、福建绿家园产生的评估费、律师费、为诉讼开支的其余合理支出 16.5 万余元。①

同时法院认为，原告自然之友与福建绿家园是适合《环保法》规定的具备环境公益起诉资格的社会组织，而且认可了自然之友在 2010 年 6 月注册以前所从事的环境保护事情也与法律规定相符。此外，法院对于原告要求的全额律师费用及办案有关差旅费给予支持。

二、事件评论

通过对此事件的背景调查发现：对污染环境、破坏生态，损害社会公共利益的行为，符合下列条件的社会组织可以向人民法院提起诉讼：

（1）依法在设区的市级以上人民政府民政部门登记；

（2）专门从事环境保护公益活动连续五年以上且无违法记录。

符合上述条款规定的社会组织向人民法院提起诉讼，人民法院应当依法受理。

提起诉讼的社会组织不得通过诉讼牟取经济利益。——《环保法》

因此，民间组织进行公益诉讼是合法正当的行为。民间组织介入环境维权案件的胜诉无疑是中国环境保护公益事业的一项重大进步，此案件将会激发社会各界人士的环保热情，在环境保护公益组织的带动下，社会各界的环保的热情和积极性大大提高。同时，该案件也引发社会热议，以下是社会各界人士的相关评论：

本案审判长、南平市中级人民法院副院长林东波表示，②"本案判决生效后，对今后环境民事公益诉讼案件审理具有一定借鉴意义。该案的审理对公益诉讼主体的条件进行了规范，让判决结果更加专业公正，让社会看到了司法在

---

① 根据"刁凡超、庄雅瑜：《新环保法环境公益诉讼第一案：赔 127 万并修复环境》"整理。

② 评论根据"何晓慧：《南平宣判一环境公益诉讼案》，《人民法院报》2015 年 10 月 30 日（03）"整理。

生态环境保护中的重要作用。"

作为该案的支持起诉单位，中国政法大学环境资源法研究和服务中心诉讼部部长刘湘律师对此案评论道，① 这桩案件的意义不光是新的《环保法》公布后的第一个环境公益诉讼，还在于其具有示范作用。"当地不单单这一家开矿企业，还有其他家，对当地生态也产生了毁坏。假如这个案子可以打赢的话，我们可能也会对当地其他的开矿企业进行起诉。"

福建绿家园环境友好中心主任林英表示，② 第一案的意义不止在于能让无序生产、无视生态的企业提高环保意识和法律意识，对其盲目追求自身利益的行为付出应有的代价，也在于可以让遭到破坏的生态环境真正得以修复，而且对于环保公益组织自身来说，也是一种鼓励和信心的培养。

环保部政策法规司法规处的李静云副处长表示，环境保护已日益成为社会关注的焦点，诉讼推进环境保护是环境保护法规得以实施的重要环节，"环境公益诉讼的最终目的，是监督与遏制环境违法行为。"③

本案环境公益诉讼发起人、民间环保组织自然之友的环保法律项目负责人葛枫认为，民间公益组织比有政府背景的组织在环保方面的维权有一定的优势，更超脱和纯粹，不受部门利益的羁绊，也更容易得到公众的信任和支持。然而，在资金和其他资源方面得到政府机关的支持力度较小，也是环境公益发展的一大难题。④

清华大学NGO研究所副教授贾西津指出，公益诉讼是法律当中比较有技术含量的活，就是选用一种理性的思维，凭借去敏感化的方法达到理性追求的意图。"公堂对质，实际上是一种最理性的方法，也是在传授政府一种解决问题的有效方式，形成平等的对话。假如公益诉讼可以不断地走下去，对中国政府来说是一个学习法治理念和管理方法的良好机遇"。⑤ 她说，"环境问题说到底是一个发展问题。在食不果腹的时候，环境问题就无关紧要了。现在大家重视环境问题，开始反思发展，反思这是我们需要的发展？也开始思考人和自然的关

① 评论根据"陈强：《中国环境公益诉讼到底多难》，《中国青年报》2015年1月15日（06）"整理。
② 评论根据"李万祥：《新环保法环境公益诉讼第一案终审宣判：维持原判》"整理。
③ 评论根据"《新〈环保法〉实施后首例环境公益诉讼立案》"整理。
④ 评论根据"淦丹丹、蔡倩文：《自然之友发起新环保法实施后首例环境公益诉讼案　项目负责人葛枫接受本报专访》"整理。
⑤ 评论根据"陈强：《中国环境公益诉讼到底多难》，《中国青年报》2015年1月5日（06）"整理。

系，思考生命存在的意义，人存在的目的是什么，背后具有很深的价值关怀。"

中国政法大学环境资源法研究和服务中心诉讼部公益律师吴安心认为，现今环境公益诉讼案件因其数量太少，对生态环境的改善效果有限，其意义更多体现在观念倡导上。"要遏制环境污染和生态破坏越来越严重的势头，势必要有更多的环境公益诉讼参与环境治理，发挥干预作用，这就亟须修改过时的行政法规和司法政策，释放制度红利，支持环境公益诉讼发展。"虽然环境公益诉讼发展仍然举步维艰，面临着一条长远的道路，但是随着社会的发展进步，环境公益诉讼将迎来新的未来。①

三、民间公益胜诉促进了环保公益的发展②

公益组织在互联网时代的作用已经越来越明显，民间公益诉讼的胜利不仅促进了环保公益的发展，促进相关部门的监督与决策，还制定了相关法律法规来保护环境。根据最高法院刚刚发布的司法解释，我国符合条件的 700 余家社会组织都可以提起环境公益诉讼。例如新《环保法》实施当天，民间环保组织"自然之友"和"福建绿家园"针对福建南平市损坏林地的采矿主提起的环境公益诉讼获得了立案。

尽管对于环保组织来说，法院大门已经敞开，但在其自身能力、专业性以及资金等方面仍然步履维艰。此外，地方公益组织要敢于在地方上提起公益诉讼，还需要有很强的抗压能力。通常环境公益诉讼都牵涉最为繁杂的两个技术问题，即需要通过鉴定、评估来判断企业排污行为与生态破坏的结果之间的因果关系，而进行专业的鉴定着实非常耗时；此外，生态破坏赔偿资金和环境修复资金的估算，也是需要请专业机构调查估计的。因此，新《环保法》的出台实施，对想从事公益诉讼的 NGO 来说，既是机遇，也是挑战。

第七节 互联网发展基金会

互联网与各行各业的结合已经成为时代的必然趋势，公益慈善业也不甘落

---

① 评论根据"陈强：《评论：环境公益诉讼缘何不多》，《中国青年报》2015 年 11 月 2 日（06）"整理。

② 根据"邢世伟、金煜：《最高法：700 余家社会组织可提环境公益诉讼》"整理。

后，积极推进与互联网的结合。2015 年 8 月 3 日，全球范围内第一家互联网范畴的公募基金会——中国互联网发展基金会在北京正式挂牌。该基金会目标包括：支持中国互联网行业健康发展，使网络空间清朗起来；加强社会主义核心价值体系传播，保障国家网络安全和社会安定，积极培养中国互联网人才资源，提高中国互联网国际话语权，重视并参加互联网有关的公益活动。

一、事件介绍①

互联网的快速发展，促进了资金的充分流动，无疑为公益慈善事业的发展带来了巨大契机。2015 年 5 月 22 日，经国务院批准，中国互联网发展基金会获民政部批复，设立登记为全国性公募基金会。8 月 3 日，中国互联网发展基金会在北京正式挂牌成立，并召开第一届理事会第一次会议，会议审议并通过了中国互联网发展基金会章程，选举产生了理事长（马利）、秘书长（秦昌桂）、副理事长、监事，并通过了多项提议与规章制度，意味着中国甚至是全球范围内首家互联网范畴的公募基金会正式成立。中国互联网发展基金会的业务范围包括：募集资金、专项资助，支持社会组织、单位和个人参与网络空间治理，国际交流与合作、专业培训。中国互联网发展基金会的作用是向海内外广泛募集用于积极推进网络建设的资金，让全体中国人民享受到由网络发展所带来的福利。中国互联网发展基金会的宗旨就是"让互联网发展成果惠及 13 亿中国人民"，而这也是基金会成立的出发点和落脚点。

成立后不久，中国互联网发展基金会便已参与或举办了诸多重大活动，例如 9 月 7 日，中国互联网发展基金会秘书长秦昌桂同志在深圳参加腾讯公益"99 公益日"启动仪式；9 月 16 日，中国互联网发展基金会在北京成功举办"内地与香港互联网代表人士交流会"，并与香港软件行业协会、香港资讯科技联会签署合作意向书；9 月 22 日，在习总书记访美期间，中国互联网发展基金会与比尔及梅琳达·盖茨基金会在西雅图签署合作谅解备忘录，双方同意在平等互利、优势互补的基础上结成合作伙伴……

此外，中国互联网发展基金会还在一个特殊的日子进行"首秀"，使用与慈善组织联合的筹款方式开展公益活动。2016 年 2 月 1 日，正值中国农历新

---

① 本部分内容根据"刘雪玉：《中国互联网发展基金会成立》，《京华时报》2015 年 8 月 4 日（004）"整理。

年前"小年夜"，中国互联网发展基金会联合新浪微公益共同发起"#一起9加1#"暖年行动。从2月1日"小年夜"开始，以9人帮1户，1人100元，众筹900元暖年红包的形式，加入"#一起9加1#"暖年活动，帮贫苦家庭过个好年。"#一起9加1#"暖年行动从2月1日上线后得到了众多网友的积极支持，直至2月15日16点网上捐赠通道关闭，共有17777人加入了本次捐赠活动，总共筹集善款1844406元，中国互联网发展基金会将配捐1093194元。历时半月的"#一起9加1#"暖年行动公益活动筹集善款总计2937600元。

6个月之后，中国互联网发展基金会还获得了第一笔3亿元大额捐赠。[①]在2016年2月2日，中国互联网发展基金会的首个专项基金——中国互联网发展基金会"网络安全"专项基金正式成立。该基金业务由中央网信办网络安全协调局进行管理，是由全国政协常委、新世界发展有限公司主席、周大福企业有限公司主席郑家纯捐献3亿元创设。"网络安全"专项基金将主要用于嘉奖网络安全杰出人才、优秀教师、优秀标准、优秀课本，赞助网络安全专业方面的优秀学生的学习与生活，扶持网络安全人才培养基地等重要事务。

中国互联网发展基金会的活动远不止于此，早在刚刚成立的时候，中国互联网基金会就利用各种方式将公益精神融入互联网领域。据中国互联网发展基金会秘书长秦昌桂透露，基金会创立除了"广结善缘"外，还根据中国互联网发展基金会的公益特色，希望推进以下十件大事：

一是"寻找中国抗日战争见证人，挽救亲历亲见抗战史料"。基金会将给予支持，召集大量志愿者完成这项有深远意义的事情。

二是遵从国务院发布的《关于积极推进"互联网＋"行动的指导意见》文件，同有关企业呼吁发起、创立"中国互联网＋联盟"，成立一个全国性、社会性、行业性的非营利、非法人联合体。

三是搭建"中国公益捐助网络平台"，利用互联网集中整合散漫的公益资源。

四是设置"蓝色天使专项基金"，从娃娃抓起，打开中外青少年网络沟通的大门。

五是发起"心中有光明的人"活动，援助100位开网店的盲人老板自主创业，激励他们的创业干劲。

---

① 根据"张明敏：《获捐3亿，中国互联网发展基金会用来干些什么》，《公益时报》2016年2月23日（01）"整理。

六是举行"互联网'家',一个都不能少"主题活动。为"一带一路"工程建设者、革命老区和贫困地区的在外务工人员,和家中留守亲人赠予智能手机,建立起一个无阻碍的亲情交流途径。

七是实行"港澳台大学生赴内地新媒体实习计划",加强"大陆、中国台湾和中国香港"学生交流。

八是举办"两微一端"百佳评选活动。

九是与银行共同发行"互联网公益爱心"信用卡,每刷一次卡,捐一分钱资助社会公益事业。

十是与中欧数字协会合作举办"全球数字高峰论坛"及"互联网＋博览会"。将中信国安第一城,建设成一个国际化的"中国互联网之城"。

二、事件评价

中国互联网发展基金会的成立,促进了互联网成果的社会共享,更好地利用了网络传播技术。据了解,[1] 中国互联网发展基金会在重组社会资源、凝聚社会力量、顺应网络营销规则、宣传正能量,弘扬社会主义核心价值观等方面做出了众多贡献。例如:支持中国互联网事业健康发展,使网络空间清朗起来;促进社会主义核心价值体系的传播,维护国家网络安全和社会稳定;努力拓展中国网络精英资源,提高中国因特网领域全球话语权;关心并支持与网络有关的公益活动。中国互联网发展基金会加强了国外合作与沟通,为共同建设和谐、安全、开放、互助的虚拟世界,加速创建多边、民主、透明的全球互联网管理体制做出了重大贡献。这些贡献也被社会热议,以下是摘录的社会各界人士的部分观点:

中国互联网发展基金会秘书长秦昌桂提出了自己的想法,[2] 希望社会各界一起努力,献出一份公益爱心,用公益心托举公益行,用公益行使得互联网的底色更加鲜亮、网络空间更加明朗!

中国互联网发展基金会理事长马利表示:[3] "习近平主席提出'让互联网发展成果惠及13亿中国人民'。这既是我们基金会的指导方针,也是我们基金

---

[1] 根据"陈静:《中国互联网发展基金会挂牌》,《经济日报》2015年8月4日(03)"整理。

[2] 根据"秦昌桂:《中国互联网发展基金会开张10件事》,http://news.china.com.cn/2015-08/03/content_36214027.htm"整理。

[3] 根据"刘雪玉:《中国互联网发展基金会成立》,《京华时报》2015年8月4日(004)"整理。

会成立的起点和立足点。重视展开互联网慈善活动，吸引民众广泛加入，我们就是希望并力争将公益正能量传遍互联网的每一个空间，散落在因特网每个角落。"

全国政协常委、新世界发展有限公司主席、周大福企业有限公司主席郑家纯在中国互联网发展基金会的捐赠仪式上透露，[①]"过去，中国曾因没有抓住工业革命的机遇而落后于时代，饱受创伤，"这个教训极为深刻、极其痛苦。今天，面临互联网发展的新机遇，中国人民一定不能再错失良机。

中央网信办副主任王秀军针对"郑家纯向中国互联网发展基金会捐赠而后设立'网络安全'专项基金"发表了自己的观点，[②]没有网络安全就没有国家安全，没有网络安全领域的人才就难以保障网络安全。做好网络安全工作，迫切需要解放思想、创新机制，国家和社会共同投入，加快网络安全人才建设。此次捐款不仅对国家网络安全人才建设，乃至整个网络安全工作具有重要意义，也是创新机制利用社会力量支持国家网络安全建设的一次典型示范。

教育部副部长林蕙青认为，[③]网络安全人才培养需要社会各界大力支持、共同推动。郑家纯先生向中国互联网发展基金会捐资设立网络安全专项基金，鼓励网络安全人才培养，这是对教育事业的很大支持，也是对相关领域高校师生的很大鼓舞，将有力促进国家网络安全人才队伍的建设和发展。

然而互联网时代下的公益与网络的结合也并非轻而易举就能实现，同时也面临很多难题。比如，网络信息繁杂稠密，难辨真假；网络舆论的重大风潮也是一把双刃剑；同时，涉及资金的事业必然会引人众议，以及公益事业从事过程中的隐私问题也是一种难题，这都需要中国互联网发展基金会统筹各方，全力解决难题，真正为人民造福。

三、互联网与公益慈善共同促进社会的发展[④]

中国互联网发展基金会是全国性公募基金会，致力于推动中国互联网公益事业的发展，它既不是政府机构，也不是企业，更不以盈利为目的，而是以为群众服务为核心的社会公益组织。作为国内第一个互联网范畴非盈利公募基金

---

① 根据"张棉棉：《中国首个网络安全基金成立，郑家纯捐3亿启动资产》"整理。
②③ 根据"李政葳：《郑家纯捐资3亿人民币 支持网络安全人才培养和奖励》"整理。
④ 根据"新华网：《中国互联网发展基金会理事长马利谈基金会愿景》"整理。

会，它以"推动互联网的健康发展，让互联网更好地为国家繁荣富强和人民安居乐业做贡献"为宗旨。在这过程中，中国互联网发展基金会通过构建中国公益捐助网络服务平台，举办各种网络公益活动，吸引网民积极加入，充分整合互联网公益资源，建立了一个开放、便捷、高速的网络公益捐赠、受助移动客户端，使需要帮助的人获得实时有力的资助，有效地实现公益资源的对接。这不仅仅是时代的进步，更是人类社会的一大进步。

同时，网络让公益信息传递变得迅速高效，让慈善资源的整合变得更加容易便捷。凭借互联网技术，大山里的孩子吃上了免费午餐，生命垂危的儿童得到及时的治疗，抗战老兵可以安享晚年……互联网把分散的公益资源盘活并凝聚在了一起，为公益事业注入了新的动力。

然而，中国互联网发展基金会在救助方面也需要考虑到培养人们自食其力的能力，如果一味地给予资金，特别是穷困的成年人，很容易让他们养成严重的依赖心理，这也是公益慈善可能面临的一个问题。总之，中国互联网发展基金会在推行国际化发展的过程中，依然前路漫漫，道路坎坷。

第八节　桃花源生态保护基金会

中国这个巨大的消费市场，在互联网下催生了百度和淘宝两大网络巨头，在巨大的经济优势带动下，各自掌门人也纷纷投身公益事业。2015 年 4 月 10 日，由马云、马化腾担任董事会联席主席的桃花源生态保护基金会在浙江宁波宣布成立，国内许多著名企业和慈善人士也参加这项活动，他们很好地将互联网与公益慈善结合起来，共同促进生态环境的健康发展。

一、事件介绍①

近几年来，随着经济的快速增长，人们的生活条件日益改善，可是生态环境问题却日益严重，有些地区为了保持经济增长而破坏了生态环境，留下了巨额的"生态赤字"。比如，北京雾霾事件，腾格里沙漠污染事件、松花江水污染、湖南郴州血铅事件……屡见不鲜的生态破坏事件一次次给粗放式经济发展

---

① 本部分内容根据"施宇翔：《马云马化腾联手创立桃花源基金会，将致力于治水治霾》"整理。

模式敲响警钟。

　　生态环境是我国的重点环境保护之一，生态环境的好坏关系着每个人的生存与发展，在中国，随着公益事业的日益强大，生态环境保护得到了各方人士的积极参与。2015年4月10日，由马云、马化腾出任董事会联席主席的"桃花源生态保护基金会"公益机构在宁波成立，沈国军、欧亚平、朱保国、曾梵志等国内一批知名企业家及公益人士亦参与其中。据了解，桃花源生态保护基金会已分别在大陆和香港登记，年内就会进行实地考察行动。半年后，10月4日晚，在香港的苏富比拍卖会上，马云和著名艺术家曾梵志合作的油画《桃花源》，以130万元港币起拍，经过32轮竞拍，历时7分15秒，被环球国际（香港）控股集团董事长钱峰雷以3600万元港币拍下，加佣金达到4220万元港币。此次拍卖所得全部款项将捐赠给桃花源基金会，用于环境保护公益事业。同日，桃花源基金会董事会及理事会成立大会在深圳腾讯公司举行。基金会发起人之一马云对国外治理水污染和雾霾进行了详细的研究。"取名'桃花源'，是因为我们希望中国几十年后具有更加洁净的生态环境。"立足中国，面向全球，融合海外经验和中国实际，探索适合中国公益事业的方法、道路和体系；并发动中国知名企业家、慈善家的力量，用智慧和财富投资大自然，为地球的永续发展和子孙后代的幸福留下一片"桃花源"。

　　在会议上，马云表露了桃花源生态基金成立的两个主要推动因素：一方面，伴随着中国公益事业的逐渐繁荣，将会有越来越多的力量支持政府和科研机构治理污染；另一方面，企业家要有珍爱纯净土地的担当意识。会议期间，马云和沈国军、王中军、马化腾等40多位中国知名企业家和慈善家进行了密切交流，共同探讨如何用"科学的手段和商业的手法"进行生态保护的新模式，流露出关注自然、注重实效、快乐公益的强烈期望。

　　总之，"桃花源生态保护基金会"由中国企业家发起，关注世界的非盈利环境保护机构，致力于保护我们热爱的自然环境。基金会推崇合作，在全球范围选择了具有重要保护价值的区域，随后运用公益的手法和商业的工具资助并执行保护项目。基金会注重培育、扶植当地的保护管理能力；探索可持续的资金模式；推广环境友好的生态产品；组织公众尤其是围绕青年的野外体验活动，提供志愿者机会，弘扬"来自自然，回到自然"的健康生活方式。基金会还通过各种方式来促进公众了解生态保护事业，如采用公益广告的方式传播生态保护知识，想方设法地提高全体社会成员的环境保护意识，让公众觉得环境保护和生态文明建设就是自己的事、紧急的事、显示社会义务的事，人人争当生态文明建设的拥护者、参与者。

二、事件评论

据了解，桃花源生态保护基金会将支持全球生态保护工作，和全世界的环保组织共同分享生态保护经验，让更多的朋友加入到环境保护中来。在中国，随着社会公众保护自然环境的意识提高，将会有越来越多的公众人物积极行动起来，运用他们的财产和智慧，言传身教，呼吁民众一起投身于生态环境的保护事业。以下是社会各界人士的评论：

桃花源 CEO 张爽称："桃花源这个平台希望汇聚民众的聪明才智，做一些实实在在的事情，我们这代人也应该理所当然地承担起这样一份责任，为我们的子孙后代留下些青山碧水。"桃花源生态保护基金聚集群众才智，勇于担当，将会为社会人民造福。①

全国人大常委会副委员长沈跃跃在出席座谈会时曾强调，中国目前已经面临非常严峻的环境污染局面。假如不拿出一些有效积极的办法来，我们的环境局势将日益严峻。生态文明建设与人民的生活质量和民族的未来息息相关。推动绿色发展，建设美丽中国，需要全社会一起奋斗。要学习积累宝贵经验，发扬先进精神，创建好促进生态文明建设的良好条件。②

前环境保护部部长周生贤说，我们必须以对子孙后代可持续发展负责的思想认识，高度重视和警惕浪费资源破坏生态环境的危险性；决不能重复西方发达国家"先发展经济，后治理环境"的思维，要勇敢地走出一条中国环保新道路，以环境保护来倒逼经济发展方式的转变。③

环保部部长陈吉宁说，建立生态示范为提高全社会对生态环保的认知、寻求实现生态文明的具体方式、累积生态文明建设经验提供了关键载体和平台。这些典范积攒了生态文明建设的经验，它们把生态环保看作发展的机会而不是"负担"，开拓了新的发展空间；进一步建立完备工作制度，将工作计划和任务具体化、时限化、责任化；紧抓以问题为导向，尽力处理突出生态环境问题；重视制度设立，用最严厉的制度爱护生态环境；提倡全民参与，发挥模范

---

① 评论根据"陶园：《'二马'带队共建'桃花源'》，《钱江晚报》2015 年 4 月 11 日（A0003）"整理。
② 评论根据"沈慧：《装点河山成锦绣》，《经济日报》2016 年 6 月 6 日（03）"整理。
③ 评论根据"顾瑞珍：《'六·五'世界环境日专访环境保护部部长周生贤》"整理。

带头作用。①

习近平总书记曾强调指出，② 要调整好经济发展和生态环境保护之间的关系，时刻谨记"保护生态环境就是保护生产力、改良生态环境便是发展生产力"的思想，积极主动地推进绿色发展、循环发展、低碳发展，决不能以破坏环境为代价来获得暂时的经济增长。

然而，基金会在保护生态环境的道路上仍会遇到重重阻碍，比如很多大型工厂不遵守规定，私下进行违法行为，这就需要发挥群众的监督作用，协助桃花源生态保护基金会，从各个方面为保护生态环境贡献出自己的一份力量。

三、互联网时代公益慈善保护生态健康③

互联网时代下的公益慈善发挥的作用越来越大，在生态环境保护方面，马云和马化腾更是身先士卒，成立"桃花源"生态保护基金会，促进了生态保护的发展，扩大了生态保护的宣传科普力度，同时也吸引了其他社会各界人士的广泛参与。

自然之友特意推出了一个针对家庭环保的项目——低碳家庭，让公众亲自投入雾霾治理当中。"低碳家庭"将召集 25 名志愿者，专家团将会花一年的时间来指导这些志愿者们，做家庭的能效记载，在保证生活质量的前提下做节能减排的改进、现有能源效率的提高。这个项目已经实施 6 年了，自然之友累积了大量不同户型布局、不同人员组成、不同朝向的家庭节能减排例子，可以复制和推行扩大。公益基金会不仅亲力亲为到生态环保事业中，还扶持环保类公益组织的发展，带动了更多的环保公益组织，促进了中国的生态保护公益事业的蓬勃发展。

"桃花源"生态保护基金是中国社会文明一大进步，逐渐向"人与自然"和谐相处的观念转变，也成功实践了中国是一个负责任的大国的信念，真正担当起了自身的责任，也促进了社会的文明进步，为子孙后辈的发展奠定了坚实的基础。然而，面对以牺牲环境、牟取利益的大小工厂，也有着巨大的压力和阻碍，需要其勇往直前。

---

① 评论根据"沈慧：《装点河山成锦绣》，《经济日报》2016 年 6 月 6 日（03）"整理。
② 评论根据"顾瑞珍、吴晶晶、罗沙：《建设美丽中国，推进生态文明——学习贯彻习近平总书记系列重要讲话精神述评之七》"整理。
③ 本部分根据"刘南琦、张昊：《自然之友：为保护我们生存的环境身体力行》"整理。

第九节　魏某某事件

在血友病吧卖吧事件之后不久，百度又一次身陷为牟取利益而与骗子合作的丑闻之中。2016 年 5 月 1 日，一篇文章刷爆了朋友圈。该文章称，一位名叫魏某某的网友因信任百度搜索中推荐的信息，在"武警×××第二医院"求医，结果受误导致死。魏某某事件在互联网引起了强烈的轰动，并激发广大公益组织积极参与到网络监督中来。

一、事件介绍①

在互联网时代，繁杂的信息既能救人，也能杀人。为牟取暴利，在互联网上不惜损人利己的行为日益泛滥，这就需要人们提高辨别是非的能力，"魏某某事件"更是敲响了社会的警钟。百度回应的"魏某某事件"源起于问答社区知乎，知乎网友魏某某是西安电子科技大学的一名学生，在几年前身体检查时获悉患上一种叫作"滑膜肉瘤"的疾病。根据魏某某在世时透露，该疾病是"一种很恐怖的软组织肿瘤，除了正在做临床实验的医疗方法，没有其他管用的医治措施。"

魏某某记录了他得病到治病的真实经过，当他在知晓自己患上"滑膜肉瘤"后，魏某某父母先后带他赶赴北京、上海、天津和广州多地看病，但最终都被告知希望渺茫。然而魏某某爸妈并没有放弃希望，通过百度搜索得知"武警×××第二医院"后，魏某某爸妈先去了解情况，该医院李姓医生告诉他们医院引进了一项由美国斯坦福大学研究出来的、专门针对"滑膜肉瘤"的生物免疫疗法——DC，CIK，可以保证治好。魏某某在武警×××第二医院进行了 4 次治疗，依然不见效果。随后医生改口称，治愈是一个概率事件，还劝他继续接受治疗，多进行几次治疗可能就会有转机出现。后来，魏某某把患病情形和治病经过发到了知乎寻求帮助，有在美国生活过的网友透露，他接受的诊治方法是在美国医院早就被放弃的过时的医疗手段，到国内一些医院却成为"国际先进治疗方案"。魏某某随后详细调查才明白，"武警二院"的网址

---

① 本部分内容根据"新京报：《魏某某事件始末经过及最新消息汇总，责任人有谁》"整理。

被福建莆田人承包，所谓"肿瘤生物免疫疗法"充其量不过是自我安慰。这对他们来说如同一声晴天霹雳，让魏某某一家人深陷轻信百度搜索的痛苦之中。而当魏某某在知乎网友帮助下找到真正靠谱的技术后，家里却也快山穷水尽，这是多么让人痛心！

2016年4月12日，在一则"魏某某怎么样了？"的知乎帖子下面，魏某某父亲用魏某某的知乎账号回复称："我是魏某某的父亲魏某某，某某今天早上八点十七分去世，我和他妈妈谢谢广大知友对某某的关爱，希望大家关爱生命，热爱生活。"

二、事件评价

继血友病吧事件之后，魏某某事件又给百度添上了一个抹不去的污点。总的来说，这两次事件充分暴露了大企业垄断信息的流通、并从中牟利的现象，也揭露了百度为牟利不择手段以致夺人性命的恶劣行径。而这背后还隐藏着互联网监管不足、企业道德水平低下、企业对医疗等专业领域的了解不足等问题。以下是社会各界人士的部分观点摘录：

人民日报评论认为：政府对魏某某事件的快速回应让人们看到了政府对民心的遵从和对责任的担当。但有必要指出的是，比起事后追究责任，事前监管和监督显得更为紧要，也更为可靠。不管是对网络推广信息是否为广告的认定，对信息发布程序的调整，对虚假信息的有效剔除，还是对各家医院的"360度无死角"监管，有关部门都具有无法逃避的责任。唯有政府部门平时"做足功课"，将责任落到实处，保证监管经常"在状态"，才能使不法之徒没有机会进行违法犯罪活动。[①]

钱江晚报评论则认为：把罪责全推到百度头上显然不公平，这相当于放纵真正的凶手，但百度仍要承担很大一部分责任。哪怕它信誓旦旦地宣称已经承担了考查有关医疗机构资格的责任，也不表示它可以听凭这些骗人医疗机构借其平台诈骗患者，更不是说它可以不管不问，在一旁数钱。原因是，百度对这些医疗机构的行为不但知情，而且事实上扮演了帮凶的角色。从过去的许多相似案件可知，百度不但对这些情况了然于心，而且存在有意包容的情节。百度

---

① 评论根据"王石川：《丢掉责任，企业还能走多远》，《人民日报》2016年5月3日（05）"整理。

给魏某某指引了一条邪路，无异于开启了走向死亡的地狱之门。①

京华时报评论认为：魏某某事件能成为公共事件，往往因为个人遭遇隐含了不特定多数人的影子。网民吐槽网站，是因为网民离不开搜索引擎；网民吐槽医院，是因为网民一样离不开医院；网民吐槽监管机构，是因为在现代这个陌生人社会，网民对公权力（监管机构）的依靠，或许比历史上其他时候都要深。②

凤凰评论认为：魏某某的不幸是多方面的原因造成的，广告信息的不准确，采取方法的不合理都增加了疾病本身造成的伤害，但中国式看病的盲目性，又未尝不是这诸多悲剧中的一出呢！只有通过科普以及完善的医疗制度建设，才能渐渐改变这种"不信医生信百度"的情况，才能从根本上防止更多的惨剧发生。③

三、互联网时代公益组织促进信息公开④

就在魏某某离开这个世界十几天之后，由瓷娃娃罕见病关爱中心、亿友公益等全国多家健康类慈善机构或患者协会建议设立的"互联网医疗广告打假公益联盟"的 8 名爱心人士，同时到工商总局请求政府信息公开，申请公开内容为"百度推广究竟是不是属于广告"，希望工商总局为百度推广是否属于广告给出明确说法。同时，袖珍人之家负责人袁某某代表公益联盟赠送钟表给工商总局，寓意"钟"止虚假信息宣传。

魏某某在知乎网络平台把自己的治病经历公开，让互联网更好地发挥了信息传递的作用，让更多的人意识到互联网时代真假难辨的信息危害，敲响了互联网时代经济运行的警钟，特别是百度贴吧。同时，魏某某事件的广泛热议也促进了互联网与公益组织的结合，更多的公益组织加入到信息甄别的事业行列，也为公益事业的发展开辟了新的道路。

然而，互联网时代的信息化全面、迅速传播也让各方受到压力和冲击，不

---

① 评论根据"魏英杰：《魏某某之死昭示百度竞价排名之恶》，《钱江晚报》2016 年 5 月 3 日（A0024）"整理。

② 评论根据"王灏军：《'魏某某之死'刷疼了我们内心的恐慌》，《京华时报》2016 年 5 月 3 日（002）"整理。

③ 评论根据"郑山海：《不信医生信百度局面怎么扭转》"整理。

④ 根据"重庆晨报：《魏某某之死引热议 公益组织曾呼吁终止虚假广告》"整理。

法分子利用互联网可以散布虚假信息，也可以蛊惑人心，这就需要每个人承担起自身的责任，坚决和违法犯罪行为做斗争。同时，文化水平低下的群众更需要擦亮眼睛，不可盲从盲信，要学会提高辨别信息真假的能力，增强自我保护意识。

第十节　公益运动

近几年来，运动类公益筹款活动从国外传入并日渐活跃，2015 年 9 月 12 日，中国运动类公益项目迎来了一场"大碰车"，中国扶贫基金会的百公里"善行者"、中国青少年发展基金会的"挑战八小时"以及深圳"全橙跑，刷地球"等公益活动都在这一天启动。众多公益运动的兴起为中国公益事业注入了新的活力。

一、事件介绍①

随着国家的兴盛，公益徒步类的慈善项目堪称"遍地开花"，壹基金的"为爱同行"、阿拉善 SEE 的"穿越贺兰山"、上海联劝的"一个鸡蛋的暴走"等相似活动于全国各地陆续出现。不仅仅是公益徒步，各类大型的大众体育活动，例如马拉松和创意跑步活动的数量也有所增加。

2015 年 9 月 12 日早上六点半，中国扶贫基金会"善行者"公益徒步活动在北京昌平区居庸关长城举办出发仪式，800 支队伍、3200 人共分 6 批次出发。与此同时，中国青少年发展基金会"挑战 8 小时"拉开帷幕，2000 多名队员在北京西山国家森林公园开走。除此之外，由晶报联合深圳慈善会、深圳市社会组织总会、校友汇、深圳市登山户外运动协会等机构组办的"全橙跑，刷地球"活动在深圳市启动。②

百花齐放的公益运动圆满落幕，并取得了可喜的成绩。截至 9 月 13 日 18：00，2015 善行者公益徒步活动共有 2398 人完成挑战，共有 506 支队伍

---

① 根据"任珊：《运动公益成公益机构筹款新方式》，《京华时报》2015 年 9 月 15 日（C07）"整理。

② 根据"徐松：《深圳跑友昨天为爱'全橙跑'》，《深圳特区报》2015 年 9 月 13 日（A08）"整理。

1812 人完成 50 公里挑战，177 支队伍 586 人完成 100 公里挑战。善行者队员
筹款达到 4573948.32 元，① 捐赠总人次达 41531 人。活动所筹集到的善款将用
于贵州威宁贫困山区儿童所在学校的爱心厨房建造和爱心包裹的散发。而"挑
战 8 小时"分成两个批次出发，② 首先出发的是挑战组的队员，由 11 支队伍
组成，他们将进行 30 公里的徒步，而挑战 15 公里的家庭组和其他组队员则在
随后的第二批出发。截至 9 月 11 日"挑战 8 小时"公益项目已经筹集善款超
过 420 万元，为"希望工程 1＋1"和"快乐体育园地"项目筹集善款，帮助
贫困地区的孩子快乐健康成长。

此外，9 月 12 日上午 9 点多，"全橙跑，刷地球"活动的线下乐跑嘉年华
在深圳湾公园南区运动公园举行，由特区功勋方阵、就要爱公益方阵、巾帼方
阵、校友汇方阵、晶报阳光跑团等 20 个方阵和近千名跑友将 4 公里长的跑道
染成了一道橙色的洪流。而从 9 月 13 日 0 点开始的线上乐跑活动更是轰动全
城。深圳市慈善会秘书长房涛透露此次活动筹款的目标是 1 千万元，但截止到
9 月 12 日下午 4 点 20 分，善款累计已经超过 1684 万元。参与"全橙跑"的
跑友迈出的每一步，都转化为一笔捐赠资金，通过深圳市慈善会旗下基金会定
向帮助有需要的人。

二、事件评价

经过众多公益运动的倡导，这些徒步者"走"出了善能量，带动了周围
的人加入到公益运动中来，使得公益筹款速度迅速飙升，同时引发社会广泛好
评，下面是有关人士的评价：

"从场地选取、路径规划、活动报批、活动报名、志愿者管理、市场推广
到活动现场实行，每个不可控因素都有可能成为障碍。"童某说，特别是有大
量民众参加活动，必须搞好安保工作，组织好当地政府部门和合作伙伴的分工
协作。将公益与运动、挑战和体验联系在一起，其实在国际公益组织中已经得
到了广泛的应用，其运作也相当成熟。然而在国内仅仅只是刚起步，会遇到
各种各样的困难。童某坦言，与商业活动相比较，公益活动在资金上并不是

---

① 根据"中华慈善新闻网：《公益约跑掀起运动热潮，捐步献爱心约吗?》"整理。
② 根据"李江：《'挑战 8 小时'公益徒步活动举行》，《中国青年报》2015 年 9 月 14 日（04）"
整理。

那么丰富，如何在这个前提下，把活动策划好、安排好，还能节省成本，这是一个相当大的挑战。确实，安保是重大安全隐患，参与运动者也需要提高警惕。①

此外，多家机构在采访中表示，活动中最注重的还是队员的体验感和互动感，这也是实行中难度系数最大的问题。中国扶贫基金会副秘书长陈红涛介绍，为了增强队员的行走体验，他们优化了选取的路径，除经过昌平特色景区居庸关长城、十三陵景区外，还添加了一些有趣路段。"去年50公里与100公里路径重合在一起，今年顾及到参与者的旅途体验，我们把50公里的难度稍微降低了一点。此外，将路径分散开来也可以分流许多人群。"②

"为了保证队员们获得最佳体验，我们预备了三个计划，安排寻找路线30余人次，行走的路程累计超过500公里。""挑战8小时"组委会负责人顾某某表示。③

2011年以来，壹基金相继发起了"为爱奔跑"和"为爱同行"两大公益体育项目，截至2015年年底，超过6万人参加了为爱系列公益体育活动，累计收到善款超过2000万元。壹基金相关负责人表示，"将公益和时尚健康的体育活动组合是倡议人人加入公益的有效方法"。④

童某也指出，今年"为爱同行"主要是为了加强参与者的体验感和互动感。例如活动全程微信化，首次使用微信进行报名，微信支付推出了多样的爱心捐赠通道。同时通过微信运动，已报名队员能够随时展开徒步锻炼并记录自己的行走的数据。⑤

关于公益运动，晶报总编辑胡洪侠表达了自己的观点，"在这有爱的一天，晶报人对这座城市、对读者'就要爱'！今天，这座城市的主色调是橙色。你们是一道道'橙色的闪电'，闪耀这座城市，让它充满温暖、充满爱!"⑥

营销学大家菲利普科特勒曾说过，人们的消费阶段分数量消费、质量消费、情感消费，后者黏性和忠诚度更高。假如把公益看作是消费，"益行家"

---

①②③⑤　根据"任珊：《运动公益成公益机构筹款新方式》，《京华时报》2015年9月15日（C07）"整理。

④　根据"李立红：《'运动＋公益'为何这么火?》，《中国青年报》2015年9月14日（04）"整理。

⑥　根据"徐松：《深圳跑友昨天为爱'全橙跑'》，《深圳特区报》2015年9月13日（A08）"整理。

捐步也会从刚刚开始里程数的数量消费，发展为视觉化的质量消费，最终迈入交际化、慈善化的情感消费。这样的情感追求的知足是一个良性重复，能够激励更多人更加频繁地参加微信运动。①

萨马兰奇基金会秘书长严建昌强调，"我们的职责就是寻求许多有创意的公司，搞好学校的考查，同时让更多的人加入进来，让公益更透明、更有趣。"公益运动不但锻炼了身体，而且有利于帮助扶贫，促进公益慈善与互联网的结合。②

三、互联网时代公益运动促进公益发展③

通过众多"运动＋公益"活动的成功举办，互联网使得公益项目有了许多革新形式，让慈善活动的推广变得迅速高效，公益善款的募集变得容易便捷，并且提升了慈善组织的透明度。而社交网络和移动互联网的飞速发展，也使得群众和爱心机构、慈善活动之间的互动更加频繁。在萨马兰奇体育发展基金会秘书长严建昌看来，随随便便拿个捐款箱就可以做慈善的年代早已过去，公益机构与慈善活动同样要有因特网思想。

从已有的公益运动计划来看，举办方大多选择"亲近自然＋自我挑战"的参与方式，每四名队员组成一组，在规定时间里行走几十公里，还要利用朋友圈、网络渠道等向亲朋好友引荐项目，为特定受助方募集爱心善款。

公益运动不光突破了传统的捐款、捐物方式，走到户外，走进大自然，在运动中训练自己强壮的身体，同时又把爱心献给需要呵护的人。这种两全其美的公益形式正在被越来越多的人追捧和认同。不论是黎明脚步、益家行，还是善行者徒步等形式多样的跑步运动，它们都是公益潮流中翻起的一朵浪花，都加快了慈善行业的发展。

第十一节　公益节目

互联网时代下多媒体技术的发展，带动了电视节目的发展，而综艺节目作

---

① ③ 根据"中华慈善新闻网：《公益约跑掀起运动热潮　捐步献爱心约吗》"整理。
② 根据"光明网：《如何用互联网思维做公益》"整理。

为电视节目中的重要部分，它一直都有很高的收视率。近来，综艺节目与公益事业相结合，诞生了一系列"公益节目"，以电视节目的形式做公益，既为电视行业增添了新的活力，也为公益事业提供了全新的机会。

一、事件介绍①

多年来，综艺节目多以娱乐、明星、八卦等主题为内容，一直备受诟病，然而从 2014 年 4 月起，公益就成为近几年来电视屏幕上一道美丽的风景。在选秀类和情感类节目热潮之后，公益类节目也逐渐变为荧屏新宠儿。全国第一档全媒体大型公益节目《等着我》在央视综合频道上映。该节目汇聚了政府部门、公益明星、志愿者和热心观众等社会资源，帮助失散多年的亲友寻找彼此的下落，从而团聚。节目自播出以来，已通过各种平台帮助了 5600 名与亲友离散的人，让 600 多个家庭得以团圆。

此后，各地方卫视也相继创办了各种公益节目。安徽卫视举办的明星公益益智类栏目《全星全益》中，明星们以回答问题的形式帮助那些草根英雄达成理想；江苏卫视的《远方的爸爸》则站在要出国工作的人群和因此被留在家里的孩子的视角，研究社会教育的各个方面；东方卫视的《妈妈咪呀》则展现了当代女性坚强勇敢的气质；浙江卫视的《奔跑吧兄弟》则帮助建设了 27 个快乐体育乐园，为 12 所学校设立"阳光书屋"……

不久之前，在南京录制《奔跑吧兄弟》② 第三季的 7 位"跑男"来到了某民工子弟学校。带着成摞的跑鞋和成堆的新书，"跑男"们一出现在学校操场，孩子们的欢叫声就炸开了锅，甚至于几乎听不到邓某的问好。除了给孩子们带来跑鞋、书籍等礼品以外，"跑男"们还承诺为学校建"阳光跑道"。

目前为止，《奔跑吧兄弟》节目组把近 13000 双新跑鞋捐献给了 28 所希望学校、农民工子弟学校，支援兴修了 27 个快乐体育乐园，让数万名青少年愉快健康地奔跑。同时，第二季首先实施的"阳光跑道公益健行计划"激发了 1.5 亿多名网友的热情参与，实现了 508 万千米的全民奔跑。而第三季播出以后，在网友的热情拥护下，七支"跑男团"战队号召力非同一般，截至 12 月

---

① 本部分内容根据"央视网：《电视综艺节目开启公益模式》"整理。
② 根据"吴晓东：《公益类电视节目成荧屏新热点》，《中国青年报》2015 年 12 月 18 日（12）"整理。

10日，在活动发起一个半月后，网友们已经跑出了超过44亿7851万步的惊人数字，折算下来有4万本书左右的浏览资源。

二、事件评论

在这个综艺娱乐泛滥的社会，《等着我》和以往的综艺节目不同，它没有邀请当红明星助阵，也没有唱歌跳舞表演，公益类寻亲节目《等着我》抚摸着人类心灵的最深处。与此同时，公益节目扭转了传统综艺节目娱乐至上的风潮，成为主流媒体弘扬社会主义核心价值观、激励正能量的重要传播方式，众多电视节目纷纷加入到公益事业中来，并引起了社会舆论热潮。

节目制片人杨某某认为，每一个故事都有许久的时间作为铺陈，最后在节目中化作重逢那一瞬间的悲喜交加，影响着观众的情感："不少观众看完这个节目后，会有意识地看看周围的亲人，所以这档栏目的吸引力就在于观众在看别人找寻亲友，会不自觉地想到的是自己的亲人、好友、恩人。"这就是这个节目体现的伟大社会价值。[①]

"如今不少公益都追求的是好故事凸显的人性给社会带来的励志和阳光，例如《妈妈咪呀》通过歌唱表现当今时代女性的故事，这个可能是其产生的最强的公益效益，从而让许多人心灵得到了放松。跑男就是玩游戏，但里面加入很多公益理念，而且跑男线下还办了不少慈善活动。因此我并不是很讨厌综艺、娱乐，重要的是，在综艺节目多如牛毛的当下，该怎样做才能使综艺更有内涵，真的应该好好静下心来思考这个问题，或许引入公益元素是一个途径。"

联系《等着我》的实践经验，杨某某感觉，综艺节目融入公益第一要考虑的就是如何想出更加新颖的表现形式，不论是答题、真人秀还是演唱、舞蹈、讲小品，都是在探讨怎样讲好故事。在五花八门的节目模式中，《等着我》使用了比较普通、甚至被很多人觉得"过时"的访谈方式，设置了一个悬念——大门。杨某某指出，我们也思考过许多形式，最后都放弃了，公益不应该受到模式的影响，那么这个模式就是越纯粹越好。这样做有一个益处便是节目从说故事到开启大门显现谜底，观众的持续关注度非常高，节目忠诚度可以到达60%，这在电视节目里是个非常高的数字。

"这些数据让我们惊讶，也让我们感动。"浙江卫视节目中心主任，《奔跑

---

① 根据"新华网、中国青年网：《〈等着我〉回归央视用温暖力量撑起公益节目》"整理。

吧兄弟》节目总统筹周冬梅表示，第三季《奔跑吧兄弟》推出升级版的"奔跑阳光"公益计划的理由是，公益品牌要和节目品牌一起成长。"新的公益计划提出了步数和阅览字数的对应概念，不管是跑步还是行走，都能给孩子们贡献爱心。通过这种模式，能够使得加入的群体变得更加普遍，获得更多的援助。"①

社会发展到现在这个地步，人们也越来越意识到，社会生活不仅是金钱和物质的需要，它需要更多的人文关怀和精神追求，公益便是这种价值追求的体现。虽然电视媒体做公益不如公益组织专业，但电视媒体有着传播效率上的优势。公益与电视节目的结合可以极大地提高了人们对公益事业的关注度。

文艺评论家李准说道，公益节目从平凡人身上发掘人性的真善美，展现博爱和温情的力量，在群众津津乐道的节目形式上添加了积极进取向上的生活态度、无私奉献的社会美德和主流价值观。身为大众传媒的电视平台，加强节目、特别是娱乐节目的公益性，为大众服务的时候不忘教育和引导群众，是当代媒体人应该有的意识。②

中国传媒大学教授胡智锋认为，正确的价值观和出色的传播力是相得益彰的，将公益元素掺入综艺节目是"中国荧屏方向性的革新和引领"，是中国多数媒体平台准确和应有的目标。③

中国文化产业研究会秘书长刘洋评论道，这类将公益元素糅合进综艺节目中，倡导爱心传递、帮助普通人达成梦想的形式，不但可以紧随社会热点，更能传播幸福价值观，在展示个体愿望的同时，更能反映出民众广泛的心理诉求，实现收视率与社会效应双赢。④

北京大学中文系教授张颐武曾言道，公益类节目最积极的价值在于关爱普通人，关爱底层人群。可是另一方面，我们也不能遗忘最基本、也是最核心的价值，就是激励个人的本领施展。正所谓"授人以鱼，不如授人以渔"。一个优秀的公益节目，应该是一个集关爱和激励于一身的栏目，同为助学，也许一张孩子们在追逐篮球时露出灿烂笑容的照片会比主持人冗长的讲述更能牵动人

---

① 根据"吴晓东：《公益类电视节目成荧屏新热点》，《中国青年报》2015 年 12 月 18 日（12）"整理。

②③ 评论根据"史竞男：《传递人间大爱　奏响最美和声》，《光明日报》2016 年 2 月 2 日（03）"整理。

④ 评论根据"蔡震：《'公益'和'综艺'能否碰出火花》，《扬子晚报》2016 年 2 月 6 日（B09）"整理。

心，因为显现快乐远比流露悲情力量强大而且内涵丰富——触动人心的往往是我们对平淡日子里那点"美"的寻觅。①

然而公益类节目在创作过程中往往侧重于展现受助一方的悲情、苦情和伤情，长此以往，该类节目也极易陷入为煽情而煽情的怪圈中，失去其原本的意义。公益类节目更应该重视受助方对自我价值的探索，换言之，对底层群体、边缘群体的尊重和鞭策应大于怜悯和施舍。公益节目的工作人员只有拿出足够新颖的创意和智慧来，把人们真实的、自然的一面和创意、积极的内容结合在一起，才能使节目走进观众的心里。

三、互联网促进公益慈善的发展

互联网与公益慈善实现了自觉结合，众多网络电视借助自身网络传媒的优势，纷纷将综艺节目升华到社会人生，加入了公益慈善元素，促进了公益慈善事业的发展。众多公益档、现象级的综艺不但圆满表现了"真人秀"节目中最重要的"真实""热诚"的内在，还传达了"欢笑中传递正能量"的特质，它所具备的积极的东西，与这个社会倡导的诸如团结互助，永不放弃的美好价值观相吻合，也表现了人性中俭朴仁慈的高尚品质，激发了社会正能量。

同时，公益节目的繁荣也让互联网时代下的公益慈善日益丰富起来。公益慈善不再采取单一的形式与内容，而是借助丰富多彩的多媒体技术，扩大了宣传，使公益慈善深入人心，使社会的贫困救助更加简单。值得注意的是，在集合了广大影迷星粉的综艺节目中加入公益慈善元素，无疑升华了综艺节目的思想层次，在全社会形成了广泛的慈善热潮，有助于"大同社会"理想的早日实现。

然而，综艺节目中加入慈善内容也有其局限性，可能会让公益慈善娱乐化、泛众化、世俗化，会让公益慈善失去其最初的纯真与真挚，成为舞台上伪善的小丑。再者，救助者的隐私很难得到保障。综艺节目实行公益慈善，让受助者走上舞台，在亮丽的摄像头下，一次次彩排其贫穷或悲惨遭遇的陈述，这对于受助者来说，很可能是一种心理上、尊严上的伤害。总的来说，在综艺节目中加入公益慈善元素的发展道路还存在种种阻碍，媒体人仍然需要进行深入的思考。

---

① 评论根据"祖薇：《娱乐化和眼泪是浅薄的公益》，《北京青年报》2014 年 6 月 5 日（B06）"整理。

第八章　重大事件篇①

第一节　"助学达人"性侵女童

2006年3月，广西百色市隆林县王某建立了"百色助学网"网站。根据王某本人的介绍，自网站成立以来，有一万多名爱心人士参与捐款，累计善款总额高达700多万元，共资助4000多名学生。因此，王某被当地媒体称为"大山里的天使"。但山东义工秋某（化名）调查发现王某以助学为名，把慈善做成了一桩唯利是图的肮脏生意，他不仅从善款中提取20%的巨额资金供自己花销，还以发放助学金需要受助人本人办理相关材料的名义性侵多名女学生，并利用受助女童的弱势和无知，在她们完全不知情的情况下组织她们为广东、上海、江西等地方老板提供性服务敛财。

一、调查"百色助学网"②

王某本人也出生于一个贫困家庭，父亲和大哥已病逝，母亲年迈体弱，其余4兄妹也都过着寻常百姓的生活。王某1999年师专毕业后，先后在隆林沙梨乡多所村小任教。2006年2月，不甘平庸的王某参加成人高考，考上了一所重点美术学院，可由于筹集不到学费，只能选择放弃。也正是由于自身的这次交不起学费辍学的经历，王某于2006年3月以个人名义建立了"百色助学

---

① 本章由暨南大学产业经济研究院李玉洁执笔。

② 本节内容根据"谢洋、涂莒莒、禤支兰：《'助学达人'王杰性侵多少名学生》，《中国青年》2015年8月27日（05）和计巍：《百色助学性侵案三受害人愿作证，曾试图自行复仇》，《北京青年报》2015年10月27日（A10）"整理。

网"。怀着饱尝贫困之后的美好初衷理应造福社会，却事与愿违。

2012 年，山东泰安义工秋某（化名）在访问"百色助学网"时，被网站上孩子们的穷苦生活和渴望求学的眼神打动了，发动同伴义卖募集到一笔资金，分批汇入"百色助学网"的捐助账号。令秋某感到奇怪是捐助账号是王某个人的工行账号，但王某对此解释说，由于资金和人手不足（网站由王某一个人经营），没有正式去民政部门注册，备案登记，因此没有对公账号。出于对王某的钦佩和信任，他们没有制订具体的开支计划规定这笔钱的用途，而是希望王某根据孩子们的实际情况和真实需求，合理使用和分配这笔资助善款。

2014 年年初，一名受资助女学生在秋某的 QQ 上留言，称网站上的受助图片是假的，她和其他学生都没有得到资助人资助的全部金额，并且王某要求必须去他家领助学金，否则取消助学资格。女学生的欲言又止让秋某感到困惑。2014 年 5 月，秋某走访了广西隆林县，发现女学生所说是情况属实，王某没有按照承诺，足额地将资助金额发放给孩子们，有的被扣掉 10%～20%，有的一分钱也没有拿到。

2014 年 6 月，秋某的好友在与王某的聊天中获悉，只要捐款者的捐款金额达到 2 万元，王某就能够提供一名中小女学生，陪其过寒暑假。甚至王某怕他不相信，还上传了十多段他亲手拍摄的不雅视频。视频中有 5 名以上的十多岁的女孩被王某玷污了。从这一刻起，秋某开始搜集证据，发誓一定要王某受到法律的制裁。

秋某从王某的 QQ 空间找到了燕子（化名），得知王某以办理资助需要被资助者在场为由，将当时正在上六年级的燕子和阿彩（化名）骗到隆林县城的一家宾馆，实施强奸，并将侵犯的过程录制成视频以此来要挟她们不得外传，以及继续为他提供性服务。原本申请几百元的助学金是为了完成学业走出大山，能有一个更光明的未来，却成了她们一生的噩梦。在班上名列前茅的燕子，中考前发现自己怀有身孕，不得不选择辍学，打工期间也时常被王某骚扰。另一名受害女孩刘某（化名）透露，王某曾要求她为其介绍十四五岁的女学生"陪伴"捐助老板，介绍费高达一万元，如果女学生长相漂亮又是处女提成更高。

得知秋某在收集证据后，不少受害者逐渐聚集在一起。经过持续 1 年多的调查发现：王某没有其他工作，主要收入来源就是从每年募集到的慈善捐款中提取 20%；以发放助学金需本人办理相关手续为由，强奸多名女中小学生；并强迫她们去广东、上海、江西等地，服侍多名有特殊性需求的老板，而王某从中赚取高额介绍费。2015 年 8 月 13 日晚 8 时，揭露"助学达人"王某真实面目的调查节目在电视台播放，自治区领导第一时间做了批示，王某于当晚 11 时 40 分被民警带走。8 月 14 日，百色市官方公开表示，王某以个人名义开设的"百色助学网"涉嫌违法。

二、受害者—女学生

　　整个事件中最让人惋惜的是那些求知若渴的女孩子，她们渴望知识、相信社会，却被王某以助学金为诱饵给侵犯了。王某利用的就是她们的单纯和无知。对于偏远山区的中小学生来说，其中很多女孩子不知道何为侵犯、强奸，不知道这是很严重的伤害，不知道这会造成意外怀孕，甚至把事情的原因归咎于自己当时不懂事、行为不检点，怕背后被人指指点点，这也使她们更加怕让别人知道，害怕别人说是自己的错。燕子的叔叔获知此事后，不但没有想办法安抚她，帮助她重建对生活的信心，走出心理阴霾，而是要她有多远滚多远，不要给家里添麻烦，让家人遭受风言风语。叔叔的冷言冷语犹如在燕子的伤口上撒盐，直接造成二次伤害。社会越是这样，受害者受到侵犯后越是不敢及时求救，使犯罪分子屡次得逞，逍遥法外。

　　山区家长的知识水平普遍很低，根本没有办法教育孩子，甚至觉得"性"是难以启齿的事，只能寄希望于学校。遗憾的是，学校也未能补上性教育这一课。目前农村小学普遍开设了安全教育方面的课程，却没有涉及性教育。山区小孩努力学习语文数学，能考出优异的成绩，却不知道任何人都无权抚摸或伤害自己的身体；不知道要避免单独和异性相处；不知道在受到性侵害后要立即告诉家长或者报警，以免延误收集证据的时间；不知道防人之心不可无；不知道遇到危害时如何自救，如何减少伤害等基本常识。所以，中小学有必要增加儿童自我保护性教育方面的教学课程，尤其是留守儿童，父母不在身边，更应该提前教会他们如何保护自己。

三、反思

　　如果王某没有"百色助学网"这件慈善助学的外衣，如果相关部门严禁没有在民政部门注册的慈善组织开展募捐活动，如果政府有关部门严格审核这些组织，如果当地媒体在公开表彰他之前有严格调查，如果受害者能及时勇敢地站出来，如果旁观者不是怀着事不关己高高挂起的态度，王某的罪恶行径也不会蔓延如此深重。他不仅伤害了那些女孩，还伤害了那些关心山区儿童的资助者。公益是连接捐助者的善心和贫困、疾病缠身受助者之间的一条爱心涌动的渠道。慈善工作者要做的就是收集分散的爱心力量，再分发到每一个需要的人手里。也因此，人们本能地信任他们；同时，人们也容不得他们犯下半点儿错误。

京华时报作者周潜之认为，好的制度促使坏人改邪归正，坏的制度诱导好人误入歧途。这话用到慈善事业上再恰当不过了。一部分治理严格的民间慈善组织确实效率很高，但是另一部分资质缺乏、能力不够的慈善机构趁机浑水摸鱼，王某就是其中一个例子。我们应该重新审视慈善事业，使民间慈善机构受到更多的政府有力的监管，才能避免类似事件再次发生。而我们个人要慈悲地看待那些正处于水深火热中的人们，也要时刻监管捐出去的每一分钱。①

9年的个人助学，数十名中小学生被性侵，简直令人发指，要防止这样的事情再现，找到真正的解决之道，我们不应该停留在对此事件中王某的谴责上，而应该看到这事件透露出的共性，比如"百色助学网"乃王某个人所办网站，没有在民政部正式注册，捐款账户不是对公账号而是王某的私人账户，相关部门监管缺失，这都违反了我国公益事业捐赠法。这体现出个人行为、政府监管、儿童保护体都存在管理体制漏洞，不法分子在利用这些漏洞的同时，也利用了我们文化中的缺陷，牟取私利，造成严重的犯罪行为，甚至多年不被发现。同时表明我国公益慈善行业缺乏独立的第三方评估机构，社会舆论的监督不足。

坏人不可怕，可怕的是假装成好人的坏人，但我们不能因为这则负面新闻就对民间慈善失去信心，中国社会的发展需要民间慈善，在促进民间慈善发展的同时，我们需要用制度和法律去保障好慈善。

四、互联网对此事件的影响

"在互联网时代，信息传播迅速，截至2015年9月15日14时，事件相关网络新闻超过5000篇，微信公众号文章1400余篇，微博4200余条。新浪微博'助学达人诱奸女童'微话题阅读量超过1440万次，参与讨论数

① 资料来源：周潜之，《助学达人性侵女童，披着公益外衣慈善成罪恶生意》，《京华时报》2015年8月28日。

4.2万条。"① 在短短32天的时间里传播量如此之大，确实令人惊讶。毫无疑问，在这一事件中，网民舆论的主题是愤怒和问责。愤怒于王某以慈善为名却做着龌龊勾当，必须受到严惩；问责当地政府部门监管缺失，媒体未经调查就大肆报道，这是对假慈善者的纵容，这也是他们为何如此高调的原因。

在"互联网＋慈善"的时代，每个人都能以新的简易方式参与到公益中来。从一个项目的发起、传播，到网上募款，执行后进展回馈、资金使用说明，都可以在手机上完成。随之而来的是，越来越多的没有到民政局注册的慈善组织出现，它们不受政府管制，社会监督的力量薄弱，使不少心术不正者打着慈善的幌子，收取手续费，甚至伤害受助者，造成极其不好的影响。相比之下，政府组织的慈善行为可能效率较低，但在惩治和预防这方面更有效，因为它对相关工作人员设有严格的门槛和约束。对这类民间慈善组织，需要建立法律规范、政府严加监管、行业自律、内部投诉、社会监督的立体化公益体系，解决个人募捐法制不健全和民间公益慈善监管难的现象。

第二节　"安徽女子救人被狗咬"事件逆转

2015年9月，安徽利辛县李某在下班路上"为救一名十岁左右的女童被狗咬伤"，经媒体大肆报道后，短短几天内收到80余万元的善款。后经调查发现女子是被男朋友所养的狗咬伤，"救人"纯属编造。从"见义勇为"到"骗捐善款"，事件的转变引发了巨大的舆论风波，网民开始质疑媒体炒作欺骗爱心、捐款人疑问善款的使用等问题，这场骗局让爱心蒙上了阴影。

一、事件回顾②

（一）事发求助

媒体报道：2015年9月1日晚，利辛县27岁的李某，在她下班回家的路

---

① 资料来源：周亚琼，《百色助学网性侵事件舆情分析》，http://yuqing.people.com.cn/n/2015/0923/c392839-27625639.html。

② 本节内容根据"王煜、吴胤喆：《安徽被狗咬伤女子男友承认撒谎　曾找媒体策划稿件》，《现代快报》2015年10月21日（F14）和刘勤利：《利辛女子犬口救童被咬成重伤一天收到30多万元捐款》"整理。

上为救一名 10 岁左右的小女孩，惨遭两条恶狗撕咬。10 月 16 日，李某的男朋友张某某告诉记者，李某的前期治疗已结束，生命脱离危险，但由于受伤面积大，接下来需要从头部和背部取皮进行植皮手术，预计医疗费还要 50 万元左右，并表示还没有被救女孩和那两只流浪狗的消息。

高额的医药费用压得李某一家人喘不过气来。张某某告诉记者说："实在没办法了，亲戚朋友都借光了，都是农村人没多少钱，只有借高利贷。"事迹经报道后，医院减免了李某的部分医药费，并对她照顾有加，很多人为她竖起了大拇指，共收到爱心捐款 80 余万元。

（二）剧情反转

10 月 21 日现代快报记者调查发现，李某并不是在下班途中，而是在她男朋友的养狗场内被狗咬伤。据调查，由于事发路段位置偏僻，晚上很少有人途经此地，四围也没有监控摄像，也找不到那名小女孩，所以没有人能证明是因救人而被狗咬伤。并且据当晚接诊医生回忆，当救护车到达时，浑身是血的李某正躺在一家养狗场的水泥地上而并非行人路上。李某被咬的第二天，她的妹妹来到派出所报案，只说姐姐被狗咬伤，没有提到救人。警方调查发现，这个养狗场正是张某某经营的，养狗场内经常有未做防护措施的狗随意乱逛，其中不乏大型犬，周围的村民每次走进这片田地时都会加倍小心。

安徽媒体人"@记者柯南"揭露出惊人内幕：李某家人曾向他求助，希望他写一篇"因见义勇被狗咬成重伤"的募捐新闻，并承诺在得到捐款后会重金感谢他。出于职业道德，"@记者柯南"回绝了，同时李某的家人并没有向他提供有关救人的证据，他第一反应是假新闻，因此也没有报道。

（三）事情真相

在众多证据面前，张某某不得不说出实情，他表示女友见义勇为，因救女童而被狗咬伤的事确属捏造。他曾向当地政府部门和媒体写信求助，都没有得到回应，面对巨额的医疗费用，走投无路才采纳了一位媒体人的建议——加上女友从狗嘴里救人的情节，引起社会关注。他本人已经认识到自己的错误，在收到善款后内心十分愧疚，觉得对不起给他们捐赠的爱心人士。他承诺所有的善款都会用在李某的治疗上，如果手术后有剩余，会捐给同样需要帮助的人。10 月 22 日，涉嫌诈骗的犯罪嫌疑人张某某，被利辛县公安局依法刑事拘留，并注销其捐款账号。

二、社会舆论

　　事件的实情震惊了许多爱心人士，但部分人仍然表示，李某的伤情确实很严重，如果他们要回捐款，李某一家人将面临很大的困苦，李某也将因为毁容、无钱进行植皮术手而产生心理创伤，这有悖于他们捐款帮助社会的初衷。只要所有爱心款都用在医药治疗上，就不会追回善款。

　　人民网汪昌莲认为：随着互联网的快速发展，民间公益新营垒——网络募捐迅猛突起。与传统的募捐方式相比，网络募捐优势突出：门槛低、互动性强、传播速度快、影响大、使募捐者能在最短时间内获得救援。但救人被狗咬实属典型的骗捐行为，并在骗取人们爱心的同时，严重侵害了网络募捐的公信力。按照我国《公益事业捐赠法》规定，只有"公益性社会团体"和"公益性非营利事业单位"，可以依法接受捐赠，但在监管不力的情况下，很大一部分网络募捐的发起人并没有取得合法的募捐主体资格，从而导致负面新闻频繁曝出。因此，有关部门应该更加规范和完善网络慈善立法，对募捐者设定明确的门槛和约束，并要求定期公开善款使用情况，呼吁社会各界参与监管，使网络募捐更加有效、有序，这样才能真正让受助者获益，起到广泛传播爱心人士的公益慈善理念的作用。

　　现代时报伍里川认为：李某四肢几乎被"啃"烂，可以说是从狗嘴下捡回一命。这样的悲惨遭遇，即便是不"添油加醋"，也能获得足够的善款。令人惊诧的是，见义勇为演变成一场狗血剧，而策划者对社会心理的揣摩之准令人惊愕。"见义勇为"这个关键"剧情"的加入，从"狗嘴里救人"的超强画面感，牵动社会公众的敏感神经，激发人民的同情心、爱心。[①] 这事件也折射出互联网时代的一个无奈事实：虽然信息传播量大、传播速度惊人，但只有极少数足够吸引眼球的信息才能够引发社会大范围的关注，而可能一些真正需要帮助的人由于故事不够凄美，难以获得及时捐助。要减少乃至杜绝这类事件的发生，关键是要建立具有社会公信力和高效快捷的慈善救助渠道，营造良好的慈善氛围。

　　人民日报记者刘念认为，媒体公信力依托报道事件的真实性来保障，

---

　　① 根据"王煜：《谴责骗捐宽容弱者，正义与温暖并存》，《现代快报》2015 年 10 月 22 日"整理。

如果事件过于复杂曲折或尚在发展中，无法一次报道完全，后续报道可以根据新的证据和情况对前面报道有所修正，这是马克思所说的报刊的有机运动；但是，显然不包括媒体未经调查就报道的这种情况。报道的疏漏和草率会数倍放大当事人谎言，造成极大地破坏性。未经详细调查确保事件真实就抢先报道，虽然一时提高了收视率，但事件逆转后，公众不会再信任。媒体的公信力一旦丧失，危害性远超一两个骗子，话语权乃是公器、重器，不可不慎。①

北京青年报殷国安称，"惩罚假新闻报道者其实是有法可依的，新闻出版署《关于严防虚假新闻报道的若干规定》明确要求，对经查实采写虚假、失实报道的记者，要给予警告，并列入不良从业记录名单，情节严重的要吊销其新闻记者证，五年内不得从事新闻采编工作，情节特别严重的，终身不得从事新闻采编工作。各级新闻出版行政部门要采取有效措施，监督报刊主管主办单位对负有管理责任的报刊负责人做出处理。但社会事实是，假新闻时常有，但对假新闻报道者的惩罚却极其罕见。要想杜绝假新闻，必须严格依照法律对有关媒体和记者执行惩罚。"②

三、小结

这种"虚构事实、隐瞒真相"的欺骗行为，造成了非常恶劣的社会影响，它不仅骗取了人们的爱心，而且严重伤害到了整个社会的慈善因子。或许，往后人们再看到需要救助的信息，就不再是第一时间仗义疏财，而是探究事情的真实性，导致的结果将是延长了那些面临困难急需帮助的人们的等候时间，有时甚至会造成不可估量的后果。阻碍民间慈善迅速发展的关键因素是"取信于民"，利用公众的悲悯之心骗取善款，将让本就薄弱的民间慈善力量进一步减弱。

值得欣慰的是，《慈善法》针对这种骗捐行为列出了解决办法。骗捐者将会受到法律制裁，责令退还善款；虚假信息报道者将受到主管部门的警告，限期改正，甚至通报批评。待其实施后类似的骗捐事件将大大减少。

---

① 根据"刘念：《'救人遭狗咬'谎言消费社会善意》"整理。
② 资料来源：殷国安，《假新闻制造者该担何责》，《北京青年报》2015 年 10 月 22 日（A02）。

第三节　四川癌症女孩去世家人拒还剩余善款

2015 年 12 月，四川绵阳盐亭县一个女孩因为患癌募捐，募捐时家人承诺治病结束后，若善款有剩余将捐给有需要的人。2016 年 1 月 14 日，13 岁的梁某去世，但她的家人拒绝兑现承诺。此事引起了网友的热议，剩余善款到底归谁？

一、事件回顾①

家境贫苦的梁某，从小父母离异，父亲梁某某常年在外打工，她跟着爷爷和奶奶一起生活。2015 年 12 月，梁某的腿部和胸部剧痛无比，被盐亭县肿瘤医院确诊为恶性肿瘤。12 月 20 日，在医生的建议下梁某开始接受治疗，但面临无钱医治的局面。消息一经传出，各界爱心人士纷纷捐款。梁某的父亲、爷爷向爱心人士许诺，如果医治效果不好，将捐出剩余善款。

2016 年 1 月 14 日，梁某医治无效去世。盐亭爱心人士蒲先生获知，善款还有剩余，便与梁某的爷爷梁某某商议，要求梁某某履行承诺，捐出剩余善款。当时梁某某表示愿意捐出 2 万元，给所在的文通社区 5000 元、盐亭肿瘤医院 5000 元、某协会 15000 元。但是第二天梁某某改口称，所有善款均已用完，没有剩余。

关于梁家父子拒绝退还剩余善款一事，文通社区也曾出面协调。社区党支部书范某某称，他曾和梁某某核算过这笔爱心款，至少还剩四五万元。沟通后，梁某某同意将 4 万元捐给镇上一名患尿毒症的 5 岁孩子。但是，同样第二天梁某某反悔表示爱心款已经用完了。

2 月 23 日，文通社区妇女主任梁某某向记者提供了一份捐款明细单，仅这部分有账目可查的现金捐款就有 117909.26 元，还有一部分爱心人士通过银行卡号、微信等直接转账的，文通社区未记录，金额不详，只有梁某的家属知道。随后，记者在盐亭县肿瘤医院查询得知，梁某共用医疗费 17759.31 元。

---

①　本节内容根据"《获捐女孩离世，家人承诺退款后悔》，《北京晨报》2016 年 2 月 25 日（A16）"整理。

按此计算善款剩余 10 万余元，然后记者致电梁某某，他声称共收到善款 11 万余元，医药费 88000 元，丧葬费 1 万余元，向一个需要帮助的人捐出 6000 元，已经所剩无几。对于知情人士透露善款剩余至少 4 万元的这一说法，梁某某很气愤，坚称他们不会私吞这笔钱，并表示既然这笔钱捐给了他们，就由他们全权决定如何支配。

二、社会舆论

（一）网友的观点[①]

剩余善款该不该退，引起了网友的热议。新浪四川发起调查《癌症女孩获捐 11 万元去世，捐款该不该退？》，调查显示，84.7% 的网友认为该退，可以用来帮助更多需要帮助的人；也有 15.3% 的网友认为不该退，既然已经捐给了梁某，支配权就由家属掌握。以下为从调查中摘录的网友的见解或观点。

机器人_陈某某：这个问题根本就不是该不该退那么简单，捐款的使用在国内从来没有监管，如果说剩下的捐款是用于还债、葬礼什么的，不退无可厚非，如果是用来吃喝玩耍或者其他用途那就该退，但是问题是，你知道他拿来干嘛了？

伍某：社会捐款是一种善意，爱心人士是在用自己的善意帮助你，既然你当时承诺如果有剩余会退回，那就应该说到做到。拒绝退还剩余善款的行为不仅是对自己行为的不负责，还会伤了那些爱心人士心。你用负能量回应别人传递的正能量，长此以往谁还会帮助别人，所以退回捐款是应该的。

深海不睡的鱼：捐赠的时候是心甘情愿的，就没有想过再退回来，至于别人怎么花，退不退是别人的事，不应该扣上道德的帽子。

（二）专家分析

"北京师范大学中国公益研究院院长王振耀认为，与传统模式相比，现在大部分的爱心都是直接将钱给到受助者手中。这样的捐赠方式其实心都是好的，但是存在很多问题，比如到底这笔善款使用了多少、剩余多少？如何使用

---

① 本部分内容根据"新浪四川：《绵阳癌症女孩获捐 11 万去世，超 8 成网友认为捐款该退》"整理。

的？都没有一个明确的说明，爱心人士将无从查证。即使查到捐款有剩余，但钱在受捐人手上他们不退出来，其他人也无可奈何。如果捐款规模上百万，甚至可能影响到受捐人的个人安全。为解决这个尴尬的局面，应该找有资质的慈善组织来管理募捐款。比如每隔一周给医院打一次钱，如此一来，收支明确。如果善款有剩余，钱将在慈善组织手上并清楚剩余多少，这样就可以经过商量来处理这笔钱，用于帮助更多的人，传递爱心。

北京律师柴青海认为，捐赠者的行为一旦完成，便丧失了对所捐款的支配权利。要求梁家退回剩余善款，只能基于道德要求，现行法律并不支持（当时慈善法尚未出台）。"[1]

重庆律师陈保艳表示，"从我国《民法通知》和《合同法》中的相关规定来看，如果捐赠双方当初有过口头或书面约定，则应遵从约定，归还或捐出剩余善款，但受助者没有或不承认做过口头承诺，则协商难度较大。"[2]

三、总结

由于当时我国的慈善法尚未出台，对于这类纠纷问题无法可依。当前，按照慈善法规定，梁某某承诺治病结束后，如有剩余将捐给有需要的人，那他就应该履行承诺。慈善法将于 2016 年 9 月 1 日起实施，以后这种类似问题可以依照慈善法对受赠人予以惩罚，要求他退还剩余捐款。

社会爱心人士捐款旨在救死扶伤。既然救助对象摆脱了困境或已经离世，善款就应该退给捐赠人，或捐给其他急需帮助的人，而不应该被亲属截留、挥霍以满足一己私利。值得注意的是，亲人逝世全额退还善款的阳光新闻也不在少数。例如，2016 年 3 月初，患有失代偿期肝硬化的张某某的母亲病情加重，为进行肝移植在"轻松筹"微信平台向社会求援，短短 15 天募集到 30 多万元的爱心款。后来，张某某的母亲突然大出血导致昏迷，不适合再做肝移植手术，并于不久后离世。张某某委托平台将善款全部退回；4 月大连小伙尹某重度烧伤，其同事为他募得 100 万元善款，尹某离世后，家人将所有善款原路退还。

像四川癌症女孩去世家人拒还善款这样的事件无疑是阻碍中国慈善发展的

---

[1]　根据"《获捐女孩离世，家人承诺退款后悔》，《北京晨报》2016 年 2 月 25 日（A16）"整理。

[2]　资料来源：周婷婷、刘瑶瑶：《四川绵阳患癌症女孩去世、家属被指拒按承诺退还未用完善款》。

毒瘤，击退爱心人士的热情。但我们不能以偏概全、一概否定，正能量一直在传播，只是相比负面新闻，正面新闻的传播速度要缓慢。因此，我们不能因为个别不法分子而停止公益的步伐，也正因为有不法分子的存在，使得更多的人需要被帮助，需要我们伸出援助之手，帮助其摆脱困境。

第四节　星光专项基金夭折

2011 年星光专项基金发起时非常高调，政府官员到场支持、《星光大道》节目频繁倡议、明星义演募捐。而结束时，该基金低调到仅在其官网项目介绍中加了"已结束"三个字，没有相关报道，甚至连部分发起人都未被告知。热闹的开场和惨淡的收尾，不禁让人感慨，此事一经报道，引起媒体、公众哗然一片。

一、星光专项基金成立①

2010 年 11 月，一则"双胞胎脑瘫姐妹急需救助"的新闻，引发社会关注。武警医院免除了部分手术费，医生安某某和同事捐出部分奖金，央视《星光大道》栏目组也来医院看望这对姐妹。随后中国社会福利教育基金会（后改称中国社会福利基金，简称"福基金"）理事长张某、中国关心下一代工作委员会（简称"关工委"）"教育发展中心早产儿互助工程办公室"执行主任宁某、副主任马某某分别找到安某某，称可帮助医院成立救助脑瘫患儿的公益基金。

2010 年 12 月 2 日，安某某作为《星光大道》栏目的特邀嘉宾，在现场呼吁关爱脑瘫患儿。张某、宁某等人宣布，准备成立专门救助脑瘫儿童的康复基金。

根据《基金会管理条例》和《公益事业捐赠法》，基金不具备法人资格，基金进行的任何公募活动，都必须以基金会名义进行。因此，"儿童星光基金"以"挂靠形式"成为福基会名下的专项基金。2011 年 7 月 26 日，福基

---

① 本节内容根据"肖鹏、李禹潼：《'星光专项基金'缘何夭折》，《新京报电子报》2015 年 9 月 6 日（A06）"整理。

会、关工委"教育发展中心早产儿互助工程办公室"和安某某共同签署"儿童星光基金（项目）合作协议"。协议显示，三方约定设立基金管理委员会，成员包括张某、安某某、宁某、马某某及武警总医院医生王某某等7人（事后调查发现王某某并不知道自己有这一身份）。各方共同提出项目方案，报基金会同意后，由管委会根据项目进度报基金会审核支付费用。

2011年8月21日，由中国民营企业家协会、福基会、中国人口宣教中心联合举办的中国民营企业家慈善晚会上，"星光专项基金"的前身"儿童星光基金"宣布成立。基金成立现场，在民政局官员和陈某、李某某等明星助阵下，发起了针对该基金的拍卖和募捐。公开报道显示，截至2011年10月31日，募集善款140万余元，价值67万元的物资。

二、基金管理①

事情一经报道，国家民政部民间组织管理局表示，将对该基金相关情况进一步核查。

核查结果令人惊讶：2011年9月、10月，也就是"儿童星光基金"成立不到两个月的时间里，基金管委会秘书长马某某，以福基会"放款慢"为由，提出将基金会转到儿慈会。10月11日，儿慈会签署"星光'窝梦'基金协议书"，"儿童星光基金"变身"星光专项基金"。"转会"属于基金的重大变动，理应取得基金管委会的一致同意，但签协议的只有宁某个人，并违背基金设立初衷——"专门救助脑瘫儿童"，将其改为"开展有关早产儿疾病救治和贫困、残疾等青少年弱势群体的医疗和相关知识普及和救助活动"，这对捐赠者而言属于欺骗行为。

马某某曾称，善款使用情况会在官网公布明细，随时接受捐款人审查，但事实上，星光专项基金从未公开过详细账本。2013年6月，由于"星光专项基金"资金枯竭，儿慈会决定终止该基金协议，并列出了"星光'窝梦'基金"工作缺乏规划、拖欠借款、员工管理不善、不提交工作报告、拖欠基金会费用等7个问题。宁某、马某某签字确认了这份决定，而安某某对此一无所知。

调查发现，该基金运行成本高达86万元，超过募集善款的一半，远远超

---

① 本部分内容根据"肖鹏、李禹潼：《'星光专项基金'缘何夭折》，《新京报电子版》2015年9月6日（A06）"整理。

出 10％的管理规定。对此，据姜某透露，"3 万元以下的拨款只要基金项目人员、副主任、主任签字后到基金会财务签字便可。儿慈会只会查看马某某提供的报账账户是对公账户还是私人账户，至于钱的去向、项目真实性并未核实。"

2015 年 8 月 11 日，宁某称他只负责为发放善款签字，具体资金使用情况只有马某某知晓。而马某某表示，"我只是个做事的，钱怎么花，我不负责。"

儿慈会官网显示，"星光专项基金"管委会成员为主任宁某、副主任姜某、安某某、杨某某和执行主任马某某。可当记者采访时发现，安某某并不知道自己有副主任这个身份，姜某不认识杨某某和安某某。但如果成员之间不认识、不见面、不接触，那基金会的使用又是如何决定的？答案让人不寒而栗。

三、反思

一名曾给该基金捐款 55 万元的企业家愤怒道："今后谁还有信心做公益呢？"对高额管理费用的质疑、监管部门监管不力以及未问责到底成为此事件的舆论焦点。星光基金以救助脑瘫患儿为名，欺骗公众，此事件暴露出的该基金管理混乱，必然导致公众对慈善机构失去信心。

做公益不能一味求快，当时星光专项基金负责人就是凭着一腔热心，一拍即合。在没有充分的沟通和商议，没有明确各自权利和责任，没有建立周详的工作流程和财务制度，团队尚未成熟的情况下，就以挂靠方式快速成立，宣传募捐，甚至为了加快放款速度，改向儿慈会挂靠。最终导致 3 年不到就耗尽善款被迫终止，而相关负责人互相推诿，给捐助人和正等待救援的脑瘫儿童泼了一瓢冷水。这警醒着爱心人士，如果缺乏对治理能力的重视，仅凭热情和拍脑袋决策，好心很容易办坏事。[1]

健康报职员余某某在《彻查"星光专项基金"莫止于追责》一文中提出，[2] 更让人揪心的是，工作缺乏规划，员工管理不善，财务不透明，基金会监督不到位的救助专项基金，不止"星光专项基金"一个。2013 年前后，中国公益研究院研究部从捐赠收支等 5 个方面对 16 家基金会的 244 个专项基金进行了监测，结果显示，仅有 18％的专项基金公开了相关信息。折射出我国

---

[1] 根据"姚遥：《'星光专项基金'夭折、做慈善不能一味求快》，《新京报电子版》2015 年 9 月 7 日（A03）"整理。

[2] 根据"健康报：《彻查'星光专项基金'莫止于追责》"整理。

公益专项基金管理混乱，挂靠基金会内控失效，监管不力，追责机制不健全等现状。有关部门不仅需要及时深究和彻查星光专项基金，给公众一个交代，同时需要针对国内慈善事业的不足加以规范、完善监管，挽回捐赠者的信心。

四、建议

尽管相关政府部门不可能监管到每一个专项基金，但可以通过以下三种途径加强监管力度：第一，在制度建设方面，民政部应该建立完善的基金会监管制度，包括基金会内部管理制度；第二，相关政府部门可以从以下三方面加强监管：基金会提交每个专项基金项目的审计报告；强制基金会公开每个专项基金项目的财务账目；不定期抽查，发挥威慑作用;① 第三，引进专业管理人员。公益募捐、专项基金项目管理、工作人员调动、项目计划实施等都需要专业管理人员。

五、丑闻催生独立第三方评估机构发展②

第一次世界大战期间的募捐丑闻催生了美国的独立第三方评估机构，经过一百多年的发展，此类机构已成为一个相对成熟的行业。我国的第三方评估机构也是继一连串丑闻曝出后诞生的，"丽江妈妈""郭某某"等负面事件使慈善行业公信力急剧下降，致使公益行业去寻找解决办法，学习国外的经验，设立独立第三方评估机构。虽然我国起步晚，但仍然得到了比较快的发展，以北京为例，北京市对辖内的社团、民间非政府组织、基金会分别委托不同的独立第三方机构进行评估。目前，北京市独立第三方评估机构超过十家。

星光专项基金缺乏监督，儿慈会缺乏独立第三方评估机构定期或不定期的评估是导致星光专项基金夭折的重要原因之一。评估不是目的，只是实现目的的手段。评估有两个主要作用，一是达到监督和问责的作用，二是学习和改进的作用。这就要求评估者有敏锐的洞察力，能判断慈善公益组织的运行效率，并提供解决措施。做得不好的通过评估敲响警钟，对部分负责人问责到底，根据评估机构提供的解决措施促使其更好发展；做得好的经过评估机构评估可以

① 根据"冯海宁：《基金会夭折警示监管不完善》"整理。
② 本部分内容根据"新华网：《邓国胜：公益机构获得公信力，需要第三方评估》"整理。

提高公信力。

星光专项基金夭折类似的丑闻将催生独立第三方评估机构的发展，在发展的过程中发现阻碍独立第三方评估机构快速发展的原因，并不断解决问题，提高公众对慈善机构的信任，促进基金会、民间非政府组织的快速健康发展。

第五节 "大熊猫"回收旧衣物

2014 年 4 月，杭州市街道上出现了很多回收旧衣物的"大熊猫"。身高约 1.8 米的"大熊猫"，能装下 150 斤的旧衣物。项目启动时杭州市民被告知，这是绿色浙江环保组织与申奇公司的公益合作项目，投进"大熊猫"废旧衣物中八成新以上的将用于慈善捐赠；八成新以下的则由废品回收公司经过处理后，再次成为纺织原料，与相应的企业合作制成再生产品。"大熊猫"的出现掀起了杭州市人民的"爱心浪潮"，数量也从最开始的 20 只扩展为 2000 多只。2015 年 1 月至 2016 年 3 月，回收量高达 1018 吨，其中仅 2015 年 11 月份就回收了 120 余吨。

2016 年 3 月，记者调查发现被用于捐赠的衣物绝大部分被某某公司拿来回收出售，瞬间掀起了一场信任危机。

一、事件调查①

记者将一个追踪器放在了自己的一条旧裤子里，用针线缝好后，投到附近小区一只"大熊猫"里。然后她联系上杭州某某废品回收公司的负责人。对方说，回收的衣服在装运过后，直接到公司分拣中心过磅，入库，之后分拣，适合捐赠的衣服挑选出来，清洗、消毒、烘干、熨烫，然后打包入库进行捐助，剩下来的会进行循环再利用，而且回收人员会穿工作服和戴工作牌，车辆有某某标识。第二天，某某公司负责搬运的工作人员就来了，但并没有穿工作制服、也未戴任何证件，来回收的车子上也没有他们公司的字样。记者才跟着回收车进入回收流程中的第一个环节——清运，就发现实际

---

① 本部分内容根据"董吕平：《我们塞进'大熊猫'的旧衣到底去了哪里?》，《都市快报》2016 年 3 月 31 日（A06）和幸福银行：《为何杭州'大熊猫'事件惹毛了公众? 消费善心!》"整理。

情况与某某公司所说的相距甚远，旧衣物最终被运往上海、江苏经处理，90%被再倒卖。

二、官方回应

3月31日下午的媒体恳谈会上"大熊猫"项目主办方和监管方的回应可谓是在伤口上撒盐。

某某公司副总经理李某坦言："大熊猫"实际上是一个循环再生项目，慈善捐赠只占很小一部分，作为企业，公司以经营盈利为主要目标，从2015年至今，共收到1080吨废旧衣物，其中71448件用于捐赠。在推广项目过程中，我们可能把慈善用途夸大了。放大公益效果，除了公司自身之外，媒体的宣传和公众的口口相传也是一个原因。

绿色浙江回应：作为民间组织，我们并无权力过问旧衣物的流向问题以及具体数据。我们主要负责前期的推广和宣传，并且在2014年8月之后，就没有推过"熊猫桶"了。在2000多个"大熊猫"中印有绿色浙江的仅有105个。

杭州市城管委称，每个月某某公司会报给城管委收进来的衣服重量，但没有核实。至于衣服的去处城管委没有关注，也没有考证，城管委只关注回收来的量。公益需要成本，作为再生资源的行业管理部门，城管委将企业本身定性为经营性公司，回收旧衣物是经营行为。

市商务委表示，某某公司作为一家再生公司，主要是经营，但经营要合法，回收也要合法，他们的做法有待改进。①

三、事件评价与影响

面对这样的回应，难怪有网友自嘲："怪我咯，我捐赠我活该！"某某公司用"吨"和"件"混淆公众视听。以短袖衣服为例测算，一件短袖大约重200克，捐赠的7万多件旧衣物仅占总回收量的1.38%，彻底震惊了杭州市民。既然各方都坚称是"营利行为"，那么绿色浙江环保组织退出项目合作

---

① 直接引用：张婉婧，《杭州各部门昨就"大熊猫"旧衣物回收一事作出回应、不会赶走"大熊猫"，要建监管机制》，《青年时报》2016年4月1日（A04）。

后，就应该明确告诉公众，而不是继续按照"慈善捐赠"的理念经营，这纯属挂羊头卖狗肉，打着慈善的幌子诱导市民捐赠。令人气愤的是上述负责人还振振有词地称"是媒体和公众过度放大了'大熊猫'的慈善意义"。公开透明是公益的生命线，关于这一点某某公司和绿色浙江都没有做好，城管委和市商务委也没有尽到应尽的监督职能。这是《慈善法》颁布后，中国公益慈善遭遇的第一次信任危机，待9月《慈善法》实施以后，这种类似的行为都将按照法律予以惩罚。

在互联网如此发达的今天，正面新闻能燃起全国人民的希望和热情，负面新闻更能迅速地被传播继而打击公众的善心。值得安慰的是某某公司建议市民明确告知所捐衣服是否用于捐赠，如用于捐赠，将"用于捐赠"字眼信息标注在衣物上或者袋子上，并且申奇公司承诺，有需要获取衣物的市民可以直接和某某公司联系。①

四、旧衣服回收的价值

日常生活穿着的衣物材料主要有7种材质：棉、麻、皮革、丝绸、化纤、呢绒、混纺，并且绝大部分衣物在制作过程中都经过染色，添加拉链，纽扣等配件。这些材料如果得不到正确处理，将会对环境造成严重的危害。旧衣物的再利用既是一种生活方式，也是环保理念的践行。中国是世界上纺织品生产和使用大国，每年产生的废旧纺织品数量超过2600万吨。据业内人士透露，废旧衣物用途广泛，如经过开松、加工的废旧纺织品纤维，达到一定纤度的，可以重纺面料；达不到这个要求的，可向汽车材料、建筑材料方向延伸。制作墙体材料、水泥增强材料、消防龙带等产业纺织品，成为废旧纺织再生品的出路。挖掘废旧衣物这个"金矿"，形成"资源—产品—消费—再生资源"闭合循环经济模式，为纺织产业结构调整和可持续发展提供永续动力——这已成为业内共识。② 可见回收旧衣物是一个有利润前景的行业，将会有越来越多的企业加入进来。深圳市某某实业有限公司、上海某某实业有限公司等一批企业已经发现这个商机。

---

① 根据"张玲：《杭州废旧衣物捐赠门后续：人力技术双重监管》"整理。
② 根据"《每日商报》：《杭州'大熊猫'旧衣回收背后是一条庞大的'废纺'产业链》"整理。

五、外国经验①

为了避免杭州"大熊猫"类似的问题再出现，我们可以借鉴其他国家的废旧衣物的处理方法。

日本：近年来，日本启动了回收旧衣物的计划，很多服装公司参与其中，通过处理将旧衣物改造成新面料，国内市民可以在回收点以旧换新。还可以拿到二手市场上售卖，日本最著名的二手市场是东京的代代木公园跳蚤市场。年轻的潮男潮女把自己不需要的旧衣物拿到这里来摆摊贩卖，可以聊天砍价，别有一番乐趣。

伊朗：在伊朗街头，一位不愿透露身份的市民在一面墙上钉上挂钩和衣架，并写上告示呼吁市民捐赠衣物："你若不需要，请把它挂在这里；你若需要，就把它带走。"

英国：在英国，随处可见回收旧衣物的慈善商店。这些商店收入的一部分用于帮助癌症研究，一部分用于救助被虐待儿童、残疾儿童，而比较新的衣服重新加工、设计。

六、解决捐衣难公益项目

亿人帮与京东的公益合作——旧衣新生：2016年，亿人帮和京东举办了一场改造旧衣物的活动，邀请了亿人帮的王牌设计师金娜。每个人的衣柜都有几件放着不穿的衣服，扔掉又觉得可惜，通过这种重新改造衣服，使款式过时、面临淘汰的衣服重获新生，既环保又有趣。②

e捐助力"多+助衣"公益项目：这个绿色捐赠项目旨在为社会弱势群体募集衣服，传播正能量。北京益盟网络科技有限公司通过互联网公益的创新技术，建立e捐闲置捐赠信息对接平台，实现捐赠者与公益组织、企业间的信息对接，将募集到的旧衣物送进中央工厂统一分拣、清晰、消毒、打包，让受捐者穿上干净、舒适、卫生的衣服。③

---

① 本部分内容根据"张玲：《杭州废旧衣物捐赠门后续：人力技术双重监管》"整理。
② 根据"亿人帮：《亿人帮与京东的公益合作——旧衣新生》"整理。
③ 根据"《解决捐衣服难题，e捐助力'多+助衣'公益项目启动》"整理。

七、总结

旧衣物回收能够实现变废为宝、满足人们的各种需要。既能保护环境，调动人们的爱心，又能让人们充分参与，还能满足商业上对旧衣物的需要、满足工业原材料的需求，这是一举多赢的措施。公益组织在设置旧衣物回收箱的同时，公众要积极监督，政府需要制定相关的法律法规和标准，设立旧衣服回收再利用管理和监控体系，并对旧衣服的具体流通全过程进行监管，防止部分心怀不正的企业利用公众的爱心牟取利润。

第六节　中华人民共和国慈善法

慈善是社会建设的重要内容，对于鼓励公民或企业乐善好施、扶贫济困、守望相助、支持公益事业发展和促进社会和谐稳定都具有重要作用。近10年来，我国慈善实践的发展速度惊人，社会捐赠从 2006 年的不足 100 亿发展到目前 1000 亿左右。但随着慈善事业的发展，在慈善领域出现了许多新情况、新问题，比如慈善事业政策法规体系不健全、活动不规范、监督不完善等。慈善立法滞后是制约慈善事业健康发展的重要因素。法制不健全给意图不轨的人创造了机会，也让民众逐渐失去对公益的信心。为了激发慈善组织活力，增强全社会慈善意识，规范慈善行为，促进慈善事业健康发展，有必要制定一部专门的慈善法，完善法律制度。2008 年以来，共有 800 多人次全国人大代表提出制定慈善法的议案 27 件，建议 29 次，社会各方面多年期盼制定慈善法。

一、立法过程[①]

立法建议阶段：我国的慈善立法工作开始于 2005 年，由民政局向全国人大和国务院法制办公室提出起草慈善法的立法建议。

纳入立法规划：2007 年 8 月 22 日，民政部有关负责人在国务院新闻发布会上透露，慈善法已经纳入人大立法计划。慈善法相关法律在经过民政部审议

---

① 本部分内容根据"肖冰：《慈善法，开门立法的典范》"整理。

通过后，将报请国务院审议，并由国务院提交全国人大审议通过。此后，2008年，慈善法列入十一届全国人大常务委员会立法规划第一类项目。

慈善法草案初步形成：2010年7月29日，国务院法制办有关负责人表示，慈善法草案已经初步成形，草案共分为9章，对包括慈善组织、信托、境外慈善组织在华活动管理等方面均作出规定。2013年，慈善法再次被列入十一届全国人大常委会立法规划第一类项目。

首次提请全国人大常委会审议：2015年10月30日，慈善法草案首次提请全国人大常委会审议。

二审稿提交全国人大常委会分组审议：2015年12月23日，十二届全国人大常委会第十八次会议对慈善法草案二审稿进行分组审议。

三审草案提交十二届全国人大第四次会议审议：2016年3月9日，三审草案提交十二届全国人大第四次会议审议。

立法：《慈善法》于2016年3月16日第十二届全国人大四次会议审议通过，共12章112条。国家主席习近平签署43号主席令予以公布，自2016年9月1日起实施。

二、慈善法亮点

（一）亮点一：慈善组织公募权逐渐放开

《慈善法》第二十二条明确规定："依法登记满二年的慈善组织，可以向其登记的民政部门申请公开募捐资格。民政部门应当自受理申请之日起二十日内作出决定。慈善组织符合内部治理结构健全、运作规范的，发给公开募捐资格证书；不符合条件的，不发给公开募捐资格证书并书面说明理由。"

这实际上就是开放了公募权。以前只有公募基金会有资格向特定公众公开募捐，而现在慈善法将这个权利平等地授予慈善组织，并明确规定符合条件的慈善组织都可以向公众募捐，而不用像过去在登记时将慈善组织分为公募组织和非公募组织。慈善组织公募权的逐渐放开将促使慈善组织良性竞争，提高慈善资源的合理分配①。

---

① 根据"南都公益观察：《慈善法：8大进步10大期待》"整理。

（二）亮点二：骗捐将依法查处

《慈善法》第三十一条："开展募捐活动，应当尊重和维护募捐对象的合法权益，保障募捐对象的知情权，不得通过虚构事实等方式欺骗、诱导募捐对象实施捐赠。"2015年10月女子被狗咬成重伤，为获得捐款虚构"救女童"情节。这就属于欺骗、诱导募捐者的行为，通过改变故事情节引发公众的同情心和爱心。最后警方刑事拘留了骗捐者，同时启动退款程序。

第三十三条："禁止任何组织或者个人假借慈善名义或者假冒慈善组织开展募捐活动，骗取财产。"这是针对"'助学达人'性侵女童"一类的案件提出的，王某以个人名义成立"百色助学网"，假借助学之名侵犯女童，最终受刑罚。

慈善绝非坑蒙拐骗通畅无阻的法外之地，任何单位和个人发现违法行为，可以向民政部门、慈善组织等其他相关部门投诉、举报，对于骗捐将由公安机关依法查处。

（三）亮点三：禁止强制募捐

在生活中，强捐现象屡见不鲜，捐不捐、捐多少都被明文规定，使慈善变了味。幸运的是，慈善法出台后，再也不用害怕遇到这种情况了。《慈善法》第三十二条规定："开展募捐活动，不得摊派或者变相摊派，不得妨碍公共秩序、企业生产经营和居民生活。"并且第一百零一条规定："向单位或者个人摊派或者变相摊派的，由民政部门予以警告、责令停止募捐活动；对违法募集的资产，责令退还捐赠人；难以退还的，由民政部门予以收缴，转给其他慈善组织用于慈善目的；对有关组织或者个人处以二万元以上二十万元以下罚款。"

强行捐款的负面新闻主要发生在政府部门，政府人员常以救灾为由逼迫他人捐款，所以此次慈善法立法专门对这种现象进行了法律条文规定。第三十二条明确说明："发生重大自然灾害、事故灾情和公共卫生事件等突发事件，需要迅速开展救助时，有关人民政府应当建立协调机制，提供需求信息，及时有序开展募捐和救助活动。"由此可见，政府的角色和权责从可以接受捐赠演变成及时有序引导开展募捐和救助活动，这将起到遏制一些地方政府操纵权力强行逼捐的行为。

同时，此次立法明确规定了对政府人员强行派捐的处罚。第一百零八条提出："县级以上人民政府民政部门和其他有关部门及其工作人员，如果摊派或者变相摊派，由上级机关或者监察机关责令改正；依法应该给予处分的，由任免机关或者监察机关对直接负责的主管人员和其他直接责任人员给予处分。"以前，当一些地方政府被曝出强捐丑闻时，会公开推脱责任，强调非政府部门的旨意，是个别工作人员理解误差导致的，然后这事就不了了之，没有人受到处罚。正是因为逼捐的这种零成本，导致这种现象时常发生。这回慈善法出台，以权谋捐的现象终于可以杜绝了。

（四）亮点四：公开承诺捐款不兑现或被起诉

第四十一条规定："捐赠人应当按照捐赠协议履行捐赠义务。捐赠人违反捐赠协议逾期未交付捐赠财产，有下列情形之一的，慈善组织或者其他接受捐赠的人可以要求交付；捐赠人拒不交付的，慈善组织和其他接受捐赠的人可以依法向人民法院申请支付令或者提起诉讼：（一）捐赠人通过广播、电视、报刊、互联网等媒体公开承诺捐赠的；（二）捐赠财产用于本法第三条第一项至第三项的慈善活动，并签订书面捐赠协议的。"所谓第三条第一项至第三项就是开展扶贫、济困；扶老、救孤、恤病、助残、优抚；救助自然灾害、事故灾情和公共卫生事件等突发事件造成的损害等公益活动。

一旦公开承诺就不能随意反悔，否则慈善组织和接受捐赠者有权通过法律诉讼要求承诺者履行捐款承诺。捐赠者在承诺之前要量力而行，如果只是为了提高知名度，增加曝光率，事后又无实际能力兑现承诺的话，不仅导致臭名昭著，还将受到法律约束和惩罚。但慈善法又是人性化的大法，特殊情况特殊对待，法律规定："捐赠人公开承诺捐赠或者签订书面捐赠协议后经济状况显著恶化，严重影响其生产经营或者家庭生活的，经向公开承诺捐赠地或者书面捐赠协议签订地的民政部门报告并向社会公开说明情况后，可以不再履行捐赠义务。"

（五）亮点五：剩余善款使用权归属明确

第五十七条："慈善项目终止后捐赠财产有剩余的，按照募捐方案或者捐赠协议处理；募捐方案未规定或者捐赠协议未约定的，慈善组织应当将剩余财产用于目的相同或者相近的其他慈善项目，并向社会公开。"

该条款说明通过慈善机构捐赠的，剩余善款的处置有两种情况：如果指定捐给个人的，剩余善款可以由该受捐者用于后续治疗、康复等；未指定给个人的，剩余善款由慈善机构协调分配，用于相同或相近的慈善项目。而未经过慈善组织，个人直接在网上筹集善款的，剩余善款应该退还捐款者或者按照协议转捐给其他贫困人民。以四川癌症女孩去世家人拒还善款为例，以后将依照慈善法处理这类事件。返还剩余善款不仅仅是对受捐者的道德要求，还将受到法律规范。

（六）亮点六：慈善组织、捐赠人、受益人依法享受税收优惠

《慈善法》第七十九条规定："慈善组织及其取得的收入依法享受税收优惠。"第八十条规定："自然人、法人和其他组织捐赠财产用于慈善活动的，依法享受税收优惠。企业慈善捐赠支出超过法律规定的准予在计算企业所得税应纳税所得额时当年扣除的部分，允许结转以后三年内在计算应纳税所得额时扣除。境外捐赠用于慈善活动的物资，依法减征或者免征进口税和进口环节增值税。"第八十一条规定："受益人接受慈善捐赠，依法享受税收优惠。"

税收优惠有助于促进慈善事业的有效发展，这一政策的落实，对慈善组织而言减轻了它们的税费负担；对捐赠者而言，相当于提高了捐赠额度，产生更大的鼓励；对受捐赠者而言，体现了生存权的尊重。尽管具体的税收政策必须通过税法调整和国务院出台配套文件才能完成，但为修订税法提出了新要求，并带来紧迫感，国家将积极制定出新的税收政策。

同时，为了避免慈善组织利用税收优惠政策牟取私利，《慈善法》第一百零三条明确指出："慈善组织弄虚作假骗取税收优惠的，由税务机关依法查处；情节严重的，由民政部门吊销登记证书并予以公告。"

三、慈善法缺点

（一）缺点一：在政府指定的互联网平台上劝募

《慈善法》第二十三条："慈善组织通过互联网开展公开募捐的，应当在国务院民政部门统一或者指定的慈善信息平台发布募捐信息，并可以同时在其网站发布募捐信息。"

中国慈善事业发展迅猛，已从2006年的不足100亿元，发展到目前的1000亿元，其中互联网公益功不可没。权威数据显示：2014年，新浪微公益、腾讯公益、支付宝E公益三大在线捐赠平台和淘宝公益网店共募集善款4.28

亿元，相比上一年度增长 42.6%，呈现大幅度增长的趋势。① 互联网公益需要鼓励，但这一法律条文限定了互联网开展公开募捐慈善信息的发布平台，没有明确将手机 APP 应用、微信、微博包括其中，也没有明确互联网的监督。

（二）缺点二：宗教慈善有待正名

《慈善法》第二条规定："自然人、法人和其他组织开展慈善活动以及与慈善有关的活动，适用本法。其他法律有特别规定的，依照其规定。"

《慈善法》未提及宗教慈善，但第二条中的"其他组织"可以理解为隐含了宗教组织。实际上，宗教组织注册基金会早有先例，比如爱德基金会和灵山慈善基金会，它们分别有基督教、佛教背景。《慈善法》没有单独将宗教慈善和宗教组织分为一类，这一问题涉及对于宗教慈善活动主体身份的认同。宗教团体是社会团体不可分割的一部分，享有同样的权利和义务；宗教慈善服务于社会公益事业，理应纳入慈善法。但鉴于国际上的严峻形势，以及国内的民族问题，如果彻底放开宗教慈善，可能会有一些组织乘虚而入，确实会有一些潜伏危机。所以宗教慈善的正名仍然需要一个过渡期。所以没有专门提及或许表明政府相关部门正在积极探索制定具有可持续发展意义的相关政策和法规，规范中国公益事业的相关制度和发展问题，以期建立健全的中国公益机制。②

（三）缺点三：管理费用限定在 10%

《慈善法》第六十条规定：年度管理费用不得超过当年总支出的百分之十，特殊情况下，年度管理费用难以符合前述规定的，应当报告其登记的民政部门并向社会公开说明情况。

在《慈善法草案》中，管理费用规定为 15%，在后期审议中降为 10%。关于管理费用的规定社会各界褒贬不一。

中国慈善联合会副会长徐永光认为，根据我国《非营利组织的会计制度》，非营利组织的支出包括募捐成本、行政成本、项目成本 3 项成本。国际上，一些基金会的这 3 项成本之和达到 50%，单就行政成本这一项一般在20% 左右。我国民政部门在年度审计行政成本时，是将这 3 项成本之和记作行

---

① 根据"张伟涛：《〈2014 年度中国慈善捐助报告〉发布》，《中国社会报》2015 年 9 月 23 日(01)"整理
② 根据"南都公益观察：《慈善法 8 大进步与 10 大期待》"整理。

政成本，因此 3 项累计不超过 15% 难度非常大，可能是全世界基金会中效率最高的，更何况 10%。①

全国人大内务司法委员会内务室主任于建伟说："《慈善法》中提到的 10% 只是就具有公募资格的基金会规定的管理费用标准。我国现有登记注册的社会组织 60 多万家，基金会只占一小部分，才 4000 多家，而具有公募资格的基金会更少仅 1700 多家。所以慈善法只是对 1700 多家做出了规定。并从实际出发，制定的是一个具有弹性的标准。短时间内难以全面规定的，留在以后由国务院有关部门制定具体的文件。"②

管理费用 10% 这种一刀切的规定，是不公平的。以规模小的公募基金会和一些挂靠在公募基金会下面的公益组织为例，它们可能募款就两三百万，那么 10% 的管理费用就太低了，应该针对不同规模大小的慈善组织制定不同的比例制度。所幸的是，正如于建伟所说的这是一个有弹性的标准。

四、对公益慈善行业未来发展趋势的影响

（一）趋势一：多元推动社会化

《慈善法》成功出台意味着各级党政部门越来越关注和支持公益。其中，慈善法规定慈善组织、捐赠人、受益人依法享受税收优惠，将促使更多的事业单位积极参与并推动公益事业，社会组织的经济实力得以扩充，将成为公益事业的生力军，有助于提高公众的参与意识和热情度，广播、电视、报刊以及互联网加快公益事业的发展速度等。在这些社会力量的推动下，慈善事业逐渐从社会的边缘向中心转移，成为全社会各方力量积极参与的社会化过程。

（二）趋势二：市场驱动产业化

《慈善法》第八十三条规定：捐赠人向慈善组织捐赠实物、有价证券、股权和知识产权的，依法免征权利转让的相关行政事业性费用。第八十六条规定：国家为慈善事业提供金融政策支持，鼓励金融机构为慈善组织、慈善信托

---

① 资料来源：泊伟，《慈善法草案焦点的博弈》。
② 资料来源：张衍飞，《慈善法解读：10% 管理费用对公益机构有多大影响》。

提供融资和结算金融服务。这些条例的提出将导致市场驱动的产业化趋势，"主要体现在：创投、信托、股票、债券等逐渐被用于公益慈善，涌现出一批兼具公益性和市场性双重属性的新型产业，比如社会企业、慈善超市、公益银行。市场驱动力改变公益慈善远离市场的非营利属性，激活各类市场机制并做大公益，以产业化的形式在市场和公益之间升华出巨大的社会利益。"[①]

五、总结

《慈善法》是我国慈善领域首部基础性、综合性的法律，历经长达10年的调研和起草，被喻为我国"开门立法"典范，立法意义重大。《慈善法》对慈善机构的设立、投资、运行、监督、惩罚等多个方面进行了规范，还对各级政府的管理行为、公民的慈善方式等制定了法律明文规定。在制定的过程中注意倾听民间声音，广泛吸纳专业建议，借鉴国际经验，对各类慈善组织一视同仁。有利于化解争议，保护各方权益，提高公众对慈善机构的信心，开阔公益慈善事业前景，成为一部推动社会自治、构建多方满意、多元成熟社会的法律。

《慈善法》立法得到各方好评，主要在于鼓励自由发言，积极采纳各方意见，这是《境外非政府组织管理法》立法工作需要借鉴的重要经验。尤其是在实施"一带一路"战略的大背景下，有利于促进境外非政府组织和国内慈善机构的密切合作，推动中国慈善事业的发展。

第七节　境外非政府组织境内活动管理立法

《中华人民共和国境外非政府组织境内活动管理法》于2016年4月28日由十二届全国人大常委会第二十次会议表决通过，自2017年1月1日起施行。境外非政府组织境内活动管理法共七章五十四条，包括总则、登记和备案、活动规范、便利措施、监督管理、法律责任和附则等内容。

---

① 资料来源：王名，《中国公益慈善：发展、改革与趋势》，载于《中国人大》，2016年第7期，第40~44页。

一、制定背景

近年来，随着中国与世界各国交流和合作的日趋扩大，越来越多境外非政府组织在中国境内开展活动，据不完全统计，数量已达到近万家。其中绝大多数在经济、科技、文化、卫生、环保、慈善等领域开展了许多有利于加强中外交流与合作，推动我国改革开放和社会进步的积极活动。但是另一部分境外非政府组织在中国非法从事或资助营利性活动、宗教活动、政治活动。一些代表机构未依法登记或者取得在我国临时开展活动许可，就肆意在中国境内开展活动，运用各种手段影响中国人民的意识形态，秘密搜集中国的经济、政治、军事等领域情报，甚至以"维权"为名策划民族分裂活动，试图危害中国的社会稳定和国家安全、民族独立。

以历史为鉴，曾经造成社会动荡的"阿拉伯之春""颜色革命"，境外非政府组织都"功不可没"。它们利用社会矛盾制造阶级对立，影响社会的多个方面，造成多国恐慌。实际上，不少国家早已制定了此法。美国在"9.11"事件之后，要求所有在美国国土上的 NGO 必须获得美国政府的许可，并关闭了许多已经获得许可的阿拉伯和伊斯兰的 NGO。俄罗斯的《非政府组织法》2006 年就已生效，规定：如果发现国外非政府组织和社会团体的活动目的与俄罗斯宪法相抵触并威胁到俄罗斯国家利益，立刻取消其注册权。2012 年，俄罗斯对接受国外资金参与境内政治活动的机构将其认定为"外国代理人"，加以法律限制。2010 年，印度修订《外国捐赠管理法》，对非营利组织接受境外资金有更严格规定。[①] 同样，中国也可以制定相关法律约束境外非政府组织，不任由它们在我国境内从事反政府、危害国家安全的破坏性活动。

长期以来，中国对境外非政府组织在华活动的管理依据主要是 1989 年 6 月颁布的《外国商会管理暂行规定》和 2004 年 3 月颁布的《基金会管理条例》。但随着境外非政府组织在中国举办活动的广泛深入，其遇到的纠纷、矛盾越来越复杂，同时中国的法治环境也发生了显著变化，过去这种陈旧零散的管理条例已经不再适应当前形势发展，这催促我国加快立法进程，将境外非政

---

① 资料来源：刘斐、刘欢、任沁沁的《评论：中国立法管理境外 NGO 无可厚非》和 NGOCN 的《贾西津：勿用国安思维管理境外组织》。

府组织纳入法治化轨道。只有这样，才能保护和促进其活动与发展，维护我国安全、统一，这也是我国推行全面依法治国，建设法治社会的必然要求。2009年，国家外汇管理局从资金方面限制境外非营利活动，下发《关于境内机构捐赠外汇管理有关问题的通知》。2010年，云南省受国家授权作为立法试点，颁布实施《云南省规范境外非政府组织活动暂行规定》。

二、草案热点争议

2014年12月22日，《境外非政府组织管理法》草案提交全国人民代表大会常务委员会。2015年十二届全国人大常委会先后两次对该法律草案进行审议（以下简称《审议稿》），2015年5月5日，在网上面向全社会广泛征求意见的信息在中国人大网的专题页面上发布后，迅速引发社会组织的广泛关注，14天内收到意见397条，最终修改具体条文20条。草案热议的论点主要如下：

（一）部分用语界定不清晰

比如"境外非政府组织"。《审议稿》第一条规定：为了规范、引导境外非政府组织在中国境内的活动，保障其合法权益，促进交往与合作而制定本法。清华大学贾西津认为这个定义太过宽泛，似乎所有组织都包括其中，"会出现以下几种结果：一是法律涵盖的范围无边无际；二是解释有很大释法权；三是给执法者极大的自由裁量权和主管选择空间。"[1] 常委会采取意见，最终明确规定：本法所称境外非政府组织，是指境外合法成立的基金会、社会团体、智库机构等非营利、非政府的社会组织。

（二）《审议稿》中部分规定的操作性是否强

首先，《审议稿》规定境外非政府组织在中国境内开展活动的前提条件是要在代表机构登记或者取得临时活动许可。许多机构代表质问：怎么处理突发事件。例如地震发生，最重要的是开展紧急救助活动，而申请临时活动许可需要足足两个月，这两者之间是相互冲突的。其次，境外非政府组织必须取得业务主管单位同意，才能申请设立代表机构。但没有规定同意的标准和业务主管单位答复的时间期限。不少机构代表提出建议，应该写明标准并

---

[1] 观点来源：NGOCN，《贾西津：勿用国安思维管理境外组织》。

提供申诉程序和救济途径。对于这一点，常委会对《审议稿》的改动幅度不大。

（三）国际国内需要更多交流

《审议稿》第二十五条规定：除国务院另有规定外，境外非政府组织及其代表机构不得在中国境内进行募捐或者接受中国境内捐赠。不少机构代表认为这违反公平原则。

"贾西津表示：如果严格按照这个规定的话，那不仅会影响中国的国家安全，还会影响到我国在国际社会上的地位。因为它不仅牵涉到公益、社会领域，还影响到中国整个社会开放性以及经济整体发展。我们是在用一个非常小的视野在看国际上的非营利组织。我们有必要帮助中国的政府部门，特别是相关立法部门人知道非营利政府的社会组织不是几百个、几千个、几万个，而是千万个、上亿个。乐施会中国项目总监廖洪涛强调：如果缺少境外非政府组织的贡献，中国走向世界这条道路会变得十分艰难，所以我们应该更加积极主动，多组织一些直接对话和交流，互相借鉴，成为建设性的合作伙伴。"①

实际上，这项规定与《公益事业捐赠法》互相冲突，不利于国内公益组织的发展，对境外公益组织也不公平。因为这意味着我国可以接受境外组织的资助，但禁止他们从我国获得捐赠，从而境外非政府组织在我国开展活动必须自带资金，这将打破中外公益组织共同为中国做公益事业、共同发展的平衡局面，继而失去良好的发展机会。

三、制定意义

将境外非政府组织纳入我国法治框架中，使其有法可依是无可非议的，却遭受到一部分西方舆论的抹黑和污蔑，扬言这是"中国将向境外非政府组织关上国门"，要求中国放宽法律上的限制。西方对中国正当行为的肆意歪曲，想必醉翁之意不在酒。事实上，该法与中国对境内 NGO 的管理没有本质的区别，是为了顺应形势的需要。并且此次立法实际上是为境外非政府组织在我国开展正当活动提供法律保障，该法第四条明确规定：境外非政府组织在中国境内依法开展活动，受法律保护。为此，第五条规定：国家建立境外非政府组织管理

---

① 资料来源：王勇，《境外非政府组织管理立法影响的不仅仅是 NGO》。

工作协调机制，负责研究、协调、解决境外非政府组织在中国境内开展活动监督管理和服务便利中的重大问题。并在第八条中指出：国家对为中国公益事业发展做出重大贡献的境外非政府组织给予表彰。所以说，此次立法将给友善的境外非政府组织提供更多便利，但对那些怀揣不良居心的境外非政府组织而言，本法如同达摩克利斯之剑斩断其伸向中国的魔爪，束缚其在中国开展危害中国的活动。

该法严格控制境外非政府组织的在华活动，想要全面严格地规范、甚至管控其在中国进行任何潜在或隐性的非法活动。采取严格登记、所有活动必须计划报倍加年度检查、禁止从中国募款、禁止接受中国境内捐赠、严厉惩罚等一系列措施，使对境外非政府组织的管理从无法可依到有法可查，将有利于维护我国的稳定和安全，促进境内外非政府组织在华友好发展，驱赶居心不良的境外组织。

该法从通过到实施，中间有 8 个多月的准备期，一方面有利于境外非政府组织有充足的时间明确自己的权利与义务；另一方面有利于司法部门和执法部门在这期间制定更加精细周全的细则。同时相关工作人员的培训也需要时间，使其更好地熟悉相关业务，确保法律实施的好效果。

这部法律不仅仅对中国的非政府组织有影响，对整个中国社会，甚至经济生态都有重大影响。依照《境外非政府组织管理法》将会导致大量的境外非政府组织和活动被阻碍，甚至退出中国，从而冲击中国的社会以及公益事业。法律实施实际可能产生的效应有："一是对部分被特别关注的组织，会构成生存上的冲击；二是对大量社会科教文卫等领域的国际公益交往活动，会构成更复杂的规制和时间与资金成本。三是政府未来执法的时候，有比较强的法律依据。对于中国本土的组织而言，要考量境外相关资源的撤出。"①

第八节　基金会设立海外办公室
开启慈善国际化新篇章

2015 年，爱德基金会和中国扶贫基金会分别在非洲、欧洲和东南亚成立海外办公室，将中国慈善组织的"走出去"行动推向深化。随着更多基金会

---

① 资料来源：NGOCN，《贾西津：勿用国安思维管理境外组织》。

驻外机构的建立，中国慈善将创造民间外交的新局面。

一、爱德基金会：中国民间组织国际化之路①

2015 年 6 月 12 日发布的《中国慈善发展报告》中指出，目前中国基金会"走出去"仍处在初级阶段的探索和尝试期，基本上属于"四无"状态：无固定经费来源、无固定项目、无当地雇工、无固定办公场所。

2015 年 7 月 1 日，爱德基金会非洲办公室在埃塞俄比亚的亚的斯亚贝巴揭牌成立。这是中国民间组织第一家海外办公室。在国际上，民间组织设立海外办公室并不罕见，但对于我国而言，是一次历史性的重大突破。爱德基金会走进非洲，经过了三年调研和三十年探索。

（一）三年调研

1937 年，在非洲生活了 17 年的丹麦著名女作家伊萨克·迪内森，出版了自传体小说《走出非洲》，书中描绘了非洲的自然景观和四季变化，字里行间充斥着浓郁的异域风情。天上聚集的云彩、地平线上的雨水、初雨的草腥味、非洲的动物吸引了万千读者和她一起神游其中，流连忘返。然而，爱德基金会看到的是非洲的另一面——非洲人们的贫困和挣扎。

在世界各大洲中，非洲的发展水平一直是垫底的。2012 年非洲创造了2.01 万亿美元的国内生产总值，人均 1878 美元，远低于我国人均 6000 多美元的国内生产总值。近 15 年，虽然非洲总体的发展水平仍然比较低，但增长势头迅猛。中国作为一个世界强国，理当承担国际人道主义的责任，推动非洲发展。爱德基金会此举契合国家的外交战略。

2012 年爱德基金会成立了专门的工作团队，数次赴非洲实地调研，去过肯尼亚、尼日利亚、坦桑尼亚、南非等，直到 2014 年年底，才确定把非洲办公室设立在埃塞俄比亚首都亚的斯亚贝巴。主要原因有：无论在战略、交通、文化等方面，埃塞俄比亚都称得上是非洲的一个门户，非洲联盟的中心也设立在此，并且此处有很多的中国企业，与政府的合作也非常多，这为爱德基金会在当地设立海外办公室提供了非常好的机遇。

---

① 本部分内容根据"徐会坛：《爱德基金会：终结中国民间组织国际化的'四无'状态》"整理。

（二）三十年探索

丘仲辉把前二十年的爱德基金会称为"公益特区"，认为其与改革开放以来的经济特区有异曲同工之妙。运用国际资金（98%的资金来至海外）学习国际经验，不断引进国际资源、理念、技术、规范和标准等，并逐渐建立了一张国际合作网络，储备了一批精通英语、熟悉国际操作流程与合作规则的人才。

后十年，进行重新分析和评估国内社会对公益慈善的需求，尝试项目创新，开始在城市社区开展综合性服务，包括孤独症儿童发展、居家养老、智障青少年就业等。在这个过程中，善款主要来源渠道由境外转入国内。随着这种资金来源结构的转变，开始制定新一轮国际化战略。

（三）非洲办公室面临的问题

丘仲辉称，目前面临的最大的问题是日常运营、项目管理和扩张的资金缺乏问题，虽然跨国资金划拨存在一定困难，但通过按要求报备、主动与相关政府部门沟通可以解决。2013年，中国扶贫基金会就尝试成立海外办公室，但由于缺乏资金支持推迟到2015年才成立。要让一个员工安心驻地工作，每年至少需要20万元成本，这对慈善机构而言是一笔巨款。目前，非洲办公室共有四名工作人员，其中一名埃塞俄比亚当地工作人员、一名曾在中国留学的埃塞俄比亚学生和一名国际志愿者。在管理费不能超过10%的基金会管理约束下，仅依托基金会现有资金实力，无法长期发展。虽然中国在埃塞俄比亚的跨国企业非常多，但还没有一家愿意资助爱德基金会非洲办公室。

2016年3月9日，第二家爱德国际办公室在瑞士日内瓦正式举行仪式揭牌成立。爱德基金会将以此作为平台，进一步增强中国民间力量参与国际社会公益行动的分量和力度。[1]

二、扶贫基金会首家海外办公室在缅甸注册成立[2]

2015年7月27日，缅甸内政部向中国扶贫基金会颁发了国际非政府组织

---

[1] 根据"新浪公益：《爱德基金会国际办公室在日内瓦正式揭牌》"整理。
[2] 本部分内容根据"新华公益：《中国扶贫基金会首家海外办公室在缅注册成立》"整理。

牌照。这标志着中国扶贫基金会首家海外办公室正式在缅甸成立，也意味着中国扶贫基金会国际化探索进入了一个全新阶段。

中缅两国是友好邻邦，自古以来两国国民以胞波（兄弟）相称。从 2012 年开始，中国扶贫基金会先后三次赴缅，开展了民生需求及项目实施可行性调研。根据缅甸的实际需求，结合扶贫基金会项目特长设计了"胞波助学金项目"，并于 2015 年启动了项目试点工作。

2005 年，中国扶贫基金会开始探索国际化道路，到目前为止已走了十年，经历了三个阶段：第一个阶段是 2005 ~ 2009 年，2007 年国际化正式定为战略。这一阶段的国际化是不出国门的国际化，主要通过驻华大使馆实施对外救援；第二个阶段是 2009 ~ 2013 年，中国扶贫基金会正式成立国际部，采用出差式，员工能够走出国门参加海外救援；从 2013 年开始进入第三个阶段，是一个真正国际化的标志性阶段，有常设机构和常驻工作人员。[1] 在这十年里，中国扶贫基金会经历了不少实战训练，在印尼海啸、缅甸飓风、尼泊尔地震等自然灾害中捐赠物资、提供人道主义援助。同时，还在苏丹援建了"苏中阿布欧舍友谊医院"，在埃塞俄比亚启动了"微笑儿童"项目。在社会各界的支持帮助下，中国扶贫基金会为中国国内 NGO 组织探索国际化援助积累了一些经验。截至 2014 年 12 月，中国扶贫基金会国际救援投入资金及物资累计已达到 7594 万元。

三、中国基金会设立海外办公室的现状

2014 年 7 月 10 日，国务院新闻办公室发表《中国的对外援助（2014）白皮书》，该白皮书显示 2010 ~ 2013 年，中国对外援助金额为 893.4 亿元；财政部预算司发布资料显示，2010 ~ 2013 年，中国中央财政的对外援助金额达到 632.49 亿元。2014 年 11 月 8 日，国家主席习近平宣布，中国将出资 400 亿美元成立丝路基金。同时，在政策方面，近几年国家对外援助已经从先前被动的适应国际规则，开始转变为主动推出规则。这些迹象表明，对外援助已成为中国对外关系乃至中国生活中日益重要的部分，并在对外关系中发挥着越来越重要的作用，是国际经济关系的重要内容。

过去我们在帮助受援国的时候，主要是和他们的官方打交道。在与受援国

---

① 资料来源：基金会中心网，《国际对话，民间组织走出去：国际资助发展趋势》。

官方和跟当地社会之间的互动间存在很大的不统一。这种官方对官方的援助模式，使我国政府对当地社会发展不了解，对当地发生的变化不敏感，往往造成对外援助政策的失误，导致重大损失。

中国政府近几年不断鼓励民间组织"走出去"，2005年成立的中国民间组织国际交流促进会，便是为了给中国的民间组织国际化搭建平台并提供政策支持，这一行动得到了外交部各国使馆的全力配合。① 同时，随着中资企业的全球化和投资的对外扩张，也需要企业更多地关注并参与到当地的公益事业中来。公益组织在提高企业形象和跟当地社区进行沟通方面也能做很多事情。相比政府和企业的直接海外救援，民间组织的效率更高。

截至2014年8月31日，中国以各种形式"走出去"的基金会共有37家，占全部4005家基金会的0.92%。② 随着我国经济实力和国际地位的提升，基金会"走出去"是大势所趋。但基金会在海外设立办公室还只是开始，爱德基金会和中国扶贫基金会走在中国基金会的前面，将带动越来越多的基金会在海外设立办公室。

设立海外办事处，一方面，可以为海外分支机构提供一个平台，使其能更好更快地融入当地社会，加强人员互动和信息传播；另一方面，对外表明民间组织在目标国长期扎根的决心，也有利于树立员工的信心和提高目标国民众的信赖度；同时很多国家也希望我们这样做，因为中国有很好的扶贫经验。改革开放以来，我国在减贫方面取得了重大成效，很多国家已经不局限于资金的需要，他们更想要借鉴我国低成本的扶贫方式。

但目前基金会设立海外办公室还面临很多问题，有待在实践探索中不断改进和得到政府、企业以及社会的支持。

第一，缺资金。要想把海外办公室办好办持久，需要政府、企业和公众的支持。政府鼓励民间组织走出去，但没有在资金上给予帮助。发达国家对外援助的资金里，有20%是通过民间组织去执行，但在中国基本上为零。所以政府是否可以考虑从对外援助中"切一块"给民间组织，这样有助于提高效率，使更多的基金会走出去，从更多的项目中获取宝贵经验。扶贫基金会伍鹏认为，③公益组织国际化的前期，只能寄希望于企业。因为企业和公益机构的宗

---

①③　资料来源：毕维尹，《中国公益组织走出去有多难》，载于慈传媒《中国慈善家》。

②　资料来源：陆波，《2004~2014年中国基金会"走出去"：趋势、现状与前景》，载于《中国慈善发展报告（2015）》，社会科学文献出版社2015年版。

旨是契合的，但由于大部分基金会在海外的实力薄弱，企业不愿意与之合作。并且政府和企业的资金对于民间组织的独立性会产生某种牵制，所以公众的捐款是最好的资金来源方式，更表明了公众对该机构宗旨的极度认同。但目前很多中国人不支持这种海外救援，他们认为中国国内还有很多的贫困人在眼巴巴地等待救助，如果能把这些人的问题解决好就很不错了。即便是业内人和媒体也无法理解，更何况普通百姓，唤起国民的国际化慈善意识是一个漫长的过程。

第二，缺法规和政策，目前设立海外办公室国内没有任何政策法规可依。其一因为外汇管制制度，面临有钱打不出去的局面。目前唯一的依据是2009年发布的境内机构捐赠外汇管理有关问题的通知，依照通知五万美元以下的可直接划拨出去，五万美元以上的拨付捐款必须通过税务局核准，而且合同不能有任何变化，否则重签。其二是物资的问题，《慈善法》规定，中国可以无约束条件地接受境外机构的捐赠，但中国给其他国家捐赠物资必须由部级政府部门备注，然后经业务主管部门批准才可以，实际操作难度非常大。①

第三，派遣志愿者难。在苏丹阿布欧舍友谊医院项目中，中国扶贫基金会迟迟招募不到合适的医生到援建医院做志愿服务。因为在目前国内的医疗体制下，医生如果离开半年或者一年，回来之后，以前的待遇很难得到保障。

要想成为一个造福世界的组织，必须超越国界，超越种族，超越政治。在朝这个方向努力时，公益组织需要做到以下几点：

第一，要有一个国际化的思维和工作模式。中国是有五千年悠久历史的大国，做事有自己独特的风格，但我们得明确国际规范、尊重文化差异、工作方式差异，才能使自己在做公益项目时更专业更有效。

第二，实现投资模式的国际化。② 中国的民间组织是带着资金随项目走出国门的，这无可厚非，但我们需要在国际化过程中学习国外的筹资模式和经验，比如遗产捐赠、企业捐赠、个人捐赠，在我国国内很少涉及遗产捐赠。我们在国外工作中自带资金的同时，也要学会在国外随时筹资。

第三，提升公信力。在"走出去"的时候，要在了解当地的民间情况基础上，再开展相应的工作和项目，需要明白当地的利益相关方有哪些人，工作目的是什么，受益人的需求。

① 根据"张天潘：《对外援助：民间组织如何行动》"整理。
② 资料来源：毕维尹，《中国公益组织走出去有多难》，载于慈传媒《中国慈善家》。

第四，多做公共传播、开展倡导活动，唤起公众树立责任大国形象的意识，影响企业和公众对外援助的正确看法。中国人应当有胸怀世界、胸怀人类的宽容仁爱的美德，并向世界传播。

第九节　尼泊尔地震，社会组织海外救援

北京时间 2015 年 4 月 25 日 14 时 11 分，尼泊尔发生 8.1 级地震。5 月 12 日 15 时 5 分，尼泊尔再发生 7.5 级余震。截止到 5 月 25 日 14 时 30 分，尼泊尔政府证实，已造成 500717 座房屋被毁，269190 座部分受损，伤亡总数为 8669 人，另有 384 人失踪。

一、多国援助[①]

尼泊尔特大地震消息一经传出，中国国家主席习近平、总理李克强和外交部部长王毅第一时间致电慰问，表示中方愿向尼方提供一切必要的救灾援助；4 月 26 日，王毅部长出面召集多个中国政府部门进行救助尼泊尔地震协调工作；中国驻尼使馆设法帮助在尼中国公民，保障其人身财产安全；中国国际航空公司于 25 日 15 时启动应急程序；西藏贡嘎国际机场开通应急救援通关三位一体的"绿色通道"。中国第一时间的表现继续加深了世界对中国行动力的新印象。

同时，英国政府派出一支救援团队协助尼泊尔抗震救灾，这支队伍是由搜救专家组成的 8 人团队；美国派出一支灾害反应专家组，并提供 100 万美元的救灾援助；日本政府 26 日决定派出约 70 人组成的国际紧急救援队赶赴尼泊尔；法国、荷兰、德国、阿联酋、波兰、比利时和土耳其的国际救援队计划于 4 月 27 日陆续抵达；新加坡、瑞士、西班牙和俄罗斯的国际救援队在 26 时还处于待命状态。

二、社会组织首次以联盟的形式参与海外救援[②]

"这次尼泊尔地震是中国的社会组织第一次以联盟的形式参与到海外救援

---

① 本节内容根据"赵卓钧的《救援尼泊尔地震：中国在行动》和黄恺的《中国民间组织首次大规模海外救援》"整理。

② 本部分内容根据"黄恺：《中国民间组织首次大规模海外救援》"整理。

中。地震发生当晚，基金会救灾协调会即与北京师范大学共同召集基金会救灾协调会成员机构代表和其他相关机构召开第一次协调工作会。会议决定成立'尼泊尔地震—中国社会组织信息协同平台'（简称'信息协同平台'），该平台成员包括中国扶贫基金会、中国妇女发展基金会、中国青少年发展基金会、爱德基金会、壹基金、南都基金会、灵山慈善基金会、中国社会福利基金会、卓明灾害信息服务中心、安平公益传播基金等国内众多社会组织，同时还有联合国开发计划署（中国办公室）、国际计划、亚洲基金会、救助儿童会、美慈中国等国际机构。4 月 26 日，'信息协同平台'召开第二次协调工作会，内容包括：由于尼泊尔地形地势复杂，语言沟通不畅，建议缺乏救灾经验和相关专业能力的队伍不要前往灾区；捐助物资必须符合当地民族及宗教特色需求；有关前往队伍做好行前准备和应急预案，并与当地有关部门做好备案并加强日常沟通，充分考虑当地政府的统一救灾部署；社会组织工作人员及志愿者应尊重当地民族文化和风俗习惯等内容，体现了中国社会组织的理性与专业性。同时，'信息协同平台'十分注重与政府部门沟通和与国际标准接轨，由基金会救灾协调会主动跟相关部门沟通报备，发挥鲁甸地震中的救灾经验，增加境外联络部门，做好与中国外交部、商务部、两国大使馆的沟通工作，前线加强与中国国际救援队的信息共享；各基金会根据自己的业务领域及渠道主动与各自对口主管部门进行沟通；参考国际标准，做好信息统计工作，建立与联合国、当地政府、社会组织的沟通渠道和信息共享。"[1]

在尼泊尔地震期间，中国各大公益组织都积极参与救援活动，主要包括以下公益组织：

壹基金救援联盟于地震发生 10 分钟后召开专家紧急会议，22 分钟后，救援行动正式启动。

震后 40 分钟，卓明灾害信息服务中心启动了一级响应，4 小时内发出了第一条紧急研判报告，24 小时内公布了一份全面的尼泊尔地震情况救灾简报。

14 时 30 分，爱德基金会作为国际救灾联盟的创始成员和理事，及其在中国的唯一成员机构，分别与国际救灾联盟日内瓦秘书处及尼泊尔成员机构取得联系，了解国际救灾联盟对尼泊尔地震的工作计划，磋商之后，合作开展尼泊尔地震灾区的救援工作。根据国际救灾联盟尼泊尔成员机构发出的首期需求资讯，灾区急需搜救和医疗资源，水、食物、衣物、毛毯、临时住所等，并于 4

---

[1] 资料来源：董天美，《尼泊尔地震救援的中国力量》，《社会科学报》2015 年 6 月 12 日。

月 26 日发布更具体的需求信息。

中国扶贫基金会也紧急启动"人道救援—尼泊尔特大地震及西藏地震响应救援"，26 日秘书长助理安建荣带队赶赴尼泊尔灾区一线，主要负责联系当地政府、国际组织及联合救援组织开展灾情评估，对内翻译相关进展文件，并建立一线救灾营地，给志愿者工资津贴。

26 日，社会福利基金会共派出 13 名工作人员前往地震灾区。

25 日下午，支付宝公益与中国扶贫基金会、壹基金和爱德基金会紧急开通了捐赠通道。截至 26 日上午，收到捐赠金额近 70 万元。

截至 26 日上午 11：45，腾讯公益"尼泊尔地震人道救援"页面捐赠总额已达 5706721.46 元，捐款人次 69046 次，捐款直接打给扶贫基金会等公益组织。

中国社会组织虽然经历了芦山和鲁甸等多次救灾行动，但社会组织以联合体的形式参与海外救援属于史上第一次，在此次救灾中，社会组织灵活度高、贴近民众、服务多样化的特点与中国政府对外援助形成合力，提升了中国的国际形象。

三、海外救援面临的问题

灾难救援领域将成为中国社会组织走出去的突破点，但要推动中国社会组织走出去，在很多方面有待加强，此次救灾中暴露出几大问题：

（一）资金不足

对于跨国救援这种高成本项目，除了一些资金相对匮乏的信息服务中心，只有资金雄厚的基金会才能够参与其中。随着我国综合实力和国际地位的提升，对外援助项目逐渐增加，但目前中国社会组织的人力、物力、财力水平都还不能支持其在海外开展长时间的项目。

（二）社会组织间的协同处于初级阶段

在此次救援中不仅体现出我国社会组织与联合国机构的协调整合经验不足，而且我国内部各社会组织之间的协同也比较低效。信息协同平台规定：各家社会组织要主动及时报备情况，由前方平台统一协调分配任务，使平台的"总目标"和各家组织的"分目标"相统一。但是各组织报备的都是相对简单的行动信息，共享价值低，支援前线的工作局限在组织内、人员间的个体协商，缺乏组织之间的战略协调。

（三）专业化水平低

首先，对参与海外救援的社会组织的最基本要求是语言沟通，尤其是在一些经济发展落后的国家，组织内有翻译员显得尤为重要，但我国的基金会限于资金有限、没有储备相应的人才。其次，社会组织工作人员对救援国的政治、宗教、民族、地理等情况了解甚少，在救援中面临一些问题：在当地开展救援合作不知道找哪一级政府、哪一个部门进行衔接，捐赠物资、某些援助行为是否违背当地的宗教信仰，捐赠的食物是否符合当地的饮食习惯等。这些都直接影响救援工作的高效开展。

四、建议措施

（一）推动政府授权、民间主导的对外援助方式

我国海外援助方式经历了两次转变，从军事化到经济化，再到社会化，逐步深入，争取民心。同时，海外救援已从过去的政府垄断演变到今天的官民并举。面对这一新的对外援助多样化的局面，创造一个政府、企业、民间组织的最优组合显得至关重要。针对这一问题，民间机构可以从两个方面切入：一是，为解决资金匮乏，民间组织承接政府委托项目，参与国际援助。西方国家每年会从国家总援助金中提取 30% 左右给民间组织，交由它们执行，而我国基本为零。我国政府应该建立民间组织海外援助的专项基金，同时制定相关政策、制度，并进行检测和评估。二是民间组织承接海外中资企业委托的企业社会责任项目，海外中资企业可以利用民间组织的专业性，提高海外项目的精准性。

（二）中国社会组织与国际组织合作

重大灾害发生后，如何能充分有效地整合利用国际救援力量，与国际组织高效协调，是我国国际化人道主义救援高效的有效途径。随着国内基金会能力的日益增强，越来越多的社会组织走向国际化道路，参与到海外救援中，中国社会组织可以尝试借助国外非政府组织的海外项目"走出去"，获得更多参与国际事务的机会，提升实战能力。

（三）提高专业化水平

针对语言不通、对他国文化理解尚浅等问题，对大部分规模尚小的社会组织而言，暂且没有足够的能力去培养精通各国语言、理解各国文化的专业人才，这就需要"信息协同平台"和中国政府协调配合，由政府调配专业人才为社会组织提供支持，或者社会组织以团队的形式加入到政府的救援力量中，实现资源整合。同时，想积极参与到海外救援中的社会组织，要高度重视国际化专业人才培养、筹资储备、能力储备，充分利用和政府、中资企业的合作项目践行边干边学策略，在实践中吸取经验并传授经验。

第十节　《超级诊疗室》引领健康公益

一、《超级诊疗室》

自 2015 年 7 月 7 日起，安徽卫视携手暖阳传媒重磅推出《超级诊疗室》以来，广泛动员社会力量筹集资金，以典型病例为切入点，安排专家会诊，普及健康知识，并提供救助基金，使大病救助从传统的资金援助向医疗服务延伸，提高了人道主义救援服务水平。节目的宗旨是通过每一个温情或励志的故事，让公众意识到疾病的危害、健康的重要性，凝聚社会爱心，传递健康积极的生活观念，助力全民大公益。

据 CSM34 城市组数据，《超级诊疗室》首播收视率 0.518%、份额 1.521%，排名为同时段省级卫视前四名，获得全国卫视最高排名第二名的收视率。每期节目都会邀请医疗专家、当红明星、公益机构、爱心企业助阵。为了吸引不同年龄段的人群收看《超级诊疗室》，节目邀请了英某、何某某、黄某、沈某某、李某、何某某等明星。明星化身公益开讲人，通过讲述真实生活案例和健康统计数据分析疾病的普遍性，并亲身体验患者人群的生活；超级专家团现场商议会诊方案，为救助者保驾护航。已经成功救助了 50 余位患者，给无钱医治的求助者带来了希望。

2016 年 2 月，《超级诊疗室》第二季无缝衔接第一季，融入更多元素，全新改版、华丽升级、公益先行、传递大爱。

二、合作机构

（一）暖阳基金①

2016 年 3 月 16 日，中国红十字基金会携手《超级诊疗室》制作方暖阳传媒成立了"暖阳基金"。暖阳基金是一个以媒体为先锋，以医疗为依托、以互助为特色的灾难性医疗支出人道救助的公益基金，它通过《超级诊疗室》节目聚集社会力量筹集资金。它也是中国红十字基金会下唯一一个由媒体人发起的大病救助基金，作为基金发起人，《超级诊疗室》的总制片人及主持人钱某，放弃了中央电视台《健康之路》13 年的主持，她认为普及健康知识是她毕生的职业，《健康之路》在科普医学知识上已经做到了极致，但她更想做一档像《超级诊疗室》这样的打通健康科普和公益的节目，给老百姓带来实实在在的帮助，并认为利用媒体和"互联网＋"做公益才能让公益达到最大化，数倍放大公益力量。因为通过媒体和"互联网＋"的不断叠加，可以使更多的人受到感召，从而投身公益。基于此，暖阳基金希望能够为患者和他们的家庭送去更多的阳光和实际的帮助。

（二）爱亲母婴②

《超级诊疗室》的收视群体主要是知识分子和家庭主妇，这与爱亲母婴的主要消费群体高度重合，又由于爱亲母婴热衷于公益，曾多次参与《超级诊疗室》的节目录制，因此，爱亲母婴于 2016 年 3 月与《超级诊疗室》达成全面战略合作关系，爱亲享有《超级诊疗室》的全网资源，包括参加微信摇一摇的活动。

爱亲母婴一直秉承"亲可见，爱用心"的品牌理念，以实际行动践行社会责任，投身于公益事业，希望通过《超级诊疗室》这档节目，为无助患儿提供帮助，引导公众的慈善意识，激发公众的社会责任感，帮助更多的患儿在困境中树立信心，提供及时救治，降低患儿家庭和未来社会的负担。

同时，此次合作也是爱亲母婴从单一渠道终端向经营全渠道终端转变的首

---

① 根据"张明敏：《不让生命因贫穷而凋落〈超级诊疗室〉与背后的暖阳基金》"整理。
② 根据《爱亲与〈超级诊疗室〉的战略结盟》整理。

次试水,《超级诊疗室》节目活动的宣传,有利于提高消费者的到店率,加快传统零售商的互联网化。

(三)碧桂园[①]

2016 年 5 月 31 日,大型健康公益节目《超级诊疗室》由碧桂园森林城市独家冠名,引发业界关注。碧桂园与《超级诊疗室》的强强联手,将惠及广大受众,给中国的慈善公益事业带来福音。

碧桂园自 1992 年成立以来,把社会责任和经济效应摆在同等重要的位置,竭尽全力帮助更多人脱离贫困过上美好生活。参与各类公益慈善活动,在教育、医疗卫生、扶贫、救灾、志愿服务等领域做出了重大贡献,累计捐赠约 17 亿元。

碧桂园在巨额捐赠的同时,不断探索公益新模式、新思路。秉承"授人以鱼,不如授人以渔"的观念,认为帮助穷人的最佳方法是教会他们技能,授予他们脱离贫困的方法。从早期的"仲明助学金",到创办国华纪念中学,以及参与"雨露计划",再到今年独家冠名《超级诊疗室》,都体现了这一观念,它将健康、知识传递给人们,帮助他们实现梦想、改变命运,碧桂园的企业理念与《超级诊疗室》的栏目宗旨不谋而合。

碧桂园与《超级诊疗室》的联合意味着商业慈善与健康医疗融合,打破了商业与公益之间的分离格局,产生了一种新的公益慈善模式,有助于正能量无限传播,放大慈善公益力量。商业和公益并非泾渭分明、水火不容,把商业和公益打通,商业跨界公益,使企业在行善的同时提高广告效应,增加经济效益;公益行业向商业学习可以放大慈善的力量,提高职工的积极性、机构运行效益的最大化。

三、"互联网+"时代的《超级诊疗室》[②]

在互联网快速发展的今天,《超级诊疗室》集合媒体的效应,变成"TV +",将"超级"二字发挥得淋漓尽致。

---

① 根据"网易公益:《把商业与慈善打通:碧桂园联手〈超级诊疗室〉,放大慈善公益的力量》"整理。
② 根据"李丹妮:《'互联网+'时代〈超级诊疗室〉引领健康公益》"整理。

（一）国内首档可摇出专家号的健康节目

微信摇一摇、爱亲母婴、多家知名三甲医院和达宝恩智家居全力协助《超级诊疗室》，成为我国第一个可以通过微信摇一摇，摇出免费专家号和健康大礼包的节目，为公众提供贴心服务。

（二）机器人加盟主持

北京康力优蓝智能服务机器人为《超级诊疗室》提供了一个呆萌可爱，主持风格新颖的新朋友——机器人小超（艺名），小超知识面广，上知天文下知地理，能第一时间连接互联网，搜索最新资讯，给求助者提供最及时的呵护，《超级诊疗室》是我国首档和机器人一起主持的节目。

（三）爱心企业全力助阵

观众在收看节目的同时可以打开手机通过摇一摇和爱心企业进行互动，爱心企业将拿出从中所获销售利润的一部分，捐给暖阳基金，用来援助更多的贫困病患者，使《超级诊疗室》变成了一个人人可参与爱心捐赠的公益平台。

四、节目回顾

观看节目可以发现《超级诊疗室》实现了节目设立的初衷，我们看到了乡村教师被病痛折磨仍坚守岗位、类风湿女孩的不屈不挠、糖尿病患者的生活困苦等励志真实故事，受到观众的一度好评。不少观众在收看节目后表示，这个节目可以让人学到丰富的医学知识，感受更多的人生百态，此乃当之无愧的良心节目。也有网友说：这个节目让他们意识到健康的重要性，以后要强加锻炼。

观看《超级诊疗室》对笔者影响最大的一期节目是 2016 年 5 月 17 期的《倒立少年的彪悍人生》。来自浙江省永康市的 28 岁的应某，患有先天性马蹄内翻足，无法站立，先后接受了三次大的手术，花光了家里的积蓄，但治疗效果并不好。刚学走路的时候，应某只能靠凳子挪动，但经常会被自己绊倒。后期他在鞋子的跟部垫了很多毛巾和袜子，鞋子足足有六七斤重，每两个月就要换一双鞋，这对他而言是一笔不小的开支。为了挑战身体的极限，加强体能锻炼，甚至弥补下肢的不足，他每天至少做 400 个俯卧撑、300 个仰卧起坐，并学会了倒立爬楼梯。他现在的职业是理发师，热爱画画，生活积极乐观，整个节目录制过程面带笑容。

这期节目邀请了著名演员袁某某作为开讲人，他以自己的拍戏经历向公众诠释了面对逆境时的心理恐惧，并为了亲自体验应明在鞋内垫毛巾所带来的痛苦，袁某某试穿了高跟鞋。机器人小超负责提问、介绍先天性马蹄内翻足和总结专家团的会诊意见。节目还邀请了三位知名医生，他们亲自检查了应某的脚，分析先天性马蹄内翻足的病因和治疗措施。并针对应某提出了三种会诊意见，应某选择保持现状，期待定制一双适合自己的专业矫形鞋。节目后面是四位爱心大使给应某提供圆梦帮助。公益时报建议应某将他的生活片段、技能展示拍摄成小片，爱心大使利用《公益时报》的平台进行传播，让更多的人感受到乐观、坚强自信的精神；北京医师协会慈诚专家会诊中心愿意为应某提供日常康复治疗，并开通专线，应某可以随时咨询；宝贝计画帮助他夯实画画基础；如果应某以后想做手术，众筹网公益频道将帮他发起公益众筹。节目最后，观众可以通过扫描二维码或者通过手机摇一摇参与到公益中来。

应某的感人故事和《超级诊疗室》这样一个有温度的健康节目深深震撼着人们，在面对逆境的时候，用一种彪悍的态度面对人生，这个时候所散发出来的力量是一种积极向上的正能量。

五、总结

《超级诊疗室》不仅仅是一档宣传健康知识，提供会诊意见的节目，更是一档聚集社会爱心力量，携手公益机构，整合优势资源的公益节目。在"互联网＋"的时代，利用媒体放大公益力量；通过和碧桂园、爱亲母婴合作，开启了一种慈善新模式——公益与商业的结合；通过邀请人气明星提高收视率和公众的信赖度；机器人、微信摇一摇等让我们感受高科技的魅力；知名医生的加入使我们能学到可贵的医学知识，意识到健康的重要性，提高节目的权威性；公益机构的参与让全天下人们感受公益的氛围，激发人们的爱心，吸引更多的人加入公益的行列。

《超级诊疗室》通过讲述不同的故事、不同的主角，让我们感受到了一样的坚持。所以我们应该更加注重健康、关注公益、投身公益。

后　记

也许本书是第一本从互联网与慈善公益产业链结合的角度来审视慈善公益行业发展的蓝皮书。新中国的慈善事业自20世纪80年代开始，已经走过了30多年。这30年来，中国的经济发展非常迅速，但是慈善事业的发展因为种种原因而落后于社会经济的发展。互联网的出现和发展，尤其是社交媒体的出现和第三方支付移动端的发展，打破了传统信息发布和社群沟通的格局，个人的慈善行为只需打开手机，动动手指头即可完成，慈善行业在互联网新技术的助力下得到快速发展。互联网促进了慈善公益产业的产业链上的分工，并使得各种类型的公益组织和基金会往专业化的方向发展。互联网强大的传播能力和动员社会力量的能力，也使得"人人公益"日渐深入人心。在互联网和慈善公益产业链各个环节深入融合发生的时代背景下，本蓝皮书编写组尝试着从产业链视角去记录这些伟大的历史时刻和事件。

本书各个章节内容的分工附后。郑筱婷负责第一章互联网＋慈善公益产业链的发展。第二章网络募款平台由吴晓青撰写。第三章互联网＋基金会由袁梦执笔。雷霞负责第四章互联网＋公益组织的撰写。李美棠负责第五章互联网＋公益创投的撰写。第六章企业家名人慈善活动由陆小慧负责撰写。周建红负责撰写第七章互联网＋慈善热点事件。李玉洁负责撰写第八章互联网＋慈善重点事件。雷霞参与了论文后期的校对工作。郑筱婷、袁梦和吴晓青共同负责最后的统稿、定稿和校对工作。郑筱婷负责制定全书的框架和各部分的撰写提纲。

本书是从产业链角度来看慈善公益产业的发展，选材和组织方面，难免挂一漏万。本书从暨南大学产业经济研究院落实任务到完成不到半年时间，且作者各自都有繁重的研究和学习任务，在如此紧迫的时间内完成该任务，错漏之处在所难免。还望读者不吝批评指正，以便未来进一步完善本蓝皮书的撰写。书中表达的观点仅代表每一章节作者的观点，不代表作者所在单位（机构）的观点。

最后，感谢本书所有作者的不懈努力！感谢广东省软科学研究计划项目：

互联网时代公益产业链的发展与创新（项目批准号：2016A070705029）、暨南大学科研培育与创新基金项目：《慈善行为的实验与实证研究》（暨南启明星计划，项目批准号：15JNQM014），以及暨南大学高水平大学建设专项资金的资助！

郑筱婷

2016 年 10 月 1 日